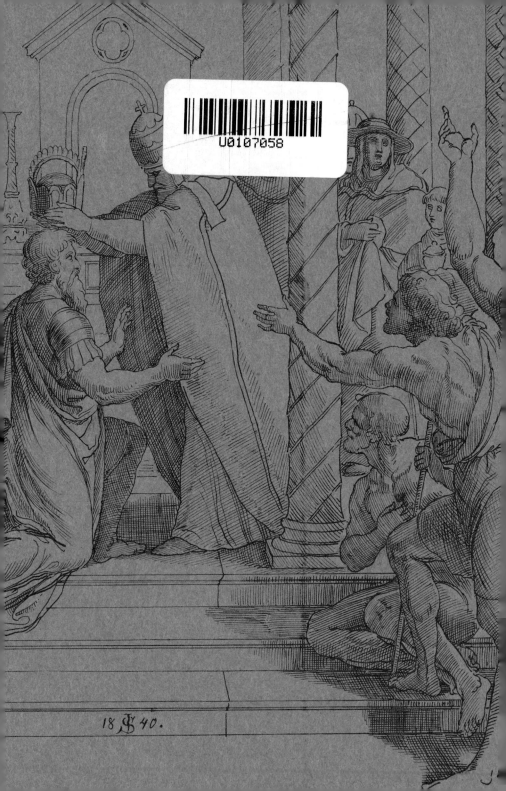

18 40.

CHARLES OMAN

THE
DARK
AGES

476-918
A.D.

黑
暗

欧洲夜幕闪现文明曙光
476 — 918

时
代

[英] 查尔斯·欧曼—著
朱雨辰—译

上海社会科学院出版社
SHANGHAI ACADEMY OF SOCIAL SCIENCES PRESS

图书在版编目（CIP）数据

黑暗时代：476—918：欧洲夜幕闪现文明曙光 /
（英）查尔斯·欧曼著；朱雨辰译. — 上海：上海社会
科学院出版社，2023
ISBN 978-7-5520-4007-4

Ⅰ.①黑… Ⅱ.①查…②朱… Ⅲ.①欧洲—历史—
476—918 Ⅳ.①K503

中国版本图书馆CIP数据核字(2022)第213955号

黑暗时代（476—918）：欧洲夜幕闪现文明曙光

著　者：［英］查尔斯·欧曼（Charles Oman）
译　者：朱雨辰
策划人：唐云松　刘　科
责任编辑：刘欢欣
特约编辑：薛　瑶
封面设计：xtangs@foxmail.com
出版发行：上海社会科学院出版社
　　　　　　上海顺昌路622号　　　邮编200025
　　　　　　电话总机021-63315947　　销售热线021-53063735
　　　　　　http://www.sassp.cn　　　E-mail: sassp@sassp.cn
印　　刷：上海盛通时代印刷有限公司
开　　本：889毫米×1240毫米　1/32
印　　张：14.625
插　　页：4
字　　数：328千
版　　次：2023年11月第1版　2023年11月第1次印刷

ISBN 978-7-5520-4007-4/K·670　　　　　定价：96.00元

自序

　　尽管本书篇幅有限，但我相信，它可能对学习欧洲历史的学生有一定的用处。市面上有众多涉及公元 476 年至公元 918 年各个历史阶段的优秀专著，但却没有一本能涵盖整个历史阶段的英文巨著。人们普遍认为爱德华·吉本（Edward Gibbon）的杰作详细描述了这段历史，但只要仔细阅读，就会发现他的作品并没有达到预期的效果。据我所知，读者无法在一本现代英文书籍中同时了解伦巴第国王的故事，找到穆罕默德在 9 世纪入侵意大利和西西里岛的描述，或欧洲早期历史上的琐碎章节。因此，我希望详细介绍发生在公元 476 年至公元 918 之间历史的方方面面，对读者提供阅读借鉴。

　　我要对两位健在的作家——古斯塔夫·里希特（Gustav Richter）博士和都柏林大学的伯里（Bury）教授表达我的感激之情，他们的作品帮助我总结介绍了该时期的重要历史。古斯塔夫·里希特在原创作品《法兰克帝国年代记》（*Annalen des Frankischen Reichs*）中很好地介绍并研究了墨洛温和加洛林时代，而伯里教授的《罗马帝国晚期史》（*History of Later Roman Empire*）详细记载了公元 476 年至公元 800 年的东罗马帝国历史。

此外，专有名词的选择问题一直令人困惑不已。在该书的撰写中，地名都使用了最现代的表达。在人名的选择上，一些众所周知的名字，例如查理、亨利、格里高利和路易，若使用古语，多少有些卖弄学问的色彩，其他的名字均采用当时作者的表达。

1893 年 11 月于牛津

目录

第一章

奥多亚克和狄奥多里克　476—493

476 年的重要意义——芝诺皇帝封奥多亚克（Odoacer）为意大利贵族——奥多亚克的地位——476 年欧洲分裂——阿非利加的汪达尔人和盖萨里克国王——奥多亚克在意大利的统治——奥多亚克攻打狄奥多里克（Theodoric），最终战败

公元 477 年夏天，一众使节出现在芝诺皇帝（君士坦丁堡和东罗马帝国统治者）面前，自称奉罗马元老院之命远道而来。他们告诉芝诺，西罗马帝国军队杀死了欧瑞斯特（Orestes）[*]并废黜了他的儿子——小皇帝罗慕路斯（Romulus）。但他们当下却隐瞒了一个事实——有人已经正式当选为下一任恺撒[†]。近几年来，穿越博斯普鲁斯海峡来向芝诺禀报此类消息的使团络绎不绝。但与其他使团不同

---

[*] 欧瑞斯特（420—476）：日耳曼人，西罗马帝国将领，曾为匈人领袖阿提拉效力。475 年，他取得罗马军队指挥权，随后推翻西罗马帝国尼波斯，拥立自己儿子罗慕路斯为新王。476 年，罗马军队叛变，欧瑞斯特在帕维亚被杀。（本书脚注皆为译者注。）

[†] 恺撒（Caesar）：罗马皇帝称号，源于罗马共和国时期的统治者恺撒。恺撒大帝指定甥孙屋大维继承自己的遗产和姓氏，屋大维日后成为罗马帝国开国皇帝。此后，历任罗马皇帝都被冠以"恺撒"名号。

的是，这次的来访者承认东罗马帝国皇帝威震四方，他们愿意接受芝诺的统治。使臣们将罗慕路斯的王冠和紫色王袍放置在芝诺脚边，宣誓效忠于皇帝陛下。然后他们才补充道：弗拉维乌斯·奥多亚克（Flavius Odoacer）已当选为总督。他们相信，芝诺这位威严的君主将会批准这一决议，并授予奥多亚克贵族（Patrician）头衔。

近年来流行这样的说法：476年并非世界历史中一个尤为重要的里程碑。该年发生的唯一大事便是西方世界帝位易主，大权从拉文纳的恺撒转移到了君士坦丁堡的恺撒手中。然而，他们都只是有名无实的君王。上文提到，贵族奥多亚克和元老院使团向东罗马皇帝许下了效忠帝国的承诺，还强调意大利不再需要单独的奥古斯都[*]，东西罗马帝国可归同一位统治者掌管，就像君士坦丁（Constantine）[†]和狄奥多西（Theodosius）[‡]时一样。倘若西罗马帝国的使节建议芝诺任命奥多亚克为共治皇帝——"奥多亚克智勇双全，军事、政治经验丰富，我们选择他来保护我们"——那么他们实际上并没有提出新的主张。毕竟过去已有太多类似的使团到访君士坦丁堡，他们不是来让皇帝册封贵族的，而是宣布己方选举出了新皇帝。

这样的程序非常正式。我们也必须承认，条顿人成为意大利的永久统治者并非史无前例，在西班牙和阿非利加早就出现过同样的情形。到目前为止，这三个国家中还没有人敢声称罗马帝国已经

---

* 奥古斯都（Augustus）：罗马皇帝称号，意为"神圣至尊"。屋大维开创罗马帝国，罗马元老院加封他为"奥古斯都"，这一头衔和"恺撒"皆为后世罗马皇帝的永久性称号。

† 即君士坦丁一世（275—337），他重新统一了罗马帝国，定都君士坦丁堡。

‡ 即狄奥多西一世（346—395），最后一位统治统一的罗马帝国的皇帝。他死后罗马帝国再次陷入分裂。

　　　　　　　　　　　　　　　　　　　　　　　黑暗时代（476—918）

灭亡并被条顿王权取代。在西班牙、阿非利加和意大利，文献和货币上仍然印有罗马皇帝的名字。476年之后，西哥特国王尤里克（Euric）和奥多亚克的臣民仍然把芝诺的肖像粗糙地刻在硬币上，就像他们多年前对瓦伦提尼安二世（Valentinian Ⅱ）*那样。尽管其中一位皇帝住在亚得里亚海（Adriatic）以西，另一位则住在东边，但这又如何呢？

如果说19世纪的历史学家在不假思索地断言罗马帝国终结于476年时，过于忽视事件的结构和理论层面，那么我们这一代人最致命的问题可能就是被灌输了太多的官方说法，以至于对在那晦暗不明的一年发生的真正变化浑然不觉。事实上，西罗马帝国灭亡绝非一朝一夕之事。这个漫长的过程始于411年，当时不列颠——第一个西方主教区——落入蛮族之手，直到1806年弗朗茨二世（Franz Ⅱ）†放弃神圣罗马帝国皇位时才画上句号。然而，如果我们必须选择一个时间点作为新旧时代的界线，如果我们要将某一年份定为古代历史与中世纪的分野，那么公元476年就会是最好的选择。

奥多亚克废黜罗慕路斯之前，在罗马或拉文纳总是有一位皇子，他继承了屋大维（Octavian）、图拉真（Trajan）和君士坦丁的衣钵。但是，他的皇冠摇摇欲坠，生命也不断遭受威胁，甚至皇位背后的蛮族领袖里奇梅尔（Ricimer）‡或贡多巴德（Gundobad）都比他在意大利更有实权。然而，皇子与臣民们真实接触，他是一个看得见摸得着的人，他的意志和品格在治理国家上仍然尤为重要。格

---

* 瓦伦提尼安二世（371—392）：西罗马帝国皇帝。在位期间叛乱爆发，他被迫长期流寓。
† 弗朗茨二世（1768—1838）：神圣罗马帝国末代皇帝，奥地利帝国首位帝王。
‡ 里奇梅尔（？—472）：日耳曼人，西罗马帝国军事将领，贡多巴德之父。

利凯里乌斯（Glycerius）*和奥利布里乌斯（Olybrius）†就算再怎么无能，也不是 8 世纪法兰克国王或 17 世纪日本天皇那样的傀儡。此外，一直都可能，甚至有很大概率，横空出现一位可以摆脱蛮族首领控制的伟大皇帝。马约里安（Majorian）‡功败垂成，而东罗马帝国的哥特人阿斯帕（Aspar）和盖纳斯（Gainas）失败的故事说明这一切绝非空中楼阁。

但是，当奥多亚克把小皇帝奥古斯都赶下皇位，并获得君士坦丁堡恺撒的许可（即使并非出于善意）而成为西罗马帝国唯一的共治皇帝，帝国也在经历一场重要变革。奥多亚克远不止是皇帝任命的贵族代理人那么简单。他不仅继承了里奇梅尔的衣钵，还开启了狄奥多里克和阿尔博因（Alboin）的事业。奥多亚克不仅是一名罗马官员，还是一位蛮族王。如今代表西罗马帝国旧罗马军团的日耳曼部族高举盾牌，高呼其名为"狄乌丹斯"（Thiudans）。倘若奥多亚克从未获得"意大利王"头衔，那是因为这一地名尚且不为人知。尤里克和盖萨里克——皆为他的同时代人——分别自称西哥特国王和汪达尔国王，而不是西班牙国王和阿非利加国王。所以奥多亚克坐拥土地和军队，但不是一国之君，或许他为自己冠名时多少也有些困惑。他不愿屈尊纡贵，自封为意大利人的王；但如果称自己为斯基里人（Scyrri）或图尔奇林基人（Turcilingi）的王，又或是任何

---

* 格利凯里乌斯（生卒不详）：西罗马帝国皇帝。奥利布里乌斯的继承者。奥利布里乌斯过世后，被里奇梅尔的部下拥立为王。

† 奥利布里乌斯（？—472）：西罗马帝国皇帝，在位仅 7 个月。帝国将领里奇梅尔与皇帝安特米乌斯发生冲突，安特米乌斯被杀，里奇梅尔遂推举奥利布里乌斯为西罗马新皇。

‡ 马约里安（420 — 461）：西罗马帝国皇帝。在位期间他试图重振已经分崩离析的西罗马帝国，他也是最后一个还能实际统治一部分高卢和西班牙的西罗马皇帝。

其麾下部落的王，亦非恰当。一头雾水的当代编年史家有时称他为哥特人的王，尽管他自己从未使用过这一头衔。

然而毋庸置疑，奥多亚克仍然是一位王，其座下土地稳定，军队井然有序。他绝非阿拉里克（Alaric）那样在意大利四处迁居的入侵者，而是这片土地的永久统治者。这样看来，他无疑是东哥特人和伦巴德人的先驱——他们后来推翻了他的统治。虽然奥多亚克会觉得这个头衔很奇怪，但我们还是要称他为意大利王，就像我们称呼狄奥多里克、贝伦加尔（Berengar）或埃曼努尔一世（Victor Emmanuel）那样。因为，这片土地听命于奥多亚克，而非他名义上的上级，那位远在君士坦丁堡的皇帝。奥多亚克征收税赋、选拔官员、插手罗马主教选举，并对鲁吉人和汪达尔人宣战。在那个时代难得保存至今的文献中，芝诺的名字很少被提到，而奥多亚克在签署拨款书时也署名"王奥多亚克"（Odovacar Rex），而不是依照罗马惯例所严格规定的"贵族奥多亚克"（Odovacar Patricius）。同样，某位意大利官员承认他的作为王的慷慨，而不是显赫的贵族头衔。因此，奥多亚克被称为第一位意大利蛮族王也就无可厚非，他的统治应被视为新时代的开端。如果对此仍有疑问，那么按照同样的逻辑，我们必然不认可将6世纪中叶前西班牙和高卢地区的哥特国王或法兰克国王视为独立的君主，也不会将西罗马帝国的有续时间延长到奥维吉尔德和提乌德贝尔特正式宣布放弃皇权之时（540—570）。

公元476年，原先是西罗马帝国领土的地方现在形成了6个蛮族王国。奥多亚克在意大利和诺里库姆（Noricum）*建立自己的王

---

* 欧陆历史地名，大致包括现代奥地利的中部和德国巴伐利亚地区。最早是凯尔特人的王国，公元前16年成为罗马帝国行省之一。

国，北非则是汪达尔人盖萨里克的天下，尤里克将西哥特王国疆域从卢瓦尔河（Loire）扩展至直布罗陀海峡，而勃艮第国王贡多巴德占领了罗纳河（Rhone）和索恩河（Saone）河谷，远至河流源头。法兰克君主们统治着默兹河（Meuse）、摩泽尔河（Moselle）和莱茵河下游。6 个蛮族王国之中，要数苏维汇王国最为弱小，它控制着现在的葡萄牙和加利西亚（Galicia）。在这些王国内仍残留着三四支旧罗马帝国遗脉，他们虽尚未被洪水般席卷而来的蛮族吞没，但注定气数将尽。不列颠省诞生了一些贫弱的凯尔特王国，盎格鲁 –撒克逊人尚未明显踏足他们的边界。阿莫里卡（Armorica），即现在的布列塔尼（Brittany）也是一众凯尔特城邦的聚集地。斯雅戈里乌斯（Syagrius）掌管着塞纳河河谷和卢瓦尔河中游的罗马 – 高卢王国，他是罗马帝国在阿尔卑斯山外的最后一任总督。坎塔布连人（Cantabrians）和巴斯克人（Basques）生活在比斯开湾（Bay of Biscay）上方的山脉里，他们始终保持独立，从未归降哥特人，正如祖先在 5 个世纪前顽强地抵抗罗马征服者。最后，亚得里亚海上尚存几片零散的西罗马帝国正统的土地。皇帝尤利乌斯·尼波斯（Julius Nepos）被逐出罗马和拉文纳，随后他便逃往达尔马提亚（Dalmatia），他设法在首都萨洛纳（Salona）周围建立起一个小王国。在这 5 块残存的帝国土地，斯雅戈里乌斯和尼波斯的王国还未落入日耳曼人手中，但注定会快速陷落。剩下的 3 个王国同样苟延残喘，而它们的前路更为漫长曲折。

这片曾经构成西罗马帝国的土地坚不可摧，四周日耳曼部落群集环伺。这里曾是罗马境内诸民族的居住地，如今被来自北部和东部的日耳曼人占领。弗里斯兰人（Frisian）盘踞于瓦尔河（Waal）

和莱希河（Lech）河口，北部土地后来被法兰克人拿下。阿勒曼尼人（Alamanni）是苏维汇部落同盟，他们占据美因河（Main）和内卡河（Neckar）河谷、黑森林（Black Forest）和多瑙河上游河岸。他们的东边是图尔奇林基人和鲁吉人的地盘，也就是现在的巴伐利亚（Bavaria）北部和波希米亚（Bohemia）。另一边则是坐拥摩拉维亚（Moravia）和匈牙利北部的伦巴德人、位于多瑙河中游和泰斯河（Theiss）的赫鲁利人（Herules）和格皮德人（Gepidae）。这些部落和他们的祖辈一样，意欲向西部和南部扩张，瓜分这个支离破碎的帝国。

5 世纪末 6 世纪初，这些条顿人的王国开始分道扬镳。西边的法兰克王国、西哥特王国、勃艮第王国和苏维汇王国的发展交织在一起；而意大利的奥多亚克王国及阿非利加的汪达尔王国却与他们渐行渐远，反倒与东罗马帝国唇齿相依。我们必须首先了解一下这两个王国，而高卢和西班牙的条顿人（Teutons）则留待下一章讨论。

盖萨里克——罗马人有时称之为根舍里克（Genseric）——是第一位阿非利加汪达尔人国王。奥多亚克成为意大利统治者那一年，盖萨里克仍然统治着迦太基（Carthage）。盖萨里克在位 48 年，其间这位条顿海盗头子牢牢掌控着自己打下来的江山，还攫取了地中海中央的制海权。汪达尔王国的诞生是大迁徙时期一大辉煌壮举，而这一切都要归功于这位长寿国王的个人能力。在入侵罗马帝国的游牧部族里，盖萨里克的部族人口最少。汪达尔人第一次入侵阿非利加时，族人不过寥寥 8 万。然而这支兵微将寡的军队最终竟跋涉了 1 000 余里路途，成为西罗马帝国海岸线上的梦魇。这一切都证明了盖萨里克才略不凡。盖萨里克绝非典型的日耳曼蛮族首领——他们只知冲锋陷阵，四肢发达头脑简单；相反，他身材中等，因为小时候被马踢过，一辈子都只能一瘸一拐地走路。不过，强大的气魄足以令他所向披靡。盖萨里克不仅是位著名的将领，还是个精明的政客；他不像蛮族轻浮多变，而更像一个专业的阴谋家，背信弃义是他的拿手好戏。盖萨里克这样的人在条顿人中并不罕见。他吸取衰败文明的糟粕并保留自己的原始野蛮特征。现代英文中甚至用Vandalism*一词来形容此类可怕暴行，实在是一针见血。意大利和阿非利加在盖萨里克手中饱受摧残折辱，这比落入其他侵略者之手更加痛苦。与盖萨里克相比，哥特人阿拉里克是彬彬有礼的骑士典范，匈人领袖阿提拉（Attila）则是个直率而野蛮的敌人。汪达尔国王有一些特殊的缺点：他并不打算遵守条约和停战协定。此外，他手下的海盗时常假借某城市或地区不具备自卫能力之名，突袭并扫荡该地。

盖萨里克和帝国接触后，沾染了当时最可憎的两类恶习——横征暴敛、迫害基督徒。比起其他的新兴日耳曼王国，阿非利加遭受了更为残酷的财政压迫和宗教迫害。

奥多亚克和狄奥多里克将"三圃制"引入意大利，这是一种相对仁慈的土地政策。然而盖萨里克在王国管理中没有采用这一政策，他没收了阿非利加大地主的所有大地产，并将其变更为王室领地，由地方长官掌管；他还将个体户耕种的小地产分为两部分，其中位于阿非利加境内的土地和阿非利加以外的上好土地都被征用为条顿

---

* 字面意思为"汪达尔（人）式的""汪达尔主义"，表示蓄意损坏公物、破坏他人财产等行为。

人的军事领地。这些地方被称为"汪达尔人的土地"（Vandalorum），世袭继承，无须交税。皇室收入则全部来自那些贫穷且偏远的地方业主。尽管他们的土地没有被没收，但是盖萨里克通过无情的税收从他们那里搜刮了大量财富。

然而，比起经济上的压迫，人们更憎恨他的宗教迫害。和其他条顿人一样，汪达尔人也改变信仰，转而信奉阿里乌斯教派，而卑鄙无耻的盖萨里克还决定强迫臣民与自己保持宗教信仰一致。阿非利加所有的天主教堂都被充公，要么移交给阿里乌斯派信徒，要么遭到毁坏。盖萨里克还禁止天主教会任命新的主教，一旦发现便立刻将其流放。一些坚定支持正教信仰的人经常被囚禁或贩卖为奴，有时甚至会被处死。一旦殉道行为变少，武力迫害就会增加，汪达尔国王及其臣民因他们的残酷暴行而遗臭万年。

汪达尔人残酷镇压各行省，政权一度风雨飘摇。虽然盖萨里克把各类勇士招至麾下，还募集阿特拉斯山（Atlas）野蛮的摩尔人（Moors）加入他的舰队，但要想管理这片广阔的土地，这还远远不够。这些狂热的阿非利加人祖上是躁动的多纳图斯派（Donatist）信徒和野蛮的"自杀殉道派"（Circumcellions），他们自然不太可能温顺地服从于他们的新主人。他们只等救世主来解救自己。曾经有两次，反抗的希望之火熊熊燃烧；然而每次救世主走近他们时，诡计多端的汪达尔人都能敏锐地掐灭希望的火苗。公元460年，皇帝马约里安在迦太基集结了一支势不可当的舰队，听候进攻的指令。但是，收到奸细报信的盖萨里克先发制人，他在马约里安的舰队整装完成前就发动袭击，马约里安的舰队毫无招架之力，最终全军覆没。公元468年，汪达尔人遇到了更大的威胁。东西罗马帝国的皇帝——利奥（Leo）和安特米乌斯（Anthemius）通力合作，捣毁了汪达尔人在迦太基的老巢。入侵阿非利加的军队据说多达 10 万人，从的黎波里（Tripoli）一路开至迦太基城门。盖萨里克的勇气和背信弃义在危难时刻表现得尤为显著。他欺骗了愚蠢的罗马将军巴西利斯库斯（Basiliscus），向对方请求 5 天的休战时间用来商定投降条款。但是，就在罗马军队竭力保留自己的军舰时，盖萨里克却在夜间派出火船，袭击了敌军无人看守的营地。懦夫巴西利斯库斯在失利后带军队撤退，而汪达尔人则奇迹般幸存下来。

在盖萨里克统治的最后 10 年，意大利和西西里岛经历了无数次的海盗袭击；罗马和拉文纳的 5 位傀儡皇帝根本不是他的对手。罗慕路斯下台后，盖萨里克仍然手握大权，并和奥多亚克签订了条约。根据条约，一向贪地更贪财的汪达尔人放弃了宝贵的西西里岛，以换取意大利国王每年支付的赔款。

盖萨里克于公元 477 年寿终正寝，汪达尔王国的黄金时代也随之终结，尽管 50 年后这个国度才会灭亡。他留下了精良的舰队和丰盈的国库，辉煌的宫殿里满是公元 455 年罗马之劫的战利品。但是，汪达尔人在阿非利加的统治一如既往地不稳定。这位年迈国王的狡黠和勇气是汪达尔人唯一的保护伞，而他去世之后，汪达尔王国危如累卵。盖萨里克生前担忧各省区叛乱，拆除了除迦太基以外的所有阿非利加城镇的城墙和城门。国家沦陷不过一战之差，叛军呼啸而来，誓要为汪达尔人治下饱受苦难的三代人报仇雪恨。

盖萨里克去世后，他的儿子胡内里克（Hunneric）继位。胡内里克继位时年事已高，他和他父亲一样，也是阿里乌斯派信徒，残酷地迫害正教徒。胡内里克的妻子是皇帝瓦伦提尼安三世

（Valentinian Ⅲ）的女儿欧多西娅（Eudocia），她在公元 455 年罗马之劫中被汪达尔人俘虏。但是欧多西娅对胡内里克影响寥寥，胡内里克并没有从她身上沾染罗马文明的气质，妻子坚持的正统教义也没有让他摆脱阿里乌斯教派的枷锁。欧多西娅和丈夫共同生活了 16 年，育有两子，最后终于设法从迦太基逃到耶路撒冷并在那里离世。她在耶路撒冷重新享用了天主教圣餐，而这一仪式在汪达尔王国是被长期禁止的。

　　胡内里克是暴君中的极品。他和家人的相处充分表明了他恶劣的品格。为了避免少数族群带来的危险（这种危险对于脆弱的政权是致命的），盖萨里克规定汪达尔国王之位应由族内最年长的男子继承，而非国王的直系血亲。尽管这一继承制度尚未成为正式规则，但在日耳曼部落中稀松平常。胡内里克想指定自己成年的儿子希尔德卡特（Hildecat）为接班人，但是胡内里克的兄弟们都比这位王子年长。胡内里克并没有废除他父亲的规定，而是计划着将兄弟们及其子嗣一网打尽，但是他弟弟根佐（Genzo）的两个儿子及时逃脱，侥幸活命。

　　胡内里克统治的 7 年间（477—484）战火硝烟未起，他的舰队不再劫掠西罗马帝国的腐朽残骸。尤里克的西哥特王国和奥多亚克的意大利王国势力强大，不像马克西姆（Maximus）或格利凯里乌斯的王国那样不堪一击。胡内里克集中全部精力来迫害本国天主教徒，丝毫没有注意到西哥特王国和意大利的发展势头。罗马正教会宣称，胡内里克共迫害 4 万人致死。这一惊人的数字或许有所夸大，但也足以令我们猜测当时迫害的严重性和残酷性。比起用刀剑或绳子行刑，胡内里克更喜欢砍掉犯人的手和舌头、挖掉他们的眼珠。

但毫无疑问，胡内里克屡屡对天主教徒处以极刑。

胡内里克手段如此残酷，叛乱四起也就不足为奇。阿特拉斯山的摩尔人奋起反抗，他们入侵汪达尔王国南部边界，远征至努米底亚（Numidia）的奥雷斯山脉（Mons Aurasius），誓要保卫拉丁语行省的安全。就在汪达尔人准备反击时，国王胡内里克去世，信奉天主教的编年史家一定认为国王和希律王亚基帕（Herod Agrippa）都是被同一种疾病打垮的。胡内里克的长子（也是他唯一成年的儿子）希尔德卡特先于其父去世；因此，贡萨蒙德（Gunthamund）——胡内里克两个幸存侄子中的年长者——随即登上王位。考虑到当时的情况，贡萨蒙德忍气吞声，没有杀掉胡内里克的两个幼子，而是把他们关进监狱。

当我们把目光从阿非利加的汪达尔王国转向奥多亚克的意大利，不难发现两国的执政方式形成了令人震撼的鲜明对比。奥多亚克和胡内里克同为蛮族，虽然他们都摒弃了古罗马的所有行政管理机构，但奥多亚克国王仍然保留了建立之初的整个体系，他像之前的罗马皇帝一样任命执政官、军队统帅和财政大臣（Count of Sacred Largesses）。罗马仍然设有元老院，负责通过一些无足轻重的法令；执政官也仍然用自己的名字命名年份。但是奥多亚克有一个重大的征地计划：为了保障雇佣军的利益而没收意大利每位富有地主1/3的土地。这个计划想必引起了诸多麻烦和不满。奇怪的是，当时的历史文献对此少有记载。也许奥多亚克巧妙地安抚了小地主，他的好名声才得以维持。毕竟帝国的许多条顿征服者都声名狼藉。

意大利各行省之前服从里奇梅尔和贡多巴德等蛮族贵族的管理，现在交由蛮族国王统治，总的来说变化不大。奥多亚克似乎是一位安故重迁的智者。虽然他本人是阿里乌斯派信徒，但他却没有施加任何宗教迫害。即使他坚称自己有权决定罗马主教的选举，我们也没有发现他曾强迫神职人员和臣民接受他的提名人选。事实上，他因遏制教会土地转让和圣职买卖之风而闻名。

奥多亚克的外交政策主要是团结意大利的旧主教区：意大利半岛以及大陆上的诺里库姆和北伊利里亚（Illyria）。他把普罗旺斯沿海地区割让给尤里克，那里仍然被罗马人控制；奥多亚克没有尝试与罗马驻高卢总督斯雅戈里乌斯往来，斯雅戈里乌斯掌管着西哥特和法兰克之间的中部高卢。另一方面，奥多亚克严格管制东北边界。公元 480 年，尤利乌斯·尼波斯被叛乱分子谋杀，奥多亚克随即入侵达尔马提亚王国。尽管末代国王拼死护国，达尔马提亚还是被奥多亚克成功征服。在北部的诺里库姆，鲁吉人多年来一直骚扰罗马多省，他们渡过了多瑙河。奥多亚克派他的兄弟亨乌尔夫（Hunwulf）回击，他把鲁吉人赶回河对岸，还俘虏了鲁吉国王菲瓦（Feva）。但是当罗马各省从鲁吉人的压迫中解放出来时，他们没有修复自己被摧毁的城市，而是趁此时机集体迁往意大利。在亨乌尔夫军队的保护下，诺里库姆全体人民携带全部家当（甚至还带上了圣徒的遗体）蜂拥南下。他们翻过阿尔卑斯山，奥多亚克准许他们在意大利境内定居，那是一块曾被汪达尔人毁坏的荒地。只有在雷蒂亚山谷（Rhaetian Valley）还有一些讲拉丁语的人口。几年后，奥多亚克放弃了荒无人烟的诺里库姆，鲁吉人和赫鲁利人便进入这里。因此，巴伐利亚南部和奥地利大公国并不像恩加丁（Engadine）那样讲罗曼什语（Roumansh），而是像鲁吉人和赫鲁利人一样说日耳曼语。

公元 476 年至公元 489 年的 13 年间，这位斯基里国王统治着意大利、诺里库姆和达尔马提亚，政绩斐然。随着岁月流逝，国泰民安，军队顺服，意大利人民终于摆脱汪达尔人和哥特人的袭击，得以安然度日。奥多亚克一定相信自己的王国强盛发达，足以比肩邻近的勃艮第或西哥特王国。但是，他的统治有一个致命弱点：他所倚靠的军事力量并非忠诚的单一精锐部族，而是一支纯粹的雇佣军。这支军队由十几个破败的条顿部族余党组成。在军队士兵的眼中，奥多亚克只是他们的将军和雇主，而不是一个合法的世袭君主——众神和英雄的后裔。这些曾拥护奥多亚克称王的外族军团根本不足以构成一个族群；需要经过几代人的努力，他们才能融合成一个国家。然而，这个新王国仅存活半代就遭遇到了最猛烈的冲击。

公元 489 年，奥多亚克的敌人来了。东哥特国王狄奥德米尔（Theodemir）之子狄奥多里克率领所有东哥特人从多瑙河和阿尔卑斯山脉出发。他们拖家带口，拉上奴隶和牲畜，装满家当的两万辆牛车堵死了东北部的所有山口。

当年阿拉里克（Alaric）率领半数哥特人向西进军，另一半则继续待在巴尔干半岛，狄奥多里克就是这部分人的后代。狄奥多里克大举反叛，多次入侵色雷斯（Thrace）和默西亚（Moesia），使得当地人民在阿提拉游牧部落离开后再度蒙难。和先辈们一样，狄奥多里克也未能攻占君士坦丁堡，只好与芝诺皇帝第四次媾和。然而这时，他发现自己身处的这片土地饱受蹂躏，一无所有，只剩下一支饿得半死的军队。里奇梅尔如何对付西罗马帝国，狄奥多里克也如此对付东罗马，但拜占庭坚不可摧的城墙却将他拒之门外。他年轻有为，雄心勃勃，渴望开疆扩土，征服更加富饶的地区。与此同时，东罗马帝国皇帝正在想方设法扫除哥特人的势力。芝诺和狄奥多里克各怀鬼胎，他们都盼望奥多亚克倒台。亚洲发生的一场叛乱威胁到了芝诺的统治，皇帝认为幕后黑手正是奥多亚克；东哥特国王狄奥多里克也受到了鲁吉流民的挑衅，而鲁吉人就是被意大利国王的军队驱逐出去的。

双方一拍即合，东哥特人入侵奥多亚克王国的计划应运而生。芝诺已经获得了奥多亚克和意大利人的承认，他既是东罗马帝国皇帝，又执掌西罗马帝国。芝诺正式宣布，罗马的现任统治者被废黜，一位新贵族——东哥特国王将会接替这一职务。为了回报芝诺授予他的新头衔和军资，狄奥多里克口头承诺会代表皇帝出征。双方都不在意这种效忠会持续多久。皇帝只想摆脱哥特国王，而哥特国王知道，只要自己掌控了意大利，就连皇帝也得听命于他。

公元 488 年秋天，狄奥多里克召集东哥特士兵，全体驻扎在多瑙河中游营地。军队受命为接下来的紧急出征做准备。战争摧残了默西亚的土地，哥特人并没有足够的粮食支撑到次年春天。狄奥多里克担心发生饥荒，故而宁可在一年中最严酷的季节行军。因此，公元 488 年 10 月，多达 20 万甚至 30 万东哥特人沿着多瑙河边的罗马大道穿过辛吉度努姆（Singidunum），向潘诺尼亚（Pannonia）进发。不久，东哥特人就遇到了阻碍。占据多瑙河中游两岸土地的格皮德人国王特拉斯提拉（Traustila）出兵拦截，阻止哥特人经过他们的领地。狄奥多里克虽然取胜，但要在敌人的地盘上行进仍然困难重重。他只好率军在萨韦河（Save）过冬，支持士兵抢劫格皮德人的耕地。公元 489 年春天，狄奥多里克继续前行，穿过尤利安山（Julian Alps）关隘，一路畅行无阻，最后来到通往威尼西亚（Venetia）平原的舍恩帕斯（Schonpass）峡谷。而在这里，奥多亚克带着所有的外族军团正在伊松佐河（Isonzo）岸边等待他，一场恶战在所难免。结果毫无悬念：东哥特人这个单一民族在他们的世袭国王（"天降阿马立王"*）领导之下奋勇作战。他们为了挤在山口的妻子和家庭而战，他们知道战败即毁灭。奥多亚克麾下鱼龙混杂的雇佣军无力招架东哥特人的攻势。随后意大利国王被击溃，营地受到猛攻，军队七零八落。奥多亚克只好领兵撤至维罗纳（Verona）城下重整旗鼓。一个月后，狄奥多里克再次出现在敌人面前，速战取胜。奥多亚克率军在湍急的阿迪杰河（Adige）作战，许多士兵被卷入身后的激流中，之前参与保卫意大利的同盟军大部分在此阵亡。

失去了意大利北部，奥多亚克只好退守拉文纳，这个沼泽环绕的要塞曾抵挡住无数半岛入侵者。与此同时，狄奥多里克继续前行，占领了米兰和波河河谷。公元489年秋天，奥多亚克的军事长官图法（Tufa）率残兵败将向狄奥多里克投降，狄奥多里克不战而胜。

但是这场战争注定要持续3年以上：拉文纳坚不可摧，而狄奥多里克三度受到外界因素干扰，无法集中火力。首先是图法叛变，他带着同盟军的残余势力重新回到老主人奥多亚克的阵营。第二年，勃艮第国王贡多巴德翻越阿尔卑斯山，但最后不得不打道回府。最后是鲁吉国王费雷德里克乌斯（Fredericus，日耳曼历史上出现的第一个费雷德里克乌斯）；尽管3年前他躲避意大利军队时曾受过狄奥多里克的庇护，但他还是举兵支持奥多亚克。公元491年7月，奥

---

* 阿马立王朝是东哥特王国的第一个王朝，因统治者是阿马立王直系后代而得名。

多亚克最后一次被赶回拉文纳老巢。此后的 20 多个月里，他一直安守于坚固城墙之内，但是严峻的饥荒迫使他不得不于公元 493 年 2 月寻求和谈。

　　狄奥多里克向溃败的敌军提供了意想不到的好条件——保留奥多亚克的王位，二人共治意大利。但是，当奥多亚克解衣卸甲，前来拜访征服者狄奥多里克时，却在宴会上被人暗杀。此事距拉文纳陷落仅过去 10 天。这是狄奥多里克漫长而辉煌的生涯中唯一卑鄙的罪行：他的行为似乎表明，这是一场事先布局的鸿门宴，目的就是置奥多亚克于死地。公元 493 年 3 月，奥多亚克遇害，享年 60 岁。17 年前他曾杀死欧瑞斯特并篡位，却没料到自己最终与这位前任殊途同归。

第二章

狄奥多里克——意大利王　493—526

> 东哥特民族——狄奥多里克其人——狄奥多里克在意大利的治理——狄奥多里克在罗马——狄奥多里克的外交政策——与法兰克人和勃艮第人的战争——在西欧的霸权——晚年不幸——波爱修斯（Boethius）之死——狄奥多里克伟大计划的失败

　　从国家形态和建制的角度出发，狄奥多里克取代奥多亚克成为意大利的统治者之后，局面并没有发生变化。而从实际角度出发，这样的政权更迭意义重大，毕竟这个新的条顿王国要比之前强大得多。王国的统治者更加年轻有为，他的智慧和远见在公元5至6世纪的日耳曼人中首屈一指。此外，现在东哥特人的军事力量远远超过了奥多亚克手下那帮雇佣军。东哥特人是一个庞大的部族，一个世纪以来，他们克敌宁乱，战无不胜，以勇武自矜。在过去20年中，国王次次势在必得，带领他们取得胜利，因此他们对国王忠贞不贰。虽然东哥特人仍保持同祖先一般的骁敢，但经过三代人的统治，他们的文明水平遥遥领先于其他条顿部落。衣着、盔甲和生活方式都体现出了他们和罗马千丝万缕的联系。他们信奉基督教已逾百年，早已摈绝了祖先们的异教信仰和野蛮风俗。乌尔菲拉（Ulfilas）所著的著名哥特语《圣经》最早孕育了条顿文学的萌芽。一些留存至今的文献就是以乌尔菲拉为人民设计的文字写就的，这表明哥特神职人员甚至普通人都可以用自己的语言书写。狄奥多里克自己从来没有学过写字，但他的臣民中一定有很多人能做到。虽然国王实际上并不鼓励哥特人学习书本知识，但是在跟随他的那一代人中，仍有很多哥特人精通古罗马语和古希腊语，有些人甚至自称哲学家，师从柏拉图。

在所有的日耳曼部族中，东哥特人似乎最适合成为新王国的核心——一个建立在罗马帝国的废墟之上、即将发展壮大的文明国家。这项伟业离不开领头人的指引，而狄奥多里克无疑是最合适的领袖人选。他曾在君士坦丁堡充当人质，这10年光阴让他洞察了罗马行政体制的优缺点；而作为部族首领，与罗马人和蛮族长达20年的作战经验让他蜕变成一名举世无双的将领。在意大利政治家眼中，狄奥多里克是一个智多星，总能化解帝国管理中的疑难问题；而在东哥特士兵们眼中，狄奥多里克不仅是阵前高明的统帅，还是军中英武的战神。不管是在多瑙河边重创格皮德人，还是把奥多亚克手下的雇佣军卷入阿迪杰河，国王都亲自率军冲锋，冲破敌人的盾墙，锁定胜局。但狄奥多里克不仅仅是伟大的政治家和战士，他还有着宽阔的胸襟和深刻的思想。他的实践智慧体现在众多民间谚语之中。尽管狄奥多里克的性格多少存在缺陷，但不可否认的是他有一颗健全而正直的心。尽管他的文臣卡西奥多罗斯（Cassiodorus）执笔语言晦涩，连篇累牍，但是狄奥多里克心中对于公平正义的坚守仍然在许多公函文件中熠熠生辉。在日耳曼民族诸王中，他是"唯一的公正之人"*，决心制止哥特人的暴力行径——不亚于罗马人的欺猾——来向世人证明自己公正无私，一视同仁。狄奥多里克是当时所有统治者——无论是罗马人还是日耳曼人——中唯一没有进行过宗教迫害的国王。"国王不能控制宗教，因为没有人能违背自己的意愿，被他人强迫信仰某种宗教。"狄奥多里克的这一宏伟宣言振聋发聩，千百年来无人超越。尽管他本人是阿里乌斯派信徒，但是他却像任用本教派信徒一样自如地任用天主教徒、哥特人和罗马人。甚至连犹太人也在他那里得到了公正的对待，而其他国家都普遍排斥犹太人。狂热的基督徒曾因憎恨犹太教拉比滋扰以及犹太教堂亵渎神灵而对狄奥多里克大加辱骂，这恰恰印证了人们对他的赞美。狄奥多里克说："即使是在信仰上误入歧途之人，也不应被拒绝。"能够容忍犹太人的大多是半异教徒或不可知论者，但他不是；狄奥多里克的敕令暂时庇佑了饱受压迫的希伯来人，也使得他们抛却了冷漠和愤恨。

狄奥多里克在安顿部族、规划定居方面展现了非凡的能力。奥多亚克 17 年前没收的 1/3 土地似乎已能满足建设发展之需。这些土地由雇佣军掌管，他们中的大部分战死沙场，即使有人侥幸逃生，最终也会在暴乱和屠杀中丧命。这些暴乱屠杀的发动者正是意大利人，当他们得知奥多亚克被困于拉文纳时，他们便通过暴动和杀戮来庆祝奥多亚克的垮台。因此，狄奥多里克不必进一步掠夺当地地主来养活自己的族人。不过地主确实受到过威胁，狄奥多里克曾扬

---

* 拉丁语 justissimus unus et servantissimus aequi，语出古罗马诗人维吉尔。

言要剥夺那些长期效忠奥多亚克的意大利人的土地和权利，但是最后他从善如流，那些人幸免于难。因此，哥特人定居此地后和狄奥多里克的新臣民和平相处，纷争甚少：他们大多聚集在波河河谷沿岸和皮切诺（Picenum），偶有散居于托斯卡纳（Tuscany）和意大利中部。进入意大利南部的人极少，几乎所有人都在乡下定居，务农为业。只有在拉文纳、帕维亚和维罗纳等帝国皇城，哥特人才在城镇人口中占据着可观的分量。

狄奥多里克的意大利管理方案值得仔细研究。他没有彻底清除残存的罗马行政制度，也没有迫使哥特人服从罗马法律。两种管理体制并行运作，这深得他意。哥特人受本族"伯爵"（遍布意大利各省的哥特行政官）的统治和审判，即盎格鲁-撒克逊人的郡长。罗马人有事则会向同族的执法官寻求公道。如果一个哥特人和一个罗马人打官司，这个案件就会交由法官席上并席而坐的哥特伯爵和意大利法官共同审理。

在中央政府中也存在同样的并行制度。狄奥多里克的朝廷在许多方面与另一位日耳曼国王的朝廷颇为相似；狄奥多里克四周有御前侍卫，这些人都是国王的亲信，哥特人称之为王家事务官（Saiones），但在英国历史中应该被称为塞恩（thegns）或哥塞特（gesith）。王家事务官受国王差役，他们在凉亭和大殿里担当侍从，在战场上充当护卫。在王家事务官等级之上，还有两三类显赫的官职，这些人是中世纪后期宫廷中的高级官员，比如王宫内侍（chamberlain）、王宫主管（praepositus domus）、（罗马时期被称作士兵统帅的）上尉、国王的高级仆役和管家。

除了由条顿人组成的朝廷，波爱修斯口中的"王家大堂的猎犬"狄奥多里克还一直保持着罗马官员的完整编制，这些官员仍使用罗马帝国时期的旧有头衔，比如：禁卫军长官（praetorian praefects）、职官监（masters of the offices）、财务官（quaestors）和公证人（notaries）。他小心审慎、明察秋毫，挑选出意大利臣民中最诚实者担任这些职务，因此他的朝臣们从来没有像后代皇帝的手下那样结党营私、欺压百姓。狄奥多里克甚至任命利贝里乌斯（Liberius）为禁卫军长官。奥多亚克在世时，利贝里乌斯始终对他忠心耿耿，正是他的忠贞令狄奥多里克大为赞赏。毋庸置疑，意大利的中央政府内精英荟萃。但是往往越优秀的人越容易沉溺于古罗马荣耀的虚幻梦想，也就越有可能憎恨东哥特人的英明统治。波爱修斯——最后一位罗马人——一生都在为狄奥多里克效力，却从未真正地忠于他。

狄奥多里克统治时期，意大利进行的改革不胜枚举。其中最为明智的便是妥善修复帝国早期的旧大道、渡槽和排水渠。狄奥多里克自己是个伟大的建造者，他在维罗纳和拉文纳建了王宫。唉！可惜现在只留下残砖破瓦。但他在保护古建筑方面更费苦心：每年拨发约200磅黄金，用以修复罗马的宫殿和公共建筑；他也保护雕像和纪念碑，并在罗马雕像群中添了他自己的雕像。狄奥多里克也自视为真正的恺撒，他甚至在马克西穆斯竞技场举办马车竞技比赛，在古罗马广场上对着聚集的民众激情演说。他出席并参与元老院的辩论，试图通过增加一些哥特议员来活跃元老院氛围。尽管他在恢复曾对罗马性命攸关的面包救济方面疏忽大意，但是他经过税改，立功自赎，人民负担减轻，国库日益充实。狄奥多里克去世时，拉文纳的国库估值不低于4万磅黄金，相当于如今的16万英镑现金。

狄奥多里克治理内务贤良有方，他的外交政策也同样坚定有力。他首先与东罗马帝国建立友好关系。奥多亚克去世之前，狄奥多里克就谴使禀报芝诺：征服意大利的使命已圆满完成，望帝国尽快授予自己头衔。然而不巧，使者到达时芝诺刚刚驾崩，继任者阿纳斯塔修斯（Anastasius）忙于镇压骚乱。直到公元 497 年，皇帝才最终承认哥特国王是意大利的统治者。之后，阿纳斯塔修斯把 20 年前奥多亚克向芝诺进献的皇位宝器——君主紫袍和皇冠，它们的上一任主人是小皇帝罗慕路斯——转送给狄奥多里克，以此作为他姗姗来迟的认证。

　　阿马立王朝统治意大利的 33 年里，狄奥多里克与皇帝只发生过一次争执，那便是公元 505 年伊利里亚 * 骚乱引发的边境争端。狄奥多里克考虑恢复西罗马帝国的东部边界，其手下将领已经征服了潘诺尼亚、塞尔曼（Sirmium）和辛吉度努姆，侵入默西亚领土，并与东罗马军队展开激烈交锋。公元 508 年，阿纳斯塔修斯的两位将军对阿普利亚（Apulia）发动大规模突袭。3 年来骚乱频繁，但却没有爆发大战。就像西罗马帝国时期一样，双方最终签订了和平条款，将萨韦河和多瑙河定为国界，一切也随之尘埃落定。

　　处理意大利与西边、北边各邻国的关系时，狄奥多里克更是棋高一着。与奥多亚克一样，他继续保卫阿尔卑斯山以外的古罗马地区。这些地区曾是雷蒂亚（Rhaetia）省和诺里库姆省的一部分，现在都变成了日耳曼人而非罗马人的土地。公元 496 年，许多阿勒曼尼人或施瓦本人被法兰克人克洛维（Chlodovech）从缅因河和内卡

---

* Illyria 是 Illyricum 的拉丁文，实为一地，统一译为伊利里亚。

河地区驱逐出去，流亡到了雷蒂亚。东哥特人命令以莱茵河上游为界，在巴塞尔（Basel）和康斯坦茨（Constanz）之间叫停了法兰克人的追杀。这些人得到狄奥多里克的保护，死里逃生。作为回报，他们欣然承认狄奥多里克的最高统治地位。再往东，在诺里库姆，罗马人的移居地现在被形形色色的日耳曼残余力量占据：鲁吉、斯基里和图尔奇林基部族。这些人开始称自己为巴伐利亚人——几年后我们一定不会对这个名字感到陌生。他们也像阿勒曼尼人一样，愉快地认狄奥多里克为宗主并向他进贡。

早在公元476年，奥多亚克就把马赛（Marseilles）和其他服从皇帝统治的城镇让给了西哥特人。因此，狄奥多里克登基之时，王国四周被阿尔卑斯山环绕。在阿尔卑斯山的另一边，西哥特人阿拉里克现在控制着罗纳河河口和普罗旺斯海岸，勃艮第人贡多巴德统治着从阿维尼翁（Avignon）远至贝桑松（Besancon）和朗格勒（Langres）的罗纳河中游及上游地区。克洛维的法兰克王国现在延伸至卢瓦尔河和塞纳河上游，位于勃艮第和西哥特的北边，远离阿尔卑斯山以南的狄奥多里克王国。

东哥特国王和这3位君主往来密切。狄奥多里克甫一登基就向克洛维提亲，求娶其妹奥格弗莱达（Augofleda）。他希望通过联姻，能将聪明而又肆无忌惮的法兰克人牢牢握在手心。尽管他来到意大利前已经有两个妾生的女儿，但是奥格弗莱达所生的孩子阿玛拉逊莎（Amalaswintha）是狄奥多里克唯一合法的婚生子。与法兰克公主结婚后不久，狄奥多里克就把两个私生女分别嫁给了勃艮第贡多巴德的长子西吉斯蒙德（Sigismund）和西哥特国王阿拉里克。这样一来，左邻右舍都成了他的亲家。

然而，狄奥多里克的新亲戚之间仍有重重矛盾。公元499年，克洛维攻打贡多巴德并侵入他的领土，贡多巴德被击溃，只好退居最南端的据点阿维尼翁。尽管法兰克人之前凯歌频奏，但最终却失去了所有战利品，于是他们转而攻击西哥特国王。狄奥多里克竭力阻止这两场战争，但都以失败告终。公元507年，他的大舅子克洛维攻占了高卢南部，在战斗中杀死了他的女婿阿拉里克，这让狄奥多里克义愤填膺。勃艮第人和法兰克人后来联手消灭了西哥特人。如果狄奥多里克当时没有插手的话，他们也许早就这么做了。西哥特的王位继承人现在是阿拉里克和狄奥多里克之女所生的儿子——阿马拉里克（Amalric）。为了保卫外孙的王国，狄奥多里克向克洛维和贡多巴德宣战。他的军队翻越阿尔卑斯山，前去营救滞留高卢的西哥特残部。大军兵分两路：一支穿过科欣阿尔卑斯山脉（Cottian Alps）攻击勃艮第王国；另一支进入普罗旺斯，横扫阿尔勒（Aries）城外的法兰克–勃艮第围攻者。凭借其一贯的好运气，狄奥多里克于509年收复高卢南部的迪朗斯（Durance）和塞文山脉（Cevennes），克洛维的征服之旅最终止步于阿基坦（Aquitaine）。现在，东哥特军队进军西班牙的道路已经畅通无阻。他们要帮助当时还是孩子的阿马拉里克对抗盖萨里克。盖萨里克是阿拉里克二世的私生子，在巴塞罗那自立为西哥特国王。游击战持续了两年，尽管这个冒牌国王曾向汪达尔国王撒萨蒙德（Thrasamund）寻求援助，但他最终仍没逃脱被捕杀害的命运。

　　接下来的14年里，狄奥多里克担任西班牙摄政，直到外孙阿马拉里克成年。狄奥多里克与阿马拉里克一样被公认为西哥特国王，统治着历经200年重新统一的哥特民族。他在东西哥特王国享有一致的权威，无论是西班牙还是意大利都令出如山。东哥特贵族狄乌蒂斯（Teudis）成了他在纳巴达（Narbonne）的代理官，统治罗纳河以西的所有西哥特土地。而罗马人利贝里乌斯被任命为高卢禁卫军长官，在阿尔勒古城管理西哥特普罗旺斯。

狄奥多里克的势力达到顶峰，领土从及塞尔曼（Sirmium）到加的斯（Cadiz），从多瑙河上游延伸至西西里。他统治着旧日西罗马帝国的大半领土，甚至在其势力范围之外的高卢和阿非利加地区也有很大的影响力。公元507年至510年战争后，法兰克国王克洛维去世，他的4个儿子瓜分了国土，并与东哥特人议和，此举实乃勃艮第王贡多巴德之翻版 *。

各方势力在接下来的12年里（511—523）和平相处。随后，已是高龄的狄奥多里克终于有机会插手高卢事务。勃艮第国王西吉斯蒙德是狄奥多里克大女儿的丈夫，他是一个阴郁而多疑的暴君，谋杀了自己的长子兼继承人西格里克（Sigeric）。这一行为彻底激怒了狄奥多里克，为了惩罚他的罪行，狄奥多里克与法兰克人结盟，联合攻打勃艮第。他征服了迪朗斯和德龙（Drome）之间的土地，而位于东哥特西北边的阿维尼翁、奥朗日（Orange）和维维耶尔（Viviers）也被纳入王国版图。

狄奥多里克及其邻国建立的家族联盟势力甚至扩张到了地中海之外。他把妹妹阿玛拉菲达（Amalafida）——一位风华不再的孀居公主——许配给汪达尔老国王撒萨蒙德。由于这层姻亲关系，撒萨

---

* 公元500年，贡多巴德之弟戈迪吉塞尔挑唆克洛维攻打勃艮第。乌什河一战，贡多巴德战败，勃艮第被迫向法兰克王国俯首称臣。不久贡多巴德恢复实力，撕毁和约，并杀死戈迪吉塞尔，成为唯一的勃艮第王。

蒙德在狄奥多里克眼中就不再是一位属臣，而是一个小辈。狄奥多里克发现，汪达尔人竟敢帮助西班牙的篡位者盖萨里克，于是就向汪达尔王国征收贡物；他还命令撒萨蒙德，今后任何事项必须经由其妻阿玛拉菲达同意方可行事。撒萨蒙德内心并无怨恨，甚至尽一切努力来讨好他的大舅子。事实上，胡内里克去世之后汪达尔王国便江河日下，汪达尔人自然不会冒险与狄奥多里克发生冲突。贡萨蒙德（484—496）和撒萨蒙德（496—523）统治时期，阿特拉斯山的摩尔人不断侵占汪达尔王国领土。贡萨蒙德不是前任国王胡内里克那样的迫害者，他曾努力帮助天主教徒，召回了被流放的主教，重新开放教堂。但是这些恩惠并不能挽回他的臣民。在他统治期间，摩尔人征服了从丹吉尔（Tangiers）到该撒利亚（Caesarea）的整个海岸地区。他的弟弟撒萨蒙德则截然相反，他恢复了宗教迫害政策，将200名天主教主教驱逐到撒丁岛（Sardinia）。胡内里克时期的恐怖又一次笼罩着汪达尔王国。在对付国内的反叛者时，撒萨蒙德自然也没有比哥哥更幸运。他知道，与狄奥多里克发生冲突无异于自取灭亡，因此他尽可能避免一切对外战争。公元523年，撒萨蒙德垂垂老矣，据说他听闻军队惨败，悲痛离世。他的表亲希尔德里克（Hilderic）继位。希尔德里克是胡内里克和罗马公主欧多西娅的儿子，是狄奥多西大帝家族最后的子裔。他由一位信奉天主教的母亲教育长大，是第一位信奉罗马正教的汪达尔国王。希尔德里克结束了对天主教徒的迫害，但他的统治并非比前两个堂兄更加贤明。希尔德里克热情支持天主教，引起了许多汪达尔臣民的不满。他遭到了狄奥多里克之妹（王太后阿玛拉菲达）领导的叛党攻击。阿玛拉菲达想拥立已故丈夫的侄子为阿非利加国王。公元523年，希尔德里克平定叛乱，俘获并囚禁了阿玛拉菲达，狄奥多里克闻讯惊怒。只要狄奥多里克还健在，希尔德里克就只能把王太后关在牢里，不能伤她分毫；但是公元526年狄奥多里克去世后，希尔德里克便立刻残酷地杀害了这位年迈的王太后。从此，汪达尔人和东哥特人形同陌路。

狄奥多里克晚年阴云密布，妹妹遭人囚禁并不是他唯一的苦恼。王位的继承问题也让他心烦意乱。他把唯一的婚生子阿玛拉逊莎许配给一个名叫尤塔里（Eutharie）的西哥特王子。尤塔里的谨慎和英勇出乎人们的意料。狄奥多里克打算让女儿女婿两人一同统治东哥特王国。然而，公元522年尤塔里去世，只留下一个5岁的男孩。狄奥多里克明白，尤塔里去世后，王位之上的孤儿寡母将会面临重重危险，其中最大的危险便来自他的外甥狄奥达哈特（Theodahat）——阿马立家族的第一顺位男性继承人。狄奥达哈特好密谋，生性无耻，臭名远扬。

或许因为这些家族问题，狄奥多里克满腹牢骚，苦不堪言。在生命的最后几年里，他还与一些最优秀的意大利臣民闹起了矛盾。不论对错，他开始相信意大利人会利用他的死亡来煽动君士坦丁堡皇帝反对年幼的东哥特继承人。这个想法不无道理：尽管狄奥多里克智慧能干，大多数罗马遗民却从未善待这个信奉阿里乌斯教派的哥特统治者，至少元老院的一些人在与罗马皇帝查士丁一世（Justin Ⅰ）秘密通信。查士丁一世这位东罗马皇帝无疑是50年来最为坚定的正教徒，他镇压阿里乌斯教派，点燃了全世界天主教徒的热情。意大利的忠实教徒无疑会拿他的行为与狄奥多里克的做法相比，而主张绝对公正的后者明显处于劣势。公元524年，行政长官西普利安（Cyprian）指控贵族阿尔比努斯（Albinus）向君士坦丁堡送信，信中有反对东哥特统治的内容。在审判中，意大利知识分子的主要代表波爱修斯——当时最著名的作家、哲学家、神学家、天文学家和机械师——作为宫廷顾问为阿尔比努斯辩护。波爱修斯言辞激烈地回应针对阿尔比努斯的指控。他高呼："如果阿尔比努斯有罪，那么我本人乃至整个元老院都有罪。"而控告人西普利安并不罢休，他进一步举证来证明波爱修斯是曾与查士丁通信的元老院成员之一，或者说波爱修斯至少曾竭力掩护那些真正参与过的人。这一指控并没有得到充分证实，但老国王已然怒不可遏；最受他偏爱和重用的臣子竟背叛了他，是可忍孰不可忍！狄奥多里克下令在元老院审判波爱修斯，并给他定了罪。波爱修斯被关押在监狱一年——这一年给后世留下了无价之宝。波爱修斯在囚禁期间完成了著作《哲学的慰藉》。这本书抚慰了中世纪一个又一个高尚但不幸的灵魂，俘获了无数读者的心，阿尔弗雷德大帝（King Alfred）和托马斯·莫尔（Thomas More）都是它的忠实读者。在监禁的最后几年里，波爱修斯受尽折磨，最终被处死。他可能是清白的，或许他根本没有和君士坦丁堡秘密通信；但更有可能的是，他的信件虽然并无恶意，早有预谋的指控者和充满恐惧的国王却从中读出了他意图背叛的意味。

公元 525 年，波爱修斯死后，狄奥多里克又处决了波爱修斯年迈的岳父——元老院长老塞马库斯（Symmachus），仅仅是因为怀疑他对女婿的死心怀不平。塞马库斯的罪行并没有进一步得到指控，也没有正式的审判。处死塞马库斯是狄奥多里克一生中第二个不可饶恕的罪过，仅次于谋杀奥多亚克。

在老国王统治的最后两年里，其他人也深受其害。查士丁迫害阿里乌斯派信徒让狄奥多里克怒火中烧，他威胁要让意大利的天主教徒血债血偿。狄奥多里克命令罗马主教约翰（John）立即前往君士坦丁堡告知皇帝：继续迫害阿里乌斯派信徒无异于向哥特人宣战，东哥特王国的正教教徒也会受到攻击。受到威胁后的查士丁停止了对阿里乌斯派信徒的骚扰，并将罗马主教奉为上宾。这却引起了意大利国王的怀疑。狄奥多里克认为约翰对皇帝过于友善，他怀疑约翰在君士坦丁堡表现得毕恭毕敬是想要离间忠诚的罗马臣民。教皇从君士坦丁堡回来后就被关进了监狱。由于身体状况欠佳，不久之后约翰就离开了人世。公元526年，他被罗马教会追封为殉道者。

在意大利人眼中，塞马库斯被处决、教皇约翰被监禁无疑预示着狄奥多里克的宗教迫害马上就要蔓延至意大利全境。传言说，阿里乌斯派信徒已经得到了国王关闭天主教堂的法令，哥特人要拿起武器对付他们的同胞。回顾狄奥多里克稳定的前半生，很难想象日后他会实施如此疯狂而狷狭的计划。但是，迟暮之年的狄奥多里克确实变得阴郁多疑、冷酷无情。教皇约翰死后不久，他也被痢疾夺走了生命。他的离世对自己的名誉和臣民都是有好处的。但是如果他早死3年，他就不会对波爱修斯痛下杀手，这对他自己和人民都会更好。他去世时，坊间流传着几个古怪的传说：几位圣隐士目击狄奥多里克的灵魂被约翰和塞马库斯伤痕累累的鬼魂拖下地狱，或是狄奥多里克被自己这个恶魔亲手杀死。这些离奇的故事表明，狄奥多里克最后不得人心。

统治意大利33年、统治西班牙12年后，狄奥多里克去世，享年72岁。他被哥特人埋葬在拉文纳城外，那里有他多年前为自己建造的圆形陵墓。他的遗骨早已风化，但是他那座空荡荡的坟墓留存至今，可谓哥特人统治意大利60年里唯一完好无损的纪念碑。

第三章

君士坦丁堡众帝　476—527

东西帝国命运比较——东罗马帝国实力恢复——利奥一世和东罗马帝国的伊苏里亚人——芝诺皇帝和臣民的起义——芝诺皇帝和两位狄奥多里克的战争——《合一通谕》（*Henoticon*）——皇帝其人——伊苏里亚人起义——503—505年的波斯战争——蓝、绿两党——维塔利安（Vitalian）起义——查士丁尼一世继位

5世纪中后期（450—475）的每任西罗马皇帝在位时间都极短，他们用血迹斑斑的历史填补了从瓦伦提尼安三世死亡到奥多亚克篡权之间的空白。他们都只是野蛮人或半野蛮人、"贵族"或"士兵长官主人"。这些身份让他们迅速崛起，也让他们过早陨落。准确地说，真正书写动乱岁月历史的是那些拥王者，例如里奇梅尔、贡多巴德、欧瑞斯特，而不是他们手中的提线木偶。

但是，当我们把视线转移到东方的君士坦丁堡，我们会惊奇地发现，东西罗马帝国在方方面面都迥然不同。西罗马帝国迅速瓦解，行省接连不断地脱离皇帝之手，而被哥特、勃艮第或汪达尔国王收

入麾下。这些国王对罗马的短命恺撒若即若离，或者根本不屑一顾。另一方面，东罗马帝国国土仍然完整，养精蓄锐，等待在下个世纪厚积薄发。从 455 年至 476 年，西罗马九任皇帝的统治时间加起来也不超过 21 年，而雄踞博斯普鲁斯海峡的两任东罗马帝国皇帝则统治了 34 年（457—491）。两国统治者迥异的性格注定了他们的命运：那些短命的西罗马恺撒要么只是无名小卒，被任性的野蛮人推上了王位；要么是野心勃勃的年轻士兵，梦想着力挽狂澜、匡复国家。在同时代的东罗马帝国，利奥、芝诺和阿纳斯塔修斯则是 3 位老到的资深官员。即使他们并非天纵多能，但他们以和平方式交接权力，并施行一系列审慎的防御政策。他们留下了丰厚的财富、精良忠诚的军队和金瓯无缺的国土。

5 世纪初，东罗马帝国也曾和西罗马一样面临着蛮族入侵、国土告急的危险。哥特人驻扎在色雷斯、默西亚和小亚细亚（Asia Minor）各地，哥特将军盖纳斯俘获了阿卡狄乌斯（Arcadius）皇帝，开始掌权。如果盖纳斯能力出众，他可能会像后来西罗马的里奇梅尔那样，一手扶持皇帝上位，又一手把皇帝拉下马来。但是他的计划最终功亏一篑，君士坦丁堡于 401 年发生大暴乱，东罗马帝国因此得以幸存。当时西哥特外族军团被屠杀，他们的领袖被愤怒的民众赶走。这样一来，不光是君士坦丁堡得救，整个东罗马帝国都免于沦入哥特人之手。

虽然东罗马帝国的欧洲各省曾在 5 世纪的前 80 年里遭受日耳曼人的严重踩躏，但日耳曼人从此再也没有掌控政府机构、内部颠覆帝国的机会了。尽管狄奥多西二世（Theodosius Ⅱ）在他漫长的统治期（406—450）内没什么作为，但至少山河仍在，国土完整。

在狄奥多西二世统治时期，有两个外部因素有利于东罗马帝国发展。首先，君士坦丁堡坚不可摧，入侵者只能从背水侧进攻。和君士坦丁堡的城墙相比，同时代的其他护城设施又何足道哉？虽然哥特人和匈人在巴尔干半岛肆虐，但他们从未认真计划骚扰这一伟大的东罗马军事中心。而西罗马帝国没有这样集首都、兵工厂、港口和商业中心为一体的要塞。作为防卫基地，拉文纳——西罗马帝国皇帝在动荡时期的避难地——在君士坦丁堡面前都只是班门弄斧。虽然拉文纳四周有沼泽防御，但它并不能覆盖或保护大片土地。更何况拉文纳远离港口，粮食补给容易被敌人切断。罗马就曾因饥荒屈服于阿拉里克。因此，保证粮食供给十分重要。

　　东罗马帝国生机勃勃的第二大因素便是其亚洲各省长期偃甲息兵、休养生息。401年盖纳斯反叛后，哥特人就从小亚细亚消失了。140年来，没有其他侵略者对半岛、叙利亚或埃及发起严重攻击。两次短暂的波斯战争（402—421和502—505）对美索不达米亚边境造成了局部破坏，其影响微乎其微。帝国的亚洲诸省在5世纪确实没有完全免受刀剑剐肉之苦，但是麻烦主要来自小亚细亚南部山区的伊苏里亚人叛乱。这些叛乱发生在局部地区，并未造成大面积破坏。芝诺统治时期的篡权者巴西利斯库斯和利昂提奥斯（Leontius）策划的起义也是如此。总的来说，5世纪时东罗马境内4个东方主教区所享的太平盛世在之前和之后的时代都很难得见。国库财富的充分补给使得帝国日趋强盛，足以捍卫其欧洲领土。我们很快就会看到，东罗马通过军队重组的方式铸造了最有效的军事资源。

　　然而，即使霍诺留（Honorius）、瓦伦提尼安三世之流手握君士坦丁堡的力量和财富，他们也仍无力回天。我们必须承认，皇帝利奥一世、芝诺和阿纳斯塔修斯的个性对于帝国的影响至关重要。这3位君王审慎、执着且细心，既不会因心粗胆壮而危及帝国安全，也没有因能力不足致使帝国支离破碎。他们是帮助帝国顺利转型的不二人选。

利奥在西罗马皇帝罗慕路斯被废黜前就已离世，他是这3位皇帝中的最早一任。利奥曾当机立断处决阿斯帕，在君士坦丁堡的历史上留下了浓墨重彩的一笔。阿斯帕是最后一位伟大的日耳曼军事长官，他在东罗马帝国功高震主。他甚至还计划重组军队，招募大量帝国本土臣民参军。利奥认识到，完全信任日耳曼雇佣兵是非常危险的，毕竟西罗马帝国就是因为这个致命错误而亡了国。于是，利奥尽可能在小亚细亚山地招募勇敢士兵，尤其是伊苏里亚人。伊苏里亚人不守规矩，喜欢掠夺，根本入不了先皇的眼。但是利奥发现他们天生就是打仗的好料子，规训他们把容易树敌的匹夫之勇用于效力帝国政府，一如老威廉·皮特（William Pitt the Elder）在1745年叛乱后处理和苏格兰高地人的关系时所做的那样。利奥为了招募伊苏里亚人竭力尽忠，最后还把大女儿阿里阿德涅（Ariadne）嫁给了朝廷首席官员之一——伊苏里亚人芝诺。

正是芝诺在位时期，奥多亚克一跃成为意大利的统治者。罗马元老院随即向他送来著名的请愿书，恳求他允许东西方帝国都挂在他名下，但实际上把意大利托付给贵族奥多亚克。芝诺不像他岳父那样能干又受人尊敬；他臭名昭著，怯懦优柔又纵情声色。敌人们不厌其烦地嘲笑他的伊苏里亚血统，除了他只在上朝时使用的希腊称谓"芝诺"，他们还不断提醒他：他的真名是塔拉西科迪萨（Tarasicodissa），是鲁森布拉多图斯（Rusumbladeotus）的儿子。虽然芝诺出生在无名的乡下，生性怯懦放纵，但他也不是一无是处。他的管理适度温和，此外他还思想开明，推贤举能，处事乐观坚定。他采取温和的怀柔政策处理宗教事务，赢得广泛好评，尽管当时的天主教会对此有些非议。芝诺犯下的最大错误莫过于他不分好歹地怀疑某些官员居心不良，并予以专制处决。但这也只是出于他的胆怯，而非别的因素。在经历了3次命悬一线的叛乱之后，他多少对自己的安全紧张过度，这也是合乎情理的。

芝诺的统治比起前后两任更为动荡不宁。人们见他畏首畏尾，都密谋起身反抗。但是这些人却忽略了芝诺的狡猾和毅力，因而最后都没有好下场。芝诺可以倚靠他同胞的支持，这些伊苏里亚人现已成为军队的中枢力量。厌恶变革与混乱的商人阶级和官僚阶级也是芝诺可以依赖的对象，虽然他们被动服从芝诺的统治，但在最坏情况下也会保持中立。因此，宫廷阴谋或是地方军队哗变都不足以动摇他的帝位。

芝诺统治的前半部分主要由3场阴谋组成。芝诺刚登上皇位不久，第一场宫廷政变就发生了，幕后主使是皇太后维里娜（Verina），她憎恶她的女婿。反叛者意欲出其不意拿下芝诺，但芝诺一开始就警觉地逃离了君士坦丁堡，叛军的计划落空。但是他们随后占领了首都，并宣布维里娜的弟弟巴西利斯库斯为奥古斯都。本就讨厌芝诺的城中暴民顺势加入这场起义，大举屠杀城内的伊苏里亚军队，而缺少了统帅的伊苏里亚人似乎无力抵抗。与此同时，芝诺逃回老家并组建了一支伊苏里亚军队，准备为夺回皇位而战：叙利亚和大部分小亚细亚地区仍然效忠于他。

芝诺是幸运的，因为巴西利斯库斯只是个卑鄙的无名小卒，他曾在 7 年前搅黄了利奥一世远征汪达尔的伟大进攻。巴西利斯库斯很快就引发了君士坦丁堡民众的怨恨，人们厌恶的究竟是他的傲慢自大、财政搜刮，还是他对一性论*异端邪说的狂热，这一点尚无定论。巴西利斯库斯极不明智地把派去对付芝诺的军队交付给一个伊苏里亚血统的将军——军事长官伊鲁斯（Illus）。伊鲁斯受到芝诺的恳求和贿赂而动摇，最后临阵倒戈。芝诺收复了小亚细亚的全部土地，煽动欧洲的阿马立王狄奥多里克对抗他的敌人，诱使哥特人从西边围攻君士坦丁堡，同时自己率军从东边封锁包抄。君士坦丁堡城门洞开，巴西利斯库斯被人从避难所里拖了出来，带到了他外甥女婿的审判席前，短短 20 个月的统治宣告结束。芝诺承诺不会杀他，最终把他和他儿子送到卡帕多西亚雪山中一个荒凉的城堡里。在孤独的囚禁岁月里，他们缺衣少食，不久就沦为沟中瘠。

战胜巴西利斯库斯之后，芝诺接见了奥多亚克派来的使团，使臣们尊他为东西罗马帝国的皇帝。不过，他还是建议罗马人迎回他们的旧统治者朱利乌斯·尼波斯——他 3 年前从意大利出逃，如今委身于达尔马提亚一隅。若是没有第二场风波，芝诺本会对西罗马帝国事务横加干涉，而不仅仅是给出建议。但是麻烦降临了：就在芝诺复位次年，他同两个狄奥多里克——分别是狄奥德米尔和特里阿里乌斯（Triarius）的儿子——展开了漫长的哥特战争。

东哥特人从未像他们的同胞西哥特人一样向西边行进。他们最初属于匈人领袖阿提拉的帝国，曾在多瑙河流域逗留，后来凭借

---

* 指基督一性论（Monophysite）。一种天主教神学学说，主张基督人性为神性所融合，故基督体内只存神性，而无人性。因该学说与正教教义相悖，451 年卡尔西顿大公会议将其裁定为异端。

自身实力占领了潘诺尼亚。但是，在利奥一世统治时期，他们越过萨韦河进入了东罗马皇帝的领土并在默西亚永久定居。他们与君士坦丁堡政府达成了协议。然而，他们可谓是最桀骜不驯的属民，即使在和平时期，也不能指望他们会给色雷斯和马其顿一片净土。部落现任领袖是狄奥德米尔之子狄奥多里克。他是哥特人天命王族后裔——英勇善战的阿马立王，时值 23 岁，雄心勃勃，与保加利亚人、萨尔马提亚人（Sarmatians）和其他多瑙河部落之间的交战让他驰声走誉。少年时期，他曾在君士坦丁堡当过 10 年的人质，对东罗马帝国的弱点和长处了如指掌。后来的经历表明，他对罗马的法律、秩序和行政统一怀有深深的尊敬。但狄奥多里克也开始蔑视胆怯的芝诺，坚信皇帝的杂牌雇佣军绝不是自己部落的对手。毕竟这帮雇佣军中很大一部分是哥特人和其他条顿人，他们在和东哥特的远亲们作战时肯定不会全力以赴。

狄奥多里克并不是巴尔干半岛唯一的领袖，特里阿里乌斯的儿子——人们所熟知的"独眼"狄奥多里克（Theodoric the One-eyed）和他重名。"独眼"狄奥多里克长期在帝国军队中担任雇佣军上尉，曾率领日耳曼雇佣军冲进篡位者巴西利斯库斯的营地。巴西利斯库斯倒台后，"独眼"狄奥多里克收编叛军旧部（其中有许多东哥特人），用种族纽带强化他们的力量，坚守阵地对抗芝诺。他退到巴尔干半岛，偶尔下山入侵色雷斯平原。同时，"独眼"狄奥多里克遣使知会芝诺，只要芝诺答应授予自己"大元帅"（magister militum）头衔，自己便会臣服于东罗马皇帝，并将麾下部队全数交给国家。巴西利斯库斯统治时期，他曾拥有"大元帅"这一官衔。

芝诺愤然拒绝了这一条件，并决心把反叛者一网打尽。他派一支位于亚洲的军队进入色雷斯，从南面围攻特里阿里乌斯之子，又命令好战的属臣狄奥多里克（狄奥德米尔之子）从北方攻打这位同名的亲戚。一山不容二虎，年轻的狄奥多里克早就对半岛上的同名者怀恨在心。在他眼里，特里阿里乌斯的儿子没有纯正的阿马立王室血统，根本就是一个出身低贱的暴发户。于是，狄奥多里克欣然领命，他摩拳擦掌准备出击。

两位狄奥多里克之间的战役给帝国军队带来了灾难性的打击。南部的罗马军队——不管是偶然地还是有意地——跟丢了叛军，而狄奥多里克和他的部队则陷在巴尔干的隘路里，被敌军包围。色雷斯的军队曾许诺过倾力相助，但却杳无踪影。原定作战计划前景黯淡。"独眼"狄奥多里克骑马来到营地，嘲笑他像傻子一般地对皇帝的命令和承诺深信不疑。他喊道："你这个疯子，难道你不知道罗马人希望哥特人自相残杀吗？无论我们中的哪一方落败，他们——而不是我们——都会变得更强。他们永远不会给予你真正的帮助，而是送你出来对抗我，最后你只能葬身沙漠。"阿马立王狄奥多里克的勇士们都赞同"独眼"狄奥多里克，他们高声呼喊：勿与邻营弟兄争战。狄奥多里克只好屈服于士兵们的意愿，加入了特里阿里乌斯儿子"独眼"狄奥多里克的阵营。他们一同来到希伯鲁斯河（Hebrus）河谷，向君士坦丁堡进军。他们向芝诺发出最后通牒，阿马立王狄奥多里克向皇帝索取更多的领地、粮食和金钱，"独眼"狄奥多里克则明确要求"大元帅"头衔以及每年2 000磅黄金俸禄。芝诺很想挽留狄奥多里克，声称只要狄奥多里克不和"独眼"狄奥多里克为伍，就会赏赐他一大笔财富，并把贵族奥利布里乌斯的女儿许配给他。但是阿马立王拒绝违背盟约。他向西行军，疯狂掠夺马其顿，远伐至塞萨洛尼卡（Thessalonica）城门。由于已到季末，芝诺把军队派到冬季营地，孤注一掷地向"独眼"狄奥多里克开出条件以换取一线生机。"独眼"不像阿马立王说话算话，最终他听从皇帝的提议，得到自己在巴西利斯库斯统治时期享有的一切——"大元帅"头衔和所有收入。479年，他带领自己的军队进驻帝国军营。

接下来的两年里，狄奥多里克的足迹遍布整个巴尔干半岛，从底拉西乌姆（Dyrrhachium）到君士坦丁堡城门。他劫掠并焚烧了马其顿和色雷斯——这些地区曾侥幸逃过了匈人阿提拉和上一代东哥特人的蹂躏。芝诺的将领在战场上运气不佳，仅打过一次胜仗：480年，萨宾尼亚努斯（Sabinianus）切断了正在穿越阿尔巴尼亚山脉的狄奥多里克的后卫部队，俘获了2 000辆马车和5 000名哥特战士。但是芝诺畏惧萨宾尼亚努斯的势力，怀疑他有可能会背叛自己，便在次年处死了他。阿马立王在色雷斯和马其顿的土地上肆意挥霍，甚至连他自己的军队都食不果腹。483年，狄奥多里克终于和芝诺达成协议，他被任命为军事长官，部落族人们也在默西亚和达契亚（Dacia）获得额外的土地。"独眼"狄奥多里克一年前去世了：他再度发动起义反抗皇帝，最终却离奇殒命；当时他正在色雷斯海岸集结军队，一匹暴躁的马把他撞到了一支立在帐篷门前的长矛上，长矛直穿心脏。"独眼"的儿子雷切塔克（Recitach）继承了父亲的遗业，但阿马立王狄奥多里克并不希望看到巴尔干半岛上除了自己以外还有其他哥特领袖。他杀死了这位年轻人，并将他的部队并入东哥特主体军队。

芝诺在对付这两位狄奥多里克时孤立无援，很大程度上是由于家里不得安宁。479年，芝诺拒绝向巴尔干半岛的阿马立王狄奥多里克伸出援手。也正是在这一年，君士坦丁堡发生的一场起义险些让芝诺皇位不保。马尔西安（Marcianus）和普罗科匹厄斯（Procopius）是西罗马帝国已故皇帝安特米乌斯的两个儿子，深受首都人民的爱戴。他们招揽了众多权贵，密谋推翻皇帝。叛军突袭宫殿，屠杀卫兵，令人猝不及防。但是芝诺侥幸逃脱，他从亚洲带来了忠实的伊苏里亚同胞，经过一场激烈的巷战，叛乱得以平息。482年至483年，芝诺和同族军事长官伊苏斯长期不和，后者曾在5年前镇压过巴西利斯库斯叛乱。芝诺既不流放伊鲁斯，也不完全信任他。伊鲁斯仍然继续当官，但芝诺对他存有戒心，还总是妨碍他的下属。据说，皇后阿里阿德涅曾企图刺杀伊鲁斯，不管有没有芝诺的许可。

483年，狄奥多里克与芝诺讲和。同年，利昂提奥斯在叙利亚发动叛变，负责前来镇压叛乱的伊苏斯早已厌倦了为多疑而又不知感激的主人卖命，随即加入了叛军阵营。他和利昂提奥斯占领了安条克（Antioch），利昂提奥斯在此地称帝。随后他们又拿下卡帕多西亚（Cappadocia）、西里西亚（Cilicia）和叙利亚北部。据说，他们打算恢复异教信仰。这个计划在5世纪末简直是天方夜谭，因为那时满是狂热的基督徒，异教徒寥若晨星。流亡卡帕多西亚的皇太后维里娜也加入了他们的行列，她认利昂提奥斯为养子。叛军随后向意大利国王奥多亚克和波斯国王巴拉斯（Balas）求助。两位国王都答应助其一臂之力，但他们还没来得及派出援兵，叛乱就被芝诺镇压了。芝诺说服狄奥多里克加入他的军队，哥特人和伊苏里亚人强强联合，轻而易举地打败了利昂提奥斯。叙利亚投降，叛军皇帝和伊鲁斯在一座卡帕多西亚城堡内负隅顽抗，但他们最终还是被人抓住并杀害了。

叛乱过后，芝诺经历了相对平和的统治时期。更幸运的是，488年他诱导阿马立王狄奥多里克率领东哥特人出征意大利。正如前文所述，此番征战对帝国大有裨益，这是芝诺自登基以来首次实际掌控欧洲各省。眼下却是一片颓垣败井；10多年来，战争席卷了多瑙河以南、奥林匹斯山（Mount Olympus）以北的整个地区，曾经的良田沃土现今寸草不生。这里荒无人烟，广袤的荒野吸引着新的敌人侵入巴尔干半岛。

在巴尔干半岛北部，所有地方行省似乎都已成为绝迹之地。东哥特人离开这里时，山脉和多瑙河之间只剩下几个军事哨所和要塞；一直到斯拉夫人踏上这片土地之前，这里都没有居民。尽管伊利里亚和马其顿的境况没有那么糟糕，但哥特人占领巴尔干半岛导致东罗马帝国的拉丁语人口锐减。迄今为止，色雷斯、默西亚和伊利里亚的所有内陆地区都使用拉丁语。随着这些地区居民人数的减少，帝国比之以前更趋于亚洲化、希腊化。

东哥特人迁居意大利后，帝国北部边界来了一群新邻居：居住在多瑙河下游的保加利亚乌戈尔语（Ugrian）游牧部落，以及多瑙河中游、泰斯河和萨韦河的条顿部落，如格皮德人、赫鲁利人和伦巴德人。出乎意料的是，这些部族都没有冲破罗马沿河要塞的屏障来攻占默西亚，也没有进入帝国领土定居。他们至多偶尔发动突袭，骚扰帝国边境。

芝诺的教会政策值得关注。芝诺本人是正教徒，但绝不狂热。当时的教会正处于严重分裂状态。当时，教会正处于严重的分裂状态，根源就在于埃及和巴勒斯坦的教堂用以形成纽带的基督一性论。芝诺认为，如今之计，对天主教教义的表述稍做修改，或许就能诱使异教徒重归正统信仰。482年，尽管与阿马立王狄奥多里克之间的战事正酣，芝诺还是抽空起草了《合一通谕》，或称《宽容赦令》（*Edict of Comprehension*）。基督一性论主张上帝只有一种本性，人性和神性都体现在他的身上，这与正教的观点相左。他在《合一通谕》中明确地指出，基督既是神又是人，但他没有使用正教惯用的"两性"（two natures）一词。然而，芝诺这一善意的计划失败了。异教徒根本不领情，拒绝服从；而天主教徒则认为这是对异端的软弱让步，谴责芝诺没有认真对待教会分裂问题。因为这项旨在团结一致而非彼此分裂的赦令，协助芝诺起草《合一通谕》的牧首阿卡西乌斯（Acacius）被罗马主教逐出教会，意大利和君士坦丁堡教会被剥夺圣餐达30年之久。

芝诺统治的最后几年相比之前平和许多，叛乱和战争影响甚微。491年，芝诺死于癫痫，膝下没有皇位继承人。他有两个儿子，分别叫利奥和芝诺。第一个儿子于474年早夭；第二个儿子在即将成年时自杀身亡。儿子们去世很久之后，芝诺才离开人世。

虽然名义上是由元老院和人民选择继任者，但选举权实际上落入了遗孀皇后阿里阿德涅和禁卫军手中。利奥的女儿很明智，她向军队和人民推荐了底拉西乌姆的阿纳斯塔修斯——一名财政官员，以虔诚和美德而广受尊重。

阿纳斯塔修斯当时约52岁，他一生大部分时间都在从事财政相关工作，以强干廉洁著称。他非常虔诚，闲暇时便在圣索菲亚大教堂（Church of St. Sophia）担任平信徒布道者（lay preacher）。后来，尤菲米乌斯（Euphemius）发现他的布道词中包含一性论学说，便禁止他再传教。阿纳斯塔修斯曾计划成为一名神父，还获得过安条克主教候选人提名。尽管他对宗教充满热情，但他从来没有被指控为离经叛道或不切实际。阿纳斯塔修斯一生无可指摘：他博学多识、勤奋刻苦，和善开明、行事公正。"你怎么为人，就怎么统治帝国"，他第一次身披紫袍出现在民众面前时，民众如此呼喊道。人们只对两件事存有异议：第一，阿纳斯塔修斯偏向于异端一性论派；第二，阿纳斯塔修斯的宫廷过于古板，充满禁欲作风，不符合大众的口味——人们更偏好芝诺式的浮华和放荡。此外，阿纳斯塔修斯限制人兽角斗、艳舞表演，这让他更加不得人心。

登基 6 周后，新皇帝就娶了芝诺遗孀阿里阿德涅为妻，她曾经帮助他上位。这位皇后一生无可非议，她曾力图挽救第一任丈夫的坏名声。对于帝国来说不幸的是，她和她的第二任丈夫没有生育任何皇位继承人。

统治伊始，阿纳斯塔修斯就饱受伊苏里亚人的困扰。芝诺不仅组建了一支同胞组成的禁卫军，还让他们担任公职，鼓励他们在君士坦丁堡定居经商。当伊利里亚人阿纳斯塔修斯接过权杖时，伊苏里亚人非常恼火，于是便密谋囚禁阿纳斯塔修斯，拥护芝诺之弟朗基努斯（Longinus）称帝。阿纳斯塔修斯继位几个月后，这帮人便冲进了首都，占领了皇宫附近的部分城区，但是他们遭到了大多数民众和军队的反对。一场激烈的巷战后，这些伊苏里亚人遭到镇压，宏伟的竞技场也被烧毁。朗基努斯被俘并被迫成为神职人员，死前一直在埃及担任神父。在这次骚乱后，阿纳斯塔修斯开除了所有担任公职的伊苏里亚人。这些人回到小亚细亚老家，在山上组织了一场叛乱。第二个朗基努斯式人物在色雷斯当过元帅，他在491年至496年间领导了一场叛乱，但这场叛乱没有对帝国构成严重威胁。叛军每次闯入平原都会被击退，只能靠着那些崎岖山地上的山间堡垒才得以长期苟延残喘。496年，叛军的最后防线被攻破，叛军首领被逮捕处决。阿纳斯塔修斯严惩顽固的叛乱势力，将他们转移到色雷斯，安置在巴尔干半岛的荒地上。他相信这些勇敢的山地人能够有效阻挡多瑙河外的蛮族进犯帝国领土。

502年，阿纳斯塔修斯和波斯国王卡瓦德（Kobad）开战，此前帝国的亚洲各省区一直少有战争纷扰。美索不达米亚边境在过去的一个世纪里尤为平静，自从362年朱利安（Julians）开启不幸的征程以后，罗马帝国和东方的波斯帝国就没有发生过严重的战争。同时期，日耳曼人在欧洲迁徙，匈人和其他日耳曼部族在亚洲之内、里海之外都掀起不小的波澜。罗马皇帝忙着征战多瑙河畔，萨珊国王则一直致力于保卫奥克苏斯河（Oxus）*。为了缓解东部的窘境，卡瓦德向阿纳斯塔修斯提出支付军费的要求，但遭到了罗马皇帝的拒绝，战争接踵而至。一开始，罗马人就遭遇了不小的灾难，美索不达米亚的要塞——阿米达（Amida）在503年被敌人攻陷。同年晚些时候，尼西比斯（Nisibis）†沦陷。尽管阿纳斯塔修斯向东部派出了增援部队，但是他任命的将军各自为营，整个罗马军队四分五裂。指挥官们束手就擒，相继战败。然而，当504年地方长官塞勒（Celer）在战场上被授予最高指挥权时，局势发生了逆转。在遭受长期围困后，塞勒终于收复了阿米达，并开始向波斯边境挺进。与

---

* 阿姆河旧称。

† 即今土耳其城市努赛宾。

此同时，卡瓦德遭到了来自奥克苏斯河外的匈人的攻击，随后便欣然与阿纳斯塔修斯讲和。根据条约，双方边界线恢复至 502 年的状态。阿纳斯塔修斯为将来的战争做准备，在波斯边境修建了两座一流的新堡垒，分别是位于美索不达米亚的达拉斯（Darras）和远至亚美尼亚边界北端的西奥多西波利斯（Theodosiopolis）。30 年后，当他们的继任者再次交锋时，这些堡垒有力地抵御了波斯人的进攻。波斯战争和伊苏里亚战争一样，影响范围有限，只波及幼发拉底河（Euphrates）外的省份，而叙利亚未被殃及。的确，在阿纳斯塔修斯统治期间，帝国的亚洲领土所遭受的唯一严重威胁来自高加索山外的匈人。515 年，匈人发起的突袭对本都（Pontus）、卡帕多西亚和利考尼亚（Lycaonia）造成了严重破坏。然而，这仅是一次不幸的孤立事件，北方草原牧民并未进一步入侵帝国。

现在，欧洲各省——就像是在芝诺时代一样——景况更为艰难。斯拉夫人和保加利亚人三番五次穿过多瑙河，踏上默西亚的荒土，向色雷斯发动攻击。保加利亚人多次打败罗马军队，一路向南进发，阿纳斯塔修斯不得不在 512 年建造了那座以他名字命名的著名城墙。该城墙位于君士坦丁堡以西约 56 千米处，从黑海一直延伸至普罗庞提斯海（Propontis）*。这一防御设施贯穿色雷斯东部，绵延 80 多千米，足以保卫首都近郊，抵御多瑙河外不安分的骑兵。这段时间，马其顿和伊利里亚的处境似乎比色雷斯要好得多，与其相邻的斯拉夫人远没有保加利亚人那么危险。而意大利的东哥特人则夺回了潘诺尼亚，他们和帝国西北诸省的关系也比 5 世纪更为缓和。

---

* 即今马尔马拉海，是亚洲小亚细亚半岛同欧洲巴尔干半岛之间的内海，具有重要的政治及军事战略地位。

在阿纳斯塔修斯统治时期，君士坦丁堡的社会生活尤其令人瞩目。赛马派系之争*愈演愈烈——"蓝党"和"绿党"明争暗斗。这些派系在罗马帝国建立时就已经存在，但只有在君士坦丁堡，它们才演变为具有高度政治重要性的机构。蓝党和绿党不仅在赛马比赛中互为对手，在生活中的其他各领域也是如此。它们的内部成员不仅仅是那些好运动、赶时髦的年轻人。这两个派系相当于跨阶级的俱乐部或政治协会，它们在教会人士和王朝支持者之间建立纽带；国务大臣和贫穷的技工都为其所纳。英国人一定想不到，在君士坦丁堡，竞技场上的对手最后会发展成政治上的敌人。举个相似的例子，假设在牛津大学和剑桥大学划船比赛的当日，身穿浅蓝色队服和深蓝色队服的人都会暗暗嫉恨对方，因为着深蓝者是保守党和英国圣公会教徒，而衣浅蓝者则是改革党（Radicals）和非圣公会教徒。我们可以想象，在这样的政治强压下，每一次划船比赛都会演变为一场混战。而这恰恰就是发生在君士坦丁堡的真实事件：蓝党认同正教信仰，厌恶阿纳斯塔修斯家族；绿党则接纳了所有一性论派和其他异端教派，其成员对阿纳斯塔修斯和他的王朝忠心耿耿。每一次在竞技场上举行的庆祝活动都会以两个派系之间的激烈骚乱结束。难怪这位公正而和蔼的皇帝会竭力压制各种各样的演出，他对不忠的蓝党更是心存厌恶。

阿纳斯塔修斯国内麻烦不断，主要是由于民众怀疑他信仰异

---

* 古罗马时期，赛马、双轮马车竞技都是深受人民喜爱的体育赛事。东罗马迁都君士坦丁堡后，皇帝下令修复城中的竞技场，赛马和赛车再次成为市民公共生活的中心。最初的 4 支参赛队伍分别以蓝、绿、红、白 4 种颜色命名，红党与白党逐渐衰弱，被其他两个主要党派吸收。除承办比赛外，赛马场时常举行政治辩论，蓝、绿两党的对立往往与政治宗教对抗相交织，甚至引发激烈冲突。

端。511 年，他在吟咏《三圣颂》*时对三位一体妄加评论，激怒了以蓝党为首的君士坦丁堡正教徒，叛乱随之爆发。年迈的皇帝只好现身竞技场，他不戴皇冠、不穿紫袍，宣布自行退位，这才得以平息乱局。阿纳斯塔修斯的公正和温慈曾给予各阶层民众巨大信心，因此多数民众对于他的退位感到沮丧，一致要求恢复他的皇位。

但人们依旧对阿纳斯塔修斯崇尚一性论感到强烈不满。514 年，维塔利安在默西亚指挥起义。这个野心勃勃的将军声称，自己发动起义不仅是因为皇帝的外甥叙帕提乌斯（Hypatius）曾在该省犯下诸多罪行，还因为阿纳斯塔修斯秉持着危险的异端观点。叙帕提乌斯被革职后，大部分意大利士兵又回归旧主，起义者只好向野蛮的保加利亚人和匈人求助。维塔利安率领这支蛮族军队在默西亚待了一段时间。皇帝不明智地派出一支大军去镇压起义军，还让外甥叙帕提乌斯担任统帅。但是，正当罗马人在瓦尔纳（Verna）附近海滨安营扎寨时，敌人猝然发起夜袭，打得他们七零八落。成千上万的士兵从悬崖掉到海里，要么摔死要么溺毙，而叙帕提乌斯本人则于514 年被俘。皇帝担心外甥的性命，只好求和。他支付了大约 1.5 万磅黄金，并授予维塔利安色雷斯大元帅的头衔，这才赎回了叙帕提乌斯。在阿纳斯塔修斯剩余的统治时间里，这位被赦免的反叛者一直致力于巩固自己在多瑙河的地位，伺机发动政变夺取皇位，赶走风烛残年的君士坦丁堡皇帝。

尽管阿纳斯塔修斯与这两位朗基努斯——卡瓦德和维塔利安——纷争不断，他仍然算得上是一位成功的统治者。这些叛乱

---

* 《三圣颂》（*Trisagion*）：天主教赞美诗。

只发生在局部地区；阿纳斯塔修斯在位 27 年间，帝国的大部分地区都和平富庶。阿纳斯塔修斯登基时，挥霍的芝诺给他留下了一个空空如也的国库；而他去世时，国库盈余约 32 万磅黄金，这便是他治国有方的证明。尽管如此，仁慈宽厚的阿纳斯塔修斯实际上已经废除了几项税制，其中包括一种令人厌恶的名为"金银税"（Chrysargyron）的所得税。减税也并没有以适当压缩支出为代价。阿纳斯塔修斯修建了许多军事设施，还修复了许多被毁坏的城市，其中色雷斯的长城和达拉斯的坚固堡垒尤为突出。阿纳斯塔修斯从不会驱赶任何一位上访者，不管他们来自哪一个城市、要塞或海港。他留下一支纪律严明的军队，15 万士兵大部分都是本地人。此外，东、西、北边疆都没有国土丢失。

518 年，这位善良的老人去世，他的妻子阿里阿德涅早在 3 年前就已离世。尽管很多人都以为阿纳斯塔修斯会收养他的外甥叙帕提乌斯，但阿纳斯塔修斯并没有任命叙帕提乌斯为继任者。帝国现在面临着无帝无主的局面，国家官员、禁卫军和元老院负责选举新任恺撒。皇位最有力的候选人是绿党支持的叙帕提乌斯和立即武装进入首都的军事长官维塔利安。但是他们两个都没有当皇帝的命。军费握在财务主管阿曼提乌斯（Amantius）的手中；身为宦官的他不能继位，但他希望他的一个朋友可以加冕称帝。于是，阿曼提乌斯唤来禁卫军司令查士丁，给他一大笔钱买通士兵。查士丁是一位受人尊敬的长者，没有人怀疑他有称帝的野心。查士丁悄悄地拿走金子，以自己的名义分发给众人，随后他被欢欣的卫兵们拥戴为奥古斯都。元老院默许了阿曼提乌斯的提名，就这样，查士丁一帆风顺地登上了皇位。

查士丁是土生土长的伊利里亚人，他在禁卫军部队服役了50年。伊苏里亚战争和波斯战争时，他凭借着出色的表现获得晋升。他是个文盲，据说他连自己的名字都不会写，对于战术和练兵之外的事一窍不通。他以安静、正直和循规蹈矩而著称。没有人对他有异议，在信仰问题上，他严格遵守正教教义。查士丁当时已经68岁，甚至比阿纳斯塔修斯当年登基时还要年长15岁。

查士丁的皇位十分稳固，他处决了财务主管阿曼提乌斯，与那两个原本是自己对手的人达成了协议。叙帕提乌斯仍然是一名普通的元老院议员；维塔利安在默西亚的统治得到承认，他被任命为当地执政官。然而，后者却在首都任职时遭人暗杀，人们传言凶手是皇帝的外甥查士丁尼（Justinian），毕竟在查士丁尼眼中，这位不安分的执政官距离皇位太近了。

除了弥合芝诺《合一通谕》导致的长达40年的东西教会分裂以外，查士丁9年统治期间的政绩不足为道。毋庸置疑，他是一位虔诚的正教徒，他收回了那份文件，教会分裂也随之消失。查士丁唯一真正的价值是为他著名的外甥兼继任者查士丁尼铺好了路。他收养了查士丁尼，并委托他处理那些自己无法胜任的国家事务。528年，查士丁去世，查士丁尼继承王位。

第四章

克洛维和高卢的法兰克人　481—511

<blockquote>
高卢北部的法兰克人——早期征服——481 年高卢城邦况——486 年，克洛维征服高卢北部——495—496 年，克洛维征服阿勒曼尼人——496 年，克洛维改宗——507 年，克洛维从西哥特人手中征服阿基坦——511 年，克洛维统一法兰克王国
</blockquote>

就在奥多亚克还在统治意大利、阿马立王狄奥多里克还没有离开巴尔干半岛和多瑙河沿岸时，斯凯尔特河（Scheldt）和默兹河流域正孕育着一个伟大的王国。公元 5 世纪初，生活在伊塞尔河（Yssel）和莱希河沼泽地区的部落联盟以法兰克人自居。他们向南进入帝国领土，并在罗马人口中的贝尔吉卡（Belgica）和下日耳曼尼亚（Germania Inferior）省份找到新居。多年以来，这块土地上的罗马军团势力日渐衰弱；早在它成为法兰克王国一部分以前，法兰克殖民者就已遍布这片土地，帝国皇帝接纳了他们，容许其定居边界荒地。在托克桑德利亚（写作 Toxandria）的低地——后世称之为布拉班特（Brabant）和格德斯（Guelders）——没有大

城市需要保护，没有大堡垒需要维护。虽然罗马人竭力控制特维希（Treveri）、科隆尼亚·阿格里皮内西斯（Colonia Agrippinensis）和摩古恩提亚库姆（Moguntiacum），但更广阔的平原地区还是从他们指缝中溜走，落入北部和西部的敌人手中。到了5世纪中叶，法兰克人已经稳固地驻扎在斯凯尔特河、默兹河和莱茵河下游。406年，篡位者君士坦丁大帝带走了北方边防军团，让他们帮助自己进攻意大利；此后，该流域再也没有出现过罗马驻军。此时，莱茵兰（Rhineland）最早的罗马大城市科隆尼亚·阿格里皮内西斯似乎已经落入了法兰克人之手。430—450年间，他们继续向前挺进，远至索姆河（Somme）和摩泽尔河流域。阿提拉大举入侵高卢时，莱茵兰最后的罗马驻军也被消灭，最后几任总督被匈人赶出特维希、摩古恩提亚库姆和米提斯（Mettis）*。螳螂捕蝉黄雀在后，最终法兰克人从中获利。匈人再度往东撤退之后，占领摩泽尔河和莱茵河沿岸凌乱土地的是法兰克国王，而不是罗马官员。幸存的罗马外省人民将来不必听命于遥远的拉文纳统治者，而是要服从附近这位日耳曼领袖。

法兰克人现在分成两支主要的游牧部落——萨利克人（Salian）和利普里安人（Ripuarian）。萨利克人驻扎在斯凯尔特河河口到索姆河，多佛海峡（Straits of Dove）到默兹河沿岸地区，他们的名字取自伊塞尔河的旧名萨拉河（Sala）。利普里安人分布于莱茵河两岸，沿莱茵河和利珀河（Lippe）及拉恩河（Lahn）的交汇处生活，远至默兹河流域，也因此得名。† 这两个部族都见证了许多国王的统治，

---

* 如今的梅兹。

† Ripuarian 这个词可能源于罗马人的词语 ripa，意为"河滨"。

他们都声称自己是墨洛温人（Meroving）的后裔。墨洛温家族现在早已湮没无闻，他们最初的首领曾在 3 世纪建立首个法兰克联盟，统一各部落。

尽管法兰克人长期接触莱茵河沿岸的罗马文明，但他们仍然是条顿各民族中较为落后的一支，其国王和人民都是异教徒。不像哥特人身穿盔甲、骑马作战，法兰克人赤膊上阵，手持带刺的标枪、剑，或是铸斧、战斧——法兰克人将其命名为弗朗西斯卡（Francisca，也叫法兰飞斧）。不像哥特人和汪达尔人，他们不懂得政治联合的好处，臣服于众多诸侯而非单个君主。罗马作家们都谴责法兰克人背信弃义，属蛮族之最。我们都知道，在人们的成见中，萨克森人（Saxon）残忍无情，阿勒曼尼人沉溺酒精，阿兰人（Alan）贪得无厌，匈人不贞堕落，法兰克人则因不忠不信而遭到唾弃。

奥多亚克罢黜罗慕路斯时，萨利克人占领着古罗马城镇康布雷（Cambrai）、阿拉斯（Arras）、图尔奈（Tournay）和通厄伦（Tongeren），利普里安人则占领科隆（Köln）、特里尔（Trier）、美因茨（Mainz）和梅兹。贡多巴德刚刚在利普里安人的南侧建立了勃艮第新王国，坐落于罗纳河和索恩河流域；而萨利克人以南的行政区属于罗马高卢，他们最后承认了在位极短的西罗马帝国皇帝的权威，在贵族埃吉迪乌斯（Aegidius）的领导下得以免受蛮族入侵。463 年，埃吉迪乌斯去世，他的儿子西阿格里乌斯（Syagrius）继位，统治着整个塞纳河河谷的苏瓦松（Soissons）和高卢平原中部，远至特鲁瓦（Troyes）和奥尔良（Orleans）。随着最后一位西罗马皇帝下台，只有贵族头衔的西阿格里乌斯不再听命于其他人，他自己成了当之无愧的领袖，法兰克人称他为"罗马人的王"。西阿格里乌斯王国的南部是尤里克领导的西哥特王国，后者定居图卢兹（Toulouse）。西哥特王国土地连绵，从卢瓦尔河到直布罗陀，从比斯开湾到滨海阿尔卑斯山（Maritime Alps），其位于高卢而不是西班牙的那一半领土则至关重要。事实上，西阿格里乌斯在西班牙的统治并不完整，因为苏维汇人控制了它的西北角，即现在的加利西亚和葡萄牙北部；西比利牛斯山（Pyrenees）的巴斯克人仍然保持独立。5世纪中后期，希尔德里克（Childerich）成为最重要的法兰克人领袖之一。他是一位萨利克王子，身上流淌着墨洛温家族的血液；他住在图尔奈，统治斯凯尔特河上游地区。希尔德里克死于481年，他16岁的儿子克洛维王子继位。克洛维注定要消灭其他法兰克诸侯，征服南部和中部高卢，建立伟大的法兰克王国。

克洛维登基之时，支配这片土地仍然是骁悍善战的西哥特国王尤里克，要统一法兰克王国宛如天方夜谭。尤里克将西哥特王国的版图扩展到史无前例的程度。尤里克把苏维汇人驱赶到了西班牙边陲，征服了罗马高卢中部最后几个省份，并从意大利国王奥多亚克手中夺走了普罗旺斯。尤里克还是第一位颁布法典的西哥特国王，若无暗杀兄长狄奥多里克、迫害天主教徒等劣迹，他本能名垂青史。尽管尤里克不是汪达尔人盖萨里克和胡内里克那样的压迫狂，但他拒绝选举天主教主教，关闭教堂，还把许多正教徒移交给他的心腹阿里乌斯派信徒管理，这使得他成了众矢之的。485年，尤里克去世，此时的克洛维刚刚在北高卢开启他漫长而伟大的征程。随后，尤里克之子阿拉里克继位，这个男孩只有十六七岁。

尤里克去世那一年，21岁的克洛维第一次率兵远征。他与族人康布雷的王拉格纳卡尔（Ragnachar）一同入侵了罗马贵族西阿格里乌斯的地盘。高卢军队无法抵抗法兰克人的进攻。经过一番短暂挣扎，高卢首领还是放弃了自己的家园，他逃进西哥特人阿拉里克的宫廷躲命。然而，要么是阿拉里克的顾问们想讨好蛮族邻居，要么是他们担心在国王年纪尚幼时发生战争，他们把这位五花大绑的贵族送到克洛维面前。克洛维立即将西阿格里乌斯处死。现在，塞纳河谷以及苏瓦松、巴黎、鲁昂（Rouen）和兰斯（Rheims）等大城镇均落入了法兰克国王的手中。接下来的3年里，克洛维不断扩张版图，势力远至卢瓦尔河和阿莫里凯边界，最西端的罗马-凯尔特人仍然盘踞在那里。克洛维抢走了所有的战利品，其他萨利克王一无所获。这些诸侯随后便感受到了克洛维强劲的手腕。他向族人康布雷王和图尔奈王开战；前者没有站出来帮他对抗西阿格里乌斯，后者则索取部分罗马战利品。随后，他便分别通过秘密和公开的方式消灭了这两位王。不久之后，贝尔吉平原上的其余墨洛温诸侯也遭遇了相同的厄运，皆为克洛维所灭。随后，克洛维向东出兵对付利普里安人，并在491年征服了他们的主要部落托林吉（Thoringi）。克洛维在极短的时间内迅速征服了所有法兰克王国，除了盟友"瘸子"西格伯特（Sigebert the Lame）的科隆。他无情地杀死了每一个落入他手中的墨洛温王子，竭力消灭所有敌对势力。据说在铲除了所有对手后，他公开哀叹自己在这世上孑然独活，而法兰克王室已面临绝嗣的威胁；然后他传唤所有在世的亲族，叫他们不必害怕。然而，他并没有丝毫悔恨之意，因为他唯一的目标便是抓住并杀死一切可能存活下来的墨洛温人。

征服利普里安之后，克洛维与自己的新邻居——南部的勃艮第人以及位于东部缅因河和内卡河沿岸的阿勒曼尼联盟建立了联系。

克洛维和勃艮第王国交好，492 年他娶国王贡多巴德的侄女克罗蒂尔德（Clotilde）为妻。克罗蒂尔德公主和她的叔叔以及大多数族人不同，她是一个虔诚的天主教徒，此番与异教徒克洛维联姻，注定要有大事发生。克洛维和阿勒曼尼联盟的关系起初剑拔弩张。事实上，当他将版图扩张至莱茵河中游时，他就被迫卷入了利普里安人和东部邻国的争斗。克洛维与这个控制着从科布伦茨（Coblenz）向上到莱茵河东岸、美因河谷和内卡河谷以及整个黑森林地区的联盟争斗长达数年。496 年，克洛维最终在一场决战中取得胜利——显然是在斯特拉斯堡（Strasburg）附近——他强迫联军主力尊自己为最高统治者，并向他俯首称臣。除了一小支残部从莱茵河撤退后得到了狄奥多里克的保护，来到雷蒂亚避难，其他都成了法兰克王国的属臣。由于这场战争，阿勒曼尼人被赶出缅因河谷，不得不逃向南方。利普里安人则占据此地，成立了一个东法兰克王国（East Francia），又名法兰克尼亚（Franconia）。

关于克洛维攻打阿勒曼尼人之战，历史上流传着这样一个传说。公元 6 世纪的天主教作家们说，决战关头，克洛维的部队频频遭到敌人击退，几乎溃不成军。随后，他便想起自己妻子克罗蒂尔德的话："耶和华是万军之主，战争之神。"她始终不厌其烦地劝说丈夫信奉上帝。克洛维高声喊道："哦，耶稣基督，我乞求你荣施援救；倘若你助我战胜恶敌，我必会信奉你，并以你的名义受洗。"突然，阿勒曼尼人开始节节败退，国王克洛维赢得最终胜利。

不管这是否果真是让克洛维皈依的决定性事件，但人们至少可以肯定，阿勒曼尼战役结束后，496 年圣诞节当日，克洛维便带着他的妹妹和 3 000 士兵在兰斯教堂接受洗礼。对历史略有所知的读者都听说过以下著名故事。大主教圣雷米对克洛维高呼："斯卡姆布里人（Sigambrian）*，谦恭地低下你骄傲的头颅，崇奉你所烧过的东西，烧掉你所崇奉过的东西。"克洛维并未像他的邻居一样成为阿里乌斯派信徒——他是第一个皈依天主教的条顿国王。毫无疑问，他的王后、虔诚的天主教徒克罗蒂尔德对他影响颇深。克洛维皈依天主教一事意义重大：他是唯一接受其罗马臣民信仰的条顿国王，故而深得人心，尤其得到了神职人员的忠诚效力。无论是哥特人、汪达尔人还是勃艮第人的君主，都没有赢得过这些罗马神职人员的效忠。克洛维后来的成功轻而易举，国祚悠久延绵，而这些都和他皈依天主教有关。

国王皈依之后，其性格和行为并没有发生任何向善的变化。他一如既往地残忍、无耻、奸诈。史书记载，他的最后一役是一场精心策划的谋杀†。然而，他肩上的荣誉数不胜数，却不想成为像东哥特国王狄奥多里克或西哥特国王阿道夫（Ataulf）那样性情更好、更具才干的国王。萨利克人和利普里安人都紧随国王的脚步，投入了天主教的怀抱，这一代人中的老法兰克异教徒从此消失。但是，国王和人民的这种改变只是表面功夫；仍须历经漫长的年月，才能昭彰基督教的恩典，使不虔敬、不守信的法兰克人慕化归义。

征服阿勒曼尼人之后，克洛维将炮火对准了他妻子的叔叔——勃艮第国王贡多巴德。他与贡多巴德的弟弟戈迪吉塞尔（Godegisel）达成协议，计划联手入侵并瓜分勃艮第王国。当奸诈的弟弟在自己的封地赫尔维梯亚（Helvetia）发动战争时，法兰克国

---

* 指古罗马时期居住在莱茵河东岸（现属德国，近荷兰边界）的凯尔特人或日耳曼人。

† 指克洛维去世前一年教唆克洛德里克弑父，事成后过河拆桥，反将克洛德里克杀死。

王从前线袭击了贡多巴德并入侵了索恩河谷。克洛维似乎正是在这里以及北部边远地区横扫对手,所向披靡。勃艮第国王战败,被迫从第戎(Dijon)、里昂和瓦朗斯(Valence)撤军,退守到王国最南端的堡垒——阿维尼翁;他的弟弟则被克洛维拥立为勃艮第国王,成为法兰克封臣之一。但是,贡多巴德在第二年就东山再起:他在维也纳(Vienne)杀死了戈迪吉塞尔,并把法兰克人赶出了勃艮第。贡多巴德大获全胜,克洛维不得不于501年与他和解。

但是,法兰克国王接下来的出征意义更加重大、胜果更为丰硕。西哥特国王劣迹昭著、不得民心,于是克洛维计划入侵阿基坦,与这位年轻的西哥特国王决一死战。阿拉里克信奉阿里乌斯派。克洛维认为,阿拉里克和他的父亲尤里克一样,对天主教臣民进行宗教迫害,这似乎给了克洛维一个很好的开战理由。第一次交锋发生在504年。作为西哥特国王的岳父和法兰克国王的大舅子,狄奥多里克呼吁双方和平共处。但在507年,克洛维向西哥特人宣战。他说:"高卢一分一厘的土地落入阿里乌斯派信徒之手,我都无法忍受。在上帝的帮助下,我们将起身反抗,征服他们的土地并将其纳入我们的统治。"克洛维了解西哥特王国的实力,于是他与宿敌勃艮第国王贡多巴德、末代利普里安国王西格伯特联合出击。

克洛维从巴黎出发,穿过卢瓦尔河,在靠近普瓦捷(Poictiers)的沃格尔(Vougle)平原与西哥特人正面对垒。不知是出于胆怯,还是因为不信任自己的将领,阿拉里克想要临阵脱逃,但西哥特军队却强迫他开战。阿拉里克发起进攻,结果兵败如山倒,从此一蹶不振。克洛维乘胜追击,不费吹灰之力便占领了卢瓦尔河和加龙河(Garonne)之间的所有省份。法兰克人高唱凯歌,顺利开入波尔多

（Bordeaux）并在当地越冬。次年春天，克洛维攻陷西哥特首都图卢兹，一并夺取了历代西哥特国王囤积的宝物，包括阿拉里克和阿道夫一百年前从意大利掠夺的战利品。与此同时，克洛维的勃艮第盟友入侵普罗旺斯并占领了除了阿尔勒之外的所有城市。一波未平，一波又起，西哥特王国内外交困、人心惶惶。一方效忠于年幼的国王阿马拉里克——狄奥多里克的女儿（西哥特合法王后）与阿拉里克之子；另一方则推举阿拉里克的私生子——盖萨里克，此人一直在纳巴达和巴塞罗那巩固自己的势力。但是法兰克人和勃艮第人把盖萨里克驱赶到比利牛斯山以外，北境的西哥特人似乎已成强弩之末。

此时克洛维班师回朝，发现阿纳斯塔修斯皇帝派来的使团已在图尔（Tours）恭候多时。阿纳斯塔修斯以君主的名义下达命令，向克洛维授予总督头衔，试图通过施以恩荣来拉拢克洛维，与自己联手对付宿敌东哥特人狄奥多里克。克洛维欣然接受，因为这对罗马臣民而言意味着：经由皇帝的核准，克洛维的统治权力正式合法化。

这是克洛维人生的巅峰，因为第二年局势便急转直下。为了保护外孙阿马拉里克，狄奥多里克介入哥特战争。他的军队在阿尔勒附近击溃法兰克人和勃艮第人，据称杀害了 3 万人。随后，他们又征服了纳巴达和整片地中海沿岸，势力远至西班牙。这样一来，510 年，克洛维只能在塞文山脉（Cevennes）以西地区到处征伐，但这片区域仍然涵盖了西哥特—高卢的大部分领土，还有普瓦捷、波尔多和图卢兹这三个大城市。狄奥多里克只夺回了纳博讷（Narbonensis）*和普罗旺斯。狄奥多里克赶走了篡位者盖萨里克，他

---

* 纳博讷高卢是罗马帝国的一个行省，大致位于今法国朗格多克和普罗旺斯，是罗马帝国在阿尔卑斯山脉以北的第一个行省，又称"山北高卢"。

　　　　　　　　　　　　　　　黑暗时代（476—918）

在外孙阿马拉里克成年前一直统治着整个西班牙和南高卢。

既然南部遭东哥特人狄奥多里克拦截，克洛维只好向北进入自己的领地休养生息，拿下了最后一个独立的法兰克城邦。西格伯特这时已白发苍苍，克洛维教唆他野心勃勃的儿子克洛德里克（Chloderich）弑父篡位。当克洛德里克夺取父亲的王座后，克洛维立刻翻脸，他暗杀了克洛德里克，吞并了利普里安王国。现在，所有法兰克城邦都归克洛维掌控，但他的胜利只是昙花一现。尽管如此，他的仰慕者、图尔主教格里高利（Gregory）曾说出此番令人纳罕的话："主日复一日地将他的仇敌置于他的剑下，让他的国土日益强大，因为他在神面前行事正直，合神的心意！"

511 年，这个嗜血成性的暴君、杀人犯和叛徒去世。去世之前，克洛维在奥尔良主持了一场宗教会议，32 位高卢主教参加，他们急于镇压阿里乌斯教派，欣然向他们的天主教君主寻求帮助。在所有的条顿王国开创者之中，克洛维是道德品行最糟糕的一个，他甚至都比不上汪达尔人盖萨里克。然而，他的成就注定是突出的，这与他自己的能力无关——他的继任者慈悲为怀，不仅有幸在宗教上获得了臣民的赞同，还能够在下一代保护这个年轻的王国免受那些强大敌人（东哥特、西哥特和汪达尔王国）的侵略。

第五章

查士丁尼的对外战争　528—540

查士丁尼的特点——与狄奥多拉（Theodora）的
婚姻——528—531 年，第一次波斯战争——贝利撒留
（Belisarius）的崛起——查士丁尼镇压 532 年尼卡起义——外
交政策——533—534 年，贝利撒留征服汪达尔人——东哥特
人在意大利的衰退——查士丁尼攻击狄奥达哈特——贝利撒
留征服西西里岛、那不勒斯（Naples）和罗马——537—538
年，东哥特人围困罗马——540 年，贝利撒留打败东哥特人并
占领拉文纳

457—527 年，先后有 4 位年迈而谨慎的恺撒登上东罗马帝国
皇位。东罗马帝国韬光养晦、厚积薄发，直到迎来了雄心勃勃而
精明能干的查士丁尼一世。查士丁尼是查士丁的妹妹维吉兰提娅
（Vigilantia）和妹夫塞巴提乌斯（Sabatius）的儿子。在舅舅去世
后，年过不惑的查士丁尼成了帝国唯一的统治者。查士丁尼和他
的舅舅不同：查士丁是一个没有文化的士兵，当他在军队获得晋
升后，便将外甥查士丁尼从老家达尔达尼亚（Dardanian）农村带

到了首都；查士丁尼在君士坦丁堡长大，被培养为舅舅的接班人。查士丁尼深知敌人强大，这使他具备了学习各种知识的非凡能力：他对治国理政、建筑艺术、宗教神学、法律金融乃至音乐都表现出浓厚的兴趣。查士丁相信，查士丁尼能够很好地处理自己无法管理或理解的大小政务问题，于是在舅舅登基之后，查士丁尼很快便从一个学生转变为帝国的实际执政者。很快，这位继承人就展现出了非凡的才能和极高的工作热情。当时，大多数年轻人一旦飞黄腾达便会纵情声色、沉溺享乐，而查士丁尼却投身于帝国琐碎的政务。人们惊讶地发现，只有身处于大臣和记录员中间、埋首文件官牍之时，他才会展露笑意。查士丁尼像一位亚里士多德式人物，他"对享乐之事漠不关心"，只有工作才能引起他的兴趣。他每日早早起床，白天忙于政务，夜间读书写作。随着年纪增长，他甚至舍弃了睡眠，仿佛他已经摆脱了人类的天然需求。他冷血无情，不知倦怠，身上有一种古怪吓人的气质；迷信之人窃窃私语，说他曾受过一个狂躁恶魔的指点，又或者他本人就是那个恶魔。据说一名姗姗来迟的朝臣曾在午夜的宫殿走廊偶遇查士丁尼，发现他在黑暗里踱来踱去，面无人形，恐怖至极。随着这个故事的流传，人们甚至说他根本就是一个没有脸孔和身形的怪异幽灵。

但是，查士丁尼的的确确是一个男人，他也具有男人的任性和鲁莽，不久之后这一点就得到了证明。令帝国人民瞠目结舌、上流人士深感困惑的是，这位帝国的继承人突然宣布，自己打算迎娶拜占庭滑稽剧场的首席女演员狄奥多拉为妻，她出身于舞女家庭。这个古板冷淡的皇帝正在凝望尼禄（Nero）或埃拉伽巴路斯

（HeliGaabalus）* 曾经葬身的深渊。

一本名为《秘史》（*Secret History*）的书详述了狄奥多拉早年不堪的生活。作者署名为普罗科匹厄斯（Procopius），但多半是伪作，其内容真实性存疑。狄奥多拉的父亲是塞浦路斯人阿拉修斯（Acacius），他受雇于绿党，在大竞技场工作。多年来，狄奥多拉一直以演员和舞者的身份活跃于舞台。这些便是我们已知的事实。基于对古罗马女演员这一职业的了解，我们可以认定《秘史》中的某些内容是有一定依据的。然而，我们可以断定，书中的个别叙述是失实的。比如，此书断言狄奥多拉乃是一个女吸血鬼，经常和恶魔交媾。剩下的内容也都愚蠢荒唐，迷信恶毒。但是，公正来说，查士丁尼的婚姻既是一件丑闻，又是一大奇迹。众所周知，查士丁尼的母亲和他的舅妈尤菲米娅皇后（Empress Euphemia）曾坚决反对这桩婚事，但是查士丁尼心意已决，以一贯锲而不舍的风格地劝说查士丁，最终打动了这位年老的舅舅。查士丁尼正式与狄奥多拉成婚，他甚至还说服皇帝赐予了狄奥多拉贵族头衔。

抛开其过往履历不谈，狄奥多拉的智慧和才干令她足以胜任皇后一职。她和丈夫一样，野心勃勃而又精明能干。她既是他的配偶，也是帝国的共治者。我们将会在后文见证，狄奥多拉如何在一次次的危机中挺身而出，拯救了濒临毁灭的帝国。甚至连狄奥多拉的死敌都认可她身为皇后的忠诚和价值；《秘史》评价她婚后骄奢残暴、任性傲慢，但并没有指责她邪恶或昏庸。毋庸置疑，狄奥多拉致力于宗教活动，建立了许多慈善机构。因为自己年轻时的经历，她为

---

* 此二人均为罗马帝国暴君，以荒淫无道而受人谴责。

风尘女子建立了庇护所，开基督教世界之先河。她热心于奴隶解放，关心孤儿成长和贫穷女孩的婚姻。

狄奥多拉被公认为当时最美的女人。《秘史》也承认这一点，但补充说她身量较小，皮肤略显苍白，而且她花了无数时间研究房中之术。有两幅狄奥多拉的肖像画保存至今，一幅在西奈山（Mount Sinai）的修道院里，另一幅在拉文纳的圣维塔莱教堂（Church of San Vitale）里——两幅画的存放地相距甚远，不难看出狄奥多拉影响力之广泛。不幸的是，罗马时代的人物肖像长期浸淫天主教风格，画作材质还做了马赛克化处理，导致我们难以从中一窥狄奥多拉的真实容貌。

作为征服者、建设者和立法者，查士丁尼千古留名，无人能及。此外，他还参与过神学活动，只是这段日子不那么令人愉快。然而，我们将把目光集中于查士丁尼的外交政策，而不再赘述他在其他领域的努力。查士丁尼与阿非利加、意大利以及西班牙的交往是南欧历史上一个伟大的里程碑和转折点，其成果一直惠及 11 世纪。他与波斯的长期斗争则略显平淡，没有那么重要。但在当代观察家看来，这些纷争在漫长的历史进程占据了很大篇幅，不可小觑。

查士丁尼甫一登基就正式和老波斯国王卡瓦德开战。25 年前，波斯君主和阿纳斯塔修斯胜负未决，萨珊人无比渴望以一场新的战争来重塑自己的地位。查士丁尼一继位，卡瓦德就以达拉斯行政官贝利撒留在尼西比斯附近建造防御工程为由向查士丁尼宣战，而这位年轻官员的名字注定将与查士丁尼王朝紧紧联系起来。战争伊始，罗马军队就在美索不达米亚的旷野受挫。然而援军随后赶到，波斯人便撤出了帝国边界。528 年冬天至次年，罗马人突袭亚述，波斯人快攻叙利亚，除此之外两军没有任何正面交锋。双方各有损失，但是战事的最终胜负还未确定。530 年，战局出现转机：波斯人全副武装越过边境，向达拉斯大举进军。在达拉斯，他们遇到了刚被任命为东罗马帝国总司令的贝利撒留。达拉斯见证了这场决定性的战争：凭借卓越的作战技巧，贝利撒留率 2.5 万人以少胜多，打败了 4 万名波斯人。贝利撒留计划撤走以罗马步兵为首的中心力量；当波斯人的追兵出现时，他将安排所有骑兵——由匈人轻型马、多瑙河畔的赫鲁利人和罗马的重装骑兵或胸甲骑兵组成的大杂烩——进攻波斯人暴露在外的侧翼。这个计划和汉尼拔（Hannibal）在坎尼（Cannae）的计谋有异曲同工之妙，也许是贝利撒留有意效仿。无论如何，萨珊人最终彻底被击溃。

达拉斯一战败北后，卡瓦德求和失败，战争延续至第二年。531 年，贝利撒留遇险。觊觎叙利亚的波斯军队已经击败了美索不达米亚要塞的南翼力量。贝利撒留竭力阻止波斯军队攻击幼发拉底河中游，但他却在卡利奈孔（Callinicum）遭受了重大损失。即便战败，贝利撒留依旧奋力抵抗，让波斯人在此番远征途中屡屡受挫。4 个月后，卡瓦德国王去世，继任者霍斯劳一世（Chosroes Ⅰ）上位。霍斯劳一世根基未稳，攘外必先安内，于是他和帝国在 531 年 9 月达成了停战协定。

波斯战争结束，查士丁尼便可把全部精力投入西方邻国的外交事务。波斯战争并未分出胜负，但其意义不可小觑，查士丁尼由此见证了军队的团结稳固，还发现了几名优秀的军官和一位具有出色指挥能力的青年将领——达拉斯一役的胜利者。26 岁的贝利撒留和他的君主一样，出生在色雷斯和伊利里亚之间的边境地区，在一个名叫日耳曼尼亚的不知名村庄长大。虽然贝利撒留的出生地和条顿人有关，但是他体内却流淌着色雷斯人的血。贝利撒留年幼参军，一路摸爬滚打，不到24岁便坐上了达拉斯要塞行总督之位。贝利撒留的妻子安东尼娜（Antonina）是皇后狄奥多拉的闺密，从中便可得知查士丁尼对他的偏爱与信任非同一般。安东尼娜诡计多端、无耻专横；她比丈夫年长许多，性情凶妒暴戾，要不是贝利撒留脾气好，根本无法忍受这样的女人。贝利撒留夫妻俩在查士丁尼宫廷的地位近似安妮女王（Queen Anne）宫中的马尔伯勒公爵（Duke of Marlborough）及其夫人莎拉（Sarah），但是这位东罗马人在各方面都优于马尔伯勒这个英国人；两位妻子则半斤八两，她们都对自己的丈夫不忠不义。

　　波斯战争的危机刚刚过去，查士丁尼还没来得及把注意力转移到西方，就遇到了突如其来的危险——查士丁尼一生中最重大的危险。上文曾提到蓝、绿两党之争：6世纪早期，绿党崇奉异端教义并支持阿纳斯塔修斯；天主教徒蓝党则效忠于查士丁及其外甥。蓝、绿两党素来不合，加之一系列事件火上浇油，终于在532年爆发了严重动乱，这便是著名的尼卡暴动。为了支付波斯战争的花费，查士丁尼不仅动用了阿纳斯塔修斯囤积的财富，还大肆额外征税，这引发了民众对财务官特里博尼安（Tribonian）和行政官卡帕多西亚的约翰（John the Cappadocia）的不满。他们两人都被怀疑趁机中饱私囊，这并非毫无根据，而卡帕多西亚的约翰对拖欠税费的民众的残暴行为更是可恨。532年1月，绿党反抗压迫，在竞技场掀起一系列暴乱。不久，骚乱蔓延至城市街道，两派人马手持棍棒刀剑，卷入纷争之中。查士丁尼以往常常对蓝党的行为睁一只眼闭一只眼，但就目前来看，蓝党的行为着实过火。警察逮捕了若干派系头目，7名首领被判死刑。愤怒的民众围在一边，见证5名暴徒被处以死刑，但是就在蓝、绿两党各剩一人时，行刑者过于紧张，导致绳索两次滑落，罪犯们摔倒在地。群众冲破了警察的阻挠，匆忙把侥幸存活的两名罪犯送到附近的避难所。这次事件的恐怖程度无须多言。示威群众并没有停息，他们在宫殿里游行，高呼罢免那两个不得人心的大臣——特里博尼安和卡帕多西亚的约翰。两党联合请命，市民涌上街头，警察被人群踩踏驱逐。

查士丁尼被眼前的景象吓坏了，他没有派出禁卫军镇压暴动，而是宣布自己已决定罢免财务官和执行官。但是事态进一步恶化：暴徒们烧毁了元老院，他们态度蛮横地聚集在宫殿之外。危急之下，皇帝不得已使用武力，但又面临着兵员紧缺的棘手问题。除了3 500名预备军和禁卫军，所有的君士坦丁堡驻军都已被派往波斯战场。波斯一战后，目前只有两个团平安归来——贝利撒留手下的500名胸甲骑兵以及500名赫鲁利士兵。在君士坦丁堡狭窄的街道上，5 000精兵也无力招架50万名愤怒民众。

遭到军队镇压的起义群众继续在城内四处纵火。火势蔓延，局面失去控制。圣索菲亚大教堂及其周边的住宅和公共建筑都在大火中化为灰烬，君士坦丁堡一度血流成河。事件发展至此早已超出了暴乱范围——这里正在酝酿一场革命。在斗争中起主导作用的绿党投奔老主顾叙帕提乌斯——阿纳斯塔修斯一世的外甥。叙帕提乌斯精明谨慎，绝不会以身犯险；他进入皇宫，向查士丁尼大表忠心，力图撇清自己同造反者的关系。但是，心性多疑的皇帝命令所有大臣各自回家，叙帕提乌斯随即落入叛党手中。这个极不情愿的叛徒被人推上了竞技场中的临时御座，头戴临时皇冠——那是用他妻子的金项链制成的。

次日，查士丁尼出宫宣布大赦，却遭到民众唾骂，败兴而归。他沮丧地召集朝臣和卫兵长，提议像曾经的芝诺一样放弃君士坦丁堡，逃往亚洲避难。卡帕多西亚的约翰等多位大臣建议皇帝速速离开，但是狄奥多拉却挺身而出，拯救丈夫于危难。她痛哭流涕："据说在男人的会议中，不应当出现妇女的声音。但是那些利益相关的人都应当拥有发言的机会。死亡不可避免，我们都无法逃脱，但我们不能舍弃尊严和荣誉苟且偷生，弃帝国于不顾沦为之命徒，没有人强迫我们背负这种耻辱。休想让我脱掉这件紫袍、不再被人敬为皇后。如果陛下您想活命，那么逃跑是很容易的。船已经准备妥当，大海正张开怀抱等待着您。但请设想一下，如果您真的踏上逃亡之路，那么之后每一天都将会生不如死。而我赞同那句古老的格言：'紫袍是最美丽的裹尸布。'"

听罢妻子慷慨激昂的陈词，查士丁尼决定再和幸运之神比拼一次。少量援军就位后，贝利撒留率领着已经鏖战 5 天 5 夜的将士们杀出重围。叛军听信查士丁尼逃走的谣言，没有一丝防备。这时的竞技场中挤满了暴徒，他们正高呼"叙帕提乌斯奥古斯都永生"。军队试图冲进竞技场，但没能立即成功，最后他们从 3 天前大火烧出的墙壁缺口处闯入。面对此番奇袭，叛军猝不及防，没过多久便仓皇逃跑。数以万计的叛军死在了贝利撒留的剑下，内乱得以平息。叙帕提乌斯和他的兄弟被活捉带到查士丁尼面前，皇帝命令将二人斩首。次日，查士丁尼听说叙帕提乌斯并非自愿称帝，便赐给他一场体面的葬礼。经过了这场可怕的竞技场大屠杀，这座城市终于在查士丁尼时代迎来了安定，此后的许多年里都没有再发生大规模骚乱。

现在查士丁尼终于摆脱了各种内忧外患，于是他便雄心勃勃地投身于外交事业，接下来这些外交计划将会占据他的全部精力。查士丁尼的梦想是重新统一罗马帝国，收复被日耳曼国王占领的西部省份并将它们置于帝国的威名之下。就在几年前，这个梦想看起来还遥不可及，但是最近事情出现转机。与4位前任相比，查士丁尼年富力强，他拥有无数财宝，坐享阿纳斯塔修斯的全部家产和一支庞大而高效的军队。皇位不可撼动，东部边疆固若金汤。如今已经没有什么能阻止他发动对外侵略战争。

与此同时，西边的局势也对查士丁尼极为有利。狄奥多里克在意大利去世，从此东哥特王国每况愈下。老英雄把他的领土留给了8岁的外孙阿塔拉里克（Athalaric），并任命自己的女儿阿玛拉逊莎（Amalasuntha）为摄政。狄奥多里克的女儿聪明而有主见，但要让不安分的东哥特人服从女性摄政却是一件非常困难的事。阿玛拉逊莎的一举一动都会惹来非议：她喜欢罗马和希腊文学，还经常提拔罗马官员。据说她想努力把儿子阿塔拉里克培养成意大利人，而不是哥特人。尽管狄奥多里克曾说"在教鞭前颤抖的人同样也会屈服于长矛"，但是阿玛拉逊莎还是给儿子安排了罗马老师，让他一心读书。阿塔拉里克年幼时，哥特人还会服从阿玛拉逊莎的管理；但当阿塔拉里克长到十二三岁，开始表现出自己的意志后，人们的抗议声越来越大。终于有一天，阿塔拉里克受到母亲惩罚之后冲进哨所，告诉他的臣民，自己身为哥特国王，所受待遇却比奴隶还要不堪。此事引起了骚动，阿玛拉逊莎仍可以继续摄政，但是哥特首领剥夺了她教育国王的权利。离开母亲的管教后，阿塔拉里克终日与狐朋狗友做伴，变得懒散鲁钝、沉迷酒精。他自幼身体羸弱，不及成年就出现了肺结核的症状。在此期间，阿玛拉逊莎正忙着和哥特首领争权夺位。她未经审判便下令处死 3 名反对派领袖，这让她失去了民心。眼看大厦将倾，533 年阿玛拉逊莎秘密派人请求查士丁尼帮忙，允许她万不得已时逃到底拉西乌姆避难。查士丁尼很快就抓住了机会：意大利民族分裂，摄政不得人心，而年轻国王的一只脚已经踏入坟墓，这个国家仿佛在冲他招手，任他宰割。

阿非利加的事态也吸引着查士丁尼的目光。之前提到，撒萨蒙德国王去世后，同族亲属希尔德里克继承了汪达尔王位。希尔德里克是胡内里克和罗马公主欧多西娅的儿子，他继位时年事已高，对国家事务一窍不通。希尔德里克和他的罗马母亲一样都是虔诚的天主教徒，信奉罗马正教，为阿里乌斯派信徒所痛恨。希尔德里克在位短短 7 年，他和汪达尔人的关系糟糕到了极点。前任国王的遗孀阿玛拉菲达密谋反叛，希尔德里克发觉后将其处死，这一行为引起了公愤。他的军队屡战屡败，阿特拉斯山的摩尔人势如破竹，一路攻至迦太基城门附近。希尔德里克公开信仰天主教并提拔天主教官员，也许这才是人们愤怒的源泉。

530 年，希尔德里克的表弟盖利摩（Geilamir）谋反。他不费吹灰之力便推翻了政权，自立为王，并把希尔德里克扔进了地牢。眼见这位笃信正教且与自己关系友好的君主被推翻，查士丁尼自然感到十分愤慨，他决心借此名义反对新任汪达尔国王。"尼卡暴动"之前，查士丁尼曾遣使出访迦太基，他要求盖利摩恢复希尔德里克的王位，盖利摩自己可以担任摄政。篡位者粗鲁地回答："盖利摩国王想告诉查士丁尼皇帝，统治者最好还是少管闲事。"汪达尔国王自恃北非位置偏僻，认为内患重重的东罗马根本不足为惧。盖利摩没有意识到，一场风暴正向自己席卷而来。

查士丁尼已经下定决心要征服汪达尔人，开启进攻西方的征程。信奉阿里乌斯派的汪达尔国王再次迫害阿非利加天主教徒；自从九年前阿玛拉菲达被处死之后，东哥特人就和汪达尔人彻底断交。阿玛拉逊莎也赞成皇帝的这一计划，她很乐意见到离自己最近的日耳曼邻国遭受攻击。而此时盖利摩国王刚刚将汪达尔军队调去撒丁岛平叛，真可谓是天助查士丁尼。

533 年夏天，查士丁尼眼见事态有利，便准备派军入侵阿非利加。他的一些幕僚曾表示反对，财政大臣卡帕多西亚的约翰警告："不要攻击世界的尽头，从那里往拜占庭送信至少需要一年时间。"只要了解过古罗马帝国的组织架构，就会发现这一说法荒谬无比。出征军队规模不大，其中包括 1 万步兵和 5 000 骑兵，半数是来自亚洲各省的正规部队，另一半则是匈人和赫鲁利人组成的雇佣军。但是军队指挥官贝利撒留一人就堪比一支大军，他的存在使得将士们信心大增。由于逆风影响，这次出海竟耽搁了 80 天之久，最终航船于 9 月初在西西里岛对面的卡普特瓦达（Caput Vada）海岬下锚。汪达尔人被打了个措手不及：他们的国王不在努米底亚，精兵强军则部署在撒丁岛，而舰队甚至都来不及下水。汪达尔人认为自己同君士坦丁堡天南海北，便盲目自信，从未忌惮过查士丁尼，故而对敌人的入侵没有丝毫防备。盖利摩急忙赶到海边，先是处死了囚徒希尔德里克，然后从四面八方招募士兵，足足用了 11 天才集结起来迎战罗马人的军队。与此同时，贝利撒留的军队所向披靡，兵临迦太基城下。贝利撒留宣称要将人民从阿里乌斯派的欺压之下解救出来，他的军队秩序井然、不抢不夺，广受各省人民的欢迎。

贝利撒留已经到达阿德底斯姆（Ad Decimum）驿站，小心翼翼地率军前进，军队前锋和两翼各有一队强健的侦察兵。就在这时，他们突然遭到汪达尔人的袭击，敌军数量是自身的两倍。罗马军队三面遭困：汪达尔国王的弟弟阿马塔斯（Ammatas）从迦太基赶来增援，正面迎击帝国军队；另一支军队围困左翼，而盖利摩则领导汪达尔主力部队从后方背袭。但是汪达尔人在执行战术时出现失误，未能将 3 个方向的进攻联合起来。迦太基派来的部队最先被击溃，首领阿马塔斯阵亡。随后，贝利撒留军中的匈人骑兵赶走了攻击侧翼的敌军部队。汪达尔主力部队随即赶到，并与东罗马中心和后方军队展开激烈战斗。盖利摩猛烈地冲破防线，两次劈开了罗马军队，但他却不知道如何利用自己的优势。盖利摩没有乘胜追击，而是叫停部队，这使贝利撒留获得了喘息之机。据说，盖利摩发现王弟阿马塔斯的尸体时悲痛欲绝，甚至无法发号施令，任由自己倒在地上痛哭流涕。没过多久，东罗马人便再次排兵布阵，得胜的前锋部队也回来支援主力部队。夜幕降临时，他们再次袭击了汪达尔人。汪达尔人忘却了自古以来的英勇气概，他们仅稍作抵抗，便在夜色掩护下向西逃窜。

迦太基城门洞开。第二天，贝利撒留便在王宫里享用了汪达尔国王规格的饭菜，而盖利摩则收获了他的祖先几百年来迫害阿非利加人的报应。凡未设防的城邑都向罗马人敞开大门，人们急忙献出自己的家当，任由贝利撒留处置。贝利撒留率军进入迦太基，像是一位凯旋的皇帝，他的军队秩序严明、纪律森严，甚至不曾劫掠汪达尔人和阿里乌斯派信徒。

与此同时，盖利摩领兵撤回努米底亚山丘，他的军队元气大伤，不但伤亡惨重，而且士气受创。不久，之前派往撒丁岛的部队重新汇入盖利摩大军；汪达尔人成功征服了撒丁岛，军队人数增至近5万。盖利摩发现贝利撒留正忙着修补迦太基的城墙，于是决定主动出击。他率军出山，向迦太基进发，在迦太基城外约32千米处的特里卡梅伦（Tricameron）迎面遭遇了罗马军队。

在一场远比十里战役（阿德底斯姆战役）更为激烈的交战后，贝利撒留赢得了决定性的胜利。罗马军队曾被三度击退，但在英勇领袖的带导下，罗马胸甲骑兵冲破了汪达尔人的防线，杀死了汪达尔国王的弟弟扎佐（Tzazo）。盖利摩转身逃跑，而他手下的战士们始终奋力抵抗，直到最后一刻。这场战争以及随后的血腥追击几乎将汪达尔人灭族。盖利摩则躲在阿特拉斯山避难，他在山里悲惨地度过了几个月。

盖利摩知道自己已无力东山再起，与肮脏的野人为伍苟活更令他难以忍受，于是他决定举家归降贝利撒留。尽管他杀害了皇帝的朋友希尔德里克，但他相信自己将得到体面的待遇。

534年春天，贝利撒留凯旋，汪达尔国王和大多数幸存的汪达尔俘虏也被他带回了君士坦丁堡。他的船上堆满了洗劫迦太基宫殿的战利品。汪达尔人一个世纪以来四处抢夺的战利品都在这里了，包括455年盖萨里克从罗马带走的盘子和装饰品。据说，皇帝在这些宝贝里认出了耶路撒冷神庙的七枝烛台和金质器皿，这是400年前恺撒提图斯（Titus Caesar）征服犹地亚（Judea）时带回罗马的。

查士丁尼把这些宝物送到圣城耶路撒冷的圣墓教堂*，它们在那里祝圣。贝利撒留被授予了一项古罗马荣誉头衔，而这一头衔上一次颁发已是400多年前。贝利撒留进入竞技场，把囚徒和战利品扔在查士丁尼的脚下，享受着元老院和人民的赞誉——他是当之无愧的新大西庇阿†。次年，他被提升为执政官，皇帝将一切可能的荣誉都赐予了他。俘虏盖利摩国王则受到体面的对待，获封一处位于弗里吉亚（Phrygia）的住宅，他和家人在那里善终。

贝利撒留胜利那年，他和他的主人也迎来了机遇。534年秋天，体弱多病、放浪不羁的东哥特国王病逝，离世时未满18岁。他的母亲阿玛拉逊莎现在失去了王室名号的保护，不得不与野蛮的哥特人正面交锋；她处决过一些哥特首领，而他们的遗族都对她恨之入骨。阿玛拉逊莎急欲驯服哥特人，于是她决定挑选一位共治者，并授予此人国王头衔。阿塔拉里克的男性继承人是狄奥多里克的外甥狄奥达哈特。这个王子臭名昭著，他懦弱、贪婪、虚伪，因此他的舅舅从不让他插手任何国家事务。他是条顿人中的败类，虽浸淫罗马文明，却不过是邯郸学步。狄奥达哈特颇有文学造诣，还自称柏拉图式哲学家。他也喜爱艺术，但品位低俗。阿玛拉逊莎想要利用这个懦弱的表弟，迫使他成为自己争权夺位的工具。但是她没有想到，一个懦夫也会有野心。在女王的谕旨下，意大利的勇士们济济一堂，欢呼狄奥达哈特和阿玛拉逊莎共同统治东哥特王国。但是

---

* 圣墓教堂（Church of the Holy Sepulchre）：基督教圣地，位于耶路撒冷老城区，相传这里是耶稣蒙难、安葬、复活之地。
† 大西庇阿（Scipio）：全名为普布利乌斯·科尔内利乌斯·西庇阿。古罗马统帅和政治家，第二次布匿战争中罗马方面的主要将领之一，以在扎马战役中打败迦太基统帅汉尼拔而著称。

不到 6 个月，这个诡计多端的国王就已经收买了手下大臣，拘捕并囚禁了他倒霉的表姐。阿玛拉逊莎被关进博尔塞纳湖畔（Bolsena）的一座城堡里。不久后的 535 年 5 月，在狄奥达哈特的默许下，贵族亲属们杀死了阿玛拉逊莎，为 5 年前被处决的哥特首领报仇。

　　这样一来，查士丁尼就更有理由出兵意大利了。他的盟友被人废黜谋杀，而继任的意大利国王比盖利摩还要差劲得多。在查士丁尼眼中，盖利摩虽然不堪，但至少还算是个失败的战士。帝国向意大利开战甚至比出征阿非利加更加有理有据。查士丁尼发出了一封饱含怒火的最后通牒，狄奥达哈特收到信后，恐惧地跪倒在地。他甚至向皇帝的使团悄悄提议，只要皇帝饶他一命，施舍他适量生活费，他便会放弃意大利王位、抛下意大利人民。然而此举无济于事，狄奥达哈特不得不求助于占卜师和巫师。据说一个犹太先知叫他把 30 头猪——假设这代表不纯洁的异教徒——分别关进 3 个猪栏，称它们为 10 个"哥特人"、10 个"意大利人"和 10 个"罗马帝国人"；让它们在断水断粮的条件下生活 10 天，最后检验这 30 头猪的生存状况。规定时间一到，狄奥达哈特发现"哥特"猪死了 8 头，"意大利"猪死了一半，而"帝国"猪虽然形容枯槁，但几乎都活了下来。这个犹太人告诉沮丧的国王，这预示着一场恶战：哥特人面临灭顶之灾；意大利人损失惨重；历经艰难困苦，罗马帝国终将笑到最后。

　　狄奥达哈特和他的占卜者白费了一番力气；与此同时，罗马军队已经袭击了哥特人的达尔马提亚。无论这个可怜的篡位者是否情愿，他都不得不面对这场战争。毫无疑问，查士丁尼决定让贝利撒留扛起征战东哥特的大旗。贝利撒留率领 7 500 名士兵向西航行，军中有 3 000 名伊苏里亚人，其余则由罗马常规军和匈人－赫鲁利雇佣军组成。然而，这支小型部队的攻击目标却是一位统率 10 万日耳曼勇士的国王。不过，帝国的增援部队很快就会赶到，而狄奥达哈特的懦弱和无能更是众所周知。

535 年 9 月，贝利撒留率军登陆西西里岛。西西里岛的情形和阿非利加别无二致：各省民众争先恐后地敞开城门，迎接帝国入侵者。西西里岛难觅哥特人踪影，哥特人都驻守在巴勒莫（Palermo）。不出几日，贝利撒留就发动突袭，攻占了这个地方。冬天来临之前，他已经控制了整个西西里岛。若不是因为阿非利加爆发叛乱，他本应乘胜追击攻入意大利本土；如今贝利撒留却不得不横渡大海前往迦太基平叛。

可怜的狄奥达哈特生性怯懦，他不断向查士丁尼乞求议和，却都无功而返。536 年 4 月，狄奥达哈特一如往常毫不设防，眼睁睁地看着贝利撒留远渡墨西拿海峡（Messina），攻下布鲁提（Bruttium）和卢卡尼亚（Lucania）。国王已无力回天，南部的哥特军队士气大减，卢卡尼亚伯爵伊伯蒙德（Ebermund）甚至举军归降贝利撒留，投奔东罗马帝国。贝利撒留在意大利南部如入无人之境，不费一兵一卒，居民都纷纷主动打开城门迎接他的军队。然而，古老的希腊城市那不勒斯由一支强大的哥特驻军戍守，在救援部队到来之前，双方僵持了几个星期都未分出胜负。7 000 罗马大军围攻那不勒斯时，狄奥达哈特国王在罗马集结部队。但是这个懦夫却不敢出兵，5 万大军无所事事。那不勒斯最终被帝国军攻陷，一队伊苏里亚士兵沿着一条废弃渡槽进到城内，猛攻城门。得知那不勒斯沦陷之后，哥特人民怒火中烧，再也无法忍受窝囊的国王。在彭甸沼地（Pomptine Mashes）附近雷吉塔（Regeta）举行的大会上，军队郑重地宣布：废黜狄奥达哈特。由于阿马立家族没有男性后代，军队推举维蒂吉斯（Witiges）为王。维蒂吉斯是一位德高望重的老将，他曾参与过狄奥多里克时期的多场大战。废王逃到拉文纳避难，但他的私敌一直穷追不舍紧随其后。到达沼泽之城（City of the Marshes）不久后，狄奥达哈特就像羊一样被人割喉暗杀。

哥特人却犯下了致命的错误。他们误把广受尊敬的维蒂吉斯当作军事天才，直到这名愚蠢的老兵毁掉了他们的一切希望，哥特人只得自食其果。新国王听说法兰克人正翻越阿尔卑斯山、蹂躏波河河谷，于是他立即率军北行，殊不知这一步可是大大失策。罗马城内只留 4 000 守军，其余士兵都被维蒂吉斯带往拉文纳。他前脚刚走，贝利撒留后脚就北上进攻罗马。罗马不堪一击，迅速落入敌军手中。城内百姓随时准备投靠敌军，哥特驻军孤立无援、众叛亲离。事实上，536 年 12 月 9 日，帝国军团尚未到达罗马南门，教皇西尔维（Pope Silverius）和元老院就已经给贝利撒留写信讨饶。贝利撒留之军不过 5 000 余人，然而城中的哥特士兵竟吓得倾巢出逃，简直软弱得不可饶恕。

贝利撒留现在是罗马的主人，但他知道自己的地位岌岌可危。维蒂吉斯已经通过割地赔款的方式同法兰克人实现了停战，他需要支付 13 万索利都斯金币（Solidi）*、割让阿尔卑斯山外的普罗旺斯领土。他的妻子是已故国王阿塔拉里克的妹妹玛瑟逊莎（Mataswintha），她是阿马立王朝的末代子孙。后来，维蒂吉斯决

---

* 一种古罗马人发明的金币，1 索利都斯约重 4.5 克。

定杀回罗马，北方的哥特勇士也纷纷前来支援。537年春天，维蒂吉斯率领10万大军围攻罗马。

罗马保卫战是贝利撒留生涯的荣耀巅峰。奥勒良城墙（Walls of Aurelian）坚固绵亘，但是墙下只有5 000守军；城内是一群乌合之众，没有一个罗马人敢拿起武器加入军队，他们胆小如鼠、风声鹤唳，毫无御敌之力。3月中旬，哥特人出现在城墙外，在北门和东门对面安营扎寨。随后，他们切断了罗马的供水系统并开始建造攻城武器，一场大规模进攻势在必行。但是，维蒂吉斯一向办事不周，他并未彻底封锁城市南缘，切断奥斯蒂亚（Ostia）和那不勒斯的通信渠道。因此，运粮部队和外地援军时常能趁着夜色穿越围困，在维蒂吉斯部署在台伯河（Tiber）河畔和坎帕尼亚（Campagna）的卫戍部队的眼皮底下潜入罗马城中。

城外的维蒂吉斯花了两周时间制订计划、准备武器，打算猛攻罗马城北区和东北关口。然而哥特人出师不利，他们还没来得及越过城防壕沟，攻城塔和投石机就已经被城内守军击毁。成千上万的日耳曼勇士登上云梯，奋力直攻这面雄伟的围墙。奥勒良城墙坚不可摧，要想征服谈何容易，但东哥特人还是在某两处取得了阶段性胜利。攻城槌敲碎了帕莱斯特里纳门（Praenestine Gate）外的堡垒，在贝利撒留的援军赶到前，一队哥特人占据了这里的堑壕。而哈德良陵墓（Mausoleum of Hadrian）则面临着更大的危险。在哈德良桥（Aelian Bridge）另一边，守军士兵淹没在箭雨之中，沟渠里埋伏着无数哥特人。这时东罗马人突然萌生一计：陵墓的墙壁上排列着许多华丽的雕像，有些是皇帝塑像，有些则是古希腊文物。千钧一发之际，绝望的驻军将这些巨型雕像推往下方，大理石碎片如冰雹一般洒向了哥特人。

当天，贝利撒留大获全胜。哥特军队遭受重创，约有 2 万名哥特士兵阵亡，维蒂吉斯甚至不敢再发动一次普通袭击。他转而采取封锁之策，这给罗马驻军和民众的生活造成了诸多不便。不过，哥特人从未彻底封锁公路和河道，运粮车舰得以同行；与此同时，贝利撒留也把城中大部分妇女、老人和奴隶转移到了坎帕尼亚（Campania）。夏天逐渐来临，哥特人的营地拥挤肮脏，将士们饱受疟疾之苦。而另一边，贝利撒留终于得到了君士坦丁堡的增援部队，现在他的骑兵能够正面迎击哥特卫兵，尝试突出重围。

无论是发动袭击还是实施封锁，哥特军队最终都无功而返，而沿着空置渡槽爬进城内的计划也不幸落空，维蒂吉斯或许应当解除封锁，再度采取攻势，毕竟贝利撒留的兵力并不强盛。但他没有这样做。他按兵不动，顽固地驻留了 1 年零 9 天，眼睁睁看着营地里的士兵们接连遭受瘟疫折磨并最终丧命，哥特军队日渐萎靡，而罗马帝国军队却不断壮大、士气高涨。贝利撒留获得了一支强大的援军，因此他在镇守罗马的同时还能匀出兵力开辟第二战场。一位人称"血腥约翰"（John the Bloody）的军官带队翻越萨宾山（Sabin），直捣皮切诺，拉文纳危在旦夕。约翰精明强干，538 年 2 月，他占领了距拉文纳只有约 53 千米的里米尼（Rimini）。直到听闻本国首都受到威胁、敌方追兵将至的消息，东哥特国王才如梦初醒，终于开始采取行动。他将 7 个营地付之一炬，随后便踏上了通向皮切诺的弗拉米尼亚大道（Flaminian Way）。贝利撒留的审慎和英勇没有白费：困守孤城 374 天之后，罗马人终于又可以自由地呼吸了。

哥特人现在已经无缘意大利中部；战场转移到了伊特鲁里亚

（Etruria）北部的皮切诺和波河河谷。这一仗打了两年（538—540），双方激烈争夺拉文纳和安科纳（Ancona）之间的沿海城镇，胜者还能获得亚平宁山脉的控制权。罗马军队半数集中在里米尼和安科纳，而贝利撒留本人忙于清除伊特鲁里亚北部的哥特残军。在拉文纳和奥西莫（Auximum），两支哥特军队形成掎角之势，夹攻北部的罗马军队，后者受困于狭窄的海岸平原；里米尼和安科纳也遭到围攻。维蒂吉斯一度接近胜利，但就在驻军穷途末路之际，宫廷总管太监纳尔西斯（Narses）率领援军从君士坦丁堡赶来，救了他们一命。

维蒂吉斯退守拉文纳，任由罗马人占领艾米利亚（Aemilia），越过波河搅乱米兰。战事一度长时间停滞不前，贝利撒留发现纳尔西斯开始独揽大权，只好请求皇帝召回此人。同时，贝利撒留包围了拉文纳以南的最后两个哥特军要塞——伊特鲁里亚的菲耶索莱（Fiesole）和皮切诺的奥西莫。攻打这两座城市时，贝利撒留遭遇了顽强抵抗，就在战事陷入僵局之际，维蒂吉斯好战的侄子乌莱亚斯（Uraias）横空出世，解放了米兰，又在 539 年收复了波河以北的哥特领土。与此同时，国王派人出使波斯提醒波斯国王霍斯劳，所有的罗马军队都忙着应付意大利，他现在可以轻松地征服叙利亚和美索不达米亚。这是维蒂吉斯与罗马一战中最明智的决定。若是在两年前，这一举措也许还能拯救哥特人，但现在一切于事无补：霍斯劳刚要出兵，就听到了维蒂吉斯被废被俘的消息。

双方僵持了 7 个月。539 年至 540 年仲冬，奥西莫人向贝利撒留投降。维蒂吉斯声称法兰克人袭击了波河河谷，这导致他无法出兵相助，只能眼睁睁看着奥西莫落入敌手。这个借口似乎颇为合理，但事实并非完全如此：提乌德贝尔特率领的法兰克人兵力大减，甚至预备打道回府时，哥特国王还是按兵不动，束手就擒。

540年春天，纳尔西斯被皇帝召回，而贝利撒留完全占领皮切诺和伊特鲁里亚，顺利进军拉文纳。他派出了一支掩护部队，以抵挡北意哥特人对城镇的攻击，随后亲率主力部队包围了沼泽地的巨大要塞——狄奥多里克选定的安居之地，阿马立人囤积财富的宝库。这里防御薄弱，守军力量远远弱于奥西莫那个小型据点。或许维蒂吉斯的懒惰踌躇传染给了他身边的人，他首先听取了法兰克人提乌德贝尔特的提议，然后又收到了贝利撒留提出的投降建议。最后，他决定遵从查士丁尼的指令，放弃波河以南的全部土地和王室的一半财产，仅作为帝国诸侯统治波河以北地区（Transpadane）。这些条款并不苛刻，因为刚刚被波斯人袭击的查士丁尼希望立即结束意大利战争。如果双方能就此达成一致，倒不失为一件好事。然而，有两股势力横加干涉：哥特贵族愤愤不平，认为国王太过懦弱；贝利撒留着眼于军事优势，他认为条件过于宽松。由此产生了惊人的后果：条顿人的首领大胆地向帝国将军提议，抛弃怯懦的维蒂吉斯；只要贝利撒留接纳这些首领为附庸及意大利的管理者，日耳曼人就会服从他的统治。贝利撒留假意应允，而单纯的哥特人认为没人会不对这等好事动心，于是立即打开大门。但是这位伟大的将军对皇帝忠心耿耿：他没有自立为帝，而是以查士丁尼的名义接管了这个城镇，要求哥特士兵各自回家。他还把拉文纳的所有黄金贮藏都运往了君士坦丁堡。哥特王朝似乎即将终结，除了帕维亚、维罗纳和几个意大利北部城市之外，几乎整个意大利都伏于皇帝脚下。然而查士丁尼却命贝利撒留速速回朝——普通将军领兵征服这些城市也绰绰有余。此时皇帝心绪不宁：一方面，他需要这位伟大的将军在帝国东部抵御波斯人；另一方面，他又对贝利撒留起了疑心。贝利撒留推翻了与维蒂吉斯的和谈条约，这让他心生不快，而哥特人拥立贝利撒留一事也多少让他产生了危机感。虽然贝利撒留明确拒绝了哥特人的建议，但谁能保证这位将军心里没有萌生叛意呢？防患于未然才是上策。

贝利撒留听从皇帝的指令，带着维蒂吉斯和阿马立王的金银珠宝横渡博斯普鲁斯海峡。虽然这次没有之前那样隆重的凯旋仪式，但回国的贝利撒留仍然受到了热情的欢迎。贝利撒留班师回朝，身后跟着 7 000 精兵。他们穿过首都的大道，沿街民众高呼："（贝利撒留）以一己之力摧毁哥特王国。"倘若这位伟大的将军在这个巅峰时刻死去，他的人生就再也没有遗憾了。公元 540 年之后贝利撒留很少出征，而且也不再屡战屡捷。

第六章

查士丁尼（续） 540—565

建造者查士丁尼——他毁灭性的财政政策——第二次波斯战争——540 年，霍斯劳占领安条克——贝利撒留和霍斯劳的战役——542 年的瘟疫——查士丁尼与波斯和解——托提拉（Baduila）收复意大利的东哥特王国——托提拉对抗贝利撒留——托提拉两次围攻罗马——托提拉的成功和伟大之处——纳尔西斯进攻意大利——522 年，托提拉在塔吉那战役中战亡——东哥特王国的结局——纳尔西斯打败法兰克人——查士丁尼攻打西班牙西部——549—555 年，第三次波斯战争——神学家查士丁尼作为——贝利撒留打败匈人——查士丁尼晚年——查士丁尼的法律改革

一直红运当头的查士丁尼在 540 年迎来了人生的转折点。他在漫长的余生里起起伏伏，尽管一些重要的计划惨遭夭折，但是总的来说，倚靠自己最杰出的品质——顽强勇毅，查士丁尼还是平安无事，得以善终。查士丁尼统治后半期的第一大难题便是财政问题。阿纳斯塔修斯囤积的财富已被他吃干抹净，阿非利加和意大利苟延

残喘，新的波斯战争开战在即，日益壮大的帝国需要更多的军事预算。此外，查士丁尼华丽的宫殿以及对建筑的无限热爱每年也需要消耗更多的预算。实事求是地说，查士丁尼在因大兴土木而豪掷千金：他以更宏伟的规模重建了尼卡暴乱中烧毁的所有公共建筑。不仅是首都，他在帝国的每个角落——从新征服的拉文纳到亚美尼亚边境——都修建了雄伟的堡垒、教堂、修道院、医院和渡槽。若是在叙利亚或小亚细亚的荒野中发现拜占庭遗址，那么两处中肯定有一处是来自查士丁尼时代。仅在巴尔干半岛，我们就惊奇地发现，查士丁尼为了保卫多瑙河和哈伊莫司（Haemus）边防——5世纪最容易受到蛮族攻击的边界，建造了300多座堡垒和城堡。光是建造圣索菲亚大教堂就花费了数百万，这座辉煌的建筑的确物有所值，但是对于当时的财务官来说，两场大战在即，想方设法筹到这笔钱一定让他们心力交瘁。

查士丁尼不管是在战时还是在和平年代，都在追求艺术的道路上挥金如土。为了填满无底洞般的国库，他只能向帝国人民征税。财政大臣——卡帕多西亚的约翰丧尽天良，永远带头压榨可怜的百姓：只要他能让国库充实，查士丁尼自然会对他不公甚至违法勾当睁一只眼闭一只眼。卡帕多西亚的约翰后来与皇后狄奥多拉偶然发生争吵，这才被罢免。他的继任者能力不如他，但是敲诈勒索的本事却毫不逊色。10年过去了，阿非利加和意大利的人民在军务大臣的压迫下痛不欲生，他们抱怨命运不济，后悔曾经帮助贝利撒留驱逐信奉阿里乌斯教派的哥特人和汪达尔人。时间一天天过去，百姓的生活每况愈下，沉重的税收耗尽了土地资源，哪怕是曾经较为轻松的负担人们现在也无力承受。经历史学家统计，查士丁尼新增20

个税种，然而在他退位时，税收却远远少于阿纳斯塔修斯和查士丁时期传统的、较为简单的关税带来的收入。

540年，查士丁尼不得不在东部和西部发动战争。这时，他第一次真正意识到帝国的生命力正迅速流失、几近枯竭，但他仍拒绝减少建筑上的预算。但出乎预料的是，哥特战争一打就是13年，波斯战争则持续了16年。两场大战结束之时，皇帝和帝国早已成为风中残影，虽未战败，但已灯尽油枯。

前文提到，年轻的波斯国王霍斯劳受到维蒂吉斯煽动，担心已经征服迦太基和罗马的查士丁尼很快就会把魔爪伸向泰西封（Ctesiphon）。于是，他以此为由开战，越过了美索不达米亚边界。当时，波斯和君士坦丁堡的阿拉伯游牧部族之间宿怨颇深，亚美尼亚高地一些部落就宗主权也有争执，而查士丁尼最好的将军和5万精兵都不在意大利和阿非利加，对波斯人而言，万事俱备，此时是开战的最佳时机。

就在540年春天贝利撒留包围拉文纳之际，霍斯劳向幼发拉底河进军，以达拉斯和埃德萨（Edessa）边境要塞为侧翼，突袭了叙利亚北部。东罗马人本以为霍斯劳会进攻美索不达米亚，此番突袭叙利亚让他们始料未及，这样一来所有的防御准备也都付诸东流。敌军还没来得及反抗，霍斯劳就已经渡过幼发拉底河，洗劫贝里亚（Beroea），挟希拉波利斯（Hierapolis）索要约907千克的黄金。然而，波斯国王真正的目标是罗马帝国的第三大城市——安条克和东罗马帝国执政官的位子。这座位于奥龙特斯河（Orontes）沿岸的城市破旧不堪，上次遭遇外敌还是两个半世纪前。城中的蓝、绿两党军队面对6 000人的部队冲进安条克，手持武器，保卫城墙。但是东罗马帝国将军布兹（Buzes）不愿让他的小规模军队冒险冲锋，没有人知道他后来撤退到哪里。失去罗马军队保护的安条克防守不力，很快就被团团围住。波斯人攻陷破墙时便断了敌人的后路，这座富饶的城镇和来不及逃走的居民都成了霍斯劳的囊中之物。波斯人掠夺教堂，烧毁民居，把一群俘虏带到了本国并在泰西封旁建造了一座新城——科斯罗安提俄西亚（Chosroantiocheia）。

后来，霍斯劳拿到赎金，归还了邻近的城市哈尔基斯（Chalcis）和阿帕梅亚（Apamea），二渡幼发拉底河，重回美索不达米亚。这里堡垒坚固，装备精良，霍斯劳在此停滞不前，毫无建树，而攻打埃德萨也是个不小的挑战。540年，霍斯劳决定进攻达拉斯，历经艰辛，最后战败回国过冬。

波斯人似乎命中注定要在战争第一年遭遇败绩。到了次年春天，查士丁尼在东部边境部署了全部力量，强势的贝利撒留亲自指挥美索不达米亚的军队。但是，伟大的国王和伟大的将领却无缘一较高低。波斯人听说南部边界现在戒备森严，便决定在罗马防线找到新的突破点。本以为霍斯劳会出现幼发拉底河上，但是他却悄悄率军北行，穿过米底亚（Medea）和伊比利亚山脉和许多隐蔽的山口，从费西斯河（Phasis）到达黑海沿岸。这里的罗马人倚靠佩特拉（Petra）城堡防御海岸，科尔基斯（Colchis）内陆的主要部族拉兹人（Lazi）是罗马臣属。霍斯劳很快就攻占了这片土地并占领了佩特拉，迫使拉兹人效忠自己。

贝利撒留发现波斯人推迟进攻美索不达米亚，便立即穿越遥远南方的边境。虽然没有攻下尼西比斯的大堡垒，但他打败了一小股波斯军队，横扫亚述。霍斯劳听闻便率主力部队离开科尔基斯，与此同时贝利撒留退到达拉斯城后。此次战役充满变故，但是波斯人更受命运的青睐，将边境扩至黑海，收获颇丰。

第二年（542），战况进展甚微。贝利撒留严阵以待，将部队集中部署在幼发拉底河畔的欧罗普斯（Europus）。尽管霍斯劳把帝国的全部军队带到了尼西比斯，但只展开了一次突袭。罗马编年史家认为霍斯劳对贝利撒留的威名心存畏惧，不敢轻举妄动。但还有另外一个重要原因：542年，波斯暴发大瘟疫，这可能是霍斯劳决定撤退并解散军队的真正原因，1348年，黑死病暴发，英、法两国也决定暂时偃旗息鼓。

这场可怕的灾难需要引起重视。这场瘟疫于542年初在埃及暴发，随后如野火般侵蚀叙利亚，再蔓延到幼发拉底河河谷和小亚细亚，向君士坦丁堡和西部席卷而来。这次瘟疫的确切性质尚且不知，但已知症状是感染者会出现严重恐怖的溃疡和腹股沟肿胀。染上此病的人很少能够康复，查士丁尼就是其中一位。就在有关查士丁尼死亡的谣言在国外漫天飞舞，国内一场争权大战即将爆发之时，查士丁尼痊愈了。君士坦丁堡惨遭瘟疫肆虐，据说一天之内就有5 000人甚至近万人去世。历史学家普罗科匹厄斯震惊于这场瘟疫的传播速度："瘟疫无处不在，无论藏身山上或洞穴之下都躲不过去。不管对于北方还是南方，富贵之人或底层贫民，冬天或夏天，瘟疫所及之处人们只有死路一条。"据说这场灾难夺走了帝国1/3的人口，可谓是查士丁尼统治后期走向衰落的一大原因。瘟疫带走了纳税人的生命，商业发展停滞，白发苍苍的皇帝痛不欲生。

542年，战争也被迫停摆。现在，我们把目光放到贝利撒留身上。贝利撒留在去年冬天也遇到了不小的麻烦，他发现自己那迷人的妻子安东尼娜与他人有染，于是便把她扔进地牢并绑走了她的情夫。对政事影响重大的狄奥多拉对此十分愤怒，贝利撒留后来的事业也因此严重受阻。他不再像从前那样得到君士坦丁堡方面的支持，为了消除狄奥多拉的不快，他最后只好把妻子放了出来。在这起家庭纠纷之后的那个夏天，为了应付皇室的恶劣情绪，他消耗了不少精力。

疫情在 543 年有所缓解。霍斯劳再次发起进攻，沿幼发拉底河上游河谷向罗马亚美尼亚进军；但是，新一轮疫情暴发，霍斯劳不得不打道回府，罗马人因此得以入侵波斯亚美尼亚（Persarmenia）。贝利撒留饱含屈辱被召回君士坦丁堡，罗马军队没有这位伟大将领的带领，败给了实力不如自己的波斯人，灰头土脸地回到军营。查士丁尼得知，贝利撒留在听到了有关自己死亡的谣言时似乎有意图谋反的迹象。但是，这不是查士丁尼召回贝利撒留的理由，真正的原因是他怀疑贝利撒留和丢失的汪达尔人及哥特人的财宝脱不了干系；据说贝利撒留和马尔伯勒一样都有囤积财物的嗜好。几个月来，这位将军一直备受冷遇：护卫队解体——毕竟 7 000 大军对于最忠心之人也是一支不小的势力，他的大部分财产也被没收。但是，当贝利撒留答应和妻子和解，动身前往意大利时，狄奥多拉皇后同意冰释前嫌，允许查士丁尼于 543 年赐予贝利撒留新的职务。

在介绍卑微而又心碎的贝利撒留在意大利的所作所为之前，我们要先给波斯战争画上句号。544 年，终于摆脱了瘟疫和对贝利撒留恐惧的霍斯劳入侵美索不达米亚并包围了首都埃德萨。双方胶着数月，城内英勇的驻军挫败了敌军的每一次进攻，无论是正面交锋还是军事工程——地堡、堑壕、攻城锤和塔楼，无一例外，都灰飞烟灭。霍斯劳不得已撤退到尼西比斯，请求休战和解。经过协商，科尔基斯表示仍然效忠于霍斯劳，霍斯劳答应撤走其他军队，条件是科尔基斯支付约 907 千克的黄金——价值不大。在美索不达米亚最重要的边境上，这座大堡垒一直保存完好，不需要国王重建。双方于 545—550 年休战，550 年硝烟再起。

与此同时，战火又一次熊熊燃烧在意大利的土地上。拉文纳投降后，维蒂吉斯被拜占庭俘虏。除了维罗纳和意大利北部唯一一条顿人数量多于罗马人的城镇帕维亚之外的所有哥特要塞都投降了。在帕维亚的东哥特人数量虽然还不到 2 000，但他们当机立断地把西班牙国王狄乌蒂斯（Theudis）的侄子战士伊狄巴德（Hildebad）推举为新国王，伊狄巴德也答应他的叔叔会帮助西班牙人。以伊狄巴德的实力，面对突袭时很有可能会无力招架，但是那时，罗马的指挥官们一边忙着拿下那些束手就擒的城镇，一边镇压内讧，无暇顾及伊狄巴德。贝利撒留离开后，半岛上的 5 名将军相互推诿，没有一个能挑起重担。维蒂吉斯的残余部队回到营地，另一边伊狄巴德的势力逐渐壮大，收复了大部分威尼西亚土地，引起了罗马人的注意。但他在特雷维索（Treviso）附近成功打退了前来的敌军。意大利人对帝国的献身精神大不如前，君士坦丁堡的大臣们用各项新税款折磨着他们，战争肆虐时期尤为如此。实际上，皇帝手中的帝国在战时正风雨飘摇。

541 年，伊狄巴德被仇敌杀害，去世前成功解放波河北部的所有土地。但是，这位在黑暗时刻挺身而出，拯救了濒临灭绝的哥特人的英雄找到了一位更令人敬仰的继任者。随后，伊狄巴德的侄子——鲁吉人艾拉里克（Eraric）统治帕维亚。几个月后，行伍出身的托提拉被托举在盾牌上尊为国王。托提拉是继狄奥多里克之后最伟大的哥特人，堪称是中世纪最优秀的骑士：道德高尚、专心致志、侠义又不失礼貌并且公正虔诚。作为一名战士，托提拉战功赫赫，指挥才能甚至胜过于伟大的贝利撒留。在托提拉 11 年的统治期内，他唯一的污点莫过于错误处决了两个让他怒火中烧的战俘，点燃了老哥特人的怒火。

托提拉刚刚登基，便开启了自己的征服之路。托提拉首战告捷着实吓坏了罗马将军，他们只好联合起来：托提拉先是在维罗纳力挫罗马军队，后紧随罗马人穿过波河，在艾米利亚的法恩扎（Faenza）仅凭 5 000 士兵打败了罗马将军们率领的 1.2 万大军。托提拉随后率军穿过亚平宁山脉，在佛罗伦萨附近的穆杰罗（Mugello）再次取胜，将托斯卡纳的全部土地收入囊中。两场胜仗过后，罗马以北的意大利土地，除大要塞之外，全都落入了托提拉手中，而罗马、拉文纳、波河河谷的皮亚琴察（Piacenza）以及中部的安科纳和佩鲁贾（Perugia）虽没有陷入这场席卷而来的哥特征服狂潮，但在意大利的土地上早已是孤立无援。托提拉集结了所有幸存的哥特士兵，许多日耳曼血统的帝国雇佣兵在他们驻守的城市被征服后也决定投入托提拉麾下。

托提拉随后又拿下了托斯卡纳和皮切诺。鉴于上一次围攻罗马的灰暗记忆还历历在目，托提拉决定暂且放过罗马，于 542 年占领了坎帕尼亚和阿普利亚。意大利人无动于衷，而帝国驻军寥寥无几还七零八落，根本无力反抗。意大利南部在仅仅半年内再次沦为了哥特人的地盘，致使其连接的奥特朗托（Otranto）、雷焦（Reggio）和那不勒斯城门大开。托提拉在那不勒斯首次使用了攻城机，但城镇驻军英勇防御，要不是因为饥荒折磨，笼罩卡普里（Capri）及索伦托

（Sorrento）巨石垒成的城墙的暴风雨摧毁了君士坦丁堡运送的援助武器，那不勒斯是不会投降的。尽管托提拉遭遇驻军奋力抵抗，但令人惊讶的是，他对驻军和当地人民都非常友善。他不仅把驻军安然无恙地送走，还保护人民免遭掠夺。托提拉在那不勒斯沦陷之时的举动也让这位正义的国王名垂千古。一名哥特战士侵犯了一个卡拉布里亚人（Calabrian）的女儿。托提拉随后下令处死这名士兵。但是许多哥特人恳求国王不要因为这样的罪行杀死一个勇敢的战士。但是，托提拉让他们选择是留下一个人的生命，还是想要拯救整个哥特民族。哥特人还记得战争伊始，他们拥有伟大的军队、著名的将军、巨额的财宝、先进的武器和意大利的所有城堡。但是在那个见利忘义的国王狄奥达哈特的统治下，他们犯下累累罪行，勃然大怒的上帝夺走他们拥有的一切。可是现在哥特人感受到了上帝的恩惠，他们有机会拯救自己：上帝给他们敞开了一扇新窗户，将托提拉带到他们面前，他们也必须与这位国王同在，遵循公平正义。这个强奸犯必须死，虽说他是一名勇敢的战士，人们也应该记住，残酷和不公之人永远不会在战争中取胜，幸运女神只会在战争中眷顾品德高尚之人。军官们领会了国王的意思，收回了之前的请求，罪犯被正式处决。

542 年，也就是瘟疫暴发之年，查士丁尼对意大利无计可施，但当他得知那不勒斯陷落的消息后，随即决定把刚赦免的贝利撒留送回到他昔日获得荣耀的战场。这位伟大的将军拒绝护卫队跟随，在色雷斯招募了 4 000 名士兵，组建预备部队，准备奔赴战场。当时，托提拉正围攻奥特朗托，清除阿普利亚的帝国军队。

次年，哥特国王和罗马将军迎来了第一次交锋。出乎意料的是，贝利撒留输了。贝利撒留精神崩溃，手下新兵不得力，意大利军队士气低落，而查士丁尼也没有施以援手。曾经在波斯战争中全力以赴的贝利撒留这次几乎是无所作为。好在拉文纳堡垒坚不可摧，贝利撒留能够保全佩萨罗（Pesaro），缓解奥西莫和奥特朗托驻军的压力，但他能做的也仅此而已。托提拉肆无忌惮地蹂躏意大利，开始为围攻罗马做准备。如果想要阻挡他的征途，正如贝利撒留给君主书信中说的那样——我们急需更多的钱和士兵。

但是，查士丁尼不能，或许是不愿意追加军费和兵力，于是托提拉得以进攻罗马。与维蒂吉斯不同的是，托提拉把所有道路都堵死，并用大量的桅杆堵住了台伯河。罗马城内很快暴发饥荒，但哥特人却没有急于进攻。罗马总督贝萨斯（Bessas）向四下求援，但是就连从西西里岛运来的玉米都在台伯河被托提拉抢走了。随后，贝利撒留来到位于河口处的波图斯（Portus），为了能够打通去罗马的路，他带着能召集到的寥寥几千名士兵试图摧毁托提拉的桅杆，把他的轻型战舰引入台伯河上游。贝利撒留把妻子、家当和预备队都留在了波图斯，自己则率军沿河而上，最终经过激烈的交锋成功地烧毁了那些守卫桅杆的塔楼。一波虽平，一波又起，波图斯正惨遭哥特人攻击的消息传来，贝利撒留的妻子和营地危在旦夕。贝利撒留只好迅速赶回波图斯，发现那只不过是因指挥官的鲁莽而引起的一场无关紧要的小规模战斗。但是，贝利撒留却因此错过了突破桅杆障碍的好机会。不知是愤懑郁结，还是因台伯河潮湿而感染疟疾，贝利撒留第二天卧病在床。他康复之时，罗马早已成为敌军的地盘了。围城 13 个月（545—546）后，饥火烧肠的驻军终于在午夜打开了亚西那里亚门（Porta Asinaria），放哥特人进入。罗马垮台主要归咎于总督贝萨斯，他对士兵和人民锱铢必较，却秘密把玉米高价卖给富人。部队在前线挨饿，殊不知总督府里藏匿着大量的粮食。

疲惫不堪的军队终于占领了城市，但是托提拉仍然禁止他们杀戮施暴，奸淫妇女。当晚有2万大军拥入罗马，尽管哥特人肆无忌惮地劫掠和报复，但罗马人也承认己方只有26人丧生。国王把教堂设为避难所，保护百姓免受伤害。

在托提拉眼中，罗马是敌人的老巢，无信仰之人的庇护所，给哥特人设置的陷阱。他既不想把罗马当作首都，也不想派驻军守卫，而是要将它夷为平地。百姓被赶出罗马，城门被烧毁，奥勒良城墙千疮百孔。随后，托提拉慷慨陈词，要求他的军队铭记维蒂吉斯时代的惨况：10万富有且装备精良的哥特大军被7 000帝国军队夺取了权力、财富和自由。哥特军已经打败了2万希腊人，现在人数寥寥，捉襟见肘，饱受战争摧残。从前他们骄傲且生活腐化，激怒了上帝，如今取胜是因为意志得到磨炼，人性变得谦卑。他们必须记住，只有与上帝同在，才能拥有光明的未来。但如果他们死性不改，上帝会让他们万劫不复。

一切处理妥当后，托提拉率军离开。身后的罗马寸草不生，生灵涂炭，成了孤狼和猫头鹰的避难所。就这样过了40天，一直在攻击波图斯的贝利撒留最终带着孤军薄旅进入罗马城内，匆忙设立路障，修补大门，准备加固罗马城墙抵御住第三次围攻。城墙虽然被哥特人推倒，但是在贝利撒留仓促的修缮过后，面对一切突袭都能勉强应付。托提拉气急败坏地从坎帕尼亚赶回来，试图冲破罗马人的封锁。3次袭击后，托提拉发现敌军力量强大，只好退回到意大利中部并在蒂沃利（Tivoli）留下了大批军队观察罗马人的动向，以防贝利撒留冲出罗马采取进一步行动。

贝利撒留和托提拉在半岛南征北伐，长达两年之久。哥特人虽然有时损兵折将，但一直处于优势地位。和汉尼拔一样，贝利撒留在意大利最后的日子里率军四处游走，寻找攻击机会，但鲜有成效。查士丁尼刚从波斯战争中脱身，无法提供足够的军需和增援部队，将领能够保住罗马和拉文纳，他已经很知足了。548年，贝利撒留主动或应妻子要求被召回。面对手中有限的资源，他深知已无力回天，而自己也已到垂暮之年，荣耀与名利早已是过眼云烟。查士丁尼和善地迎接了他，任命他为军队和禁卫军首领，让他在君士坦丁堡安度晚年。

托提拉的唯一阻碍贝利撒留不再构成威胁，哥特人在接下来的4年中横扫了拉文纳之外有罗马军团驻守的每个角落。549年，托提拉夺回罗马，清除所有罗马驻军。这一次，他没有拆毁罗马，而是决定定都罗马。他重组元老院，下令修复宫殿，像伟大的前辈狄奥多里克一样在竞技场举办赛马比赛庆祝胜利。托提拉现在扬扬自得，丝毫不担心罗马军队会卷土重来。他向查士丁尼派遣使臣，让皇帝看清现实，哥特人和罗马人应该像阿纳斯塔修斯和狄奥多里克统治时期一样和睦相处。但东罗马帝国坚定的统治者没有丝毫妥协，他悄悄筹备战争，集结一支入侵意大利的军队。查士丁尼任命帝国继承人——堂兄弟日尔曼努斯（Germanus）——领导第一次远征。但是，斯拉夫人突然入侵马其顿，把日尔曼努斯引到了塞萨洛尼卡。日尔曼努斯打败入侵者，但不久之后就去世了，他的军队也从未渡过亚得里亚海。此时，握有意大利全部土地的托提拉发现日尔曼努斯的军队七零八落，于是开始建造舰队，征服撒丁岛，踏足并毁坏了西西里岛。哥特人对于西西里岛15年前的反叛和对贝利撒留的热情接待仍怀恨在心。

552年，托提拉被迫再次采取防守战略，保护意大利免受查士丁尼军队的最后一次攻击。这一次，皇帝任命了一名奇怪的统帅，即他的宫廷总管、大宦官纳尔西斯。纳尔西斯在前面的故事中有过短暂出场：538年，他曾在意大利密谋反对贝利撒留。纳尔西斯出了名地聪明上进、毅力惊人。查士丁尼任命他为统帅看似太过愚蠢荒唐，但实际上，这是基于他对纳尔西斯个性的了解所做出的决定。纳尔西斯比贝利撒留更值得信赖，也更擅长打仗。查士丁尼不仅给他配备了一支庞大的东罗马帝国正规军分遣队，还从多瑙河流域引入了一支由赫鲁利人、伦巴第人和格皮德人组成的多达1万人的日耳曼雇佣军。纳尔西斯手下兵力至少有2万，是之前贝利撒留的3倍。纳尔西斯决定绕过亚得里亚海，向威尼西亚进军。远征开始时，他派舰队前往意大利东海岸。舰队离开安科纳后便遇到了托提拉派来侦察亚得里亚海的哥特舰队，最终取得胜利。这次交战让哥特人相信罗马人会在皮切诺登陆，而托提拉手下只有一小部分军队由德亚（Teia）伯爵带领前往威尼西亚侦察卡尔尼克阿尔卑斯山脉（Carnic Alps）山口。纳尔西斯率军紧靠海岸，乘船渡过波河河口，成功地躲过了敌人的攻击。纳尔西斯不费一兵一卒就到达了拉文纳，与之前的罗马驻军会合。

纳尔西斯径直向罗马进发，没有把其他的哥特要塞放在眼里。纵贯南北的弗拉米尼亚大道现在由哥特人把守，纳尔西斯只好沿着塞纳河谷的一条小道前去。纳尔西斯刚刚越过亚平宁山脉，就在翁布里亚（Umbria）的塔吉纳（Tagninae）的层峦叠嶂下与托提拉迎面相撞。在战争前夕，哥特国王从意大利中部召集了所有的兵力，德亚和北方的军队也加入，但是仍然敌众我寡。纳尔西斯开始大显身手。他知道哥特人主要依靠重骑兵猛烈冲锋，于是让所有的蛮族雇佣军下马，摆成一个方阵配置在战斗队形的中央部位，两侧是 8 000 名罗马弓箭手，1 500 名精选的罗马骑兵则埋伏在左翼。托提拉命令士兵们只使用长矛，他自己则率领扈从骑兵向敌人的中心猛烈冲锋。从中午到黄昏，哥特骑士们一次又一次地冲向罗马中心的方阵。中央方阵没有被打破，反倒是成百上千的哥特士兵纷纷在"箭雨"的袭击下落马。事实上，这场战斗和英法战争中的克雷西之战有异曲同工之妙。孤立无援的骑兵被弓箭手和下马的骑兵双双击退，在黄昏时分狼狈不堪地回到步兵团，纳尔西斯随即命令 1 500 名胸甲骑兵向敌方侧翼发起攻击。

哥特人如临末日。防线被冲破，士兵四散而逃，英勇的国王在追击中身负重伤，不幸阵亡，好在当时天色已晚，哥特人才不至于全军覆没。意大利最后一位东哥特国王、"中世纪第一骑士"托提拉也就此退出历史舞台。然而，仗还没有打完。塔吉纳一战中侥幸活命的勇士们推举德亚伯爵为王，尽管在多数意大利城镇看来，托提拉之死意味着战争结束，但仍有一些人决定坚持到底。罗马第三次回到了查士丁尼的手中，但是这座城市驻军不足，经不住猛攻。德亚国王试图在半岛继续战斗，但没有任何进展，最后退到了坎帕尼亚的海湾。他所剩无几军队在索伦托的山丘上安顿下来，随后突然发起进攻，想要打纳尔西斯个措手不及。殊不知纳尔西斯早有准备，哥特人最终在萨尔诺河（Sarno）河岸惨遭碾压，眼看着国王在战斗的最前线死在敌人的兵刃下。最终，意大利统治者的残军败将前来投降，请求罗马人网开一面，让他们能够拖家带口翻越阿尔卑斯山，离开半岛。这样一来，553年秋，寥寥哥特驻军弃甲投戈，一起消失在阿尔卑斯山，消失在北部的黑暗中。伟大的东哥特王国最后幸存者的命运无从知晓，没有人知道他们是否成了法兰克人的附庸，与巴伐利亚人融合，还是去寻找他们的亲戚——西班牙西哥特人。

哥特王国就这样灭亡了，它由天才般的狄奥多里克建立，和17年前海盗帝国汪达尔王国的命运如出一辙。两国失败的原因在于统治者能力不足，无法掌控王国内的大片领土，除非能够坦率和自由地与被征服的罗马人结合。但是阿里乌斯派的致命问题在于没有处理好国王与臣民之间的关系，因此当正教徒出现在君士坦丁堡时，没有什么能阻止阿非利加人和意大利人向侵略者敞开大门。东哥特人明智而宽容，汪达尔人残酷而心狠手辣，但是他们的结局别无二致。哥特人和汪达尔人的区别只在于反抗的程度。汪达尔人沉迷于粗俗的奢靡享受，在阿非利加的阳光下变得衰落无力，敌方仅用一支军队就把他们打垮了。东哥特人是条顿人中最为高贵的民族，他们的辉煌战绩持续了17年，打败了伟大的贝利撒留，向敌人屈服只因为连绵不断的战争让整个部落精疲力竭。如果托提拉在塔吉纳集结了维蒂吉斯曾率领的10万大军对抗罗马，那么鹿死谁手尚未可知。历史上最悲惨的场景之一莫过于狄奥多里克一手缔造的秩序井然的王国土崩瓦解，意大利沦为无人荒地，被野蛮的伦巴第人、背信弃义的法兰克人和遥远的拜占庭人争来夺去。

纳尔西斯的意大利征服之旅注定要在落幕前再上演一出精彩剧情。德亚的命运已成定局，年轻的法兰克国王梅茨的提乌德巴尔德（Theudebald of Metz）任命克洛塔尔（Chlothar）和布瑟林（Buccelin）两位施瓦本公爵进军半岛。半岛两边的西海岸和东海岸各有驻军把守，结果克洛塔尔的军队被饥荒和瘟疫摧毁，布瑟林的军队在坎帕尼亚的卡西利纳姆（Casilinum）溃不成军。卡西利纳姆一战中，纳尔西斯巧用对付哥特骑兵的那一套，命令士兵用长矛和战斧对付大批法兰克步兵。下马的条顿人、伦巴第人和赫鲁利人组成了牢固的中央战线，拖住法兰克人，而罗马弓箭手和骑兵则围绕在侵略者两翼，紧紧包围并最后消灭了他们。据说，布瑟林的 4 万大军中只有不到 100 人侥幸逃脱，法兰克人的境况比去年哥特人在塔吉纳经历的还要糟糕。法兰克人的入侵是对苦难深重的意大利的最后一击。与北方平原一样，皮切诺和艾米利亚，以及罗马附近人烟灭绝。查士丁尼和纳尔西斯给这片土地重新带来了和平，这或许就是这句箴言有史以来最好的例子："当他们使国土沦为废墟时，他们便宣告和平已降临。"

查士丁尼入侵西班牙南部的故事也发生在这些年，在介绍西哥特的章节中将详细叙述。

我们必须再次提到查士丁尼在东部的故事。瘟疫暴发和埃德萨防卫战之后，查士丁尼的第二次波斯战争于 545 年画上休止符，随后便是 5 年的停战期。这和平的 5 年是帝国历史上非常重要的时期。狄奥多拉，查士丁尼的共治者及伴侣、他的另一个自我于 548 年死于癌症。妻子死后，查士丁尼也奄奄一息。若不是他硬撑着，恐怕早已经随妻子而去了。皇帝失去了他政治上的顾问和生活上的伴侣，郁郁寡欢，苟延残喘。查士丁尼开始在午夜研究神学，在"三章"〔三位教父作家西奥多拉（Theodora）、伊巴斯（Ibas）和狄奥多勒（Theodoret）的三部著作〕是否包含异端邪说的问题上掀起了一场无谓的教会辩论。但罗马教廷却拒绝谴责"三章"。查士丁尼逮捕了教皇维吉尔（Vigilius），把他带到君士坦丁堡并强迫他同意自己的观点。这位不幸的教皇在东罗马帝国被关押了 6 年,甚至被人从避难所里拖出来关在岛上。553年,查士丁尼成功地逼迫教皇承认,西奥多拉和其他两位神学家确实发表了严重的异端邪说。查士丁尼赢了,是维吉尔发现自己却一手造成了意大利和阿非利加教会分裂,许多意大利主教都站在"三章"一边,而一个阿非利加的教会甚至把维吉尔逐出教会。意大利北部的一些教会和罗马教廷断绝关系,长达一个世纪之久。

就在维吉尔屈服后不久,查士丁尼与波斯人硝烟再起。549 年底,5 年的停战期结束,帝国军队再次踏上征程,意欲收复 545 年转让给霍斯劳的科尔基斯的宗主权。但奇怪的是,战火在黑海上再次点燃,却没有蔓延至美索不达米亚边境。双方同意科尔基斯是交战的唯一舞台,不要殃及其他土地。这不免让人想到 18 世纪的英法之战,双方不在欧洲打仗,而把战场搬到了印度。查士丁尼在战争中占据有利地位,他的军队可以通过海路自由地进入科尔基斯海岸,而波斯人则必须穿越亚美尼亚和伊比利亚山脉荒芜的山道才能到达。科尔基斯战争(拉奇卡战争)沉闷但异常残酷。战争持续了 6 年,榨干了波斯和东罗马帝国的国库;555 年,罗马最终取胜,赢得了拉奇卡国王的效忠并把波斯人赶回了遥远的内陆。最后,经过无休止的谈判,霍斯劳最终让步,放弃科尔基斯,每年赔款 3 万索利都斯金币。

这是查士丁尼在位期间最后一场大型战争,但是他的统治后期远非和平繁荣。值得注意的是,匈人和斯拉夫人反复入侵,其中规模最大的一次突袭发生在 558 年:扎伯干汗(khan Zabergan)领导的保加利亚匈人避开多瑙河流域的驻军,穿过巴尔干半岛,在色雷斯境内为所欲为。眼看着 4 000 名骑兵直逼君士坦丁堡大门,查士丁尼异常惊慌，随即命令年迈的贝利撒留再次身披铠甲，拯救首都。帝国的军事资源犹如一盘散沙，贝利撒留只能依靠他自己的 300 名退伍军人、禁卫军和半武装的色雷斯农民，通过巧妙部署军队，诱使匈人攻击他最强的阵线，最终将敌人一举击溃。

这位老将军胜利归来，但令人遗憾的是，他的主人仍对他心存猜忌。4 年后，发生了一桩意图推翻查士丁尼的阴谋，阴谋最终落空，但贝利撒留被指控牵涉其中，在监狱里待了 8 个月。皇帝确信他是无辜的之后，冤情昭雪的贝利撒留恢复了名誉，两年后于 565 年 3 月去世。同年年底前，他那忘恩负义的主人也后脚跟着他走进了坟墓。565 年 12 月 11 日，年逾古稀的查士丁尼寿终正寝，结束了自己 38 年的统治，。

我们已经介绍过查士丁尼的战争、建筑、财政政策和教会争端，但是他在另外一个领域的成就更值得后世铭记。查士丁尼编纂罗马法，实施了完整而有序的法律改革，留给现代法学家丰厚的遗产，赢得不朽之名。统治前期，查士丁尼在特里博尼安领导的一系列最优秀的法学家的帮助下完成了这一壮举。特里博尼安是拜占庭帝国的财务官，能力出众，但十分贪婪，在尼卡暴乱中遭到反抗者的猛烈抨击。

迄今为止，罗马法包括两部分：皇帝诏令，以及过去杰出法学家的判决。这两个部分都不是很清晰。5 个世纪以来，帝国诏令相互重叠、相互矛盾，极为混乱。异教和基督教思想混杂其中，许多已经完全过时，并不适用于新的社会形势。法学家的观点和解释也模棱两可；当代英国人乐于称其为"判例法"，通过这类令人费解的法律，我们就能够理解一位君士坦丁堡法官面对十几个相互矛盾的先例有多头疼了。

查士丁尼的 3 部伟大作品足以消除这些困惑。法典整合帝国宪法，废除所有过时的法令，确保其余内容都符合 6 世纪基督教国家的要求。查士丁尼所编《民法大全》（*Digesta* 或 *Pandectae*）对古代法学家的判决也做了同样的规定，平衡权威并规定了应当接受的先例。最后，《查士丁尼法学总论》（又译《法学阶梯》）以评注的形式对罗马法的使用原则做了概述。这些作品为近代欧洲的法律体系奠定了基础，是代表古罗马法律秩序精神的最后也是最关键的一部作品，因为查士丁尼的继任者都没有再把拉丁语作为母语，这部作品还体现了最后一位伟大皇帝的罗马式口语风格。在后人心中，查士丁尼最重要的头衔首先是《法典》的编纂者，但丁也因此把他写进了《神曲》的天堂篇，让他坐在光辉熠熠的宝座之上。

尽管查士丁尼坐拥丰功伟绩，但无可非议的是，他在撒手人寰后，留下了一个孱弱无力的帝国。意大利、阿非利加和西班牙的领土扩张并没有让东罗马帝国省份的枯竭状态有所好转。苛捐杂税让百姓苦不堪言，积贫积弱的状况前所未有，军队也难逃此劫。查士丁尼统治结束后，数据显示军队的人数和效率都在下降，根本无力防御新扩张的边界，跟随贝利撒留征战的老将也早已去世。据说查士丁尼让年迈的下属处理"三章"问题或"基督身体不朽论"（Aphthartodocetism）等异端邪说时，甚至不给他们酬劳和生活费。查士丁尼和法国的路易十四（Louis XIV）有颇多相似之处，是一个悲观的虔信派教徒。他无与伦比的辉煌统治落下帷幕时，他的专制已经榨干并摧毁了一个对他恨之入骨的民族。

第七章

早期的法兰克国王和他们在高卢的统治　511—561

克洛维的儿子们——531 年，提乌德里克（Theuderich）
征服图尔奇林基——532 年，希尔德贝尔特（Childebert）和
克洛泰尔征服勃艮第——与西哥特人之战——提乌德贝尔特
入侵意大利——558 年，克洛泰尔再次统一法兰克王国——法
兰克王国的组织架构——法兰克高官——官相——伯爵和公
爵——当地政府，马路斯——法律和财政管理

克洛维有 4 个儿子，他先是与早年的一位来自法兰克的
妻子生下长子提乌德里克，随后又与勃艮第公主克洛蒂尔德
（Chrotechildis）生了 3 个儿子——克洛多梅尔（Chlodomer）、希尔
德贝尔特和克洛泰尔。尽管早期法兰克政权曾一度因继承分割濒临
崩溃，但是按照条顿传统的遗产分割习俗，这 4 个年轻人仍会瓜分
父亲打下的江山。长子提乌德里克拿走了克洛维王国中最紧凑、最
具条顿民族风格的一部分——利普里安法兰克人的老王国。这片土
地在莱茵河沿岸，从科隆远至南部的巴塞尔，新法兰克人在美因河
谷的莱茵河东部定居。但是提乌德里克的宫殿不在科隆，而是在梅

茨南边的一个小镇。这是一个位于摩泽尔河沿岸的古罗马城市，但迄今为止名气不如旁边规模更大的城市特里尔。此外，提乌德里克还占领了部分新征服的阿基坦地区，其东部从克莱蒙（Clermont）和利摩日（Limoges）绵延至阿尔比（Albi）。

提乌德里克拿走了利普里安法兰克人的这片土地，而他的兄弟克洛泰尔则获得了另一个古老的法兰克王国——萨利安法兰克人的古老领地。这片土地从斯凯尔特河口远至索姆河，他的父亲在埃纳河（Aisne）谷的高卢罗马首次征服的土地也包括在内。克洛泰尔将首都定为苏瓦松，这是斯雅戈里乌斯的老据点，在王国的最南端。余下的两个兄弟中，克洛多梅尔统治着奥尔良和巴黎，希尔德贝尔特则占据着克洛维从斯雅戈里乌斯和阿拉里克那里夺来的塞纳河、卢瓦尔河和加龙河畔的土地。他们的王国势单力薄，人口密度也远不及提乌德里克和克洛泰尔的王国。克洛多梅尔统治着卢瓦尔河中下游的整个河谷地区，以及包括波尔多和图卢兹在内的阿基坦西部。希尔德贝尔特则在塞纳河河谷以及起自索姆河西向河口的英吉利海峡沿岸握有面积较小土地。

克洛维胆识过人，在战争中信奉兵不厌诈，他情感淡漠、贪得无厌、背信弃义，而这4个国王都深得他们奸诈父亲的赏识，但他们非常善于使用克洛维的老办法扩张父亲留下的国土。与此同时，这4个国王占据天时，铲除了阻碍法兰克人前进的唯一绊脚石——效忠狄奥多里克的强大西哥特王国。

虽然克洛维的儿子们互相构陷、自相残杀已是家常便饭，但他们能够团结一致共御外敌，有时甚至会互递援手。他们征服的对象往往是邻近的独立国家。因此，提乌德里克瞄准了位于萨尔河

（Saal）和威悉河（Weser）上游的德意志腹地的图尔奇林基王国。希尔德贝尔特和克洛多梅尔则把注意力放到了南部邻国——勃艮第王国。

这些王国注定会臣服于克洛维的 4 个儿子，甚至是不战而降。515 年，提乌德里克本打算首先对付图尔奇林基人，但斯堪的纳维亚的一群掠夺者转移了他的注意力；他们疯狂进攻下莱茵地区，头领是丹麦国王海格拉克（Hygelac），也就是盎格鲁 - 撒克逊民族英雄史诗《贝奥武夫》（Beowulf）的主人公贝奥武夫的舅父。提乌德里克最终剿匪成功，次年图尔奇林基战争爆发。提乌德里克在他的兄弟克洛泰尔的帮助下，彻底摧毁了图尔奇林基王国，使其成为自己的属国。然而，提乌德里克居然想谋杀自己的兄弟和好帮手克洛泰尔，取其首级庆祝成功，但克洛泰尔匆忙逃回了国，这次阴谋以失败告终。接着他又试图用奸计谋杀已经承诺投降的图尔奇林基国王赫尔曼弗里德（Hermanfrid）。当时，提乌德里克和赫尔曼弗里德在曲尔皮希（Zulpich）城墙前谈话，忽然提乌德里克命令随从把赫尔曼弗里德推向城墙，致其颈部折断。图尔奇林基南部位于威拉河（Werra）和温斯特鲁特河（Unstrut）流域，未来将会成为法兰克人的属国。北图尔奇林基在易北河（Elbe）和威拉河之间，一直遭到萨克森人侵略，从未被提乌德里克收入囊中。

利普里安国王在德意志作战时，他的弟弟则出兵勃艮第。523年，希尔德贝尔特和克洛多梅尔攻打西吉斯蒙德——我们曾提到这个不得人心的国王亲手杀害了亲生儿子。西吉斯蒙德战败，沦为俘虏，还和妻儿一起被扔到井里。但是次年，他的弟弟贡多马尔（Gondomar）受到幸运女神的眷顾，在维泽昂斯（Veserence）一举击溃了法兰克人，克洛多梅尔在战斗中被杀。克洛多梅尔的兄弟们决定先瓜分他的王国，再继续勃艮第战争。克洛多梅尔的孩子们当时年纪尚幼，希尔德贝尔特和克洛泰尔轻而易举地就吞并了他在卢瓦尔河沿岸的领土。而本应该继承父亲王国的 3 个小男孩被俘，带到叔伯们面前。希尔德贝尔特纵然残暴，但仍温和地提议饶孩子们一命，但是克洛泰尔却把紧紧抱住希尔德贝尔特膝盖的孩子们一把拖走，亲手割断了两个年纪较大的孩子的喉咙，年纪最小的孩子则被一个忠实的仆人带走藏了起来，后来成为修道士，圣克劳德修道院（St. Cloud）就是以他的名字命名的。

希尔德贝尔特抢走了克洛多梅尔在卢瓦尔河沿岸的土地以及首都奥尔良，而克洛泰尔则占据了卢瓦尔河口和阿基坦南部。希尔德贝尔特听信谣言，以为大哥提乌德里克被图尔奇林基人打败，决定即刻入侵大哥的地盘——阿基坦东部。但提乌德里克回来了，并且勃然大怒。巴黎和奥尔良国王希尔德贝尔特决定转而抗击西哥特人，将他们军赶出塞文山脉和比利牛斯山脉之间的土地。狄奥多里克当时刚刚去世，他的外孙阿马拉里克根本不能指望从意大利获得帮助。希尔德贝尔特发现他的妹妹克洛蒂尔德——阿马拉里克的妻子——被禁止进行天主教礼拜，甚至遭到阿里乌斯派信徒丈夫的虐待。这样一来，希尔德贝尔特就有了绝佳的开战借口，随即向纳巴达进军，阿马拉里克最终战败，只好翻越比利牛斯山，最终在巴塞罗那被杀。阿马拉里克要么死在追来的法兰克人剑下，要么被自己人杀死——西哥特军队对他在战争中表现出的懦弱早已怒火中烧。阿马拉里克尸骨未寒，西哥特人接着就拥护年迈的狄乌蒂斯伯爵为王。狄乌蒂斯曾在阿马拉里克未成年时帮狄奥多里克摄政统治西班牙。于是，西哥特血统纯正的统治者统治王国的时代结束了；后来继位的国王并没有传统的王室血统。尽管人们怀疑狄乌蒂斯曾参与谋杀阿马拉里克，但狄乌蒂斯很快就通过从法兰克人手中夺回纳巴达和塞普提曼尼亚（Septimania）的其他城市，向哥特人证明他们慧眼识人。希尔德贝尔特改弦易辙，于531年毫不费力地从比利牛斯山脉北部夺回了西哥特人旧时的领地。

希尔德贝尔特意欲再次踏上征服勃艮第的征程，他的兄弟克洛泰尔也决定加入他的战队。532年春天，巴黎国王和苏瓦松国王联手，向约讷河（Yonne）河谷行进。他们围攻欧坦（Autun），趁着勃艮第国王贡多马尔放松警惕果断出击。最终，贡多马尔战败，放弃了他的王国，逃到了意大利。法兰克人在随后的几次围攻中攻无不克，占领了整个勃艮第王国的领土，远至东哥特人在阿尔卑斯山和德龙的边界。

勃艮第被征服后，法兰克人开始准备对付西哥特人。提乌德里克打算在这场战役中和他的兄弟们平分战果。然而，533年初，利普里安国王去世，这一计划也随之夭折。利普里安国王提乌德里克留下了一个成年儿子，一位优秀的战士——提乌德贝尔特。提乌德贝尔特的叔叔们则沿袭了墨洛温的"传统"，极力想夺取并分割这位继承人的王国。但是利普里安人迅速而热情高涨地团结在他们年轻的国王周围，国王这才免于落至与堂兄弟奥尔良王子们同样的下场。提乌德贝尔特不仅坚守住自己的领土，还向他的叔叔们施压，让他们在新征服的勃艮第王国中分自己一杯羹。这样一来，勃艮第终于被瓜分完毕了。

事实上，提乌德贝尔特完全能够照应自己，他的不择手段和雄心壮志丝毫不亚于他的父亲和叔叔们，这在不久之后便显露无遗，但是他不像他们那样残忍。提乌德贝尔特在墨洛温王朝中其实是深得人心的君主典范。编年史记载，提乌德贝尔特统治王国公正公平，尊重神职人员，建造教堂，救济穷人。作为一个政治家，他精明狡诈，这在随后与意大利的往来中体现得淋漓尽致。535年，查士丁尼皇帝在入侵东哥特王国前夕，用价值5万索利都斯金币的礼物贿赂了3位法兰克君主，让他们从后方进攻意大利。叔叔和侄子都准备大饱私囊，进攻半岛。次年，哥特国王维蒂吉斯迫切地想要从第二次战争中抽身，他提出如果法兰克人愿意和解，就割让普罗旺斯和雷蒂亚，并答应给予武力援助。3位国王欣然同意，凭借着维蒂吉斯借给他们的一支1 000人的部队收复米兰。据说，提乌德贝尔特和希尔德贝尔特骗走了克洛泰尔1/3的战利品，前者拿走了钱，后者得到了维蒂吉斯割让的土地。

539年，维蒂吉斯和贝利撒留在冲突中一度胶着，法兰克人认为这是一次独自入侵意大利的绝佳机会。提乌德贝尔特亲率10万大军越过阿尔卑斯山，除了300名贵族拿着矛枪和盾牌围在国王四周，其他步兵都配备了长矛和斧头。法兰克人先是来到朋友哥特人的地盘上，随后攻击东罗马人，提乌德贝尔特穿过意大利北部，洗劫热那亚，蹂躏远至威尼斯的整个波河河谷地区。这样一来，所有的空旷原野都握在了提乌德贝尔特的手中，哥特人和罗马人见势只好缩在自己的堡垒里。但是，法兰克人生活环境恶劣引发了疾病，兵力大减，提乌德贝尔特只好放弃了除科欣阿尔卑斯山脉山口的剩余领地，打道回府。然而，正如每一位蛮族国王都以自己的名义铸造金币，他也用意大利的战利品铸造了第一批金币。哥特人、法兰克人和勃艮第人之前都把皇帝的头像刻在金币上，但是提乌德贝尔特却在金币上刻上了自己手握盾牌的形象，上面还有题词"我们伟大的领主胜利者提乌德贝尔特"（Dominis Noster Theudebertus Victor），只字未提"皇帝"或"领主"查士丁尼。提乌德贝尔特在一些硬币中的头衔更为惊人——提乌德贝尔特奥古斯都大人，仿佛他剑指天下，意图一统高卢和意大利，成为西罗马帝国皇帝。尽管硬币的设计看起来很奇怪，但还是得到了一位编年史家的支持。这位历史学家声称，提乌德贝尔特在 539 年结束了意大利的征服之旅后斗志昂扬，甚至打算向君士坦丁堡进军，成为世界之主。

第二年，不忠不义的提乌德贝尔特计划再一次远征意大利北部，并厚颜无耻地再次向维蒂吉斯提出联盟的要求。不出意料的是，东哥特人先是拒绝了他的请求，而后又决定与他的敌人东罗马人谈判。随后，提乌德贝尔特眼看着拉文纳投降，贝利撒留获胜，逐渐明白此番入侵半岛的目标应该锁定皇帝，而非哥特国王。提乌德贝尔特当时并没有乘胜追击。但奇怪的是，当时托提拉领导的东哥特人再度获胜，意大利北部又一次在罗马人和条顿人手中撕扯，而法兰克人并没有把握机会，展开第二次征程。这或许是因为在 541—545 年的这几年间，提乌德贝尔特忙着攻取多瑙河和诺里克阿尔卑斯山脉（Noric Alps）之间的那块土地（现在被称为巴伐利亚）。古时候，在诺里库姆地区，由鲁吉亚人、斯基里人、图尔奇林基人和赫鲁利人的残余势力组成的日耳曼部落曾在哥特帝国兴盛时期臣服于狄奥多里克，他们最近以巴伐利亚人的身份组成了一个联邦，并推选公爵加里巴尔德（Garibald）为君主。有关提乌德贝尔特和巴伐利亚人打仗的细节寥寥无几，只知道他在统治结束前就已经安享巴伐利亚人的贡品。从远征意大利至548年去世之间，提乌德贝尔特展开了数次远征。我们知道在这段时期的最后几年里，提乌德贝尔特重病卧床。因此，巴伐利亚人大致在利普里安国王去世的5年前（约543年）臣服。提乌德贝尔特把他的王国留给了小儿子图德巴得，这个体弱多病的男孩清楚地知道叔祖父的为人，但惊讶的是，并没有任何反对他继位的声音传来。

提乌德贝尔特这边在意大利忙得不可开交，另外两位法兰克国王希尔德贝尔特和克洛泰尔虽然都上了年纪，但仍踏上了第二次征服西哥特人的远征。随后，法兰克人在542年攻打比利牛斯以北的哥特省份，随后越过埃布罗河（Ebro）河谷，占领了潘普洛纳（Pampeluna），一路逼近萨拉戈萨（Saragossa）。但是在萨拉戈萨城门前，他们被前哥特国王狄乌蒂斯手下大将狄乌迪吉塞尔（Theudigisel）打得溃不成军，最终两手空空地被赶回高卢。纳巴达和地中海海岸仍然在西班牙王国手中。

叔祖父们在西班牙接连失利，图德巴得首次派去意大利的远征军也是屡战屡败。年幼的国王还没有足够的能力统率军队，但是以他的名义统治的东法兰克巨头们决定助其一臂之力。布提利努和克洛泰尔是两位阿勒曼尼公爵，似乎在梅茨宫廷中势力雄厚。他们于551年出发，而托提拉国王则忙于与东罗马人背水一战，占领了部分威尼斯土地。法兰克人拒绝与罗马人或者哥特人拉帮结派，誓要一石二鸟。但是纳尔西斯从伊利里亚来到意大利后便弃大军于不顾，继续攻击托提拉国王，丝毫没有注意到北部的侵略者正虎视眈眈。就在第二年，托提拉和他的继任者德亚相继被杀，法兰克军队从意大利北部的营地中解放出来，随即便向扎根在荒岛的战无不胜的纳尔西斯叫板。战争进展在前面的章节里已经提过。克洛泰尔和他的部下在阿普利亚死于缺衣无食或瘟疫。布提林和主力部队在卡西利纳姆战役中被纳尔西斯一举歼灭。到 553 年底，法兰克人在意大利一无所有，7.5 万具法兰克人的尸体被埋在意大利的土地上，成为意大利秃鹰的美餐。

大军被纳尔西斯消灭还不到两年，虚弱的图德巴得就去世了。他没有兄弟和叔伯，东法兰克王国面临着后继无人的局面。利普里安部族大会选定图德巴得的叔祖父——年迈的苏瓦松国王克洛泰尔接手王国，克洛泰尔也因此将法兰克帝国的 3/4 置于自己的掌控之下。由于他的哥哥——巴黎国王希尔德贝尔特膝下无子，因此可以肯定的是，短暂的 5 年分裂过后，克洛泰尔必将一统法兰克帝国。

克洛泰尔年近 70，但仍然精力充沛，足以应付战争。图德巴得的领土落到他的手里后，他便重拾他已去世 20 年的哥哥提乌德里克曾经的计划——征服德意志地区的所有族群。555 年，克洛泰尔派利普里安人和萨利安法兰克人全部出击，打击相比臣服的图尔奇林基人游走于更远地区的独立的萨克森人。另一边，萨克森人引诱众多图尔奇林基人发起叛乱，努力摆脱法兰克人的枷锁。克洛泰尔起初得到幸运女神的眷顾，毫不费力地镇压了叛乱。但是次年，他率领主力部队进入萨克森无人涉足的森林和荒原，随后被一举击败，不得不逃到莱茵河一侧，藏匿于科隆的城墙之后。萨克森人追兵摧毁了莱茵河另一侧法兰克人的领地，一路追到道依茨（Deutz）城门前。后来的两个世纪年里，萨克森人也注定不会成为西方邻国的附庸。

消息传来，克洛泰尔在对抗德意志日耳曼人时遭遇惨败，坊间更是流传着他战死的谣言，高卢地区上下交困。克洛泰尔的长子克朗恩（Chramn）和他的哥哥巴黎国王希尔德贝尔特立刻出兵，意欲分裂他的王国。哪怕是听到克洛泰尔还活着的消息后，希尔德贝尔特也没有打消这个念头。他们煽动萨克森人，坚持起兵开战。但是在 558 年，双方还没正式交锋，巴黎老国王就去世了，克朗恩只得自力更生，不得不求父亲垂怜。

因此，克洛泰尔在希尔德贝尔特去世后，雄踞在他父亲巨大遗产中最后一块独立的土地上，统治克洛维的王国长达 3 年（558—561）。随着征服自法兰克帝国分裂以来建立的王国——勃艮第、图尔奇林基、普罗旺斯和巴伐利亚，法兰克王国进一步壮大。

克洛泰尔是家族里最为心狠手辣之人。他曾双手沾满侄子的鲜血走上历史舞台，后来的所作所为更是令人发指。558 年，克洛泰尔那不可救药的儿子克朗恩被赦免，但在 560 年，克朗恩在阿莫里凯的布列塔尼人的帮助下再次发动叛乱。克洛泰尔派兵追击，最终打败并捉住了这名犯上作乱的王子。随后，克洛泰尔把克朗恩和他的妻子，还有年幼的孩子绑在木屋的柱子上，一把火点燃木屋，将他们活活烧死。这样的暴行甚至让生性残暴的法兰克人都惊恐万分。561 年，克朗恩被烧死一年后，克洛泰尔就去世了，在法兰克人看来，这无疑是上天的报应。然而，这个邪恶的老人却像一位明君一样被安葬在圣梅达教堂（Church of St. Medard）。克洛泰尔的王国落到他的 4 个儿子的手中，法兰克王国在首次被克洛维的儿子瓜分 50年之后注定要迎来第二次分裂。

墨洛温王朝实现了充分的发展，直至王朝衰落前都没有发生太大变化。我们将在后文继续讲述王国的社会和政治架构。

墨洛温王朝和其他条顿城邦一样都是建立在罗马帝国西部各省的废墟之上，它的政治体制可比塔西佗（Tacitus）在《日耳曼尼亚志》（Germania）所描述的要复杂得多。法兰克人东征西讨，王权势力之大，前所未有。在兵荒马乱时期，国王作为首领权力也从战场上统领大军扩展到统治万物。国王率领那些誓死效忠的战士在战场上冲锋陷阵，深得人心。想必在国王出征的第一天，民众大会对于王权的制衡就已消失殆尽了。在克洛维时代，我们还能发现民众大会的一些痕迹。军队曾有一两次代表由法兰克成年男子组成的民众大会反对国王，但是这样的权力制衡后来也逐渐消失了。法兰克帝国任何形式的部族大会都无法应对这个势力广大的王国。国王会传唤一些显要人物到场，比如王室高官、主教和省级执政官，并采纳他们的意见。还有另外两个因素也促使国王的霸权势力壮大。首先，被征服的高卢各省曾长期处于罗马政权的压迫统治下，现在对王权毕恭毕敬，展现出前所未有的尊敬。很快，其他法兰克人也效仿高卢罗马人，归顺王权。其次，随着战争胜利，这片广阔而又富足的高卢旧帝国领地成为法兰克国王的私有财产，国王手头掌握了巨额的财富和大片的土地。

　　墨洛温王朝的统治者都是专制的暴君，不受任何约束。只有当臣民不堪忍受他们的行为时，国王才有可能被罢免。统治者最大的威胁不是臣民，而是身边野心勃勃的亲戚。

　　法兰克国王拥有王室特权，可以留有长发，这一点是和手下们有所区别的。剪掉国王的头发便是废黜他的最佳标志。此外，国王还有专属的王冠和矛。国王偶尔也会借鉴罗马人的服饰，比如克洛维在哥特战争后被授予了贵族长袍。但是民族服装通常都是传承下来的。

　　王国政府由两类人管理——王室大臣或宫廷大臣和省级执政官。王室大臣时刻追随国王的一举一动，主要由私人随从组成。这些人主要是国王亲兵随从，誓死效忠国王，他们早年是公民大会的成员，曾随国王南征北战，现在成了国王倚重的大臣和官员。这些亲兵随从可以调用法兰克王国的保镖或军队。我们已经提过哥特人和英格兰人分别将这一类人称为塞恩（saiones）和哥塞特（gesiths）。

　　王室或宫廷首领就是后来人们口中的"宫相"。他是国王最高级别的仆人，负责监督其他王室官员，随时准备在国王忙着处理战争、司法或行政问题时代国王行事。在好战的法兰克国王手下，宫相只是一个较为重要的官员，在其位谋其职。但是，随着国王身体每况愈下，宫相的地位越来越重要，后来我们甚至能看到宫相摄政并实际取代了国王的地位。英格兰旧君主政体中没有和其地位等同的官员，但在盎格鲁–诺曼人的统治下，最高司法官的职位与法兰克时代的宫相非常相似。

　　在王室主要大臣中，地位排在宫相之后的是负责管理王室家务的内务总管（拉丁语 comes stabuli）；宫廷总管（Comes Palatii）是国王的法律顾问和评税人；此外，还有财政大臣和王室书记员。尽管这些人主要是王室官员，但他们的工作偶尔也与宫廷事务不沾边，比如处理外部事务、指挥军队或被派出使等。

　　起初，王室书记员之外的所有职位都由法兰克人担任，毕竟很难找到一个受过良好教育的条顿男人担任此职。但是到了 6 世纪末，偶尔会有高卢罗马血统的人就职，而到了 7 世纪，这种情况更为普遍。605 年，我们甚至发现一个名叫普罗塔迪厄斯（Protadius）的高卢罗马人担任宫相一职。

法兰克王国省级政府与中央政府有所区别，主要由伯爵和公爵管理。整个王国按伯爵辖区划分。条顿民族的地盘中有一半是古老的部落领地，罗马人称为帕古斯（Pagus）或法兰克辖区（Frank Gau）。国王会指派伯爵赶赴各个部落领地。王国一半的伯爵辖区都由城市从属辖区及其组成。这些辖区从西罗马帝国时代流传下来，常代表原始的凯尔特部落。伯爵既是武官，也是文官，行使审判权，征兵征税。

几个伯爵辖区经常合并在一起，由一位位高权重的公爵负责，其他伯爵必须服从管理。这种伯爵辖区同盟在边境地区最为常见，因为边境需要团结一致，抵御外敌，6 名同盟成员共同管理有一定的风险，可谓众口难调。在普罗旺斯和勃艮第，公爵也被称为罗马贵族。

省级官员和法兰克国王的王室成员一样，起初都必须为条顿民族出身。但是到了 6 世纪，罗马人已经在担任或高或低的职务。在讲述 6 世纪最后几年的历史时，我们就一定要多次提到一位土生土长的公爵——勃艮第人尤尼乌斯·穆莫卢斯（Eunius Mummolus）。

不管是伯爵还是公爵，省级行政官都会任命一位副官，他不在宫廷时、外出行军期间或在家里歌舞升平时，就由副官接替他的工作。伯爵辖区的二把手是百户长（centenarii），有时也被称为保民官。伯爵辖区划分为若干百户，伯爵任命百户长管理其中的 100 户，在和平时期担任警务司法官，在战时领导他所在区域的人民。百户长还负责处理民间鸡毛蒜皮的小事，但伯爵会在特定时间在辖区四处巡视，并在群众集会上主持司法工作。

伯爵的法庭被称为乌鲁斯（Mallus）。伯爵身边是几位从该地区名门贵族中挑选出来的陪审员。这些达官显贵被称为"拉欣布尔格"（Rachimburgi）或"智者"（Boni Homines）。他们被伯爵传唤，无独立权威，但是根据古代的习俗，陪审员一般为罗马人和条顿人，被传唤来协助审判长。罗马行省长官在其所辖地区和塔西佗所描述的早先日耳曼法院中都有类似的制度。伯爵身处法庭之上，掌握权威，决定生死。若是涉案人员势力强大，案件可能移交至国王高等法院并由国王本人和王权伯爵审理。

法兰克人对于谋杀、纵火、抢劫和其他重大罪行很少处以死刑。但是他们和盎格鲁－撒克逊祖先一样，也使用赔偿金（weregeld）体系。在受害者家属同意的情况下，几乎每一宗谋杀都可以被赦免：支付30索利都斯可以赦免1名奴隶，1 800索利都斯可以赦免高级自由民。在证据难以证明罪行的情况下，法兰克人经常使用发誓和免罚宣誓（compurgations）的方式：被告自行宣誓，或由支持者团体代表庄严宣誓被告是无辜的，如果没有进一步的证据，被告可以无罪释放。司法决斗也不少见。勃艮第人在被法兰克人征服之前司法决斗就很常见。对定罪困难的罪犯严刑拷问的习俗也尽人皆知：被告把手伸进装满沸水的锅里是最常用的一种方法。

人们会发现法兰克人的统治没有丝毫民选政府的影子。国王任命伯爵，伯爵选定百户长。国王不受全国任何民众集会的控制或审核，伯爵和百户长亦是如此。国王有责任颁布法令和法律；同样，伯爵管理他的领地，无须向除了国王之外的其他人解释。国王或伯爵召集集会是为了让人民听取决定，而不是讨论或者提出修改建议。古代日耳曼人的自由消失了，取而代之的是一个专制政府，就像消失的罗马帝国一样。

除了公爵和伯爵，国王还在各省安排了其他官员。这些官员包括负责管理王室领地的内务大臣（domesticus），以及管理国王财产的国王的私人执行官，他们的工作和古代各省为罗马皇帝服务的"财政检察官"（Procurators of the Fiscus）有几分相像。宫殿里还有其他官员，他们的工作与财务相关，显然是高级财政官员的下属。

墨洛温王朝的收入似乎主要来自四部分。第一部分是王室领地的利润，由内务大臣负责。第二部分是关税收益，主要来自王国陆地和海上边境征收的关税。第三部分是法庭上收取的罚款，罚款的1/3会上交给国王。第四部分是最重要的一大来源：伯爵辖区每年按时朝贡。国王为每个地区估计数额，伯爵负责筹集并派人送到国王手上。起初，似乎只有高卢罗马地区朝贡。据说克洛维的孙子提乌德贝尔特首先要求当地的法兰克人地区上缴赋税，民众怨声载道。他死后，奥斯特拉西亚（Austrasia）起身反抗，杀死了向国王建议增加税收的大臣帕耳忒尼俄斯（Parthenius）。

我们对法兰克王国的体制进行了简单的描述。可以看出，它的组织架构介于早期英格兰纯条顿式的政府和意大利狄奥多里克大帝采用的几乎纯罗马式的统治方式之间。这是人们意料之中的。法兰克王国绝不是一个原始的条顿邦国，但它远比意大利的东哥特王国更为原始。

第八章

哥特人在西班牙　531—603

衰弱的西哥特王国——内战和皇帝遇刺——554 年，罗马人入侵安达卢西亚（Andalusia）——利奥维吉尔德的统治——利奥维吉尔德恢复西哥特的势力——利奥维吉尔德的征战——他的儿子埃梅内吉尔德（Hermenegild）反叛和死亡——雷卡雷德（Reccared）的统治——雷卡雷德带领哥特人皈依基督教——改宗的影响

在讲述法兰克国王克洛维和狄奥多里克大王的故事时，我们曾提到，西哥特人被驱逐出阿基坦，而随着阿拉里克二世和阿马拉里克死在法兰克人剑下，波罗的人（Balts）血统的西哥特王室也随之灭亡。

531 年，西哥特人丢掉了比利牛斯山脉以北的所有领土，在获胜方法兰克人的追击下进入伊比利亚半岛。他们发现，王国内没有王室血统的王子可以继承王位，把自己从敌人手中解救出来也就无从谈起。按照条顿人的习俗，军队开始选举国王并最终选中了老伯爵狄乌蒂斯——一位曾在阿马拉里克未成年时摄政的东阿特贵

族。这位老战士收复了比利牛斯山外丢失的部分土地——富饶的塞普提曼尼亚省和其下属城市纳巴达、尼姆（Nismes）和卡尔卡松（Carcassonne），成功证明人们选对了人。10年后，狄乌蒂斯必须面对法兰克人的再一次入侵。经历了萨拉戈萨的浴血奋战，542年，他再次成功击退了对手。

西哥特民族成功抵挡了法兰克人的进攻，又要在新的生存条件下面对组织架构重整的问题。他们以前把高卢而不是西班牙当作自己的家。历代国王最喜欢的住所在图卢兹，而不是巴塞罗那或托莱多。西哥特人现在丢失了高卢，只能在西班牙生存下去。但是比失去家园更糟糕的是，西哥特王室血脉消失殆尽了。在当时，对于条顿部落来说，王室绝嗣堪比灭顶之灾。统治者只好从贵族阶层中挑选，每一个雄心勃勃的伯爵和公爵都对王位觊觎万分。每次选举都异常激烈，那些未能赢得人们青睐的候选人则退居二线，继续心怀鬼胎地对付那些比自己更幸运的对手。当在位国王去世并且没有人能合法继承王位时，每个人都蠢蠢欲动，企图用暴力手段夺走王位和遗产。因此，从狄乌蒂斯到罗德里克（Roderic），在西班牙的23位西哥特国王中，至少有9人被废黜，其中7人被他们的继任者谋杀。他们的平均统治时间不到8年，传位给儿子的只有8人，只有1例是祖父、父亲和儿子三代人毫无可争地相继上任。

在讲述高卢法兰克人的历史时，我们曾指出，法兰克人和罗马各省比较容易联合起来组成一个新国家。我们了解到，从一开始，高卢主教是如何被墨洛温王朝雇为阁僚和心腹；此外在短时间内，高卢罗马伯爵和公爵又是如何在法兰克宫廷和军队中深受青睐，荣登高职。在西班牙，条顿征服者与各省之间绝不会轻易联手，因为他们的宗教之间存在着巨大的鸿沟。与法兰克人不同，西哥特人是阿里乌斯派信徒，他们保留了祖先在4世纪多瑙河以外学到的基督教异端形式。另一方面，西班牙各省人全都是狂热的正教徒。哥特人形成了自己的宗教团体，除了西班牙人，团体内的主教和教士都信奉阿里乌斯教派。他们的国王不能像墨洛温国王在高卢一样承认或利用本地的主教。各省既憎恨异教徒，也憎恨蛮族，从不甘心屈服于他们的统治之下。他们支持正教徒法兰克人的冒进，并欢迎东罗马皇帝在6世纪率军来到他们的海岸。当时还信奉阿里乌斯教派的西哥特人没有重用任何一名西班牙人，直到6世纪末，他们成为天主教徒，国王的差役中才第一次出现罗马名字。511年至587年，在西哥特人统治西班牙的最初70多年里，他们与臣民关系并不亲近。

当时居住在西班牙的并非人数众多的单一部族，而是一群分散各地、饱受压迫的民众。他们虽手握刀剑，推选出来的国王却怯懦无能，西班牙的军事力量因而被大大削弱。这些国王终日忙于安抚心怀不满的酋长们，维护岌岌可危的国内政权，再无精力征战海外。西哥特人的战争无非两种：敌对国王之间爆发的内战；抵御法兰克人入侵比利牛斯山脉的防卫战。

火上浇油的还有一点：西哥特人不仅无法掌控整个伊比利亚半岛，还要在领土内对抗凶猾警觉的外敌。在比利牛斯山以西、高卢—比斯开湾*的海岸线上，巴斯克人（Basques）是一个危险的存

---

* 比斯开湾（Bay of Biscay）：北大西洋东部海湾，位于欧洲西南端的伊比利亚半岛与法国的布列塔尼半岛之间。

在。每当哥特人陷入内乱时，巴斯克人就从要塞中倾巢而出，劫掠埃布罗河谷*。再往西，古老的加利西亚和卢西塔尼亚（Lusitania）屹立着苏维汇王国——最初征服西班牙的条顿民族。早期西哥特国王曾把他们赶入西部山区，但并未追击至他们最后的撤退地，苏维汇人也正因如此才没有完全屈服。直到6世纪末，苏维汇国王一直在布拉加（Braga）统治着塔霍河（Tagus）以北、埃斯拉河（Esla）和托尔梅斯河（Tormes）以西的地区。一有良机，苏维汇人就参与到西哥特人的内战中，骚扰杜罗河（Douro）河谷上游和塔霍河下游。

西哥特王国的内部组织与前文提到的高卢早期法兰克人的组织架构（君主专制的中央集权制度）截然不同。和法兰克人一样，西哥特人也把自己的疆土划分成不同区域，通常以古罗马省市的边界为封畛，分别交由公爵或伯爵管理。但是，比起独裁的墨洛温国王手下的法兰克伯爵，西哥特的地方长官们所受到的国王控制要小得多。他们像东哥特人那样，每人都有一个私人随从组成的卫队。这些人被称为龙枪军团（saiones），有时被称为布塞拉里亚军团（Bucellaril）。这些雇佣军得到地方长官的信任，跟随地方长官甚至反对国王。在一众无助而又手无寸铁的地方人民中，受人欢迎且野心勃勃的伯爵或公爵面对着无力而又不幸的国王，正是依靠这些全副武装的随从才敢于起身反叛。在西哥特人中有一小群世袭地产保有者，在英格兰被称为下自由民（ceorls）。贵族——无论是贵族官员、禁卫军还是出身高贵的贵族——和雇佣军之间几乎没有任何中间阶级。事实上，就组织架构而言，这个王国可以说是封建性质的：

---

* 埃布罗河（Ebro）：西班牙东北部河流，发源于坎塔布里亚（Cantabria）山脉，东南流向，经托尔托萨汇入地中海。埃布罗河是西班牙最长、流域最广的河流。

下面是一群西班牙罗马血统的奴仆，受制于一群誓死追随贵族的哥特士兵。而这些认为自己可比肩国王的贵族只有通过向教堂或是罗马臣民求助才能保证自己的安全。阿里乌斯教派的信仰也无法让他们寻求任何权宜之计。

罗马人和哥特人在各个方面都迥然不同。统治者和臣民适用的法律法规也各不相同，前者使用本土的《狄奥多西法典》（*Theodosian Code*），也就是《阿拉里克要览》（*Breviarium Alarici*），而后者则沿用尚未成书的古老的哥特习惯法。跨种族通婚是非法的，直到大约 570 年，利奥维吉尔德打破禁令，娶塞威里亚努斯（Severianus）的女儿狄奥多西娅（Theodosia）为妻，这才合法化。遗憾的是，西班牙需要一些像狄奥多里克大王一样的统治者来调和分歧，力求公正。

统治西班牙的前 3 个西哥特国王结局都很惨淡。前文提到，掌权 17 年的狄乌蒂斯成功地击退了法兰克人连续 3 次对半岛的攻击，但是他的统治末期却被灾难蒙上了一层阴影；查士丁尼的军队迅速粉碎了汪达尔人和哥特人，这着实吓坏了狄乌蒂斯。为了支持意大利亲戚，狄乌蒂斯决定声东击西，攻打刚刚创建的帝国省份阿非利加。但是他的军队在阿非利加省最西边的休达（Ceuta）要塞几乎全军覆没。狄乌蒂斯回到西班牙，一世英名毁于一旦。4 年后（548），他在塞维利亚被一个疯子或装疯的不知名刺客刺杀。

西哥特首领们随后推选将军狄乌迪吉塞尔为国王。狄乌迪吉塞尔曾于 542 年在萨拉戈萨击败法兰克人，此后便被公认为西哥特最优秀的战士。但是这个新国王野蛮放荡，他的暴行让贵族们义愤填膺。狄乌迪吉塞尔上任仅仅 17 个月后就被刺杀，"当时狄乌迪吉塞尔正和朋友们共进晚餐，觥筹交错，灯突然熄灭，狄乌迪吉塞尔被敌人刺死在长榻上"。

当时，西哥特人中有少数人推选阿吉拉（Agila）作为他们的统治者。阿吉拉在托莱多和巴塞罗那获得了认可，却没有从南部的伯爵那里得到半点儿支持。阿吉拉入侵安达卢西亚时在科尔多瓦（Cordova）一败涂地，眼看着自己的骨肉在自己面前被杀害。但是阿吉拉仍然控制着莫雷纳山脉（Sierra Morena）以北的西班牙地区，势力强大，叛军首领阿塔纳吉尔德（Athanagild）伯爵甚至决心求东罗马人助自己一臂之力。查士丁尼欣然把握住这个可以让自己在西班牙立足的机会，阿非利加总督利贝里乌斯随即听命，跨过海峡，来到加的斯。许多城镇立刻向罗马军队敞开大门，这些饱受折磨的人相信利贝里乌斯就是他们的救世主，会把他们从哥特人手中永远解救出来，并收复整个半岛的皇权。阿吉拉不顾一切地召集了所有军队，穿越莫雷纳山脉，再次在塞维利亚与阿塔纳吉尔德和利贝里乌斯的军队交战，无奈再次铩羽而归，被迫逃往梅里达（Merida）。士兵们眼看着哥特人自相残杀，自我毁灭，而罗马人却占领了一个又一个城镇，随后幡然醒悟，谋杀了他们的首领，终止内战并转而效忠叛军头目阿塔纳吉尔德，称他为西哥特国王。正如一位法兰克编年史家所说："哥特人往往会刺杀他们厌恶的国王，再选择一个更对他们胃口的国王。"另一方面，法兰克人却吹嘘他们对克洛维家族忠贞不渝，根本不会考虑让克洛维家族之外的成员成为国王。

阿塔纳吉尔德现在虽为西班牙国王，但是他很快就发现，曾经的同盟罗马人根本就是无法控制的恶魔。查士丁尼的手下拒绝从他们在内战期间占领的城镇撤离。罗马人占领了半岛南海岸的大部分港口，这些港口多位于直布罗陀海峡两岸，从大西洋上的圣文森特（St. Vincent）海岬一直分布到地中海上的苏克雷河（Sucre）口。罗马人手中不仅握有加的斯、马拉加（Malaga）和卡塔赫纳（Carthagena），还有包括歌多华在内的许多安达卢西亚内陆城镇。阿塔纳吉尔德一直都没能把罗马人赶出去。30 年来，君士坦丁堡恺撒在科尔多瓦和格拉纳达（Granada）被拥为统治者，哥特人后来花了 60 年才夺回了全部的海岸城镇。尽管罗马将军们在野外被阿塔纳吉尔德打败，但仍成功地坚守城镇，不屈不挠，直到最后哥特国王被迫休战。

与 5 位前辈不同的是，阿塔纳吉尔德寿终正寝。尽管在位 13 年之久，但阿塔纳吉尔德并不是一位强大而成功的君主。关于他的历史记载仅寥寥几笔，他最为人铭记的身份或许是一对悲惨姐妹——布伦希尔德（Brunihilda）和加尔斯温特（Galswintha）——的父亲。这对姐妹花被奉为"西班牙珍珠"，因政治联姻的需要，分别嫁给了法兰克国王西吉贝尔特（Sigibert）和希尔佩里克（Chilperich）。布伦希尔德最先结婚，她的婚姻是为了确保阿塔纳吉尔德可以得到奥斯特拉西亚国王的援助，阻止巴黎、苏瓦松和勃艮第对西班牙的任何企图。布伦希尔德美艳动人，而且拥有丰厚的财富。于是，邪恶的苏瓦松国王希尔佩里克打起了她妹妹的主意，阿塔纳吉尔德为了拉拢这个盟友便欣然应允。不久之后，老国王阿塔纳吉尔德于 568 年与世长辞，幸运的是，他没有看着饱受婚姻折磨的加尔斯温特最后落入悲惨的境地。

阿塔纳吉尔德死后，西哥特随后又经历了 5 个月的无国君状态。西哥特贵族们在推选国王这个问题上莫衷一是，手持利刃，相互攻击，各自为政，因为"王之和平"和国王一起消失殆尽了。最后，塞普提曼尼亚总督推举纳巴达公爵莱奥瓦（Leova）为统治者；但是比利牛斯山南部的伯爵们却拒绝这一提名。经过一番斗争，莱奥瓦提议与自己的兄弟利奥维吉尔德共同统治。鉴于利奥维吉尔德在南方很有名，也很受欢迎，西班牙的大多数贵族随即表示同意。莱奥瓦保留了国王头衔和自己的塞普提曼尼亚王国，而利奥维吉尔德作为西班牙国王统治半岛。然而，分裂的统治只持续了4年；莱奥瓦于572年身故无后，他的兄弟随后将塞普提曼尼亚纳入西班牙的版图。

利奥维吉尔德当数统治西哥特百年的第一人，甚至可能被称为西哥特王国的第二个创始人。他把西哥特王国从无政府混乱状态和羸弱的深渊中拉出来，重新架构组织并消灭了东西方的敌人。若不是他手腕强劲，西哥特王国可能会一败涂地，任法兰克人和东罗马人鱼肉。

在统治的前8年里，利奥维吉尔德一直与四面八方的敌人艰难周旋，随后才迎来反击的机会。他的第一个对象便是罗马帝国。罗马人从科尔多瓦和加的斯出发，征服了整个安达卢西亚。利奥维吉尔德在城外打了几场仗，席卷了巴萨（Baza）和阿西多尼亚（Assidonia，即梅迪亚 - 西多尼亚），把罗马人逼到了科尔多瓦城内。这座伟大的城市有强大卫戍部队驻守和狂热的天主教徒保卫，困住国王达一年之久。但在571年，城内的哥特居民投奔了国王，这座被罗马帝国握在手中20余年的城市倾覆了。东罗马帝国的势力现在缩小至内华达山脉后方，只包括从拉各斯（Lagos）到卡塔赫纳的海岸一带地区。

随后，利奥维吉尔德转身对付苏维汇人；苏维汇人现已占领了杜罗河中部河谷，向半岛的中心地带推进。苏维汇人最近改信天主教，正中西班牙中部各省的下怀。这些省份希望统治者信奉正统教派，而非阿里乌斯教派。但是利奥维吉尔德在战场上击败苏维汇国王狄奥德米尔，攻占了他治下的萨纳布里亚（Sanabria）要塞并强迫他效忠。

两年来，利奥维吉尔德多次在西班牙偏远山区——尤其是坎塔布里亚、比斯开湾沿岸及南部的穆尔西亚（Murcia）山脉——镇压罗马省份的叛乱。利奥维吉尔德抓获并处决了叛乱首领阿斯匹提乌斯（Aspidius）和阿邦单提乌斯（Abundantius），甚至大规模处决了他们的追随者。576 年，经过 8 年的战争，除了安达卢西亚海岸的城镇外，古代西哥特的领土全部被收复。

利奥维吉尔德打击国内帮派贵族的力度不亚于对抗西班牙外敌。他一个接一个解决了西哥特所有不守规矩的首领，正是一位法兰克编年史家口中的"所有那些惯于弑君的人"中的一个，然后他从自己的扈从中任命可以信任的伯爵和公爵来取代他们的位置。最后，国王在国内一呼百应，从尼斯到塞维利亚的所有领地都以其为尊，这在过去前未所见，而西哥特人很有可能会像法兰克人那样被强大的独裁王权所压制。利奥维吉尔德的宫廷长久地屹立于托莱多，再现了古罗马恺撒的所有辉煌荣耀——王冠、权杖、紫袍和金色宝座。在这之前，西哥特国王们的举止和衣着与手下的贵族们别无二致，仅有的区别在于国王们有着皇室的名字，身边跟随着势力更大的随从队伍。利奥维吉尔德一边稳固自己在托莱多的地位，一边择机巩固自己的势力和独立地位。在这之前，西哥特人拙劣地仿造罗马和君士坦丁堡帝国的货币，来铸造自己的货币。但从那时起，哥特国王的名字就出现在了西班牙金币特里米斯（tremissis）上。几年来，利奥维吉尔德给自己冠以查士丁二世这个名字，但他很快就摆脱了过去依附帝国最后印记。拉丁铭文"LIVIGILDVS INCLITVS REX"（荣耀之王利奥维吉尔德）便是一大标志，否认了西班牙与君士坦丁储君最后的联系。

　　然而，利奥维吉尔德的麻烦还没有结束。他最大的敌人便是自己的家人。在登上王位前，利奥维吉尔德违背了哥特习俗，娶了一个高贵的罗马女人狄奥多西娅为妻。狄奥多西娅是曾任卡塔赫纳总督塞威里亚努斯的女儿。狄奥多西娅给他生了两个儿子，分别是埃梅内吉尔德和雷卡雷德。妻子死后，利奥维吉尔德试图通过与他的前任阿塔纳吉尔德的遗孀戈迪斯温萨（Godiswintha）结婚来巩固自己的地位。几年后，埃梅内吉尔德成年之时，利奥维吉尔德决定从阿塔纳吉尔德家族中为其寻找一位新娘。最终他把目光定格在他妻子的外孙女——奥斯特拉西亚国王西吉贝尔特和布伦希尔德之女英贡德（Ingunthis）身上。英贡德13岁时便嫁给了埃梅内吉尔德，这场婚姻注定结局悲惨，英贡德注定会成为西班牙的痛苦之源，就像她过去远在高卢的母亲一样。她自小便是天主教徒，在奥斯特拉西亚长大，尽管年幼，但她拒绝服从阿里乌斯派教义。据法兰克历史学家所言，祖母戈迪斯温萨残酷对待英贡德，迫使她放弃正统的信仰，但这并未得到证实。尽管她遭受暴打，忍饥挨饿，还被扔进鱼塘，但她仍然拒绝放弃自幼坚持的信仰。最后，婆媳之间的纷争让宫廷鸡犬不宁，利奥维吉尔德深感厌倦，于是他把埃梅内吉尔德派至塞维利亚掌管部分安达卢西亚的土地。

这步棋可谓是大错特错。这位年轻的王子深受妻子和他母亲的弟弟——塞维利亚主教莱安德（Leander）的影响。在他们的再三请求下，埃梅内吉尔德宣布自己是天主教徒，再次接受洗礼并被教会接纳。他知道此次皈依天主教定会让父亲怒不可遏，自己未来继承西哥特王位的希望也变得渺茫。但是，埃梅内吉尔德已经过够了这种逆来顺受的卑微日子，他即刻自立为王，与苏维汇人和东罗马人结盟，号召西班牙的所有正教徒共同战斗。

利奥维吉尔德如临大敌，儿子此次造反搞得半岛人仰马翻。苏维汇人沿杜罗河蜂拥而下，罗马人重新占领了科尔多瓦；梅里达、塞维利亚和埃武拉（Evora）拥立埃梅内吉尔德为王。一些心怀不满的地方居民在主教的领导下开始在全国各地发起骚动。对于善于处理危险的利奥维吉尔德来说，这是证明他能力的最好时刻。他首先对付北部最先爆发的暴动，驱逐或监禁了十几名主教并击败了下山搅局的巴斯克人，最终成功镇压叛乱。在这之后，他在边界上建立维多利亚小镇来纪念自己的赫赫战功，这个小镇后因 1813 年英国的胜利 * 而为世人所铭记。

埃梅内吉尔德控制瓜达尔基维尔河（Guadalquivir）河谷已经将近两年了。582 年，他遭遇父亲的突袭，被逼到塞维利亚城内。苏维汇人奋起围攻，利奥维吉尔德击败了他们的国王米罗（Miro），转身继续对付埃梅内吉尔德的同盟。围攻数月后，利奥维吉尔德成功攻占了这座城镇，埃梅内吉尔德和他的妻子则逃到了罗马人那里。反叛的王子在奥塞梯人（Osset）的城堡里避难，国王却一路穷追不

---

* 指 1813 年迪惠灵顿侯爵率领的英、葡、西联军在西班牙维多利亚击败了由约瑟夫·波拿巴和让－巴普蒂斯特·儒尔当率领的法军。

舍，最后罗马人接受了 3 000 金币的巨额贿赂，卖掉了这座城镇。埃梅内吉尔德从避难所里被拖出来，带到他父亲面前。父亲虽然原谅了他，但剥夺了他王子的身份并把他以庶民的身份送进了瓦伦西亚（Valencia）一个体面的监狱。

利奥维吉尔德随后转而对付苏维汇人，横扫了整个苏维汇王国，俘获了最后一名国王安迪卡（Andica）并将其囚禁在修道院里。埃梅内吉尔德一手挑起的叛乱不仅没有摧毁哥特王国，实际上反倒让之前免遭西哥特摧残的西北部邻国一个接一个地屈服。

埃梅内吉尔德的命运注定悲惨。利奥维吉尔德答应，只要埃梅内吉尔德放弃正教信仰，就恢复他王室身份。但埃梅内吉尔德坚定地拒绝了，接着又被关进了监狱。然而，比起祷告和承诺，锁链对他一点儿用都没有。他的父亲勃然大怒，警告他如果他执迷不悟，后果不堪设想。585 年复活节，利奥维吉尔德派了一名阿里乌斯派主教为囚犯主持圣礼。埃梅内吉尔德大吼大骂，把这名异端教士从牢房里赶了出来。消息传到了他的父亲耳中，就像亨利二世（Henry Ⅱ）处死贝克特（Becket）那样，利奥维吉尔德命令卫兵抓住他那顽固的儿子并砍了他的脑袋。埃梅内吉尔德就这样惨遭横死，后世的人不会记得他的反叛，只会记得他坚定不移地坚持正教信仰，将他敬为圣人。他的妻子和幼子被马拉加的罗马总督送到君士坦丁堡。英贡德在途中去世，她的儿子阿塔纳吉尔德生活在莫里斯（Maurice）皇帝的宫廷，最终黯然离世。

现在利奥维吉尔德不得不面对怒火中烧的法兰克人。英贡德的舅舅贡特拉姆（Guntram）和兄弟提乌德贝尔特决定为英贡德的丈夫报仇。他们派出一支舰队在加利西亚登陆，在新征服的苏维汇大举征兵。与此同时，一支勃艮第军队进入塞普提曼尼亚，进攻尼姆和卡尔卡颂。但利奥维吉尔德的军事技能和战争女神的眷顾让他一路过关斩将。利奥维吉尔德把在加利西亚登陆的敌军一举歼灭，他的儿子雷卡雷德则把损兵折将的勃艮第人赶出了塞普提曼尼亚。父子二人在托莱多胜利会师，但是，冬季行军费尽周折，利奥维吉尔德在回到首都后不久就于 586 年 4 月 13 日去世，距离大儿子被处决之日整整一年。正教教徒认为这个巧合便是上帝降下怒火的最好证明。

利奥维吉尔德在去世前曾说服西哥特人选他的二儿子雷卡雷德作为共治者并尊称其为国王。因此，老国王去世后，王位安然过渡，没有混乱的选举和内战发生。雷卡雷德注定要像他父亲那样在西哥特王国的历史上留下浓墨重彩的一笔。如果利奥维吉尔德用强大的军事力量拯救了这个国家，那么雷卡雷德则彻底改变了这个国家，让它走上了一条崭新的发展道路。他推动政治和宗教生活发生新的改变——西哥特人民转而信仰正教教义。

雷卡雷德的母亲是一个罗马人，但和他的哥哥埃梅内吉尔德不同的是，他从未在父亲生前表现出对阿里乌斯教派的任何不满。然而，这位老人前脚刚去世，他的继承人就开始行动了，这不免让阿里乌斯派信徒感到激愤和担忧。雷卡雷德多次把天主教和阿里乌斯派主教召到面前，让他们当着自己的面就三位一体的奥义展开辩论。他这样做更多的是为了让人们为即将到来的变革做好准备，而不是因为他对自己的行动犹豫不决。

雷卡雷德明白，只要宗教障碍横亘在大部分臣民和统治阶级中间，国家就永远不会拥有稳固的发展基础。哥特人口太少，他们无法甚至没有意愿与外乡人团结一致。但是，一旦人民四分五裂，国家又没有强有力的统治者，哥特的君主政体必定会在未来的政治动荡中走向末日。利奥维吉尔德当时只是凭借行动和勇气，创造了奇迹，才避免了这样一场危机。

现在，雷卡雷德已经笃定，哥特人信仰阿里乌斯教派与其说是心怀真正或狂热的信仰，不如说是固执坚持偏见和种族骄傲。他认为，如果国王带领国家进行温和而谨慎的改革，不用武力强制统一信仰，他的同胞们可能会被自然而然地引领至天主教会。后续的发展证明他的想法完全正确：国家信仰的转变应由一位谨慎而沉着的政治家而不是一个狂热的圣人引领完成。

雷卡雷德的改革贯穿于586—588年。当他宣布自己转变为天主教徒并接受了他叔叔塞维利亚大主教庄严的祝福后，大部分随从都紧随他的脚步。很快，许多哥特贵族和大部分阿里乌斯派主教也转而信仰正教。而天主教会不要求信徒再次接受洗礼，这也让改革顺畅了许多。只要他们去了一个天主教的祷告场所，接受了天主教神父的祝福，这就足够了。

然而，让所有人都始料未及的是，这一重大变革顺畅且平稳地蔓延至全国，没有激起任何波澜。许多包括神职人员和普通信徒在内的哥特人认为阿里乌斯教派是祖先的神圣宗教，是种族胜利的徽章。仅在遥远的塞普提曼尼亚和卢西塔尼亚以外的地区就接连爆发了3次叛乱，带头人是国王的继母戈迪斯温萨和阿里乌斯派主教阿塔洛克（Athaloc）。但是大部分西哥特人对此漠不关心，一小撮狂热分子武力反叛也在情理之中。阿里乌斯教派被镇压，从此没有再添祸患，整个教派似乎在几年后就消失了。没过多久，曾经对自己异教徒的身份扬扬得意的西哥特人便为自己的天主教信仰感到自豪。

眼看着雷卡雷德忙于镇压阿里乌斯教派叛乱，勃艮第的法兰克国王贡特拉姆认为这是征服塞普提曼尼亚的绝佳机会。589 年，他派大军沿罗纳河而下，但在纳巴达附近被雷卡雷德的将军克劳狄乌斯（Claudius）打败。克劳狄乌斯公爵是第一个从未被西哥特国王提升至高位的罗马血统官员，而这也是法兰克人最后一次试图征服塞普提曼尼亚。雷卡雷德统治了 12 年之久，在国内外事务上都得到幸运女神的眷顾。他征服了巴斯克人，把罗马人困在南海岸的港口一带，多次镇压哥特贵族的小规模骚动。在每一次危机中，天主教会都是他最有力的后盾，他一定一直庆幸自己把最危险的敌人变成了王位最坚固的堡垒。但是国王将自己托付给教会，也给哥特王室带来了新的危险——过分依赖教会。国民议会——在英格兰被称为"贤人会议"——完全被教士所占据。西班牙有 60 多名主教，而通常被召集到大会上的公爵和伯爵人数较少。这些主教比他们的平信徒同僚更聪明、管理有序，很快就在议会中发挥了主导作用。他们给国王带来的精神压力不容忽视。尽管雷卡雷德主张和平的宽容政策，但他在统治后期被迫进行宗教迫害，迫害的对象不仅是过去的阿里乌斯派信徒，还包括在西班牙势力日盛、堆金积玉的犹太人。之前的西哥特国王，诸如意大利的狄奥多里克大王，都非常宽容，他们很少任命犹太人担任收税员和其他小官职。所有这一切都随着雷卡雷德转变信仰而画上句号。在当时，最能点燃阿里乌斯派信徒和犹太人怒火的是没官当的局面和不许当众祈祷的禁令。

在结束了 15 年的统治之后，国王雷卡雷德于 601 年去世，将王位留给他的儿子莱奥瓦二世（Leova Ⅱ）。在当时的哥特西班牙，祖孙三代人接连统治仅次一次。新君只有 20 岁，是天主教主教的忠实仰慕者和追随者。从各方面来说，他表现得更多的是虔诚而不是出众的能力。面对着这个弱小而缺乏经验的年轻帝王，那些在雷卡雷德和利奥维吉尔德强势统治下忍气吞声 30 多年的叛逆贵族终于迎来了翻身的机会。莱奥瓦二世在统治的第二年就意外地被以伯爵维特里克（Witterich）为首的反叛者谋杀。维特里克曾在 588 年领导过一次阿里乌斯派起义，最后皈依天主教才免于一死。603 年，他谋杀了雷卡雷德的儿子，也算是"报答"了瑞卡尔多年前对自己的宽大处理。

　　33 年的强势统治过后，西班牙再次陷入了利奥维吉尔德当年奋力挽救才得以摆脱的内乱状态。但斗争的本质已经不一样了；未来，在谁应该任命和限制国王这一问题上，天主教和西哥特贵族将有一场大战。

第九章

查士丁尼的继承人　565—610

查士丁二世（Justinus Ⅱ）及其失败的财政政策——查士丁二世与波斯人和阿瓦尔人的纷争——提比略·康斯坦丁努斯（Tiberius Constantinus，即提比略二世）的统治——莫里斯继位——莫里斯战胜波斯人——莫里斯败在斯拉夫人和阿瓦尔人手下——巴尔干半岛的灾难——莫里斯倒台——福卡斯（Phocas）暴政——福卡斯与波斯不幸的战争——610年，希拉克略（Heraclius）废黜并杀死莫里斯

查士丁尼死后，东罗马帝国在长达40年的时间里都在走下坡路。帝国之前被伟大的皇帝耗尽了能量，现在财殚力竭，一片残山剩水。查士丁尼给继承人留下了边境危机四伏的新征服省份，一支已经有些失控的军队以及在过去20年里被税赋扒了一层皮的人民。

不幸的是，查士丁尼的接班人却试图继续前任雄心勃勃的政策。此时，第二个阿纳斯塔修斯的统治虽然没有那么杰出，但更加审慎节约，这对东罗马帝国来说无疑是个好消息。查士丁二世是皇帝的外甥，也就是皇帝的妹妹维吉兰提娅的儿子。查士丁二世在查

士丁尼去世时顺利登上皇位。在过去的 10 年里，尽管查士丁尼生前从来没有同意让查士丁二世继位，但是查士丁二世一直担任宫廷主管一职，负责管理宫殿，为自己平稳继位铺好了路。查士丁二世娶狄奥多拉皇后的外甥女索菲娅（Sophia）为妻。索菲娅同样强势，但是在她姑妈面前仍黯然失色。查士丁和妻子在老皇帝在世时日子过得极为压抑，查士丁尼刚下葬，他们就迫不及待地宣布主权。查士丁十分重视皇位和帝国的威严，因此当他开始掌舵帝国事务时，他决心实行充满活力的外交政策。查士丁首先拒绝继续向边境上的蛮族诸侯提供任何微不足道的补贴。查士丁尼过去为了防止遭到小规模的袭击愿意支付这笔钱——和印度政府给开伯尔山口（Khyber Pass）的首领们发补助有相似之处，但是这一行为让他卷入了一场与阿瓦尔人之间长期而危险的战争。阿瓦尔是一个新建立在多瑙河下游北岸的鞑靼部落，查士丁尼曾付钱来摆平匈人和其他棘手的邻国。阿瓦尔人最初不值一提，但是为了攻击多瑙河中游及塞尔曼以北的哥特部落——格皮德人，阿瓦尔人与伦巴第人结盟，权势大大增强，领土的势力范围也不断扩大。伦巴第人消灭了条顿邻居后继续入侵意大利，阿瓦尔人则占据了多瑙河沿岸，从维也纳一直延伸到多瑙河口。从那时起，阿瓦尔人在几近荒芜的默西亚和伊利里库姆成了一大祸害。尽管查士丁尼为保卫多瑙河堤而建造并驻扎了无数要塞，但阿瓦尔人还是将领土进一步延伸到巴尔干半岛。在查士丁二世统治期间，麻烦不断加剧，到了他的继任者们统治的时期，阿瓦尔人不仅仅是增添烦恼，更是成了真正的危险之源。

在查士丁眼中，付款无疑是对王室的侮辱。他此番再次拒绝交钱，注定要掀起一场比与阿瓦尔人的斗争更为残酷的血雨腥风。我们还记得，562年，查士丁尼和波斯人霍斯劳和谈，规定东罗马人必须向波斯国王支付一些款项。571年，查士丁拒绝向波斯进贡，一场完全不必要的战争一触即发。查士丁决心背水一战是有原因的。波斯亚美尼亚的基督徒恳求查士丁把他们从信仰拜火教的萨珊波斯人手中解救出来，奥克苏斯河流域的土耳其人遣使向查士丁保证，查士丁若进攻霍斯劳，必定会得到东部的帮助。他们的大可汗迪扎布尔（Dizabul）穿越奥克苏斯河，入侵波斯北部来分散敌人的力量，而查士丁手下大军则穿过底格里斯河，攻击米底。

皇帝掉以轻心挑起的这场战争注定要持续长达19年（572—591），甚至把东罗马帝国的两个继任者也拖入泥潭。这和查士丁尼在位时的上一场战争一样，胜负难分且消耗大量人力和物力。总的来说，罗马人在战争过程中没有丢失一寸领土。最远的达拉斯是战争早期落入波斯人手中的唯一重要的边境要塞，战争后期的唯一损失也不过是亚美尼亚高地的第二大要塞波利斯。但是这两大要塞之后都会重归罗马人之手。罗马的第二条防线位于埃德萨和阿米达，御敌得当。只要霍斯劳的军队成功入侵叙利亚，那么帝国军队就会多次入侵波斯边境地区的阿扎尼（Arzanene）和科杜内（Corduene）。战争对帝国的危害不仅是堡垒丧失或领土破坏，更严重的则是税收濒临枯竭。查士丁尼时代的税吏剥削附近的人口，夺走人民身上的最后一枚金币。查士丁悍然发动战争，但他发现自己不能再像以前一样如愿收场。波斯人希望打一场持久仗，待帝国资源耗尽，坐享渔利。

查士丁继承皇位后的第9年便饱受躁狂症困扰，总表现出自杀倾向，不得不在严密的看管中度过余生。他在最初的清醒期曾任命他的同僚、受人尊敬的军官提比略·康斯坦丁努斯为恺撒并为其加冕。提比略在578年前一直与索菲娅皇后一道为精神错落的皇帝摄政。索菲娅是一个骄傲且强势的女人，面对着没有野心的提比略，她把大权紧紧握在自己的手中。提比略上台对宫廷的政策几乎没有影响，毕竟一切都由皇后说了算。

阿凡尔人在巴尔干半岛肆意妄为，美索不达米亚边境被波斯人围困。除此之外，查士丁注定要眼睁睁看着帝国的另一个地区遭受更为严重的损失。伦巴第人离开多瑙河中游，沿着东哥特人80年前的路线，来到了刚刚收复的意大利。这距离纳尔西斯取得塔吉那战役和卡西利纳姆战役胜利征服意大利仅仅过去了15年。伦巴第人的故事将在另一章中讲述，而在这里，我们仅一笔带过：查士丁二世的统治结束之前，伦巴第人从东罗马帝国手上夺走了半岛2/3的土地。

578年，查士丁二世在患上精神错乱的4年后去世，他的接班人提比略·康斯坦丁努斯成为帝国唯一的统治者。提比略二世是一个正直且心地善良的人，查士丁正是看中这些优秀的美德，才选择他而不是自己的女婿和几个堂兄弟继承皇位。像提图斯早年一样，提比略二世是帝国全体人民的偶像和希望，但他在短暂的统治过后就在风华正茂之时骤然离世，这一点也和提图斯颇有几分相像。他在世时励精图治，把查士丁二世时期的苛捐杂税削减了1/4，还清了国家的所有欠款。然而，他却没能摆脱旷日持久、腥风血雨的波斯战争——让国家背负了高昂的税负。只要国内外无一日安宁，那么免除税收就只会造成公务执行不当，公共债务迅速积累。然而，提比略成功地与阿瓦尔人达成了停战协议，代价是将多瑙河和萨韦河防线的中心要塞及塞尔曼拱手相让，并承诺支付一笔在他的前任眼中有损皇室威严的赔偿金。巴尔干半岛终于迎来了和平，提比略在波斯边境聚集了至少20万人，在战功赫赫的莫里斯将军的领导入侵米底。但是继承霍斯劳王位的霍尔米斯达斯（Hormisdas）十分顽固，对一切和解的提议都置若罔闻，战争只能继续下去。

提比略在统治的第四年突然病倒，未到中年就去世了。像前任一样，他没有选择亲戚继承皇位，而是举荐贤才。提比略在去世前8天授予将军莫里斯皇冠。莫里斯凭借在美索不达尼亚的战功声名远播，他卓越的功绩和谦逊也广受尊敬。莫里斯立即与提比略的女儿君士坦丁娜（Constantina）结婚，顺利登上皇位。

和提比略一样，莫里斯也是一位能力出众的仁君，可惜时运不济，他的美德常常使他陷入不幸的境地。莫里斯在20年（582—602）的统治中虽然硕果累累，但是帝国自542年大瘟疫以来的衰败状况并没有得到好转。莫里斯面临的最严峻问题便是帝国财政彻底枯竭。慷慨的提比略二世把国库中所剩无几的金币都挥霍殆尽，新皇帝统治伊始就面临着巨大的财政赤字，这成了贯穿他统治期挥之不去的噩梦。莫里斯生性谨慎节俭，巨大的财政赤字令他心烦意乱，他多策并用——明智或不明智的——来尽力平衡收支。战争经费无疑是最令人头疼的一部分，莫里斯到目前为止一直竭力紧缩开支，但是战争仍在不断发酵。莫里斯多次削减士兵工资，节约给养和军需品的开支。但是，这一举措却带来了严重的后果，军队发生多次叛乱，莫里斯最终也失去了皇位和自己的生命。

鲁莽而顽固的霍尔米斯达斯国王继续战争，因此，波斯战争占据了莫里斯统治的前9年。总的来说，莫里斯还是幸运的。他手下的两位能干的军官，希拉克略和菲利皮科斯（Philipikos），在波斯战争中掌握主动权，战果累累。当士兵们得知自己的军饷减少时，他们退到边境内，大举罢工，发起叛乱。要不是莫里斯"不惜一切开源节流"的政策引发士兵暴动，东罗马帝国的军队可能会再创佳绩。莫里斯做出这样不明智的举措实在令人匪夷所思，毕竟他有丰富的军事经验，还著有一本300年来所有拜占庭军官用兵必读之书——《战略》（*Strategicon*）。显然，在他的作品里，经济学家比军人更胜一筹。

幸运的是，588年的兵变对帝国并没有造成毁灭性打击。士兵们怨愤消除后便重返战场，多次碾压波斯人。霍尔米斯达斯越来越不得人心，随后被巴赫兰（Varahnes）篡位并杀害。他的小儿子霍斯劳逃到罗马阵营，投靠了他的宿敌。战争随即告一段落，年轻的王子得到莫里斯的物资和军队，着手对抗巴赫兰。起义取得成功，霍斯劳于591年光复父亲的王位，随后便感恩戴德地与罗马人言归于好，签订条款。这些条款与532年和562年的和平协议一样，只不过让双方重回战争前的状态。莫里斯收复了达拉斯和马提欧波利斯（Martyropolis）堡垒，占领了波斯亚美尼亚的基督教区。这些地区无足轻重，但大大扩大了国家的领土。

但对莫里斯而言，军事上和财政上的问题都没有随着波斯战争的结束而消失。背信弃义的阿瓦尔人全然不顾当年与提比略二世签订的和约，于581年再次入侵巴尔干半岛。莫里斯统治的第二年，阿瓦尔人趁着莫里斯忙于波斯战争，突袭多瑙河，占领了驻军较少的辛吉杜努姆和费米拉孔（Viminacium）要塞。莫里斯无力筹建一支新军，只好向士兵追加津贴，这才让阿瓦尔人消停了两年。但在

585年，鞑靼部落再次进攻，冲向色雷斯。莫里斯现在要对付的可不仅仅是野蛮的阿瓦尔人了；斯拉夫人也首次成为帝国的头号威胁。斯拉夫部落有段时间曾默默无闻地生活在多瑙河下游和俄罗斯南部平原，随后大规模地涌入并占据了4世纪哥特人迁徙离开的广阔土地。莫里斯继位时，他们中的一些人进入阿瓦尔人的阵营，其他人则独立自主，但是他们都想要向南越过多瑙河。就个体来讲，斯拉夫人并不是帝国的对手；他们的文明水平较低，不习惯耕种土地，也不适应过着渔民和猎人一样的不稳定生活。他们不在野外作战，而是潜伏在森林和沼泽地里，在夜间出兵，好突袭敌人。据说他们有一种在浅水池里隐蔽的奇特技巧：水面上什么也没有，除了一根中空的芦苇尖，而斯拉夫人就是通过这根芦苇呼吸的。这听起来不可思议，但是这在拜占庭作者的笔下多次出现。

许多斯拉夫部落为了躲避阿瓦尔人的控制，驾着轻便的独木舟越过多瑙河，在巴尔干树木繁茂的山坡或多布罗加（Dobrudscha）的沼泽地上安居下来，找到他们中意的庇护之地。200年来，默西亚省份在哥特人、匈人和阿瓦尔人的轮流入侵中日益贫瘠，这片土地也因此几乎杳无人迹。在多瑙河要塞和像纳苏斯（Naissus）或撒底迦（Sardica）这样的大城镇外的地区，几乎找不到人们的身影。为了避免与城镇的驻军作战，斯拉夫人从城镇间乘虚而入，分散在荒芜的土地上，在他们能找到的最偏僻的地方安营扎寨。斯拉夫人一门心思放在掠夺上，集中力量伏击城镇间穿梭的出行者，或者数量可以应对的敌军。从这方面来说，他们不仅是入侵者，还是劲敌。

莫里斯从585年到统治结束期间就一直陷在与斯拉夫人和阿瓦尔人胶着的泥潭中，斗争席卷整个巴尔干半岛。斯拉夫人虽然屡战屡败，甚至有时整个部落都被消灭，但他们还是向南步步紧逼。斯拉夫人虽然可憎，但似乎有着无穷无尽的力量，一个又一个部落穿过多瑙河来到巴尔干峡谷。这些入侵的影响在同时代的编年史家以弗所的约翰（John of Ephesus）笔下尤为生动："莫里斯统治的最初几年因可憎的斯拉夫民族入侵而闻名。斯拉夫人横扫希腊、塞萨洛尼卡和色雷斯周围的所有土地，抢劫众多城镇，毁天灭地，奴役人民。他们自立为主人，凭借武力在这里定居，好像这就是他们自己的地盘。4 年过去了，他们仍安逸地住在这里，在神所允许的范围内四处扩张，无恶不作，奸淫掳掠，杀人放火。不变的是他们一直在这里。"

莫里斯的统治自波斯战争结束以来就祸不单行。在这祸患时期，皇帝唯一的补救办法便是对金钱近乎吝啬地锱铢必较。这次的失败最终让他一蹶不振。599 年，阿瓦尔可汗让莫里斯赎回 1.2 万名罗马囚犯。皇帝手头的钱足够，但他拒绝支付，可汗随即屠杀了所有囚犯。帝国的人民发出阵阵恐怖的哀号，他们怪罪于吝啬的莫里斯，而不是贪婪的野蛮人。从这之后，莫里斯的皇位风雨飘摇，但最大的打击则来自另一项不明智的经济政策。601 年，巴尔干半岛的军队成功击败斯拉夫人后便乘胜追击，穿越多瑙河。莫里斯下令，为了节省物资，这支胜利的军队要在瓦拉几亚（Wallachia）平原杳无人烟的旷野上过冬。

士兵们自然没有服从，他们把将领赶走，推举一个名叫福卡斯的色雷斯百夫长为领袖，在君士坦丁堡大举游行，口口声声说要推翻皇帝。莫里斯在军队不得人心，甚至连可以信任的禁卫军都没有。他绝望地派出蓝、绿两党并让他们守卫城墙。但是面对纪律严明的军队时，蓝、绿两党根本靠不住。莫里斯很快发现自己众叛亲离，他逃到卡尔西登（Chalcedon），希望能在亚洲省份获得援助。但是，他在亚洲比在欧洲更加寒酸落魄。与此同时，军队进入首都，宣布福卡斯成为皇帝。尽管福卡斯只是一个粗野、没文化的乡下人，但凭借异于常人的魄力和铁腕，他一马当先，领导了反叛。福卡斯派兵去捉拿他可怜的前任，将其连带同 4 个儿子一起斩首，其中小儿子还是个襁褓中的婴儿。莫里斯大义凛然，前来赴死，哪怕是那些辱骂他的人都深感动容。行刑人举起剑来，莫里斯大声说道："啊，上帝，你的审判是公正的。"临死前，他的嘴里还在默默祷告。

从君士坦丁堡建立到莫里斯去世，东罗马帝国的皇冠从未落到成功的反叛者头上，皇帝也从未落入他的臣民手中。叛乱时有发生，但从未取得长久成功。当军队发现可以由他们选出皇帝时，帝国的末日到来了，而由前任恺撒或元老院选举新帝、有序继位的时代最终告一段落。

君士坦丁堡的新统治者无疑是一个野蛮的流氓，莫里斯与之相比可谓是"相形见绌"。他无知、残忍、放荡、奢靡，任由情欲主宰自己的大脑，很快就变成所有臣民的眼中钉。福卡斯只在一件事上如鱼得水：他成功地追查并扼杀了许多长期以来试图置他于死地的阴谋。所有被他怀疑的人都被残忍地杀害了，有的只是蒙受冤屈，有的确有其事。他杀死了他前任的遗孀君士坦丁娜和她的 3 个年幼的女儿，只是因为她们母女的名字经常出现在密谋者的口号中。疑心重重的福卡斯甚至抓获并活活烧死了东罗马帝国军队中最杰出的军官——纳尔西斯将军。让福卡斯提心吊胆的其他人也被鞭打致死、勒死或残忍致残，无一例外。

与此同时，国内暗无天日，国外也阴云重重。帝国本就日渐衰败的军事和财政实力在这个取代节俭的莫里斯的恶棍手下突然堤溃蚁孔。斯拉夫人和阿瓦尔人在欧洲各省无恶不作，势不可当，直逼阿纳斯塔修斯城墙。东部的情况更为糟糕。年轻有为的波斯国王决定出兵谋杀他的恩人莫里斯，为他的"朋友兼父亲"报仇。罗马人自战争伊始就表现得一塌糊涂，灾难史无前例地接踵而至。战争初期，福卡斯召回并活活烧死指挥官纳尔西斯，彻底激怒了东罗马帝国的军队。士兵疲于应付，无能的暴君补给不足，将领领导不力。606 年，东罗马帝国崩溃在即，达拉斯要塞陷落。从这一刻起，波斯人的征服之路再无任何阻碍。他们横扫了美索不达米亚，入侵叙利亚北部并踏足一个世纪没有敌人入侵的小亚细亚。我们没有听说福卡斯的军队有任何防御行动，可见躲在城墙内的军队已经分崩离析。608 年，东罗马帝国每况愈下。波斯人从美索不达米亚和叙利亚北部大胆地向君士坦丁堡进军。他们的突击队占领了卡帕多西亚、加太拉（Galatia）和比提尼亚（Bithynia），横穿整个半岛，甚至渗透卡尔西登，在博斯普鲁斯海峡对面注视着皇城。福卡斯并没有筹建新军，而是下令迫害犹太人——他责怪犹太人向波斯人出卖了叙利亚的一些城镇。

609 年，波斯人再次入侵小亚细亚，占领了卡帕多西亚的大城市该撒利亚，一路上仍然十分顺利。皇帝的注意力完全放在处理首都或真或假的阴谋上，帝国在他的手中崩塌似乎对他并无重大影响。

但是，新罗马的苦难人民终于可以解脱了。阿非利加现如今由一位名叫希拉克略的老兵统治，他成功地结束了从莫里斯时代延续至今的波斯战争。希拉克略不仅能力出众，还深受乡绅和军队的爱戴。在一众帝国省份中，只有阿非利加在他的统治下安享和平与繁荣。609 年，希拉克略接见曾遭福卡斯猜忌的帝国禁卫军司令普里斯库斯（Priscus）的使者。使者们命令希拉克略大胆地攻击君士坦丁堡，因为福卡斯现在遭人憎恶，又没有军队站在他这一边。这位阿非利加总督此刻明白，他那专横的主人已经开始怀疑他的忠诚并把他的妻女关进了监狱。

要么在沉默中爆发，要么在沉默中灭亡，希拉克略决心选择前者。609 年至次年的冬天，希拉克略装备一支舰队并在福卡斯获悉他的行动前向君士坦丁堡发起了攻击。因为自己年事已高，重病缠身，希拉克略把指挥棒交给了同名的大儿子——希拉克略。同时，为了转移注意力，他派了一队骑兵在他的侄子尼基塔斯（Nicetas）的带领下，沿着长长的海岸线穿过的黎波里和古利奈（Cyrene），通过陆路入侵埃及。

希拉克略的舰队到达达达尼尔海峡（Dardanelles）时并未遇到任何反抗。普里斯库斯得知敌军到来的消息后，随即带着禁卫军加入了叛乱的阵营，皇帝发现自己早已被所有人抛弃。福卡斯只好像前任莫里斯一样派出蓝、绿两党备战，但没有人会为这样一个毫无价值的暴君卖命。希拉克略顺利地驶向博斯普鲁斯海峡，当他离开宫殿时，一艘载有这个可怜的暴君的船迎面而来，原来是一支私人军队抓住了并拷住了福卡斯。囚犯福卡斯被带上甲板，被扔在征服者脚下。希拉克略喊道："你就是这样统治帝国吗？"堕落的暴君反问道："你就能更好地统治它吗？"希拉克略踹了他一脚后便把他扔给了刽子手。

率兵反叛被推举为帝，后又被武装叛乱拉下皇位，福卡斯当数第一人，但绝不是最后一个。全世界都一致认为福卡斯毫无价值，但只有一个例外——教皇格里高利一世（Gregory the Great）。这位伟大的教皇十分拥护这名色雷斯出身的臭名昭著的国王，甚至是阿谀奉承，让自己颜面尽失。但格里高利此前一直是莫里斯的眼中钉，因为莫里斯虽然信仰正统教义，但是对罗马教廷不屑一顾。格里高利的一些书信在他眼中极为"愚蠢"，莫里斯甚至给了君士坦丁堡大主教"苦修者"约翰（John the Faster）"普世牧首"的头衔。这一行为让格里高利倍感恐惧，他惊呼敌基督者（Antichrist）的时代即将来临。

　　因此，福卡斯杀死莫里斯无异于为尊严扫地的罗马教廷报仇。格里高利毫不顾忌地堆砌华丽的辞藻，对他高奏赞歌。他说，天使的合唱团在受人尊敬的恺撒登基时在天堂里欢呼雀跃地歌唱！的确，这是格里高利一生中一段难堪的经历，尽管犯了种种错误，但格里高利被奉为圣人还是实至名归。

第十章

墨洛温王朝的衰败　561—656

　　克洛泰尔的儿子们分裂法兰克王国——西吉贝尔特和
希尔佩里克之间的战争——布伦希尔德的命运——纽斯特
利亚（Neustria）和奥斯特拉西亚之间持续的战争——希
尔佩里克和弗蕾德贡德（Fredegundis）的暴政——法兰克
人王权衰微——圣阿努尔夫（St. Arnulf）和丕平家族——
布伦希尔德摄政奥斯特拉西亚——布伦希尔德孙子们的战
争——克洛泰尔二世（Chlothar Ⅱ）的独立统治——克洛泰
尔二世的弱点——克洛泰尔二世的继承人——达戈贝尔特
（Dagobert）——墨洛温家族最后一位自由的国王——官相的
崛起

　　法兰克王国在诞生之初的 80 年里，历经 3 代好战的君主统治，
国土实现飞速扩张。现在，国家发展却突然画上了休止符，陷入了
内战的泥沼中。这场战争长达一个半世纪，毫无意义，乏味而又混
乱。法兰克人把他们原本作为条顿人的自由拱手让给了他们的王室，
以报答一个专制统治者统一这个迄今为止软弱而分散的部落，给他

们带来荣耀和实力，他们已经押上了自己的未来。只要克洛维家族可以独当一面，那么法兰克臣民就可以感到些许的慰藉：屈服于独裁者并分享从一个世纪的战争中得到的权力和战利品，并不是没有回报的。墨洛温王朝仍然是专制统治，但每况愈下，软弱无力，除了根深蒂固的背信弃义和自相残杀的特点外，没有彰显一丝一毫老祖宗传下来的优秀品质。苦难的时代正在向法兰克人逼近。他们为早期的强大付出了代价：延续长达5代人时间的内战毫无益处，在国外也表现得无能而孱弱，世袭的君主则为永无休止的家族纷争牺牲了法兰克人的一切。这个邪恶的家族书写了欧洲历史上最令人绝望和沮丧的篇章，法兰克人现在除了希望从这个噩梦中惊醒，别无所求。一代又一代的统治用鲜血铺垫，令人惊骇，让一众地中海国家望而却步。几个大省的总督势力增长，支持成功为7世纪的同族之战画上句号的宫相圣阿努尔夫的家族，大大制约了王室权力，这才让法兰克人有了些许安慰。甚至当新王朝来临时，法兰克王国仍然沉浸在旧王室统治下的阴影之中，士气不振。不管是法兰克人对不明智的遗产分割充耳不闻，还是东西法兰克人之间心存怨恨，这些都是墨洛温王朝的遗毒。

我们在前文提到，整个法兰克王国都控制在克洛维最后一个幸存的儿子——年迈的克洛泰尔手中。然而，561年，克洛泰尔被大儿子谋杀，尸骨未寒，他的4个孩子经过一场大战又一次瓜分了王国。在这场争斗中，小儿子希尔佩里克把魔爪伸向了他父亲的珍宝，组建了一支军队，试图压制他的兄弟们，但最终失败了。王国随后被分成4个部分，长子查理贝尔特（Charibert）占领了巴黎和阿基坦；贡特拉姆统治勃艮第王国；西吉贝尔特占领了莱茵河上利普里安人的土地和附属的图尔奇林基和巴伐利亚人的土地；最后，没有实现心愿的希尔佩里克得到了他父亲最初的地盘——默兹河和索姆河之间的萨利克人的老地盘，加上更远的南部一些地区，几乎延伸到鲁昂和兰斯的城门。

查理贝尔特在这 4 个兄弟中去世最早，于 567 年去世。人们对他唯一的记忆便是他把女儿伯莎（Bertha）嫁给了肯特国王艾塞尔伯特（Ethelbert），并在 20 年后成为圣奥古斯丁（St. Augustine）的传教保护人。查理贝尔特在塞纳河和卢瓦尔河上的土地被他的 3 个兄弟瓜分。贡特拉姆和希尔佩里克分别夺走了离自己边境最近的土地，而他们远在利普里安的兄弟西吉贝尔特则拿到了图尔、普瓦捷和波尔多，与他的其他领土之间隔着整个勃艮第地区。

克洛泰尔 3 个健在的儿子掀起无数战争和震荡，毫无目的的斗争与背叛反反复复上演。希尔佩里克在这里面最不安分，罗马史学家图尔的格里高利（Gregory of Tours）公正地评价他为"当代的尼禄和希律王"。墨洛温家族的兄弟之间怨恨重重，已是老生常谈，但是希尔佩里克和西吉贝尔特之间似乎仇恨更深。就在阿瓦尔人沿多瑙河入侵巴伐利亚和施瓦本，西吉贝尔特越过莱茵河对抗野蛮的阿瓦尔人之时，他的兄弟——苏瓦松国王入侵利普里安，意欲亲手夺取这片土地。西吉贝尔特匆忙返回，成功地把希尔佩里克赶出默兹河，保住了东部边界。

西吉贝尔特本可以借此报复一番，但更糟糕的事情随之而来。希尔佩里克和西吉贝尔特分别娶阿塔纳吉尔德的两个女儿——加尔斯温特和布伦希尔德为妻。两姐妹在西哥特王国赫赫有名，不仅因为美貌与才能出众，还因为她们从父亲那里获得了巨额嫁妆。希尔佩里克结婚前有佳丽三千，但加尔斯温特前脚刚进宫殿，希尔佩里克接着就把妃嫔暂时赶走了。他在一众妃嫔里最钟爱弗蕾德贡德，几个月后便公开把她接回宫殿，当面羞辱王后。567年，当加尔斯温特愤怒地宣布要回到父亲身边时，邪恶的国王杀死了她，没过几天就公开迎娶弗蕾德贡德。

希尔佩里克的哥哥、利普里安国王的妻子布伦希尔德终其一生都在向苏瓦松国王和他的情妇寻仇。布伦希尔德是一个意志坚强、无畏而能干的女人，给丈夫留下深远的影响。40年来，西吉贝尔特和希尔佩里克的家族以及他们不幸的子民注定要在战场上挥洒鲜血，弥补杀死加尔斯温特犯下的错。

40多年的战争将法兰克王国永久地一分为二，这两大阵营也开始使用新的名字。希吉贝尔特国王的利普里安王国从巴伐利亚和图尔奇林基边界延伸至默兹河和斯凯尔特河，未来被称为奥斯特拉西亚——东部王国；希尔佩里克拥有一个不全是由日耳曼人口组成的王国，从默兹河和斯凯尔特河延伸至卢瓦尔河，被称为纽斯特利亚，其他人也称之为新王国或新西部王国。

加尔斯温特的死立即引爆了纽斯特利亚和奥斯特拉西亚之间的战争。西吉贝尔特挺进弟弟的王国，一路向西逼近，誓要让他血债血偿。但伦巴第人大规模入侵高卢，西吉贝尔特不得已暂停了自己的行动。意大利的新征服者已经越过阿尔卑斯山，来到法兰克王国。勃艮第国王贡特拉姆首当其冲，他说服了他的兄弟们停止内战，一致对外，把伦巴第人赶出了普罗旺斯和罗纳河谷。希尔佩里克决心为妻子之死做出赔偿，放弃了妻子的嫁妆和5个阿基坦城市。568年，布伦希尔德接受这些赔偿，但仍在等待时机，寻求下次复仇。

伦巴第战争持续了4年，法兰克国王一直忙着在南部边境作战，最终成功地把入侵者赶出了阿尔卑斯山。高卢罗马公爵尤纽斯·穆莫卢斯在战争中领导贡特拉姆的勃艮第军队，功勋卓著。573年，西吉贝尔特和希尔佩里克之间再次爆发内战，战争以燎原之势遍及法兰克王国。希尔佩里克攻击了他哥哥在阿基坦的领地，西吉贝尔特则步步紧逼，越过默兹河和斯凯尔特河。随后，双方展开两年的激烈交锋，大地生灵涂炭。希尔佩里克的儿子烧毁了图尔市和利摩日之间每个开放的城镇，西吉贝尔特的军队从莱茵河的另一边摧毁了默兹河河谷。奥斯特拉西亚更胜一筹，希尔佩里克求和并决定让出大部分领土。但是，布伦希尔德真正想做的不是摧毁他的土地，而是索他的命，她说服丈夫拒绝议和，乘胜追击，入侵纽斯特利亚腹地。希尔佩里克的儿子兼继承人提乌德贝尔特在一场战斗中被杀。国王希尔佩里克放弃了他的首都，逃到北方，和自己的妻子藏身于图尔奈城内。大多数纽斯特利亚伯爵在巴黎宣布效忠于西吉贝尔特，当他在斯凯尔特河追杀他的弟弟时，按照古老的法兰克习俗，奥斯特拉西亚人把他举在盾牌之上，以示效忠并在阿拉斯附近的维特利（Vitry）将他奉为全法兰克人的国王。西吉贝尔特把妻儿送到巴黎来分享他胜利的喜悦，决心包围图尔奈，结束战争。但是，就当所有的高卢人都听从他的指挥时，575年，弗蕾德贡德王后雇用的两个杀手带着一则假消息来到西吉贝尔特面前，西吉贝尔特在听杀手口述时被捅死了。

西吉贝尔特的死改变了高卢的局面，暗杀者时来运转。奥斯特拉西亚军队群龙无首，纽斯特利亚的伯爵们蜂拥至图尔奈，效忠希尔佩里克。在巴黎的布伦希尔德王后和西吉贝尔特的幼子兼继承人

　　　　　　　　　　　　黑暗时代（476—918）

希尔德贝尔特被希尔佩里克的党羽俘虏并囚禁起来。当时年仅4岁的小儿子希尔德贝尔特被放进篮子里，一个忠实的追随者从监狱的窗户外接住了他并把他带到了梅茨，这才逃脱他叔叔的魔爪。如果这个孩子真的被希尔佩里克抓到，那么奥斯特拉西亚无疑将会以最快的速度灭亡。

东法兰克王国的贵族们得知西吉贝尔特被杀的消息时，他们拒绝屈服于杀害西吉贝尔特的凶手，决心另谋他路，这在墨洛温王朝的历史上闻所未闻。他们得知西吉贝尔特的幼子希尔德贝尔特侥幸逃脱，随后便为希尔德贝尔特戴上王冠，宣布效忠于他。到目前为止，法兰克人一直生活在成年男子的强权统治之下，处于独裁统治下的各省总督无能为力。但是，随着4岁的国王继位，他们发现这个孩子漫长的幼年时期给了自己很多可以削减王室权力和划分王室特权的机会，王权自此开始没落。希尔德贝尔特上任初期，贵族和朝廷的高级官员注定要将魔爪伸向他们之前从未触及过的中央权力。

与此同时，小国王的母亲布伦希尔德的命运也很传奇。希尔佩里克拿走了她的财宝，把她扔进了鲁昂的监狱。在那里，她引起了墨洛维（Merovech）的注意。墨洛维是布伦希尔德的仇人希尔佩里克的长子，希尔佩里克命令他指挥一支军队，攻击卢瓦尔河以外的奥斯特拉西亚领地。被王后的美貌迷住的墨洛维不顾勃然大怒的父亲，把王后从地牢里救了出来，并说服鲁昂主教波特克塔图斯（Praetextatus）在大教堂为他们证婚。国王希尔佩里克怒火中烧，快马加鞭赶到鲁昂，但是这对新婚夫妇获得了主教的庇护。犹豫再三，希尔佩里克还是决定饶他们一命。随后，墨洛维向父亲投降，父亲将他带到苏瓦松，并迫使他成为一名修士。布伦希尔德逃到了奥斯特拉西亚，而她的丈夫则奋力追赶。577年，墨洛维从修道院逃出来，就在他快到边境之时，他被继母弗蕾德贡德的手下抓住并惨遭谋杀。

在奥斯特拉西亚，重获自由的王后和国家高级官员为争夺6岁的小国王的监护权展开了一场斗争。这场斗争注定胶着。一方面，法兰克贵族受制于遵从血缘关系的专制传统；另一方面，布伦希尔德并不是法兰克人，她曾在国王的庇护下才免遭法兰克人的傲慢和暴力的侵扰。除高卢罗马神职人员和官员之外布伦希尔德的支持者寥寥。如果是在罗马势力更强的纽斯特利亚或阿基坦，一切就容易得多了。但是布伦希尔德现在却身处日耳曼人拥有绝对话语权的奥斯特拉西亚。

为了保护年幼的希尔德贝尔特免遭希尔佩里克的袭击，小男孩的母亲决定与男孩的伯父——勃艮第国王贡特拉姆结盟。膝下无子的贡特拉姆便指定希尔德贝尔特继承自己的所有领土并答应了布伦希尔德结盟的请求。他虽生性不好战，但仍竭尽所能保护自己的王国不受纽斯特利亚频繁而无情的侵犯。虽然勃艮第和奥斯特拉西亚统一战线，但希尔佩里克还是成功地击败勃艮第将军穆莫卢斯率领的敌军，占领了图尔、普瓦捷和阿基坦北部的所有地区。若不是国家内部忧患重重，希尔佩里克很有可能会更进一步。阿莫里凯的布列塔尼人爆发叛乱，苛捐杂税带来的重压也引爆了其他起义，希尔佩里克不得不回国镇压。但最让他恼火的还是家务事——他年长的儿子们和继母弗蕾德贡德冲突不断。这些年来，邪恶的王后一直蠢蠢欲动。虽然家族中最年长的提乌德贝尔特和墨洛维早已去世，但他们的弟弟克洛维仍然是横亘在弗蕾德贡德的亲生孩子和王位之间的障碍。580年，瘟疫席卷了高卢，带走了弗蕾德贡德两个儿子的生命。弗蕾德贡德指责是继子克洛维用巫术杀死了自己的儿子们，并请求丈夫处决他。两年后，她的最后一个孩子去世，这个可怜的女人痛不欲生，变得更加心狠手辣。弗蕾德贡德控告若干人对她的儿子使用巫术，将他们活活烧死，或让他们惨遭车轮碾压。她策划了多起谋杀和阴谋，特别是鲁昂主教波拉特克塔图斯之死，因为她十分痛恨波拉特克塔图斯在墨洛维和布伦希尔德的结合中所起到的作用。弗蕾德贡德的罪行在图尔主教格里高利的书中罄竹难书。传说两位神圣的主教曾经站在苏瓦松宫殿门前，有这样一番对话："你在这房子上看到什么了？""我只看见国王希尔佩里克下令在最上面的山墙上竖立红色的军旗。""但我看到了，"第一位主教说，"上帝的剑直指这个邪恶的家族，要把它完全摧毁。"

与此同时，希尔佩里克与兄弟勃艮第国王及侄子奥斯特拉西亚国王的战争还在继续，高卢中部陷入水深火热之中。奥斯特拉西亚贵族违背了布伦希尔德的命令，小国王不得不和他的杀父仇人讲和，战争一度中断。但是没有人能长期信任希尔佩里克，不到一年，奥斯特拉西亚和勃艮第之间重新建立联盟。

584年，希尔佩里克被不知名者杀死，整个高卢欣喜若狂。编年史家这样说道："当他从狩猎地返回到位于谢勒（Chelles）的王室庄园时，有个人袭击了他，先是刺穿了他的肩膀，第二刀又刺穿了他的腹部，希尔佩里克随后倒地，一命呜呼。"希尔佩里克也许是墨洛温家族中最为邪恶之人，他不仁不义、贪食酗酒、虚荣自负、不信守教义，不愧是暴君克洛泰尔的儿子、杀人犯克洛维的孙子，但他不竭的精力和鲁莽的勇气让他在许多危险的日子里安然无恙。

在希尔佩里克去世时，王国面积是他561年继承王位时的3倍。

希尔佩里克被谋杀4个月前，王后弗蕾德贡德又给他生了一个儿子，命名为克洛泰尔，这样一来，纽斯特利亚后继有人了。但是，弗蕾德贡德担心贡特拉姆和他的侄子会霸占整个王国，还会把自己和婴儿一起杀了，于是她跑去巴黎避难。但是勃艮第国王却展现出家族的优良美德，他饶了弗蕾德贡德一命，并承认她的儿子是纽斯特利亚的国王。布伦希尔德曾试图诱使贡特拉姆交出杀害她丈夫的凶手，但终是徒劳；贡特拉姆拒绝了布伦希尔德的要求，弗蕾德贡德则想利用贡特拉姆的善良，于是她雇用刺客，企图杀害布伦希尔德和她的儿子——年轻的奥斯特拉西亚国王。幸运的是，这个阴谋没有得逞。

法兰克人的内战暂告一段落。贡特拉姆温和和善，现在控制着他的两个侄子——年仅15岁的奥斯特拉西亚国王希尔德贝尔特和1岁的克洛泰尔二世。9年来，三国之间的关系有所缓和，并且时不时地与伦巴第人和西哥特人交战。贡特拉姆似乎希望家族停止自相残杀，这样法兰克人才能够将注意力转向南方邻国。他忙着对付西班牙国王雷卡雷德，而受惠于莫里斯皇帝的奥斯特拉西亚贵族则前来帮助拜占庭人对抗伦巴第人。这两次战争历时很久，并且毫无结果。在纽斯特利亚，勃艮第军队在塞普提曼尼亚的进攻都被一一击退。在东部，奥斯特拉西亚人两次穿越阿尔卑斯山，肆虐波河流域，但在588年，他们在国王奥塔里（Authari）手中遭受重创，不得不与伦巴第人和解并退回阿尔卑斯山外。590年，已经20岁的希尔德贝尔特可以独立管理国家了。他再次进攻，但是军队在维罗纳城外饱受饥荒和瘟疫的摧残，作战能力大幅度下降，最终不得不向奥塔里的继任者阿吉卢尔夫（Agilulf）求和。

　　然而，抗击外敌总好过应付内乱。贡特拉姆在最后几年终于摆脱了这些麻烦，只有一次叛乱让他心力交瘁：他的私生兄弟贡多瓦尔德（Gundovald）和两名罗马 – 高卢大公爵穆莫卢斯和狄西德里乌斯（Desiderius）一起谋反。这两名公爵一心想拥护贡多瓦尔德上位，来控制这个无名无能的冒牌货统治帝国。但是，帝国重臣控制王权之日还未到来。尽管贡多瓦尔德一度控制了阿基坦，但他还是在 585 年被轻而易举地镇压并与主要支持者穆莫卢斯一起被处决。

　　贡多拉姆死于 593 年，他的侄子希尔德贝尔特拿回了自己在勃艮第和阿基坦的统治权，年仅 23 岁就控制了整个法兰克王国 4/5 的土地。奥斯特拉西亚在他有名无实的统治下经历了母亲布伦希尔德与伯爵和公爵们之间的长期斗争。在这些贵族策划的阴谋和暴动背后，都有弗蕾德贡德暗中指使。尽管远在纽斯特利亚，但这个邪恶的王后、希尔佩里克的遗孀仍竭尽所能给她侄子的王国添乱，她还向奥斯特拉西亚的首领们承诺，只要他们杀掉布伦希尔德和希尔德贝尔特，并拥护自己的儿子克洛泰尔成为奥斯特拉西亚的国王，就可以坐享功名利禄、土地万千。但是，严厉而能干的布伦希尔德将这些阴谋一一粉碎，成功地看到她的儿子成年并独立统治。

　　生性温和的贡多拉姆去世后，摆脱所有枷锁的布伦希尔德和她的儿子再次踏上复仇之路，意欲入侵纽斯特利亚并杀死仇人弗蕾德贡德和她的儿子克洛泰尔。但是幸运的天平似乎倾向了西法兰克人。在苏瓦松附近的德鲁瓦西（Droisy），希尔德贝尔特的军队遭受巨大损失，死伤超过 3 万人，纽斯特利亚也因此侥幸逃脱。战争持续进行，胜负未见分晓。施瓦本的瓦尔尼村（Varni）在莱茵河外爆发叛乱，一直牵制着希尔德贝尔特的力量。若不是年仅 26 岁的希尔德贝尔特在 596 年意外死亡，形势急转直下，或许他的精英部队最终会高奏凯歌。希尔德贝尔特把两个幼子提乌德贝尔特和提乌德里克（Theuderich）交给了他们的祖母照顾，而这位已至暮年的祖母只好再次担起摄政的重任。

希尔德贝尔特的死对王权来说是一个致命的打击，自此之后王国每况愈下。希尔德贝尔特成年之前，贵族们权力之强，前所未有，而布伦希尔德也并没有成功扭转局面。现如今，希尔德贝尔特年幼的儿子上位，成为压死骆驼的最后一根稻草。他们的祖母一边竭尽所能巩固王权，一边忙着镇压不安分的臣民。虽然有一段时间，她凭借不屈不挠的精力和热情把统治大权牢牢握在自己手中，但那些背信弃义的贵族为了扩大势力，不惜牺牲王权，实在让她难以为继。

希尔德贝尔特的长子提乌德贝尔特继承了奥斯特拉西亚，次子提乌德里克继承了他叔叔贡特拉姆的遗产——勃艮第王国。这些土地犹如烫手的山芋，而弗蕾德贡德终于等来了机会，怂恿纽斯特利亚人向她的孙侄们进攻。在拉昂（Laon）附近的拉沃（Lafaux），奥斯特拉西亚蒙受重创，远至默兹河的所有土地都落入了弗蕾德贡德的手中。就在儿子的王位被再次巩固，敌人一落千丈之时，弗蕾德贡德于 597 年在鲁昂去世。弗蕾德贡德犯下的无数次谋杀和欺骗之罪还是没有得到惩罚，而她一路铤而走险守护的儿子注定会一统法兰克王国，为她长期以来为之奋斗的事业画上圆满的句号。

弗蕾德贡德的死并没有给布伦希尔德带来任何解脱。两年多以来，布伦希尔德一直忙着对付奥斯特拉西亚贵族的阴谋诡计，带头反对她的温特里奥（Wintrio）公爵于598年被逮捕并处决。然而，布伦希尔德在处理599年爆发的最后一次起义时意外遭遇惨败，为了活命，她只好被迫独自从梅茨出逃。布伦希尔德逃到了小孙子提乌德里克所在的勃艮第避难，受到尊敬和热情接待。勃艮第的连续两任宫相——普罗塔迪厄斯和克劳狄乌斯都是罗马高卢人，一心效忠于布伦希尔德，这样一来，勃艮第的王权就牢牢握在她的手里了。

自相残杀的恶习流淌在墨洛温家族的血液中。提乌德贝尔特二世和提乌德里克二世成年后便联手对抗他们的堂叔克洛泰尔，收复了默兹河、塞纳河和卢瓦尔河之间土地，以及巴黎、鲁昂和图尔。但不久之后，他们就开始内讧，似乎年迈的布伦希尔德要负主要责任。她积极煽动勃艮第人发动战争，对付那些让自己流放在外的奥斯特拉西亚贵族，为自己报仇，而宫相普罗塔迪厄斯则表现得比任何勃艮第贵族都更加迫切。当两军在战场上狭路相逢时，提乌德里克的士兵却立即缴械投降，杀死了想要逼迫他们冲锋陷阵的普罗塔迪厄斯，强迫年轻的国王向他的兄弟求和。但是，和解对墨洛温家族来说可没那么容易。布伦希尔德和提乌德里克决心在这条不归路上继续走下去，不久，战争又重新开始了。奥斯特拉西亚人在图尔遭受重创，土地惨遭蹂躏，胜利的提乌德里克则乘胜追击，进入他哥哥的王国的腹地——曲尔皮希。尽管提乌德贝尔特奋力抵挡，但还是以失败告终，曲尔皮希最终也落到了勃艮第人手中。提乌德贝尔特被带到祖母面前，遭受祖母尖酸刻薄的责备并被迫削发成为一名修士。勃艮第国王对此并不满意，几天后，他把哥哥提乌德贝尔特从修道院拖出来并于612年将其处死。

年轻的勃艮第国王的恶行似遭到了天谴。就在他哥哥被杀5个月后，被痢疾折磨的提乌德里克于613年在梅茨死去。

不幸的布伦希尔德第三次成为孤家寡人，身边那个可怜的孩子是她唯一的寄托。她再次坚定内心，直面大局。布伦希尔德在东法兰克大会上推举她的曾孙——提乌德里克的长子西吉贝尔特，让臣民向他致敬并尊称其为奥斯特拉西亚和勃艮第国王。臣民们在她面前弯腰鞠躬，拥立西吉贝尔特二世为统治者。但这只是暂时的，奥斯塔拉西亚人民决心摆脱布伦希尔德的统治。他们秘密地找到纽斯特利亚国王克洛泰尔，请求他出兵攻击他伯母的王国，奥斯特拉西亚不会有人反击。纽斯特利亚国王入侵奥斯特拉西亚时，奥斯特拉西亚宫相沃纳哈尔（Warnachar）和大多数贵族都举手投降。布伦希尔德和她的曾孙逃到勃艮第，在那里组建了一支军队，对抗埃纳河上游的纽斯特利亚人。但是，当克洛泰尔的军队出现在眼前时，勃艮第贵族阿莱修斯（Aletheus）、公爵罗科（Rocco）和西格瓦尔（Sigvald）纷纷率军叛变。没过一会儿，西吉贝尔特的整支军队都四散逃走了。布伦希尔德和小国王逃到了奥尔布（Orbe），在纳沙泰尔（Neuchatel）湖边被克洛泰尔的手下抓住。他们被带到弗蕾德贡德的好儿子——纽斯特利亚国王面前。"就是这个女人，"他喊道，"法兰克王子们的死都是因为她的阴谋和她发动的战争。"他命令士兵鞭打老王后，然后把她的手脚绑在一匹野马的脚后跟上，将她拖拽致死。小男孩西吉贝尔特和他的弟弟科尔沃（Corbo）则被扼死了。

就这样，布伦希尔德和她伟大的墨洛温家族灭亡了。未来行使法兰克王国权力的不再是国王，而是伯爵和宫相。尽管克洛泰尔之前因贵族的叛乱而获胜，但最后他和他的子孙都沦为了伯爵和宫相的仆人，而不再是他们的主人。布伦希尔德作为一个女性，还是一个外国人，能长期控制奥斯特拉西亚政权，着实令人惊叹。她除了能力和强势的性格，没有其他优势，但是她却接连控制了丈夫、儿子和孙子的统治，还压制了与她没有血缘关系，也没有展现优缺点的乱臣贼子。布伦希尔德一心要为姐姐和丈夫血债血还，但这无疑只是挑起战争和冲突的部分原因。她是一位能力出众的统治者，在法兰克的历代统治者中，几乎只有她被公认为建设者和创始人。布伦希尔德建造了大量的教堂、医院和修道院，古罗马的要塞和军事道路也让她费尽心血。时至今日，比利时的一些公路仍然以她的名字命名，从"布伦希尔德之路"这样的命名方式中仍然能看出人们对她的记忆——布伦希尔德是法兰克人来到这片土地后第一个关心他们的统治者。从她写给格里高利一世的一系列信中可以看出，她是一个信仰虔诚的人，也因此赢得教皇的钦佩。但是在当时，王后的虔诚却与顽固的反对者和肆无忌惮地清除障碍之辈背道相驰。毫无疑问，当奥斯特拉西亚贵族们意欲谋反时，布伦希尔德就会用匕首和剑反击。她甚至久久都不能原谅她的孙子提乌德贝尔特一世对自己的所作所为——将自己驱逐出国。这件事过去 10 年后，布伦希尔德抓住了提乌德贝尔特并强迫他成为一名修士，这才可以释怀。她不仅对杀害她姐姐和丈夫的凶手——弗蕾德贡德和希尔佩里克怀恨在心，对他们年幼的儿子和子民也没有掉以轻心。布伦希尔德心中的恨意没有因为他们去世多年而有丝毫的减少。虽然她无情无义，但我们必须记住，历史上很少有统治者遭受过如此严重的不公待遇和困难。与同时代的人相比，布伦希尔德几乎可以被看作一位女英雄和一位圣人。

虽然克洛泰尔二世谋杀了布伦希尔德和她的曾孙，一统法兰克王国，但他手上却没有多少实权。帮助他消灭老王后的奥斯特拉西亚人和勃艮第人开出了苛刻的条件，实实在在地剥夺了他手上的许多王权。沃纳哈尔和雷多（Rado）分别被任命为奥斯特拉西亚和勃艮第的宫相，并且是终身任职，国王不可随意更改。宫相这一职位的重要性将在未来日益凸显。此外，自此之后，法兰克国王立法需征求主教、伯爵和公爵的建议并得到他们的同意，这也是削弱王权的一大举措。620年前后，克洛泰尔二世针对施瓦本人提出的一则法规上不仅有自己的签名，还有33名主教、34名公爵和65名伯爵的签名。克洛泰尔在位时，立法颇多，不是因为他自己喜好颁布法律，而是由于他必须被迫听取贵族的要求，并基于他们的不满做出修改。当我们读到"他在博纳伊（Bonneuil）会见了勃艮第宫相、所有主教和名流并同意他们提出的所有合理请求"，我们就会明白，克洛泰尔二世面前站着的是一位不可撼动的宫相，而这个国家现在正依据法律运转，100多年前听任克洛维或提乌德里克随意操控的时代已经过去了。在克利希（Clichy）举办的一次全国集会最为清楚地表现了王权的日益衰弱，而克洛泰尔也已到穷途末路。纽斯特利亚人和勃艮第人参与了此次大会。在会议中突然爆发了一场冲突，一个名叫阿盖纳（Aeghyna）的公爵随从杀死了国王儿子的宫殿管家埃门哈（Ermenhar）。所有的纽斯特利亚人立刻拿起武器，兵分两路。阿盖纳和他的朋友们占领了蒙马特（Montmartre），军队在山顶列好队形，而死者亲属布罗多尔夫（Brodulf）则带头向山顶攻去。国王竭力想要维持和平，他劝说对这场争吵不感兴趣的勃艮第人跟随自己，并答应对率先行动的一方发起进攻。国王解散了集会，甚至都不能惩罚任何参与谋杀或骚乱的叛乱分子。

王权衰微，克洛泰尔既没有权力，也没有发动对外侵略战争的机会。他只好静观其变，而与此同时，一个伟大的——或许是短暂的——王国正在东部边界逐渐壮大。在过去的200年里，自从日耳曼民族向西迁移，在图尔奇林基人和巴伐利亚人后方，易北河和奥德河（Oder）上一直居住着一些分裂的斯拉夫小部落，他们自称为维尔茨人（Wiltzs）、索布人（Sorbes）、奥博德里特人（Abotrites）和捷克人（Czechs）。他们内部纷争不断，在克洛泰尔时代以前不足以构成威胁。但在大约620年，一个名叫萨摩（Samo）的法兰克探险家向东挺进。他半商半盗，把许多斯拉夫部落联合起来并成为他们的国王。萨摩的势力逐渐扩展到波希米亚山脉两侧的易北河流域，不久之后便用行动证明自己是墨洛温王国的一大劲敌。

克洛泰尔二世尽管仍在壮年，但他在统治末期任命儿子达戈贝尔特为奥斯特拉西亚国王。辅佐达戈贝尔特管理国家的两大顾问——梅茨主教阿努尔夫和伯爵老丕平（Pippin the elder）彪炳法兰克历史。阿努尔夫主教是奥斯特拉西亚高级教士中最聪明、最优秀的一位，他将一生心血都奉献给教会和邦国事务，荣获圣人的荣誉，随后便放下牧仗和戒指，在孚日山脉（Voseges）的幽静处隐居，度过了最后的15年。伯爵老丕平来自默兹河和摩泽尔河之间的地带，据说其祖辈居住在赫斯塔尔（Hersthal）和兰登（Landen）的庄园里。老丕平被任命为宫相，与阿努尔夫亲密无间。阿努尔夫和许多法兰克神职人员一样推崇合法婚姻，于是丕平的女儿贝格加（Begga）与主教阿努尔夫的儿子安塞吉塞（Ansegisel）结婚，两大家族关系也变得更加紧密。自此之后，这些家族中诞生了无数的宫相、国王和皇帝，后辈的伟大事迹也让相对平凡的祖先在历史上名声显赫。

克洛泰尔二世死于 628 年，他的儿子达戈贝尔特一世成为所有法兰克领地的统治者。作为一名墨洛温人，尽管他过着一夫三妻的生活，有时也会表现顽固、头脑发热，但总的来说，达戈贝尔特是一个非常值得称道的统治者。在统治的头两年里，达戈贝尔特念及兄弟情谊，选择与兄弟查理贝尔特二世分享主权，还任命其为阿基坦国王。然而，查理贝尔特于 630 年去世后，达戈贝尔特不顾查理贝尔特有 3 个儿子，收回了自己的南部领地。达戈贝尔特是墨洛温家族的最后一个成员，他的遗嘱对于法兰克王国非常重要，而他的继承人不过像影子般无力罢了。即使在达戈贝尔特统治时期，王权在奥斯特拉西亚也影响甚小，国王完全依靠丕平的支持。丕平和他的女婿安塞吉塞一道在达戈贝尔特统治时担任宫相，长达 16 年。丕平对国王忠心耿耿，殊不知自己在东方王国的势力要比达戈贝尔特强大得多。国王和丕平发生过几次激烈的争吵，但却害怕引起麻烦，从不敢罢免丕平。纽斯特利亚倒是没有出现如此出色的宫相，达戈贝尔特的统治有名有实，十分稳固。难怪达戈贝尔特总是待在默兹河西部，最喜欢住在巴黎。

达戈贝尔特是最后一个用战争手段拓展法兰克势力范围的墨洛温人。他在勃艮第军队的帮助下，与希拉克略结盟对抗伦巴第人，支持西班牙的王位觊觎者希森安德（Sisenand）并与东部的斯拉夫部落打了一场持久战。法兰克人萨摩的王国在易北河上达到了权力的顶峰，让达戈贝尔特目瞪口呆。630 年，眼看着文德人（Wends）抢占图尔奇林基部分领土，达戈贝尔特派出了奥斯特拉西亚的主要军事力量。其中两次远征进展顺利，但在第三次出征时，军队在波希米亚的沃加斯蒂斯堡（Wogastisburg）被歼灭，胜利的斯拉夫人大肆烧杀破坏，席卷萨尔河到多瑙河之间的图尔奇林基和巴伐利亚，最终在 633 年遭到图尔奇林基公爵拉多尔夫（Radulf）的遏制。

达戈贝尔特一世死于 638 年，留下了年仅 9 岁的西吉贝尔特三世（Sigibert Ⅲ）和 6 岁的克洛维二世（Chlodovech Ⅱ）。在这两个孩子漫长的幼年埋下了墨洛温家族毁灭的导火索。在西吉贝尔特三世和克洛维二世长大成人的过程中，法兰克王国的未来在战火中显现出来，最重要的问题当属丕平和阿努尔夫家族是否应该永久霸占奥斯特拉西亚宫相一职，还是应该消失在人们的视线之外。西吉贝尔特统治的第二年（639），丕平去世，他的儿子格里摩尔德（Grimoald）立刻宣布接替父职。但是，以年轻国王的养父奥托（Otto）为首的奥斯特拉西亚贵族中有很大一部分认为他无权担任宫相，这场争议只好用一场激烈的三年战争来解决。最后丕平的儿子格里摩尔德获胜，毫无争议地成为奥斯特拉西亚宫相（642—656）。西吉贝尔特虽已成年，但完全受控于他的仆人，甚至从未试图摆脱他们的控制。因此，他被称为第一个"懒王"，或者"游手好闲的国王"。也是从这时起，懒王在墨洛温家族中变得司空见惯。

与此同时，在纽斯特利亚，达戈贝尔特的遗孀南特切尔德（Nanthild）凭借聪明才智，一度力挽狂澜。她是一位虔诚的王后，是小儿子克洛维的监护人，任命阿尔奇诺阿尔德（Erchinoald）为纽斯特利亚宫相。阿尔奇诺阿尔德与王族无异，因此不会威胁到王权。王后和宫相去世后，纽斯特利亚陷入了和奥斯特拉西亚一样的境地，王室即将崩溃。

第十一章

伦巴第人在意大利，教皇的崛起　568—653

伦巴第人四处游逛——阿尔博因征服意大利北部——阿尔博因的悲惨下场——伦巴第公爵统治下的无政府状态——奥塔里的统治和法兰克战争——阿吉卢尔夫转变信仰和他的征程——立法者罗撒里（Rothari）——罗马和意大利的状况——圣格里高利的事业——格里高利为教皇建立世俗权威

在查士丁二世统治的第三年，也就是纳尔西斯把哥特人和法兰克人赶出意大利仅仅 15 年之后，一批新的野蛮人拥入了这片不幸之地。半岛历经长达 18 年的战争和随之而来的一场可怕的瘟疫后，几乎杳无人烟——"这片土地似乎回归了原始的寂静和孤独"。帝国军队在波河那边占领了维罗纳和帕维亚等几处要塞，但无意采取行动恢复阿尔卑斯山沿线的军事边界和对破坏者敞开的土地。意大利南部损失较小，拉文纳仍然戒备森严，势力强大，而波河彼岸的低地人口寥寥，军事资源匮乏，不久之后注定要落入敌手，改名为伦巴第平原。

意大利的新入侵者是属于条顿民族的伦巴第人。根据古老的部落传说，他们曾经居住在斯堪的纳维亚，但早在祖辈 10 代之前就已经进入德意志北部，从那里开始慢慢向多瑙河迁徙，在 487 年奥多亚克攻打鲁吉人之时才到达帝国边界。自此之后，伦巴第人四散分布，他们一直在多瑙河中游定居，成为东哥特和格皮德人的邻居。

伦巴第人受条顿民族部落文明的影响最小，似乎比萨克森人更野蛮。他们生活在遥远的北方黑暗中，对罗马文化一无所知。后来帝国的边境遭受入侵，土地杳无人烟，他们才开始向帝国靠拢。伦巴第人仍然是异教徒，生活在塔西佗在《日耳曼尼亚志》中描绘的原始部落阶段。他们分成许多他们口中的部落家庭或宗族，由选举产生的行政官（alderman）或公爵统治，但国家统治者都是来自勒辛家族（the Lethings）和高斯家族（the Gungings），他们声称是曾在 10 代人的时间前带领族人从斯堪的那半岛跨越波罗的海的女王冈巴拉（Gambara）的后裔。

在查士丁尼备战东哥特战争时期，伦巴第人的统治者是奥杜因（Audoin）。纳尔西斯曾用厚礼贿赂奥杜因，希望他能帮自己对付托提拉。552 年，在国王奥杜因的指挥下，5 000 名战士加入了纳尔西斯入侵意大利的队伍，在塔吉纳战役中功不可没。想必伦巴第人正是在这场战役中了解到了意大利的优势和弱点；但他们仍在多瑙河上与邻国交战，而当时他们的国王已垂垂老矣，因此伦巴第人等了 15 年才将对意大利的了解用在了战场上。

伦巴第人是格皮德人的近邻，也是死敌。格皮德人是一大哥特部落，当其他部落向西迁移到西班牙和意大利时，他们仍然雄踞在匈牙利平原上。伦巴第人和格皮德人之间的长期斗争直到 567 年才结束，当时伦巴第人向阿瓦尔人的一个分支鞑靼人求助，在他们的帮助下，几乎将格皮德人全部歼灭，格皮德人散落在残部作为征服部落的奴隶幸存下来。彼时，伦巴第的统治者是奥杜因的儿子阿尔博因，他亲手杀死了格皮德人国王库尼蒙德（Cunimund）。这个野蛮的胜利者砍下了敌人的头，给头骨镶上黄金，做成了一个酒杯，象征自己崇高的胜利。然而，就在伦巴第人和格皮德人还没有开始最后一仗之前，阿尔博因刚刚娶罗莎蒙德（Rosamund）为妻，而罗莎蒙德正是头颅落地之人的女儿。

阿尔博因歼灭格皮德人，终于亲手为这场浩大的民族纷争画上了圆满的句号，随即他便决定实施酝酿已久的计划——征服意大利。后来的伦巴第历史学家声称，叛变的纳尔西斯对查士丁二世心怀不满，怂恿阿尔博因入侵半岛，还给他送去意大利出产的水果和葡萄酒作为礼物。但这仅仅是伦巴第的传说。现在已经 80 多岁的纳尔西斯躺在病床上，奄奄一息，比起向新主人吐口水，他还有别的事情要考虑。而伦巴第人曾经在 552 年横扫意大利，他们自然也不需要这些礼物来提醒自己意大利是多么富饶肥沃。

阿尔博因在离开潘诺尼亚之前，把他的旧王国交由盟友阿瓦尔人管理，他只有一个要求：他日从意大利归来，阿瓦尔人要把王国要原封不动地交还自己，不过，这样的约定只是空头支票罢了。568 年夏天，伦巴第民族——男人、女人和孩子带着他们的牛和奴隶，穿过卡林西亚（Carinthia）的阿尔卑斯山，来到威尼斯平原，在荒芜的土地上分散开来，一路上反对声音寥寥。在诸如阿奎莱亚（Aquileia）和米兰这样曾经辉煌，现在人口稀少的大城市，人们甚至都不关闭城门，而是冷漠地等待着入侵者的到来。只有那些有王室驻军的城市才会抵抗。受到湍急的阿迪杰河保护的维罗纳，沼泽

164

蔓延的帕多瓦（Padua）和古老的哥特人的王城帕维亚是少数几个拒绝接纳伦巴第人的城镇。新来的人口散布在整个波河河谷，在一片被摧毁的罗马村庄中最美丽的地方定居，远至托斯卡纳亚平宁山脉和拉文纳城门。和高卢的法兰克人以及不列颠的东安格利亚人一样，他们把自己分成两支——纽斯特利亚人（或西伦巴第人），以及奥斯特拉西亚人（或东伦巴第人）。前者从科欣阿尔卑斯山脉延伸到阿达河（Adda River），后者从阿达河延伸到尤利安阿尔卑斯山脉。纽斯特利亚大部分由山麓地带组成*，而威尼西亚则占据奥斯特拉西亚的主要部分。许多分散的部落加入了阿尔博因的征服之旅。他不仅把土地分给萨克森人和施瓦本人的残余势力，甚至保加利亚人和斯拉夫人等外国人也在他这边找到了安居之所。

阿尔博因在建立伦巴第新王国时，最初抵抗的城市也开始听命于他。维罗纳最先屈服，但帕维亚则誓死抵抗。帕维亚人绝望地抵挡敌军的攻击，国王见此勃然大怒，发誓要杀死城内的所有活物。但是3年后，当饥饿的人们打开大门时，国王大发慈悲，把帕维亚变为首都和王室据点，"因为那座城市有很多基督徒"。

然而，阿尔博因在第二年就走到了生命的终点。伦巴第编年史家执事保罗（Paul the Deacon）改写了一些广为人知的伦巴第传说，讲述了阿尔博因可怕的死亡故事：国王阿尔博因在维罗纳喝了太多酒，暴躁的他拿起用他岳父库尼蒙德国王的头骨做成的杯子，强迫他的王后罗莎蒙德喝掉里面的酒，命令王后和自己的父亲开怀同饮。王后心中满是怒火悲痛难支，她问自己，该如何杀死丈夫为

---

* 也就是现在的皮埃蒙特，Piedmont 这个词的字面意思就是"山麓地带"。

父亲报仇。于是，她努力说服王室卫队长、国王的养父赫尔米奇（Helmichis）杀死国王。赫尔米奇不愿意，但建议她去找伦巴第最强大的士兵佩雷狄奥（Peredeo）来做这件事。罗莎蒙德出卖了自己的自尊，成了佩雷狄奥的情妇，"你现在要做一件事，要么你杀死阿尔博因，要么他就会反过来杀了你"。佩雷狄奥不情愿，但还是同意了实施这次行动。到了中午，宫殿里的人都睡着了，罗莎蒙德把国王的剑紧紧地绑在床头上，使之无法拔出，然后命令佩雷狄奥进去杀了她的丈夫。阿尔博因听到一个全副武装的人进来，从睡椅上一跃而起，拼命拔剑，但无济于事。两人之间有些距离，阿尔博因拿着自己随手抓到的凳子奋力抵抗，但是一个没有武器的优秀战士面对一个武装的斗士又能做些什么呢？阿尔博因像一个懦夫一样被杀死了，他曾在无数次战斗中毫发无伤，最终竟然因为一个女人的怂恿而死，而这个女人正是他自己的妻子。572 年 3 月，伦巴第人痛哭流涕，阿尔博因的尸体被臣民埋在宫殿对面的台阶下，长眠至今。

赫尔米奇努力想继承他主人的王位，但这一切都是徒劳。伦巴第人决不允许这样的事情发生，赫尔米奇被迫和罗莎蒙德还有凶手佩雷狄奥一起逃到拉文纳，向罗马人寻求庇护。这 3 个人终会恶有恶报，"天堂之手压在他们身上，因为他们做了这样一件肮脏的事"。

与此同时，伦巴第人在阿尔博因的房间将克莱夫（Cleph）加冕为王。克莱夫尽管没有王室血统，但在公爵中最有权势，而且阿尔博因膝下无子，是勒辛家族的最后一个成员。克莱夫征服了远至托斯卡纳南部边界和拉文纳城门的意大利北部的所有地区。但是，克莱夫统治还未满一年，就被手下一个曾蒙受冤屈的奴隶杀死了。在后来的 10 年里，伦巴第人没有再选出国王，而是由选定的公爵带领各个部落四处征服掠夺。据说在 573—583 年，至少有 35 位首领入侵意大利。伦巴第人的原始条顿思想在这段无政府时期展现得淋漓尽致。他们还没有学会把国王视为部落体制中的一大必要组成部分，而是像第 1 世纪的日耳曼民族一样，把国王视为在危难时刻领导众人的首领。而对于已经发展到更高阶段的哥特人或法兰克人来说，在无政府状态下生活 10 年简直是天方夜谭。

奇怪的是，伦巴第人虽然群龙无首，但好战的活力没有丝毫的减弱。在这 10 年里，他们继续征服这片土地，并将足迹扩散到更远的西部和南部。纽斯特利亚的 3 个公爵穿过阿尔卑斯山，入侵普罗旺斯，最后被爱好和平的法兰克国王贡特拉姆（好战的西吉贝尔特和邪恶的希尔佩里克的兄弟）控制。他们陆续攻占了许多城市，一番拼搏后，被效力于贡特拉姆国王的高卢罗马将军穆莫卢斯赶出了这片土地。要不是有穆莫卢斯，普罗旺斯可能已经成为伦巴第的一部分了。与此同时，其他伦巴第公爵正沿着意大利半岛向南推进。他们没有联手并进，而是分别带着自己的作战部队，最终找到一个满意的定居地，身后是帝国驻军控制的许多城市。因此，伦巴第公爵领地和罗马城市奇怪地混杂在一起。在意大利中部，斯波莱托（Spoleto）的第一任公爵法鲁德（Faroald）离开拉文纳和安科纳，动身向北，在台伯河中游河谷安顿下来，周围是一片帝国驻军。第一任贝内文托（Benevento）公爵佐托（Zotto）继续向南走，在萨莫奈（Samnite）山谷建立王国，和其他伦巴第王国几乎完全失去了联系，东西部遭到罗马、那不勒斯和卡拉布里亚的罗马驻军包围。占据托斯卡纳大部分地区的卢卡（Lucca）和丘西（Chiusi）公爵并

没有把边界扩张到台伯河，而是在奇米尼山丘（Cimini Hills）戛然
而止，身后是有帝国军队驻守的罗马以北一片大区。即使是在意大
利北部，纽斯特利亚公爵也只是留下了热那亚和利古里亚（Liguria）
海岸，而奥斯特拉西亚公爵既没有征服曼图亚（Mantua）和帕多瓦
的沼泽地，也没有跟着威尼西亚的逃民进入这片岛屿，而在这里，
威尼斯和格拉多（Grado）在潟湖的庇护下正逐渐发展起来。除了波
河河谷完全由伦巴第人占领，布鲁提和卡拉布里亚完全是罗马人的
地盘之外，整个意大利的土地上都遍布着伦巴第人和罗马人，皆为
侵略者和旧罗马征服者共有。

伦巴第人所到之处荒无人烟、遍地残垣，他们带来了不掺丝毫
罗马习气的原始日耳曼风俗，并在这里建立起了集中度不如西哥特
人的政体，甚至比 80 年前狄奥多里克在意大利建立的政府还要分
散。人们再次选举出一位国王，但他的权力难免会被位高权重的世
袭公爵们大大限制。远在帕维亚的国王甚至都得不到斯波莱托和贝
内文托公爵象征性的效忠。只有在意大利中部部署一支庞大的军队，
国王才有希望得到士兵们的响应。而在波河流域和托斯卡纳，他几
乎掌握不了完整的王权。王室权威早就随着古代勒辛家族的灭亡和
阿尔博因的死亡而消失殆尽了。伦巴第的君主和同时代的西班牙君
主一样，只有手握军事大权，才能够统治臣民。短短 200 年间，伦
巴第王国共有 9 任国王接连上位。他们都来自古老的公爵家族。都
灵（Turin）、布雷西亚（Brescia）、贝内文托、弗留利（Friuli）和伊
斯特里亚（Istria）的统治者都曾登上王位，其中有两三位国王甚至
都不是伦巴第人，而是来自隔壁巴伐利亚的外乡人。

在意大利北部的荒芜地区，伦巴第人似乎曾一度占据主流。与

西班牙的哥特人或高卢中部的法兰克人不同的是，他们不仅仅散居在当地原住民群体之中。与西方帝国的其他大部分土地相比，波河河谷一带较少留有古罗马市镇及社会生活遗风。在7世纪，比起西班牙、高卢或勃艮第，伦巴第受古罗马组织架构影响更小，甚至呈现出更加原始的条顿面貌。这实属意料之中，毕竟伦巴第人本身就是日耳曼文明的一个落后分支，他们移居意大利后才第一次感受到古罗马的影响。

然而，在波河谷之外的地区，意大利的状态却完全不同。意大利南部和中部几乎是完整无损地保存着古罗马的组织架构。拉文纳总督区、罗马公国（Ducatus Romanus）和阿普利亚和布鲁提的南部半岛在9世纪前都没有任何变化。在当时的北方平原，被持有土地的贵族环绕的半独立的公爵分封体系还在发挥作用，有历史记载给我们介绍了那时罗马附近的旧的土地社会结构。这些地区有隶农居住，有的属于罗马教会，有的是无主地区。不仅仅在血缘上，意大利北部和南部在组织架构上也完全脱节，两个拥有不同的生活习惯和思维方式的国家正在发展壮大。

仍遵守帝国王权统治并保留着古代社会和政治架构的意大利各部分奇怪地分散开来。在莫里斯统治时期（582—602），仍有8个地区服从皇帝的统治。首先是伊斯特拉半岛和威尼斯海岸的沼泽和内陆潟湖沿线，内陆有像楔子一样延伸至伦巴第的大城市帕多瓦和曼图亚。其次是热那亚所在的利古里亚海岸，挤在亚平宁山脉和大海之间。这附近崎岖的山谷和悬崖对水性欠佳的伦巴第人没有吸引力，伦巴第人自然不会离开他们美好的平原去探索附近的海洋。第三则是拉文纳周围的土地——现在人们口中的督主教区。由督主教统治的阿非利加地区也采用此名称。总督辖区沿亚得里亚海岸，从波河三角洲一直延伸到里米尼城门，远至内陆的亚平宁山脉，涵盖古代艾米利亚省的整个南部地区。沿海岸线更远的是第四个帝国领区。这片区域从里米尼延伸至安科纳，因为其中两部分分别由 5 个城市和 10 个城市组成，通常被称为"五城地区"（Pentapolis）和"十城地区"（Decapolis）。在翁布里亚有第五个仍承认皇权的独立地区：该地区以佩鲁贾为中心，被伦巴第的丘西和斯波莱托公爵领地包围，但北部向五城地区延伸出一个角，南部向罗马伸出另一个角。第六个地区是罗马领地，现在被称为罗马公国，由隶属于拉文纳总督的公爵（Dux）扮演行政长官的角色实行管理。罗马公爵领地从奇维塔韦基亚（Civita Vecchia）到特拉契纳（Terracina），从亚平宁山脉延伸至大海，占领了伊特鲁里亚南部的一角和整个拉丁姆（Latium）地区。该地区和那不勒斯的公爵领地中间被伦巴第卡普亚镇（Capua）切断，这条狭窄的海岸带包括那不勒斯和阿马尔夫（Amalf）的城镇，由住在更大地方的公爵统治。最后便是意大利"脚趾"部分的卡拉布里亚、布鲁提和南卢卡尼亚。从布林迪西（Brindisi）到波利卡斯特罗（Policastro）的整条海岸带形成了第八罗马区。管理这么多零碎的土地对总督来说无疑是一项艰巨的任务，他负责的大部分地区中间都被土地隔断。很难预见，伦巴第人的数次征服会导致意大利四分五裂，也注定会让教皇权力暂时崛起，这是 7 世纪最令人意想不到的历史发展。

部族公爵带领的无政府状态持续了 10 年，在这之后，伦巴第人又选择了一位新国王。法兰克人在 574—575 年不顾一切地掠夺普罗旺斯，经受不住战争压力的伦巴第人只好再次举行选举。勃艮第的贡特拉姆诱使他在奥斯特拉西亚的亲信帮助自己，于是，奥斯特拉西亚人从阿迪杰河河谷南下并袭击了特伦托（Trent），伦巴第人遭到了奥斯特拉西亚人和勃艮第人的双重袭击。此外，君士坦丁堡的提比略一世曾向法兰克国王送去礼物，诱使法兰克人在意大利助自己一臂之力。尽管波斯人和阿瓦尔人之间的战争仍在胶着，提比略仍尽其所能帮助拉文纳总督。

克莱夫于 573 年被谋杀后，王位一直空缺，新任伦巴第国王是克莱夫的儿子奥塔里。捍卫中央政权迫在眉睫，公爵们不仅效忠国王，献出王城帕维亚，还答应给国王自己手中一半的土地作为王室领地以备国王、扈从卫队和军官的需要。这一承诺是否得到了严格遵守仍令人生疑。所有公爵在选举中也没有统一战线。奥塔里国王上任后首先制服并驱逐了德罗克图尔夫（Droctulf）公爵。德罗克图尔夫公爵曾寻求罗马人的帮助来对抗国王并在布雷谢洛（Brescello）巩固势力保卫波河谷中游。法兰克当时的国王是布伦希尔德的儿子希尔德贝尔特二世，年轻好战的希尔德贝尔特有意重启他堂亲提乌德贝尔特征服意大利的计划。奥塔里在任的 7 年间忙着与法兰克人一较高下，主要工作便是抵御法兰克人对意大利的攻击。被拉文纳总督斯马拉格达斯（Smaragdus）牵着鼻子走的贡特拉姆和希尔德贝尔特曾三番五次扬言要穿越阿尔卑斯山，两次入侵了伦巴第。其中最危险的一次发生在 590 年，当时两支大军同时进军：一支大军从勃艮第而来，越过塞尼斯山（Cenis）入侵米兰，另一支奥斯特拉西亚大军越过布伦纳山（Brenner），进攻特伦托和维罗纳。两支大军朝目标进发，给伦巴第人带来重大损失，但两支军队并没有会面，也没有与总督曾承诺会带来施以援手的罗马军队会面。饥荒和瘟疫让法兰克军队伤亡惨重，而伦巴第国王在坚不可摧的帕维亚城内，法兰克人根本无法接近。最后，两支大军各回各家，结束了这场徒劳无功的远征。

在法兰克人数次入侵的间隙，奥塔里还占领了科马基奥（Commacchio）潟湖要塞，竭力巩固意大利北部的伦巴第势力。这样一来，帕多瓦和拉文纳之间的联系就被彻底切断了。大约在同一时间，斯波莱托公爵法鲁德占领了拉文纳的克拉斯港（Classis）并彻底摧毁了这座城市，只有圣亚博纳教堂（Basilica di Sant' Apollinare in Classe）幸存下来，孤零零地屹立在拉文纳的沼泽地里，凄凉而又宏伟。据说，奥塔里曾在一次远征时穿过贝内文托，进入布鲁提，一路到达意大利半岛的最南端，手拿长矛指向雷焦附近一根被海水扫过的柱子，大喊道："这里将是伦巴第王国的边界。"这不过是他夸下的海口罢了，因为无论何时，布鲁提都不会落入伦巴第人手中。

奥塔里娶巴伐利亚的加里巴尔德公爵之女狄奥多琳达（Theodelinda）为妻。狄奥多琳达是一位虔诚的基督教和天主教徒，她的到来似乎给狂野的伦巴第人指明了通往基督教信仰的神圣之路，她对伦巴第人就像伯莎女王对肯特王国的朱特人一样影响重大。狄奥多琳达嫁给奥塔里没多久，奥塔里就去世了。伦巴第议会对她的智慧和美德评价颇高，向她请教选择新国王一事。狄奥多琳达向他们推荐了奥塔里的亲戚都灵公爵阿吉卢尔夫。590年，阿吉卢尔夫娶狄奥多琳达为妻，同时也在米兰被推举为伦巴第国王。

阿吉卢尔夫在妻子的劝说下接受了洗礼，不久，大部分国民也都纷纷效仿。伦巴第人和其他条顿民族一样，大都信奉阿里乌斯派，在 7 世纪才改信正统信仰。阿吉卢尔夫和狄奥多琳达一手建造了著名的蒙扎大教堂（Basilica of Monza），伦巴第的铁王冠仍然保存在那里。教堂的圣器收藏室里仍然陈列着虔诚王后的许多遗物，其中最稀奇的便是做工古雅精致的一只金母鸡和许多小鸡，这是摆脱野蛮的日耳曼人创造的最早的艺术奇迹。教堂里还保存着阿吉卢尔夫献给圣约翰的王冠，上面刻有铭文：蒙上帝恩典荣耀的全意大利人之王阿吉卢尔夫献给蒙扎教会的施洗者圣约翰。

伦巴第前 3 位国王都不长寿，但阿吉卢尔夫却在位长达 25 年（591—616），有足够的时间等待儿子长大并辅佐自己。阿吉卢尔夫比他的前任奥塔里要幸运得多。593 年，布伦希尔德的儿子和弗蕾德贡德的儿子之间爆发一系列大战，随后布伦希尔德和大贵族之间的冲突导致奥斯特拉西亚和勃艮第内忧不断，阿吉卢尔夫得以从法兰克人的入侵中解脱出来。因此，阿吉卢尔夫能够有时间除掉王国里几个至今仍依附于帝国的独立地区。在阿吉卢尔夫统治的大部时间里，他一直与罗马人作战，并于 598 年废除了苏特里（Sutrium）、奥尔泰（Orte）、托迪（Tuder）、佩鲁贾及其他南托斯卡纳和翁布里亚城镇的总督。在罗马教皇格里高利一世的斡旋下，伦巴第人和帝国于 599 年首次签订和约，但总督加里西努斯（Gallicinus）却掳了偶然经过帝国领地的阿吉卢尔夫的女儿，一把撕毁和约。第二次伦巴第战争发生在福卡斯统治时期，给罗马人造成了灾难性的打击。阿吉卢尔夫首先于 602 年占领威尼斯沼泽地的大堡垒帕多瓦。帕多瓦的陷落切断了曼图亚的生命线，而这座位于伦巴第腹地的最后一个帝国据点最终也于 602 年陷落。福卡斯的大臣们最终在 605 年与敌人讲和，承诺每年进贡 1 200 枚金币，并割让南托斯卡纳的奥尔维耶托（Orvieto）和白露里治奥（Bagnarea）据点。

一年多来，皇帝和总督之间再无战争发生。福卡斯和希拉克略沉浸在波斯战争的巨痛中，无法再向罗马或拉文纳提供援助。阿吉卢尔夫也没再有机会完成征服意大利的使命，但每年的贡品让国王心满意足，也许随着年龄的增长，国王日渐顺服，平和了许多。显然，他更愿意看到王国上下一派祥和，自己也好集中精力镇压不守规矩的公爵。阿吉卢尔夫统治期间，这些公爵首领爆发了三四次危险的叛乱，但都被阿吉卢尔夫毫不费力地一一镇压。阿瓦尔人和斯拉夫人在东北边境不断制造麻烦，在罗马帝国也不消停。斯拉夫人进军伊斯特里亚和西西里岛，尽管附近的一些部族已经委曲求全，向弗留利公爵进贡，但斯拉夫人还是在意大利附近不断惹祸。阿瓦尔人则更为活跃和危险；阿瓦尔可汗不顾之前多次与阿吉卢尔夫签订条约，在 610 年进入意大利北部，在战斗中杀死了弗留利公爵吉苏尔夫（Gisulf），掠夺威尼西亚并带走了许多俘虏。然而，阿瓦尔人找到了更好的猎物，他们在巴尔干半岛的行动也随之减少，侵略告一段落，伦巴第人着实松了一口气。

尽管麻烦不断，但阿吉卢尔夫在位期间是伦巴第王国成长、扩张和发展文明的重要时期。在他结束统治之时，伦巴第人全部都改信了基督教，在新家安顿下来并开始建造教堂和宫殿，不再费力摧毁它们。阿吉卢尔夫与教皇格里高利找到了权宜之计，教会臣民与邻国人民和平相处，没有再重启那场无休止的、整整贯穿伦巴第占领意大利前 30 年的战争。

阿吉卢尔夫的继任者是其 14 岁的独子阿达罗阿尔德（Adaloald）。

在父亲的努力下，阿达罗阿尔德被伦巴第议会尊为父亲的共治者，早在几年前就获得了军队的支持。虔诚而又广受爱戴的王后狄奥多琳达在年轻的国王成年前摄政统治；但是，阿达罗阿尔德成年不久就精神失常了，被都灵公爵阿里奥德（Arioald）取代。阿里奥德不是王室亲属，但于626年娶年轻国王的姐姐贡迪贝加（Gundiberga）为妻。我们对这位国王12年的统治知之甚少，既没有得知有关与法兰克人战争的消息，也不知晓罗马人是否曾经入侵。我们只知道，阿里奥德和前任不一样，他是一个阿里乌斯派信徒。然而，在他死后，一位在历史上分量更重的统治者继位了，"来自阿罗德种族的布雷西亚罗撒里公爵。他强壮且坚守正义，不是正统的基督徒，遵循虚伪的阿里乌斯派异端邪说"。

罗撒里最终占领了意大利北部，拿下罗马帝国当时仍控制的两个地区。641年，他征服了从尼斯到卢纳（Luna）的整个利古里亚海岸并把首都定为热那亚。他还占领了奥德尔佐（Oderzo）——罗马人在威尼西亚的最后一片内陆属地。在这之后，只有潟湖群岛承认东罗马帝国恺撒的宗主权，而他们的效忠也有名无实。罗撒里经历激烈的战争才赢得征服的胜利，其中最伟大的一场战争是发生在离摩德纳（Modena）不远处的斯库坦纳（Scultenna）战役。罗撒里战胜入侵伦巴第领土的帕拉图（Plato）总督，敌人损失8 000士兵并被赶回拉文纳。东罗马人此次迎战，主要是因为希拉克略领导下的波斯和撒拉逊战争已画上句号。642年，东罗马帝国在希拉克略的孙子君士坦斯二世（Constans Ⅱ）的统治下开始重振实力。

比起征服利古里亚，罗撒里的另一个身份更为人所铭记——《伦巴第法典》（*Lombard Code of Laws*）的编纂者。643年，他颁布了王国惯用法汇编，在此之前伦巴第人的习惯从未成文化，可见他的举动实属难得。值得一提的是，《伦巴第法典》的颁布并不是基于国王的个人权力，而是像韦赛克斯国王因尼（Ine）的名言一样，"为了我们族群共同的利益，经过我们所有大法官及最幸运的军队的讨论和同意"。也就是说，法典是由国王主持编写，经过议会商讨并得到伦巴第王国群众大会的认可。《伦巴第法典》是非常原始的立法，它可能是在德意志森林深处，而不是在意大利的中心颁布的。内容主要包含赔偿金条目、反对武装暴力的法律、继承规则、属下效忠领主的义务声明，以及对司法上认可的决斗的界定。法典几乎没有涉及教会或世俗生活，只有一些反对破坏教会和睦的条款，以及一些关于教师或熟练的罗马工匠的规则。从法律上，我们可以了解到伦巴第人以家庭为单位生活，在农场空地里养牛，周围是树林或开阔的牧场。有些人是"自由的伦巴第人"，早期被称为"男爵"（barones），另一些人则是公爵或国王的"人"。下一阶层是雇农阶层（aldii），对应中世纪的隶农，他们拥有半自由的身份，居住在伦巴第主人的土地上。毫无疑问，他们是古罗马隶农的延续，隶农耕种的是罗马部落领主的土地。王室将所有军事事务委托给地方公爵，而民政事务则由市政长官（Schulthais，古英语为 reeve）或国王在城市（而非乡村）的代表即地方长官（Castaldus）处理。值得注意的是，伦巴第法律没有丝毫的罗马特征，这是因为这些法律是由德意志官员、公证人安索阿尔德（Ansoald）起草，而不是像高卢或西班牙那样交由罗马主教或法学家起草。法典里所使用的拉丁文晦涩难懂，忽视词语的一致性和介词规则，绝不可能出于受过教育的意大利人之手。

罗撒里 652 年去世，自此之后，伦巴第人内外交困，面对罗马人没有任何优势，国家陷入内乱和无政府状态。罗撒里的儿子罗多瓦尔德（Rodoald）在位不到 6 个月便遇刺身亡。罗多瓦尔德行为放荡，最终于 653 年付出了应有的代价，死在一个愤怒的丈夫的匕首之下。

伦巴第人定居在波河谷，沿亚平宁山脉的翁布里亚和萨莫奈坡地分布，统治意大利长达 80 年。这段历史在世界史上举足轻重，不是因为阿吉卢尔夫或罗撒里，而是因为罗马在这 80 年里发生的事件。在这些年，教皇的俗权有了坚实的基础，罗马主教在世界范围内的地位快速提升，让人始料未及。这些进展主要归功于一个人：教皇格里高利一世。

伦巴第人第一次入侵让意大利一分为二，倍感震惊的帝国总督随即决定把居住地定为狄奥多里克时期意大利的首都——拉文纳，而不是奥古斯都在意大利的首都——罗马。他们没有考虑台伯河边上还未从托提拉掠夺中恢复的饱受摧残的城市，而是选择了靠近伦巴第边境的强大的沼泽要塞。总督驻扎在拉文纳，将其在意大利帝国分散的地方民事和军事权力下放给了小官员，而这些小官员听从罗马和那不勒斯首领指挥。总督离开历史悠久的首府注定会给王国带来深远的影响。首先，从权威来看，罗马的主要世俗官员远不及主要的教会职员。罗马主教一直举足轻重，他们认为自己的地位在所有西欧教座之上，这在意大利古老的世俗"辖区"——意大利半岛、阿非利加和伊利里亚——已经成为既定现实。阿非利加和达尔马提亚的教会若遇到疑难问题，都会参考罗马的决定，意大利教会也是一样。我们发现，格里高利一世在诸如萨罗纳，拉里萨

（Larissa）和迦太基这样遥远的城镇也发挥着巨大的影响力。教皇们早在东哥特王国时期就获得了条顿国王们的认可，是天主教和意大利罗马人正式认可的代表。除了征服者哥特人，教皇们无疑是这一地区最重要的臣民，他们获准代表所有意大利的天主教徒向国王请愿或提出请求。查士丁尼征服意大利后，曾扬言要降低教皇的声望和权力，让他们再次听命于一个既是整个帝国的合法统治者，又是正统天主教徒的领导人。查士丁尼对待罗马主教极为专制，维吉尔和西尔维留斯的悲惨故事都是最好的例子。查士丁尼传唤他们到君士坦丁堡，肆意欺凌、监禁并审讯他们。皇权在意大利继续存在，在很大程度上遏制了教皇权威的发展。

然而，伦巴第入侵却改变了事态的方方面面。半岛上的帝国总督和驻军遭遇伦巴第人的强势进攻，教皇的对手所剩无几。莫里斯、福卡斯和希拉克略在形势不利的东罗马帝国战争中焦头烂额，无暇关注意大利。他们派遣总督去处理问题，却不给一分钱和一兵一卒。斯波莱托的伦巴第人几乎切断了陆路通信，而海路漫长艰险，困在拉文纳的总督们为与罗马取得联系，费尽千辛万苦。因此，罗马只好凭借一己之力，迎接前方未知的结局。罗马教皇和公爵一直都自力更生，不能向皇帝或总督寻求建议或援助。572—599 年的 27 年中，正如教皇格里高利一世所言，罗马一直处在被伦巴第征服的危险之中，不得不自食其力。在当时那个危机四伏、压力丛生的时代，教皇在罗马及附近区域最先赢得世俗权威，地方文官不得不位居其下。

教皇格里高利一世是罗马教皇权力发展的主要功臣，他的统治长达 14 年（590—604），涵盖了莫里斯统治的后半部分和福卡斯统治的前两年。格里高利能力出众，机遇良多。他的身份包括行政官、外交家、修士和圣徒。他是一位高尚的罗马人，早年间处理民政事务，随后升职为地方行政长官。格里高利刚刚步入中年时便突然舍弃世俗之事，自费建造修道院，并成为一名普通的修士。格里高利执着于最严格的极端禁欲主义，差点儿因为禁欲而死掉。不久之后，格里高利便成为修道院院长，他对修士严格要求，孜孜不倦地参与慈善事业，获得了人们的关注。正是在这时，所有英国读者都知道的一幕发生了。当格里高利发现一些来自诺森布里亚（Northumbria）的男孩在罗马市场上被出售时，他对这些被人忽视的不列颠异教徒生出了怜悯之情。格里高利随即决定穿越北海，将福音传给撒克逊人和盎格鲁人。但是，所有神职人员中最有能力，也最虔诚的教皇柏拉奇二世（Pelagius Ⅱ）阻止格里高利离开罗马教廷，冒着生命危险接近异教徒。他禁止格里高利动身前往英格兰，而是派他在君士坦丁堡宫廷中担任教皇代表。格里高利在任期间，清楚地了解了莫里斯皇帝的弱点，以及他在处理意大利事务上表现出的无能。590 年，柏拉奇二世因感染瘟疫而去世，格里高利被选为罗马教皇。

格里高利当选一事没有得到帝国的批准。罗马人当时被伦巴第人搞得焦头烂额，既没有时间，也没有途径征得莫里斯的同意，不过后来皇帝同意了这位圣徒般的院长升职一事。所有的意大利人，甚至整个西方基督教世界，都知道格里高利在罗马神职人员中德才兼备，可以胜任这一高度独立且拥有巨大权威的职务。格里高利坚信自己想法的正确性，坚守正义，这是他最显著的特点。格里高利去世后，他的崇拜者之间开始流传一个故事：大意是圣灵曾化

身为鸽子，拜访并启发了格里高利，因此，格里高利的见解无懈可
击。格里高利正是凭借着这样的自信，才能一直坚持严厉而坚定的
专制政策。在这位盛气凌人的圣人面前，其他人表现得沉默而顺
从，以期他能认可自己拥有崇高的道德。除了皇帝莫里斯和狂热的
君士坦丁堡牧首"苦修者"约翰，冒险反对格里高利的声音寥寥。
毫无疑问，格里高利在同时代人中能力最为出众，也是心地最善良
的人之一。格里高利曾促使英格兰人和伦巴第人皈依基督教，也
曾创作西方教会的官方音乐——以他名字命名的《格里高利圣咏》
（Gregorian chants），这些无一不体现了他的卓越品格。虽然后人将
他奉为四大拉丁教父之一，但神学研究是他工作中最薄弱的部分。
他的写作中充满了比喻和牵强附会的想象，对《圣经》的曲解（他
对希伯来语，甚至希腊语都一无所知）以及类比的迂腐论证。

格里高利作为政治家、行政官和传教事业的支持者，德高望
重。在罗马，他的身份更像是暂时管理国家的统治者，而非主教。
格里高利曾提议对抗伦巴第人的攻击，安排士兵防御城墙，由教会
出资，为饥饿的人民提供食物，并代表罗马公国的人民与敌方领袖
谈判。592 年，尽管总督决定继续战争，但格里高利还是凭借自己
的权威与斯波莱托公爵达成了停战协议。莫里斯诬蔑这种行为"昏
庸无比"。但是，既然皇帝任由罗马自生自灭，他就没有理由抱怨。
在另一场危机中，格里高利任命一位保民官指挥那不勒斯的驻军，
还任命了一位执政官管理内皮（Nepi）的托斯卡纳城镇。最后，格
里高利于 599 年与阿吉卢尔夫国王签订和平条约，结束了这场耗时
30 年的战争。格里高利在遭受总督的斥责时，声称自己的神职、地
位和尊严皆高其一等。简而言之，格里高利实际已成为一位半独立

的罗马统治者。

但是，格里高利成功地奠定了自己在基督教世界教会事务上的权威，这样的进展比在俗权上的进步更为重要。格里高利恢复了西班牙和英格兰的天主教会；在他的努力下，之前信奉阿里乌斯教派的雷卡雷德皈依天主教。他还派圣奥古斯丁到肯特王国布道并为国王艾塞尔伯特（Ethelbert）施洗。凭借着女王狄奥多琳达的影响力，格里高利控制了伦巴第国王阿吉卢尔夫并诱使阿吉卢尔夫将他的儿子阿达罗阿尔德抚养成天主教徒。可以说，格里高利利用天主教会将意大利人再次凝聚在一起。此外，热衷所有罗马元素的布伦希尔德与格里高利保持着长期友好的通信，格里高利凭借伟大的王太后的影响力，在高卢也影响深远。前文提到，帝国省份阿非利加和伊利里亚的主教都信服并遵从格里高利的判断和决定。若是当时西方有一位统一的牧首，那么格里高利或许会是第一人。

格里高利的继承人都是无名小卒。但是，他在工作中展现的世俗权威和信仰先行的态度永远留在后人的心中。格里高利于604年去世，他留下了一个前所未见的罗马教廷，伟大而崇高，得到欧洲所有的条顿民族的尊崇，距离摆脱君士坦丁堡的统治只有一步之遥。

第十二章

希拉克略　610—641

希拉克略（Heraclius）王朝早年灾难——霍斯劳来信——阿瓦尔人的背叛——六次战役胜利——君士坦丁堡围攻战——波斯战败——希拉克略的胜利——征服叙利亚和波斯哈里发——希拉克略麻烦不断的晚年

暴君福卡斯被处决，最终为其犯下的无数罪行付出了惨痛的代价。与此同时，元老院和军队拥护年轻的希拉克略称帝，这位救世主的出现让他们得以脱离苦海。希拉克略由牧首正式加冕，在竞技场中享受人们的欢呼。庆祝过后，他开始思考自己刚刚打下的帝国的现状，前景并不明朗。斯拉夫人遍布巴尔干半岛，远至塞萨洛尼卡和温泉关（Thermopylae）的关口。在叙利亚北部和美索不达米亚安居的波斯人则正想要彻底吞食小亚细亚的土地——这片希拉克略前两年曾肆意侵略过的地方。国库空空如也，军队人心涣散、组织无序，多年来甚至不敢在开阔的战场上直面波斯人，而福卡斯手下的军官也从未获得过信心。

如果说希拉克略统治的前 10 年似乎延续了福卡斯时代的苦难，

也不为过。事实上，帝国的新统治者是个好人，而不是一个坏人，但是主权的变化并没有带来命运的改变。希拉克略在这堆烂摊子面前显得力不从心。当战争失败，城镇被洗劫，收入减少和地方饥荒的消息不断传来，他的前任在濒死时的嘲笑声一定经常在他耳边响起："你就能比我统治得更好吗？"过去两百年盛行的帝国礼仪规定，奥古斯都不能亲自上战场，这条规定似乎也阻止希拉克略领导自己的军队代表他出征的每一位将军都战败而归，有几个还不忠不义。他不得不免去了普里斯库斯的职务，这个将军曾背叛福卡斯，对待希拉克略的命令也表现得傲慢不服从。

皇帝不上战场可谓一大严重灾难，比起行政官，皇帝更应该是名战士。希拉克略的外形和面孔根本不像个战士：身高中等，体格强壮，胸部宽阔，肤色白皙，有着灰色的眼睛和黄色的头发。他蓄着浓密的胡须，登基后才刮掉，直到10年后参战时才又蓄起米。

希拉克略统治的前8年充斥着惨痛的军事灾难。613年，霍斯劳的军队开始攻击叙利亚中部。随着大马士革沦陷，沙赫巴勒兹（Shahrbarz）将军向南挺进巴勒斯坦。614年，整个基督教世界都陷入耶路撒冷被攻陷的恐慌中，9万名基督徒在圣城被杀，更糟糕的是，圣墓教堂的所有宝物都落入了拜火教徒手中。其中最重要的便是"圣木"，也就是"真十字架"，皇后海伦娜（Helena）——君士坦丁大帝的母亲于327年发现并放置在她宏伟的教堂中。真十字架现在被带到了波斯，饱受亵渎神明的霍斯劳国王的嘲笑。但是，帝国的灾难还没有结束。616年，沙赫巴勒兹强行穿越苏伊士地峡沙滩，攻打长达3个世纪中远离战争的罗马省埃及。不好战的埃及人几乎是一触即溃，许多涌入尼罗河流域的异端教派甚至热烈欢迎波斯人，把他们当作朋友和拯救者。丧失埃及对帝国可谓是致命一击。帝国主要收入一直都是来自埃及，国库日益空虚，君士坦丁堡的众多民众因此不得不依靠着免费的救济面包度日。财政部门禁止在其他地方购买供应品，导致现在连面包也没有了。617年，波斯人再次入侵小亚细亚，一支军队攻占卡尔西登，此地与君士坦丁堡只有一墙之隔。

最黑暗的时刻降临了。我们提到的一系列灾难并没有让希拉克略失去皇位，这足以证明他大得人心。毕竟任何动机不纯和不受尊重的君主最后都会丢掉皇冠和性命。在失去埃及之后，黑暗中终于闪烁出点点光芒。自负的霍斯劳给希拉克略送来一封正式信件，告诫他放下他无法驾驭的权杖。波斯人在信中口气自大傲慢，几乎是借用了《列王纪》（*Book of Kings*）中西拿基立（Sennacherib）的信的内容，信中写道：

> 众神之众最为高贵者，整个世界的主宰——霍斯劳写给他卑鄙无耻的奴隶希拉克略。为什么你仍然拒绝服从我的统治，还自称国王？难道我没有摧毁希腊人吗？你说你相信你的上帝，为什么他没有帮你从我手上夺取该撒利亚、耶路撒冷和亚历山大（Alexandria）？难道我不能同样将君士坦丁堡夷为平地？但是如果你愿意屈服于我，并于妻儿一同前来，我将赦免你的错误。我会善待你，给你土地、葡萄园和橄榄林。不要再对基督抱有幻想了，犹太人把他钉死在十字架上，他甚至无法从犹太人手中拯救自己。即使你躲到了海洋深处，也不会逃脱我的手心。无论你愿意与否，我都会抓住你，让你直视我的眼睛。

据说希拉克略曾有一段时间考虑放弃君士坦丁堡，在他父亲位于迦太基的大本营中避难。但是，事态出现了转机。霍斯劳的傲慢激怒了东罗马人，他们陷入真十字架丢失的悲痛中，生活也捉襟见肘。他们已经准备好去打一场生存之战。教会为首，宣布抗战是所有基督徒的神圣职责，这便是第一次十字军东征。大牧首塞尔吉乌斯（Sergius）让皇帝宣誓不会放弃他的人民，神职人员则会拿出君士坦丁堡教堂的所有金银器皿作为军费。希拉克略鼓足信心，摒弃帝国的繁文缛节，发誓说要在战场上亲自带领军队。军队征集了数以千计的志愿兵，教会在战士的装备上慷慨解囊。到 618 年底，通过绝望的努力，帝国再次拥有了一位英勇的大将，一支统一的军队和殷实的军队金库。

但是，袭击小亚细亚的东道主波斯的行动一度停滞。国内突发的危险迫使希拉克略推迟了东征。阿瓦尔人开始集中入侵色雷斯，骑兵逼至君士坦丁堡城门。希拉克略清楚，在军队进入亚洲之前，必须不惜一切代价让城市免受后方袭击。因此，他声明如果阿瓦尔可汗撤出多瑙河，便会向其提供补贴。可汗在他曾率军挺进的赫拉克里亚（Heraclea）召开会议，该地在君士坦丁堡以西约 64 千米处。希拉克略同意参加这次会议，带着官员安然经过皇室领地。但是，无信的阿瓦尔人却正算计着如何背叛。骑兵部队埋伏在山上，意欲伏击希拉克略，挟持他并索要赎金。皇帝被及时告知才得以逃离伏击。他扔掉紫色长袍，胳膊底下夹着皇冠，奋力向君士坦丁堡骑去，阿瓦尔人紧随其后。许多官员和成千上万的色雷斯农民却落入了敌人的手中。希拉克略立刻命令关闭城门，将席卷教区的阿瓦尔人关在城墙外。

尽管阿瓦尔人背叛在先，但是皇帝不得不与阿瓦尔人缔结和约，这是在攻击波斯人之前的必要一步。620年，赔款换来了和解，但即便如此，希拉克略的计划却一直搁置。波斯人断断续续地攻击君士坦丁堡，甚至意图在卡尔西登建造舰队，越过海峡。这些都让人沮丧不已。

　　直到622年，希拉克略终于决定予以还击。一切准备工作都已就绪，在庄严地进行了大斋戒，接受了教会给他和军队的赐福后，希拉克略在复活节起航前往亚洲。他让他的小儿子赫拉克洛纳斯（Heraklonas）摄政，牧首塞尔吉乌斯和君士坦丁堡驻军指挥官贵族博努斯（Bonus）辅政。

　　在随后的6场战役中，没有人能想到过去沉寂10年的希拉克略会表现出如此巨大的能量和才能。历史学家们也拿不准是应该称赞他的战略才能还是勇敢精神多一些。战争伊始，他就展现出了压倒性的优势，采取攻势，改变了战争的走向。他第一次离开君士坦丁堡时，并没有攻击前方的波斯人，而是勇敢地绕着小亚细亚南部岬角航行，将军队驻扎在伊苏斯海湾的西里西亚。该位置可直接威胁小亚细亚和叙利亚北部。希拉克略进军卡帕多西亚，切断了波斯军队在小亚细亚和幼发拉底河谷之间的通信。此举达到了他期望的效果。匆匆撤离比提尼亚和加太拉后，波斯军队将军沙赫巴勒兹向东撤退，与波斯重新取得联系。希拉克略先是清除了西小亚细亚的敌人，后随着沙赫巴勒兹在卡帕多西亚遭受重创，希拉克略吹响了胜利的号角，也因此于622年收复小亚细亚东部。

　　希拉克略向霍斯劳求和，最终无功而返，于是决定在次年采取强硬措施，让波斯人心服口服。叙利亚、埃及和美索不达米亚仍然

　　　　　　　　　　　　黑暗时代（476—918）

握在敌人手中；他决心用他收复小亚细亚的策略收回这些土地：重击敌人的作战基地，这样一来，霍斯劳便会被迫召集所有的外围部队，保卫波斯土地。623年，希拉克略放弃海上通信，大胆挺进内陆，来到米底。整整两年，他消失在最东部地区，征服了罗马军队从未踏足过的土地。事实上，自亚历山大大帝之后，这片土地上再无欧洲征服者的身影。我们对他在3场激战中高奏凯歌有所耳闻，也知道他如风暴般席卷两个伟大的米底城镇——甘扎卡（Gandzaca）和提巴迈斯（Thebarmes），后者被认为是波斯人先知锁罗亚斯德（Zoroaster）的出生地。希拉克略的大军为耶路撒冷的劫难让波斯人血债血偿，摧毁了他们雄伟的寺庙，从中获得了些许宽慰。为了保卫米底，让波斯人不得不从西部撤回他的外围军队。到目前为止，希拉克略的目的达到了；但帝国在波斯人面前仍然势单力薄，也无法围下波斯帝国首都——泰西封。

在亚美尼亚高地范（Van）越冬后，希拉克略于625年南下，进入了这片西方历史学家熟知的区域。他收复了丢失已久的拜占庭要塞阿米达和马提欧波利斯。这两座古老堡垒位于底格里斯河上游，落入波斯人手中已有近20年的时间。希拉克略此番终于与君士坦丁堡方面取得联系，在最后的两场战役中，他几乎与君士坦丁堡失联。这一年，沙赫巴勒兹遭遇了第四次惨败，他曾努力在返乡途中与皇帝周旋，保卫泽马尼西亚（Germanicia）附近的萨鲁斯（Sarus）海峡。

然而，626年注定是战争的分水岭。顽固的霍斯劳决心最后一搏。面对着精疲力竭的波斯帝国，这位老国王仍努力招兵买马，组建了两支军队。虽然军队大部分留在美索不达米亚和亚美尼亚，但是为了牵制希拉克略，沙赫巴勒兹手下的一支主力军队南下，两面夹击皇帝，向博斯普鲁斯海峡前进。霍斯劳与奸诈的阿瓦尔人分别从海峡两岸的欧洲和亚洲出发，联手攻击君士坦丁堡。当沙赫巴勒兹出现在卡尔西登时，他发现阿瓦尔人已拿下色雷斯并准备围攻拜占庭。这两支军队隔海相望，却无法通信，因为罗马舰队坚挺地守卫着海峡，没有船能到达彼岸。博努斯英勇防守，驻军充足，人民士气高涨，他们知道，这对于波斯人来说是压死骆驼的最后一根稻草。首都坚不可摧，希拉克略本人对此甚是满意。他只派遣了一些老将在海上与阿瓦尔人合作防守，留下主力部队攻打霍斯劳的腹地。

与此同时，沙赫巴勒兹无能为力，只能望洋兴叹。而在博斯普鲁斯海峡另一边的阿瓦尔人则对君士坦丁堡展开了行动。626 年 8 月 3 日夜晚，阿瓦尔可汗发出了攻击的信号。一群乘坐小船的斯拉夫人试图从金角湾（Golden Horn）的一侧猛攻海堤。虽然阿瓦尔人主力部队攻击城墙，但是博努斯的划船工撞上并击沉了斯拉夫人的轻型船只，阿瓦尔人的攻击完全失败了。阿瓦尔人只好解散营地，逃离了巴尔干半岛。虽然沙赫巴勒兹的军队仍然在卡尔西登安营扎寨，但几乎要被包围了。君士坦丁堡四大围攻中的第一场战役至此结束。

与此同时，希拉克略没有停止报复波斯人的步伐。为了报复阿瓦尔人入侵色雷斯，他召集了高加索外的野蛮部落——可萨人（Khazars），让他们在米底和亚述大展身手。4 万名骑兵在这片土地上肆虐前行，一路追至泰西封城门。皇帝占领了底格里斯河上游河谷，准备次年攻打敌军首都。

627 年的战役以希拉克略的胜利告终。波斯的最后一支军队由拉赫扎德（Rhazates）将军领导，在尼尼微（Nineveh）附近与希拉克略迎面对上。希拉克略一马当先，率领护卫队骑兵冲锋陷阵，亲手扭下了波斯首领的头颅，大举歼灭敌军。胜利的号角不断吹响，希拉克略一举占领霍斯劳壮丽的乡村宫殿——达斯塔格尔德（Dastagerd）。拜占庭人在这里抢夺战利品，他们已经多年没有见过如此丰厚的战利品了。他们放火烧了达斯塔格尔德和其他 4 座宫殿，而霍斯劳则向东逃走，藏身于苏锡安那（Susiana）的山脉里。长期处在水深火热中的波斯人终于对他们傲慢的国王忍无可忍了。军队起身反抗，推举国王的儿子西罗二世（Siroes II）为王。霍斯劳被扔进地牢，最终在饥寒交迫中死去。新国王立即派人向希拉克略求和。皇帝知道自己的帝国损耗严重，需要立刻休养生息，因而并没有提出过分的条件。西罗二世返还了波斯人侵占的所有罗马领土，释放了所有罗马俘虏，支付了战争赔款，并且归还了真十字架和耶路撒冷的其他战利品——这在希拉克略的臣民眼中堪称伟大的胜利。

628 年 5 月，皇帝返回君士坦丁堡，为帝国带来了和平和大量的战利品。他恢复了帝国的边界，而波斯遭受致命一击，从此一蹶不振。皇帝的势力范围已经远远超过了图拉真和塞维鲁（Severus）时期的疆域，6 年全胜更是创造了纪录，除了尤利乌斯·恺撒，没有任何罗马人可以与之相媲美。君士坦丁堡的居民有理由为他唱响圣歌，在街上游行，歌颂他为西庇阿（Scipio）再世。真十字架在圣索菲亚大教堂高高挂起，希拉克略享受着教徒的崇拜，迎来了胜利的辉煌时刻。在这庄严而又欢乐的一天，皇帝可能会唱起《西缅颂歌》（Nunc dimittis），祈祷生命不息，胜利不止。

但是，另一场暴风雨正悄悄逼近，这场风暴比刚刚过去的波斯风暴更加凶猛，注定会横扫罗马帝国。希拉克略在最后一次战役中收到了一位名不见经传的阿拉伯先知的来信，信中这位先知命令他接受神新的启示。霍斯劳在倒台前夕也收到了类似的信件，但他撕毁了信，发誓在自己闲暇时便会把这名傲慢的先知扔进地牢。希拉克略则返回了一封感谢信和一份微不足道的礼物。希拉克略在信中言辞礼貌，表明自己无意树敌，因为当时波斯战争还未结束。出人意料的是，这些神秘信件的作者的信徒们注定要颠覆霍斯劳的帝国，夺去希拉克略帝国最富裕的一半省份。

　　这位阿拉伯先知正是阿卜杜拉（Abdallah）的儿子穆罕默德，他的布道注定要震撼3块大陆，引领历史潮流涌向意料不到的方向。

　　到目前为止，阿拉伯半岛的部落还无足轻重：内斗耗掉了他们多余的能量。宗教差异和历史上的氏族仇恨让他们彼此孤立。有些人崇拜偶像，有些人崇拜天军，有些人皈依基督教，有些人则皈依犹太教。

　　穆罕默德在去世之前已经开始着手冲出阿拉伯半岛。629年，波斯战争结束后的次年，驻守在巴勒斯坦沙漠边境的东罗马帝国军队就曾遭到阿拉伯人的袭击。但直到先知去世后，阿拉伯人才向罗马帝国和波斯展开风暴式的入侵。阿布·伯克尔（Abu Bekr）是第一任哈里发，也就是"穆罕默德的继承者"，他在633年分别派出两支军队，誓要将伊斯兰版图延伸到叙利亚和迦勒底（Chaldaea）。

　　罗马帝国和波斯帝国目前都无力招架。霍斯劳的野心带来了一场持续20年的战争，让两国军队师老兵疲。自战争结束，波斯就深受内乱和变革的折磨：9个王子在不到4年的时间里接连登上王位。

　　　　　　　　　　　　　　　　黑暗时代（476—918）

在罗马帝国，希拉克略一直在竭尽修复战后创伤：首先便是还债；除了接受西罗二世的赔款，希拉克略还征收新税种，偿还教会在战时给予的巨额军备贷款。鉴于帝国战后国力残损，希拉克略解散了大部分军队，在国内施行财政紧缩政策。但他无法修复叙利亚和小亚细亚在波斯枷锁下10年所遭受的损失。东部省份的社会根基因波斯长期占领而被削弱。在波斯统治期间，众多异教徒高昂头颅，拥入尼罗河和奥龙特斯河河谷，毫不掩饰对帝国权威恢复的不满。经常与波斯人站在一边的犹太人也心存不满，蓄势待发。据说叙利亚和埃及的一半人口都对帝国心存恶意。这些东方教区在过去3个世纪里一直是东罗马帝国的支柱力量，要想让这些地区恢复过去的实力，需要两代和平明智的统治；但是距离希拉克略庄重地带着真十字架重回耶路撒冷还不到4年，阿拉伯人就冲进了这片土地。

哈立德（Khaled）率领一个撒拉逊部落袭击了幼发拉底河下游的波斯边境，与此同时，另一个部落在阿布·奥贝达（Abu Obeida）的带领下入侵叙利亚的东部沙漠地带。布斯拉（Bostra）遭遇叛变，第一个陷落。主教塞尔吉乌斯手下的一小支军队被击败，叙利亚和巴勒斯坦的执政官向皇帝求救。希拉克略还没有意识到眼前的危机，他派弟弟狄奥多尔（Theodore）率兵增援。这支军队在几个月的时间里苦苦抵抗阿拉伯人的进攻；哈里发认为有必要派遣手下最勇猛的哈立德率相当于入侵波斯帝国的一半兵力来加强阿拉伯在叙利亚的控制。634年7月，狄奥多尔在约旦以外的加巴塔（Gabatha）附近的艾扎那代因（Adjnadin）遭受撒拉逊人重创。这次的失败让皇帝勃然大怒。希拉克略加强援军，在634年夏末的雅穆克（Yermuk）战役中受到8万敌军的袭击。雅穆克战役决定了叙利亚的命运。在这场激战中，帝国军队经过漫长而艰苦的战斗，尽管曾一度把阿拉伯人打回到营地老巢，但最后还是倒在了敌人宁死不屈的疯狂攻击下。"天园就在你们眼前，"阿布·奥贝达向手下摇摆不定的大军喊道，"魔鬼和地狱在后面开火。"最终，阿拉伯人展开最后一次狂攻，攻破了拜占庭的阵线，席卷敌军，数千名拜占庭士兵无力还手，丧生在悬崖沟壑中。

东罗马帝国军队在雅穆克战役中全线崩溃，希拉克略还没来得及集结另一支大军，635 年，叙利亚东部最大的城市大马士革便落入了敌军之手。

希拉克略决定亲自率领军队对抗阿拉伯人，但他已经不再是那个在 6 次漫长的波斯战争中披荆斩棘的勇士了。他早已迈入知天命之年，甚至过早地患上了最终让他丧命的水肿。此外，希拉克略的晚年私生活也麻烦不断。他娶了自己姐妹的女儿玛蒂娜（Martina）为二婚妻子，可谓是极不明智，有违伦常。皇后一心希望希拉克略扶持她的儿子赫拉克洛纳斯和第一任皇后的儿子君士坦丁（Constantinus）共同成为帝国继承人，让希拉克略深受家庭内部纷争的煎熬。尽管如此，希拉克略还是再次身披盔甲，于 635—636 年两年间在叙利亚努力征兵，试图阻止阿拉伯人。皇帝屡战屡败，甚至无力防御，埃米萨（Emesa）、希拉波利斯、哈尔基斯和贝里亚相继落入了阿拉伯人的手中。636 年，希拉克略病入膏肓，他回到君士坦丁堡，先是匆忙造访耶路撒冷，拿走了他在 6 年前以胜利者的姿态放置于此的真十字架。

希拉克略离世后，拜占庭帝国江河日下。叙利亚北部的首都和重要据点安条克和巴勒斯坦防卫中心耶路撒冷双双在 637 年沦陷。

穆罕默德曾宣布，耶路撒冷在世界圣地的地位仅次于麦加，于是，哈里发奥马尔（Omar）穿越沙漠，亲临耶路撒冷受降。耶路撒冷开城投降，阿拉伯人强迫牧首索弗罗尼乌斯（Sophronius）带领自己四处游览这座城市。在圣墓教堂时，牧首悲痛欲绝，抑制不住地大声喊道先知但以理（Daniel）在《圣经》中的话："你们看见那行毁坏可憎的，站在不当站的地方。"（《马太福音》13：14）衣着朴素的奥马尔明显比他的将军更加温和有同情心，他没有破坏城内的基督教堂，只是在所罗门神庙（Temple of Solomon）的遗址上建造了一座大清真寺。

波斯的情况则更为糟糕。卡迪西亚（Kadesia）一战持续了3天，萨珊王朝最后还是屈服于阿拉伯人的剑下。首都泰西封被洗劫一空，彻底沦陷。636年，萨珊王朝的最后一位国王伊嗣俟（Yezdigerd）向东逃去，在奥克苏斯河和穆尔加布河（Murghab）河岸征集军队。幼发拉底河沿岸的阿拉伯人开始从南部袭击罗马的美索不达米亚省，同时叙利亚的征服者也从西方袭击。希拉克略最后一次试图拯救北叙利亚和美索不达米亚，他派遣一支军队，听从他的儿子和继任者君士坦丁三世的指挥，努力收复安条克。尽管一开始胜利在望，但是小恺撒在埃米萨折戟沉沙，最终退出战场。638—639年，美索不达米亚及其所有历史悠久的据点——达拉斯、埃德萨和阿米达都落入了敌军之手。640年，该撒利亚海港城沦陷，罗马人失去了托雷斯南部的最后一个据点，小亚细亚也完全暴露在敌军面前。

希拉克略去世前一直深受水肿的折磨，而可怜的他还要在离世前再次亲眼看到帝国遭受打击。640年，以阿姆鲁（Amrou）为首的撒拉逊人穿越苏伊士沙漠，到达埃及。他们在战场上击败了罗马军队，占领了孟斐斯（Memphis）和巴比伦，获得了埃及上游和中部人民的效忠。这里的人多为异教徒，认同阿拉伯人能拯救深受正教压迫的人民，而该省的科普特人（Copts）统治官莫卡卡斯（Mokawkas）早在事态进一步恶化前就投降了。只有深受希腊正教影响的亚历山大顽强抵抗。但是伟大的海港首都——埃及依然坚持下去，在希拉克略去世前一直由基督徒掌控。

希拉克略于 641 年 2 月 10 日去世，在痛苦和失败的惨淡光景中结束了自己的生命，享年 66 岁。如果他早逝 10 年，就会被称赞为罗马最伟大的武士皇帝。他在最黑暗的时刻拯救了帝国，凭借武力收复了所有东罗马帝国的土地，在历史上很少有人能与之相提并论。但是，他随后又把 2/3 赢回来的土地拱手让给了新的敌人。不领情的年轻人恐怕只会认为他是一个丢失耶路撒冷和安条克的失败者，而不是君士坦丁堡的救世主。

第十三章

西哥特的衰败和毁灭　603—711

西哥特历史的模糊性——希瑟布特（Sisibut）和苏因提拉（Swinthila）赶走东罗马人——一系列受神职人员控制的国王——金达苏伊斯（Chindaswinth）恢复王权——金达苏伊斯的立法——拉斯文思（Recceswinth）的长期统治——万巴（Wamba）和他的战争——保卢斯（Paulus）叛乱——万巴软弱而不知名的继任者——撒拉逊人入侵——西班牙的弱点——最后的西班牙人罗德里克——撒拉逊人占领西班牙

在欧洲历史中，很少有时期像西哥特人在西班牙统治的最后100年一样模糊不清。原始历史资料少之又少，近来也少有帮助人理解的作品出版。711年，摩尔人大举征服，各类书籍和作家也随之消失，直到灾难过去多年后，西班牙的历史作品才回到世人面前。后来的西哥特时代就像英国七国时代 * 初期一样黑暗而名不见

---

* 指5—9世纪居住在英格兰的盎格鲁 – 撒克逊部落非正式联盟的时代。七国指肯特王国、苏塞克斯王国（南撒克逊）、威塞克斯王国（西撒克逊）、埃塞克斯王国（东撒克逊）、诺森布里亚王国、东安格利亚王国和麦西亚王国。

经传。西班牙既没有神学家圣徒比德（Bede），也没有《盎格鲁－撒克逊编年史》（*Anglo Saxon Chronicle*），我们无法洞晓当时那个黑暗的时代。因此，我们只知道一些国王的名字，对他们的行为和政策往往一知半解。在7世纪走向尾声之时，故事变得越来越扑朔迷离，而到了8世纪初，我们就只能依靠不值得信赖的传说来理解这段历史了。

利奥维吉尔德家族统治40年，最终于603年因年轻的国王莱奥瓦二世被暗杀而惨痛终结。杀死莱奥瓦二世的凶手一定是暴戾凶狠的伯爵维特里克。他曾参与590年爆发的阿里乌斯派起义，雷卡雷德不明智地将其赦免。在利奥维吉尔德和雷卡雷德的统治下，王权得到了重大提升，而随着维特里克上位，王权形势急转直下。此外，由于雷卡雷德改信天主教，王国内主教的权威和势力大大增长，维特里克对雷卡雷德的教会政策心怀不满。维特里克统治7年，功绩寥寥，竟然还能够一直戴着来路不明的王冠，这一点着实奇怪。他与阿基坦的法兰克人和安达卢西亚的拜占庭驻军有过一些无谓的斗争，但没有取得任何声望。教会反对他，他手下的伯爵和公爵对他也不重视，因此当他于610年在宴会上被海盗杀害时，人们的反应就像对他的前任暴君狄乌迪吉塞尔一样，并没有表现出太多的惊讶或遗憾。

哥特人选择伯爵甘迪马尔（Gundimar）来接替维特里克的位置。甘迪马尔是正统教会派的领袖，他的虔诚在教会编年史得到高度赞扬。当勃艮第的提乌德里克和布伦希尔德攻击奥斯特拉西亚的提乌德贝尔特时，甘迪马尔决定加入法兰克内战。塞普提曼尼亚的哥特人和邻近的勃艮第兄弟有一些边境纠纷，自然就与遥远的奥斯特拉西亚人统一战线。在战争爆发的 612 年，甘迪马尔就去世了，距离他加冕仅过去了 21 个月。

他的继位者是一位品质崇高的王子——希瑟布特。和前任一样，希瑟布特也与教会为友，与不羁的世俗贵族为敌。他不仅是一位伟大的战士，还是一位博闻强识的学者，甚至还是作家，这在一众哥特王子中极为罕见。他的传世作品只有一本教会传记——《圣德西德里乌斯的生活激情》(The Life Passion of St. Desiderius) 和若干糟糕的诗篇，否则现代历史学家可能会为了寻找散佚的《哥特国王编年史》(Chronicle of the Kings of the Goths) 而大费周章。从他所敬爱的教会友人那里我们可以得知，希瑟布特精通文法、修辞学和辩证法，并在托莱多建造了一座宏伟的大教堂。

然而，希瑟布特可不只是一位头戴王冠的学者那么简单。他接手了自雷卡雷德去世后就被丢在一边的任务——将东罗马帝国驻军逐出安达卢西亚，并大获全胜。皇帝希拉克略陷于波斯战争的泥沼，对西班牙爱莫能助，只能眼睁睁看着从瓜达尔基维尔河口到苏克雷河口的所有西班牙东南港口都落到了希瑟布特手中。除了最西端的领地——葡萄牙西南边疆、拉各斯要塞和圣文森特角岬以外，东罗马人手里几乎一无所有。拿下安达卢西亚海岸之后，希瑟布特筹建了一支小型舰队，随后越过直布罗陀海峡，从阿非利加总督手中夺取了休达*和丹吉尔†。615 年，希拉克略求和，宣布正式放弃希瑟布特获得的一切战利品。希瑟布特长驱直入，成功挺进山区并制服了

---

* 休达 (Ceuta)：北非城市，坐落在地中海沿岸，位于直布罗陀海峡的非洲一侧东端。休达地理位置优渥，自古以来就是商贾重镇、军事要塞。现为西班牙的海外自治市。

† 丹吉尔 (Tangier)：北非城市，位于直布罗陀海峡的非洲一侧西端，靠近大西洋。丹吉尔战略地位显要，历史文化悠久，现属摩洛哥。

难缠的巴斯克人，还迫使他们向自己进贡。

希瑟布特在处理内政时则不那么光彩。西班牙教会不容忍异己，作为其狂热支持者的希瑟布特受到主教怂恿，开始疯狂地迫害犹太人。在此后哥特国王的统治下，不幸的希伯来人始终难逃苦难折磨。

希瑟布特在位仅8年（612—620）；他生前曾为其子雷卡雷德二世（Reccared II）参选国王全力护航。因此他一驾崩，儿子就顺利地继承了王位。然而，希瑟布特去世不到一年，雷卡雷德二世也撒手人寰，王位又落到新的家族手中。

伯爵苏因提拉是哥特人选出来的新国王，他之前在巴斯克战争中脱颖而出，军事声誉很高。但是，苏因提拉与希瑟布特不同，他并不支持教会派，在统治的10年间也就不得不面对教会派的阴谋。苏因提拉同样也遭到大贵族的厌恶。自耕农长期以来逐渐陷入对大邻国的封建依附关系中，他通过维护哥特自耕农的权利，遏制大贵族的权利，这也为他获得了"穷人之父"（Father of the Poor）的称号。苏因提拉在位时频频遭到教会和贵族的反抗，自耕农的忠诚无疑是苏因提拉仍然能长期在位的最好保证。苏因提拉统治时也取得了丰硕的军事成果。他拿下了拜占庭在西班牙的最后两个据点——拉各斯和圣文森特海角要塞，统治整个半岛。他还成功应对巴斯克人的反叛，侵袭了巴斯克人在纳瓦拉（Navarre）和比斯开湾的河谷，在埃布罗河和潘普洛纳附近建造了奥利特（Olite）堡垒以压制巴斯克人。

但是，还有很多敌人正对苏因提拉的王位虎视眈眈。塞普提曼尼亚的统治官、伯爵希森安德起义反抗苏因提拉，并得到法兰克国王达戈贝尔特的帮助。高卢现在再次统一，布伦希尔德和弗雷德贡迪斯的后裔进行的漫长内战也已画上句号，隔了这么久，法兰克终于可以投身于对外战争了。凭借着达戈贝尔特的部队，希森安德越过了比利牛斯山脉，挺进萨拉戈萨，并在那里迎面对上了哥特国王的军队。苏因提拉的手下背信弃义，没有燃起一丝战火，事情就解决了。苏因提拉在自己的营地被手下的大贵族和主教们抓住，拷上锁链，落到了希森安德的手中。这名篡位者比许多哥特叛徒仁慈，他没有杀死苏因提拉，只是把他关进了修道院。希森安德曾答应把哥特国库中的奇珍异宝送给法兰克友军，作为回报。这是一个精美的罗马工艺金碗，重达约 226 千克，是 5 世纪战争的战利品。于是，当达戈贝尔特的使者接过宝物，法兰克的舰队离开西班牙之际，哥特伯爵们信誓旦旦地要把这个古老的传家宝留在哥特人的土地上，随即便凭武力夺回了这个宝贝。希森安德只好向达戈贝尔特送去了 20 万金币（14 万英镑）作为补偿。

希森安德十分软弱，不过是主教手中的傀儡罢了。在他孱弱的统治下，王室权威逐渐消失殆尽，希瑟布特和苏因提拉的努力也付诸东流。西班牙的真正统治者是教会，而不是希森安德。宗教会议召开时，国王在众目睽睽之下卑躬屈膝，流着泪，哀叹他的罪恶并乞求圣父的忠告。希森安德统治 5 年后，奇恩蒂拉（Chinthila）于 636 年继位。奇恩蒂拉不过是主教们选出的另一个统治工具罢了，我们只知道，"他与主教举行了许多宗教会议，并在真正信仰的帮助下巩固自己的地位"。奇恩蒂拉仅仅统治了 3 年，但是教会支持者允许他的儿子图尔加（Tulga）在他去世之前加冕为新王。图尔加也很听教会的话，统治两年后就被世俗贵族设计取代了。在整整 12 年的时间里，西哥特王国历经 3 位被神职人员压制的国王，神职人员的统治也越来越惹人生厌。图尔加被打发到修道院继续追求虔诚之路，641 年，由共谋者召开的国民议会选举公爵金达苏伊斯为国王。金达苏伊斯的美德得到了所有人的认可，而不安分的臣属在这位年近 79 岁的高龄国王的统治下自由行事。

但是贵族们严重地低估了金达苏伊斯，就像后世的被误导的枢机选择了濒死的西斯笃五世（Sixtus Ⅴ）为教皇。头上的王冠似乎回馈给这位老人无尽的青春和活力，而哥特人也发现，眼下的这位国王似乎和利奥维吉尔德和苏因提拉是一类人——一位严酷镇压违法乱纪和封建无政府状态的统治者。金达苏伊斯立刻决定重振王室特权，反对大贵族和教会的宗教会议。他着手处理 12 年前背叛苏因提拉的一众叛徒，重新找到他们并处以死刑。于是，西班牙的大多数贵族立刻爆发叛乱。有些人在拜占庭总督的帮助下逃往阿非利加，其他人则逃到了法兰克王国。但是，金达苏伊斯将他们的反抗逐一击破，用 200 名贵族的血液熄灭了叛乱的火焰，并把 500 名职位较低的叛徒交给了刽子手。哥特人生性倔强，需要强有力的统治者管理，但是他们这次被成功驯服后，不敢再像对以前的国王那样对待金达苏伊斯。646 年，叛乱被粉碎后，主教们迫不得已在托莱多会议上庄严诅咒所有叛乱的贵族——金达苏伊斯口中的暴民，剥夺所有支持叛乱的神职人员的头衔并将他们逐出教会。

在统治后期，金达苏伊斯的强硬的手段为西班牙赢得了 7 年的和平，儿子拉斯文思也顺利成为共治国王，没有反对的声音。父子共治 3 年，拉斯文思履行国王职能，而金达苏伊斯则投身于宗教事务。这段时间内，发生了一个非常重要的事件，标志着西哥特统一大业的完成。这项大业的开端便是雷卡雷德皈依天主教。哥特人和西班牙人已经同化，国王认为在未来，他们可以在一套统一的法律规则下生活。两大种族开始相互混合，这一时期结束时，西班牙公爵和伯爵与哥特的主教和修道院院长的数量一样多。他们不再各自垄断世俗权力和教会职务。金达苏伊斯决定停用古老的罗马法，让所有臣民转而采用哥特法，尽管哥特法中也具有大量的罗马元素。使用新法的优势在于西班牙人无法使用之前的罗马法——《阿拉里克要览》、他们自己的法院和法官。不仅在法律事务上这样，行政或军事事务上也是如此，因此伯爵们和代理人（vicar，国王的直接代表）们今后就对包括神职人员在内的所有西班牙本土人都拥有完全的管辖权。除此之外，尽管在利奥维吉尔德时期，哥特和罗马各省之间的通婚禁忌已被打破，但是直到金达苏伊斯时才完全废除了禁止通婚规定，所有臣民在法律面前一律平等。

金达苏伊斯于 652 年去世，享年 90 岁，这样的高龄在当时的条顿国王中空前绝后。他的儿子兼共治者拉斯文思当时已经很年迈，后来又活了 20 年。拉斯文思在西哥特国王中统治时间最长，在他的统治下，王国也经历了最平稳和繁荣的发展时期。与父亲不同，拉斯文思是教会的忠诚支持者，并且他在主教的帮助下得以平稳统治，直至去世。但是他的父亲辛辛苦苦再次获得的王权却在他手中渐渐流失了。随着拉斯文思年龄的增长，国家的统治大权再次落入主教和宗教会议手中。拉斯文思终其一生建设教堂，祭奠圣徒。幸运的是，他送给圣母马利亚的一个刻有献祭铭文的大金王冠得以保存至今。这个宝物现在成了巴黎克鲁尼博物馆（Cluny Museum）的镇馆之宝，除了保存在蒙扎大教堂的阿吉卢尔夫和狄奥多琳达的黄金祭品外，这便是见证当时风格粗犷的条顿艺术最好的不朽作品。拉斯文思受到的灵性感召许多也在一些传统中得到了高度的体现。他和大主教伊尔德芬斯（Ildefonsus，哥特名为 Hildefuns）有权亲眼观看托莱多大教堂里圣徒莱奥卡地亚（St.Leocadia）不可思议的显圣景象。但是与此同时，国王的权威又一次消失了。享受和平和虔诚的拉斯文思似乎对继任者的命运并不关心。他膝下无子，没有接班人继承王位。就个人而言，拉斯文思颇得人心——"他温和谦逊，鲜少从臣民那里听到对他的抱怨"，但是他以弱者姿态播下的种子，并没有让他收获美好的果实。仅仅一次微不足道的叛乱就中断了他20年的和平统治。贵族们再次重申了他们对封建独立的旧主张，神职人员也越来越专横。

拉斯文思于672年去世，没有留下继承人。贵族们对继承人的选举有诸多争议，他们最终把目光放在了万巴身上。万巴已经成年，名声显赫，尽管他很受欢迎，但他拒绝接下这个烂摊子。后来，我们得知一位公爵拔剑威胁万巴，如果万巴再三犹豫，不服从议会的意愿，那么就无异于背叛国家和天职，最后就只能死在剑下。万巴只好屈服，接受了王位。

托莱多主教朱利安（Julian）撰写的万巴传记幸存至今，因此我们对万巴的统治要比对他的前任和继承人的了解得更多。我们知道，万巴是一位严格而强硬的哥特统治者，他以金达苏伊斯为楷模，在统治期间成功恢复了从虔诚的拉斯文思手中流逝的王权。一旦国王手段强硬，叛乱就自然而然地爆发了。当万巴忙着在山上对付武装反抗的巴斯克人时，塞普提曼尼亚爆发了更为危险的起义。一个名为希尔德里克的伯爵带头举起了反抗大旗。国王派出一支大军，交由值得信赖的罗马血统官员保卢斯领导。但是，保卢斯却叛变了。他没有攻击叛军，而是和敌人开启了谈判，放任自己军队的首领沉溺声色，并突然自立为王。据说，他向万巴发出挑战，言语奇怪夸张。"奉上帝之名，"篡位者写道，"强大的东方国王弗拉维奥·保卢斯问候西方国王万巴。你若能像一头强壮的狮子冲进树林和丛林，你若能驯服野山羊、跳鹿、野猪和敏捷的熊，你若能吐出毒蛇的毒液，那就让我见识见识。你若是战士、林中之王和岩石的爱人，那就速来会我。我们可能会像夜莺一样，在歌声中反抗。伟大的国王，快快振作起来，到比利牛斯山山口去吧，在那里你必遇见一个可敬的对手。"

万巴收到了保卢斯的信。这位森林之王立刻从巴斯克山上下来，不到一个星期便来到了叛军面前。万巴强势穿过比利牛斯山山口，追击保卢斯的军队，随后来到塞普提曼尼亚的首府纳巴达。这座城镇遭到主力军的围困，仅 3 天过后就被攻占了。在那时，万巴已经收复了山脉和罗纳河之间其他的大部分城镇。保卢斯在尼姆的一个重镇避难并派人去向法兰克人寻求帮助。但国王的速度太快了。哥特人之前和拜占庭人展开长期斗争，成功地把他们赶出安达卢西亚，熟练地掌握了攻城战的技术，并且凭借着强大的攻城器械，万巴在围攻第二天就占领了尼姆。保卢斯和他的首领们随后躲在已经变成堡垒的罗马竞技场内。过了几天，粮食短缺，人员不断减少，保卢斯不得不寻求国王的怜悯。万巴发誓会饶他们一命，保卢斯和 26 个伯爵和首领选择屈服于他的仁慈。国王把他们的胡须和头发连根拔起，带着他们凯旋，回到托莱多。保卢斯和他的手下身穿麻布衬衫，铐着铁链，打着赤脚，穿过城市。保卢斯走在最前面，光秃秃的头皮上用硬石膏固定着一顶皮冠。26 个人的名字都有历史记录，其中包括 1 名主教（哥特人）、1 名罗马血统的神父，以及 24 个伯爵和首领——其中 17 个是哥特人，7 个是罗马人。

这给了不守规矩的哥特贵族们重大一击，万巴的统治也随之趋于稳定。万巴在王位上又坐了 7 年（673—680），其间他尽力处理西哥特王国的各类问题，国家一片祥和繁荣。他定下的一些法律清楚地表明了当时王国所面临的危险。到目前为止，本应成为王室军队主力的自耕农现已消失，万巴命令在未来，奴隶和自由民要服从征召，参与战争。他甚至命令主教们在战场上领导农奴，尽管几代后，我们发现这种做法在英格兰、高卢和德意志地区都很普遍，但当时这让神职人员深恶痛绝。

万巴丢失王位是因为一场离奇的事故，或者说是一个更奇怪的阴谋。680 年，万巴病倒，但医生放弃治疗，致使他陷入长期昏迷之中。按照当时的惯例，他的随从们给他穿上修道士长袍，为他削发，这样他就可以"在信仰中"死去。在万巴咽下最后一口气前，他手下最可靠的军官赫尔维希（Erwig）伯爵立即夺取了王室宝藏，自立为王。赫尔维希是金达苏伊斯的侄孙或甥孙，他把自己看作他的表亲拉斯文思——万巴的前任——的继承人。然而，赫尔维希并没有纯正的西哥特血统；金达苏伊斯对赫尔维希的父亲阿尔塔瓦兹德（Artavasdes）很有好感，自然也是爱屋及乌。让王室感到沮丧的是，年老的万巴并没有死。他从长期的昏迷中苏醒过来，身体也有所好转。但是新国王和宫廷神职人员都试图使他确信，他已经成了一名修士，不能恢复世俗装束和王权，即使万巴知道事实不是这样。显然，万巴并没有打破当时的迷信；他只好屈从，在潘普列加（Pampliega）的修道院隐退并在这里度过了很长时间。不管是真是假，后来传言道，万巴并不是自然地长期昏迷，而是赫尔维希看见他躺在病榻上，就给了他一剂强力安眠药并故意困住他以夺取王位。

万巴是最后一位西哥特国王，后面的 4 名继承人都是影子国王，我们对他们知之甚少或一无所知。万巴死后，西班牙的历史堕入一片黑暗。这 4 个国王分别是赫尔维希（680—687）、厄吉卡（Egica，687—701）、维提萨（Witiza，701—710）和罗德里克（710—711）。我们对最后两位国王还是略知一二，但是有关赫尔维希和厄吉卡的历史事实就比较模糊了。

赫尔维希虽然有足够的勇气夺取王位，却没有勇气捍卫王权。他在位期间，国家重蹈覆辙，陷入了希森安德和拉斯文思时的境况——依赖教会。他听从托莱多主教朱利安的统治和管理，看上去并不像真正的西班牙国王，反例更像一名教士。在朱利安的要求下，他废除了万巴定下的严重影响教会的军事法律，重新开始残酷迫害犹太人。随着后来备受神职人员压迫的国王上位，这种迫害也没有间断。

很显然，赫尔维希残酷对待万巴国王，自己的良心备受折磨，于是他选择了万巴的外甥和继承人厄吉卡作为继承人。他让厄吉卡娶自己的女儿西西罗（Cixilo）为妻并让厄吉卡发誓要对妻子和妻子的兄弟们友善。随后赫尔维希摘下王冠，跟随万巴的脚步，进入了修道院。

厄吉卡并没有遵守誓言：他前脚刚在哥特大会上被奉为国王，后脚便让主教们解除他的誓言，随后抛弃了妻子并没收了妻子的兄弟们——赫尔维希的儿子们——的财产。在厄吉卡的统治时期，国王和神职人员大肆展开宗教迫害，犹太人遭受了最后一次，也是最猛烈的一次迫害。695年的第16次托莱多会议上投票决定，所有成年犹太人都应被扣押并作为奴隶出售，而他们的子女将与父母分开并交给基督徒家庭，在真正的信仰中抚养长大。许多希伯来人顺从这样的残忍法定，还有更多人则从海路逃往阿非利加。这一罪行将会给西班牙人带来无穷恶果，西班牙将会被出卖给外国敌人。一股势力刚刚来到西哥特王国附近。经过50年的战斗，可怕而狂热的撒拉逊人刚刚战胜了在阿非利加的拜占庭统治者并于695年袭击迦太基——东罗马人最后的据点。据说，犹太人向撒拉逊人发出信号，乞求他们横渡海峡，结束西班牙主教的迫害和统治。这次邀请的影响不大，但事实上这也可能暗示着西哥特人的处境将发生巨变。西哥特人3代以来都夹在两个软弱且没有进取心的邻国——派系森严的法兰克人和总督横行的阿非利加——之间。当一股具有青春和活力的新势力首次迸发时，日益衰微的平静局面将会如何发展呢？

然而，厄吉卡不会看到最后的结局，他的儿子维提萨也不会。我们除了知道维提萨"深受人民欢迎，但被神职人员憎恨"以外，对他别无所知。他的罪恶行为仅仅是10世纪修道院作家的想象，在当时并没有文字记录。因为在他死后不到两年，西班牙就落入了摩尔人手中，西哥特编年史家根本没有勇气详细描述旧西哥特王国的最后时光。

维提萨英年早逝，留下两个年龄太小还不能继承王位的儿子。哥特人选择罗德里克伯爵继位。虽然后来的编年史家称，罗德里克伯爵很可能是金达苏伊斯和赫尔维希的亲戚，因此对万巴和厄吉卡家族怀有敌意，但我们对他的了解只限于他的名字。

　　罗德里克在位不过 18 个月，因为当时西班牙的末日已经到来。过去 20 年，阿非利加的撒拉逊人一直在想方设法驯服摩尔人和柏柏尔人（Berber）。所有的部落现在都屈服于撒拉逊人的统治并接受了伊斯兰教。皈依者数量激增，撒拉逊人口迅速膨胀，他们渴望去征服新的土地。阿拉伯首领们正准备越过狭窄的直布罗陀海峡，到达西班牙半岛，开启新的征程。

　　后世流传着国王罗德里克的可怕故事。他曾残忍地侵犯了朱利安伯爵的女儿，愤怒的父亲把征服海峡的关键——王国堡垒——出卖给摩尔人并引导他们来到安达卢西亚海岸。当然这一切都是不符合历史事实的。罗德里克比前任出色还是逊色，我们都无从得知。我们对他的性格也一无所知，只在哥特国王名单上和一些极为罕见的硬币上看到过他的名字和统治时间。

　　据我们所知，罗德里克在位不到 18 个月，摩尔人就强势登陆卡尔佩（Calpe），从此这个地方也以领袖塔里克的名字被命名为塔里克之山（Jebel-Tarik）*。摩尔人开始征服安达卢西亚，罗德里克率领所有西班牙的西哥特大军奋力反抗。根据万巴的法律，当时的军队主要包括一些富有的伯爵和主教，他们手下领导着大量的农奴和依附者。事实证明，西哥特士兵在对付伊斯兰大军的表现远不如拜占庭军队。在靠近锡多尼亚城（Median Sidonia）的瓜德尔河（Guadelete）河岸，塔里克取得了决定性胜利。罗德里克在追击中被杀或溺死，哥特军队犹如一盘散沙，入侵者成功征服了西班牙，

---

* 也就是直布罗陀海峡。

无须打第二场仗。塔里克和他的上级阿非利加统治者穆萨（Musa）用了不到两年的时间（711—713）就征服了整个王国。一些如科尔多瓦、梅里达和萨拉戈萨等城镇虽然短暂支撑，但哥特人没有再选出新国王，也就无法再次凝聚反抗穆斯林。截至713年，西班牙唯一没有被征服的角落是比斯开湾山地海岸，难以驯服的巴斯克人和阿斯图里亚斯（Asturias）居民在那里处于风雨飘摇中。他们得以幸存，不是因为穆斯林无法征服他们，而是因为这些居民默默无闻，此外山地崎岖，穆斯林难以到达。

西班牙的西哥特王国就此毁灭。原因很简单：西哥特国王不是来自同一个王室家族，而是偶然选举产生的。国王并无实权，不过是神职人员的奴隶；大贵族们背信弃义，无事生非；自耕农消失了；大批农奴没有勇气为他们残暴的主人而战。教会的统治与极端封建主义带来的动荡让国家疲软无力。无论如何，西哥特王国早在未遇强敌，便已倒下；如果摩尔人没有越过海峡，西班牙很可能会沦为封地，屈服于伟大宫相统治下的法兰克王国或更为强大的查理大帝（Charles the Great）。

第十四章

东罗马帝国和哈里发的竞争　641—717

希拉克略去世后的王朝遇到的困扰——君士坦斯二世
和哈里发的战争——君士坦斯二世发布"类型"法令——君
士坦斯二世入侵意大利，和伦巴第人开战——君士坦丁五世
（Constantine Ⅴ）的统治——君士坦丁五世成功守卫君士坦
丁堡——查士丁尼二世（Justinian Ⅱ）的暴政——查士丁尼
二世被废黜——利昂提奥斯和提比略（Tiberius）篡位——查
士丁尼复位——查士丁尼二世被谋杀后，帝国面临无政府状
态——"伊苏里亚人"利奥（Leo the Isaurian）的崛起

希拉克略不幸离世后，东罗马帝国陷入了不利的境地，难以抵
抗穆斯林对其其余省份的猛烈攻击。老皇帝生前屈服于其野心勃勃
的妻子玛蒂娜，将帝国一分为二，分别交由第一任妻子的后代君士
坦丁三世和玛蒂娜所生的长子赫拉克洛纳斯管理。当时，君士坦丁
三世年龄稍长，29 岁，而赫拉克洛纳斯只有 16 岁。两帝共治带来
了灾难，因为君士坦丁三世和他的继母——年幼的赫拉克洛纳斯的
代理人——事事分庭抗礼。但是 3 个月过后，君士坦丁三世就去世

了。他很有可能是自然死亡，但是拜占庭人民却不这么认为，他们公开指责玛蒂娜毒死了继子。玛蒂娜的所作所为并不能为自己开脱，尽管君士坦丁三世死后留下了两个男孩，但玛蒂娜还是立刻宣布她的儿子赫拉克洛纳斯是拜占庭唯一的皇帝。

君士坦丁堡的人民对此难以接受。暴动一触即发，而本该持中立态度的元老院不像以往那样顺服无能，他们此次措辞强势，声称如果玛蒂娜和她的儿子剥夺君士坦丁三世儿子们的继承权，那么后果自负。玛蒂娜和赫拉克洛纳斯担心性命难保，只好屈服于大众的意愿并允许小君士坦斯加冕为叔叔的共治者。这个孩子加冕时还不到 11 岁。

玛蒂娜摄政，两个小伙子共治的情况只持续了不到一年。642年 9 月，元老院发动政变，玛蒂娜和她的儿子被抓并被流放至赫尔松（Cherson）。二人背负着毒害君士坦丁三世的罪名，最终被残忍致残。皇后的舌头和赫拉克洛纳斯的鼻子都被割掉——这是皇室成员第一次被这样对待，但这绝不是拜占庭历史上的最后一例。

君士坦丁四世（常被不太准确地称为君士坦斯二世）不到 12岁就成为东罗马帝国的唯一统治者。元老院曾一度扮演真正的统治者的角色，这一事实也证明在过去两三代人的时间里，帝国对希拉克略家族忠心耿耿，并且元老院势力大幅提升。毫无疑问，以前会有一些强大的将军夺取皇位。但是，在君士坦斯二世成年之前，帝国并没有叛乱的困扰，小皇帝能够顺利长大成人并在适当的时候承担独立统治帝国的职责。

令人惊讶的是，在君士坦斯二世孩提时期，国家并未发生重大祸患。精力充沛的哈里发奥马尔仍不断推进阿拉伯人的征服之旅。

如果东罗马帝国没有坚定的掌舵人，这条船很有可能会撞上大风大浪。尽管撒拉逊人仍在继续前进，但他们的进展速度还是遭到遏制。亚历山大——埃及最后一个基督教据点——在赫拉克洛纳斯短暂统治时期就已陷落。为了收复该地，帝国耗尽了大量资源。君士坦斯二世统治次年，帝国大军在一个名叫曼努埃尔（Manue）的将军的带领下，意外到达并重新占领了亚历山大。享誉盛名的阿姆鲁——埃及的阿拉伯总督——围攻一年多才拿下这个城市。亚历山大的顽强抵抗彻底激怒了阿姆鲁，阿姆鲁推倒城墙，屠杀了众多居民。在接下来的几年里，撒拉逊军队似乎更专注于拿下波斯东部，而不是进攻罗马帝国。直到最后一位波斯萨珊国王耶齐德格德被打败，拿到了波斯人境内最远的领土，阿拉伯人才将目光再次转向西方。

罗马边境上唯一遭到严重袭击的地方是阿非利加。与其他入侵者相比，埃及和巴尔卡（Barca）之间的沙漠荒地对阿拉伯人不值一提。阿非利加总督格里高利叛变并自立为王，因此不能指望得到君士坦丁堡的帮助，撒拉逊将军阿卜杜拉·阿布·萨尔（Abdallah Abu-Sahr）受此鼓舞，穿过利比亚沙漠袭击了巴尔卡。格里高利出来反抗，但最终被杀。巴尔卡和的黎波里落入入侵者的手中，但当造反者被杀后，迦太基和阿非利加其他地方再次宣布效忠于君士坦斯二世。646—647年，撒拉逊的边境止步在西尔提斯（Syrtis），后来又花了50年的时间，才把罗马人赶出阿非利加西半部。

与此同时，哈里发奥马尔去世，奥斯曼（Othman）继位。奥斯曼能力不足，无法对东罗马帝国构成太大威胁。然而，他手下的将军们入侵并占领了塞浦路斯。由于拜占庭舰队自身的优势，阿拉伯人无法永久地控制该岛。642年，撒拉逊人拿到塞浦路斯的进贡后便心满意足地撤军了。首次海上征程让撒拉逊人大受鼓舞，他们着手建立伟大的舰队，并在随后几年与罗马舰队争夺东地中海的控制权。东罗马舰队自533年打败汪达尔人后，在海上便所向无敌。

君士坦斯二世在此期间已经长大成人。对帝国来说幸运的是，这位君主可以在逆境中独当一面。他严苛而好战，军事能力与祖父希拉克略旗鼓相当。他率领军队南征北战，水陆双线作战，即便并非总能获胜，他的勇力和毅力也值得嘉奖。有时他也会表现得严厉残忍，但在危险面前，皇帝的残忍可比懦弱和懒惰更容易得到谅解。

652年，君士坦斯二世第二次远征亚历山大。在尼罗河的坎诺普斯（Canopic）* 河口附近的海面上迎面遭遇一支撒拉逊大舰队。这支舰队从叙利亚和埃及港口集结而来，东罗马帝国的舰队蒙受惨痛损失，最终战败。3年后，敌人发动攻势，叙利亚总督穆阿维叶（Muavia）集结一支庞大的舰队攻击小亚细亚南部海岸，而他本人则通过陆路，打开托鲁斯山（Taurus）山口，入侵卡帕多西亚。君士坦斯二世则发动手下所有舰队，在利西亚海岸（Lycian Coast）外的菲尼克斯（Phoenix）与撒拉逊人会面。这是自亚兴克（Actium）战役后地中海发生的规模最大的海战。两支舰队奋力对抗，士兵们拼命搏斗了好几个小时。战斗正酣之时，敌人登上君士坦斯二世的大船，君士坦斯二世只好脱掉紫色长袍，跳到另一艘船上。最后，撒拉逊人在655年取得决定性胜利，一跃成为爱琴海（Aegean）的主人。早在战争爆发以前，罗得岛（Rhodes）就已经落入撒拉逊人手中，撒拉逊人把岛上伏倒的巨像卖给了一

---

* 现在被称为 Canopus。

个犹太商人，运到叙利亚熔化了。

然而，帝国没有看到这屈辱的一面：撒拉逊舰队在 20 年的时间里接近达达尼尔海峡。656 年，哈里发奥斯曼被谋杀，撒拉逊人随即爆发野蛮的内战。有两人声称自己是"先知的继承人"，他们分别是控制叙利亚的穆阿维叶和控制美索不达米亚和阿拉伯新都库法（Kufa）的穆罕默德的女婿阿里（Ali）。穆阿维叶忙着对付阿里，于是乐得与东罗马帝国相安无事。659 年，他向君士坦斯二世求和，条件很古怪：只要双方之间每保持一日和平，穆阿维叶就会支付 1 匹马和 1 个奴隶。这项条约拯救了东罗马帝国：27 年来它首次从撒拉逊战争的泥淖中挣脱出来，君士坦斯二世终于可以喘息片刻，整顿自己那伤痕累累的帝国。在条约承诺的 5 年和平期内，君士坦斯二世励精图治，大大改进了帝国状况。

君士坦斯二世对帝国做了细致的评估，发现丢失的 5 个东部大区已无法挽回：距离较近的从的黎波里到利比亚沙漠的阿非利加辖区的一半、埃及、叙利亚及罗马亚美尼亚的大部分地区已经落入撒拉逊人手中。此外，在欧洲，巴尔干半岛在 610—659 年间的动荡时期丢失了部分内陆领土。早在莫里斯统治时期，斯拉夫人的入侵行动就已经造成极大威胁，而现在他们已经完全掌握了默西亚的所有土地，色雷斯和马其顿的内陆地区。斯拉夫人现在距离阿德里安堡（Adrianople）[*]和塞萨洛尼卡城门也就数千米，他们时常围攻这两座城市，但都未获得成功。斯拉夫人甚至蚕食奥林匹斯山南麓，进入希腊的一些地区。帝国的领土被蚕食

---

[*]　埃迪尔内（Edirne）的旧称，位于土耳其。

至只留下巴尔干半岛海岸的狭长地带，从达尔马提亚的斯帕拉托（Spalato）延伸至黑海的奥德索斯（Odessos）*。在详细描述伦巴第人历史的同时，我们看到东罗马人在西部现在只保留了拉文纳总督区、罗马公园和那不勒斯公国、意大利南端以及西西里岛和撒丁岛。君士坦斯二世认识到，要想恢复帝国势力，当务之急不是夺回丢失的领地，而是重组罗马军队，必须要努力保卫帝国边界。阿拉伯内战一爆发，君士坦斯二世便可将目光转向别处。他攻打巴尔干半岛的斯拉夫人，最终打败他们并迫使他们朝贡。皇帝知道，把斯拉夫人赶回多瑙河畔无异于白日做梦，因此他对现状很满意。657—658 年，皇帝在斯拉夫部落和大幅度减少的省份之间划分界限，来保护色雷斯和马其顿沿海地区免遭进一步的骚扰。

皇帝现在把目光投向了阿非利加和意大利。如果想让伦巴第和撒拉逊人最终停下进攻的脚步，那么进攻巴尔干半岛只是第一步。662 年，君士坦斯二世乘船前往西方，在那里度过了生命的最后 6 年。君士坦斯二世痛恨首都：他是一个非常专制的人，自然是看不惯元老院早年间对自己的控制，也极为憎恨君士坦丁堡的乌合之众。他和民众闹翻，理由和当时导致芝诺大失民心的原因如出一辙。这个城市长年累月地夹在正教会和基督一志论†派中间，痛苦不堪。皇帝为了平息风暴，发布称为"预表"（'the Type'）的理解法令，禁止提及耶稣的一个或两个意志。这则法令既没有让异教徒感到满意，

---

* 现保加利亚的瓦尔纳。

† 基督一志论（Monothelite）：基督教的一个学说，产生于公元 7 世纪，实属前代"基督一性论"的衍生。一志论主张基督虽具有神、人两性，但只有一个意志和作用，即神的意志和作用，而不具有人的意志和作用。东罗马帝国皇帝君士坦斯二世曾令全国百姓都信从此说，违者治罪。罗马教皇马丁一世却教人勿从，从者要受绝罚。

又进一步激怒了正教徒。他们不停地指责君士坦斯二世自己就属于一志论派，大吵大闹，扰乱了皇帝的生活。君士坦丁离开拜占庭还有第三个原因。660年，他怀疑他的兄弟狄奥多西正在密谋反对自己，事情的真实性我们并不能确定。他立即将这位年轻的王子处以死刑，但是死刑过后，君士坦斯二世心神不宁。我们得知，他总是做梦梦到兄弟的鬼魂，对当时执行狄奥多西死刑的宫殿也无比憎恨。如果这些故事是真的，那么他离开君士坦丁堡就不仅仅是要恢复帝国西部的残存势力，还为了寻求精神上的解脱。

657—662年，君士坦斯二世离开首都前，根据当时的需要重新划分行政区域。军区制或曰新行省制似乎就起源于此，这段时间也是帝国在长期的战争中唯一喘息和重构的时期。在过去，帝国的省份由戴克里先（Diocletian）划定，后来又经过查士丁尼调整，省份面积很小，各自的民事和军事力量也是分开的，当地驻军不受当地管理人员的控制。为了应对长期的波斯和撒拉逊战争的需要，军事指挥官已经取代了民事长官，毕竟，由保卫帝国领土的人控制其地方行政和财政大权是绝对必要的。新的省份不多，但土地面积广阔，由兼顾民事和军事的执政官管理。这些地区被称为"军区"（themes），这个名称来自占领当地的军事单位"塞姆"；为了保护该地区，每支军队起初配备4000名常规骑兵。亚洲的军区名很容易理解。安纳多利克军区（Anatolikon）和亚美尼亚军区（Armeniakon）是两个最大的军区，由"东罗马帝国军队"和"亚美尼亚军队"驻守。从西边的色雷斯西亚军区（Thrakesion）的名字上不难看出，"色雷斯军队"被带到亚洲来对抗撒拉逊人。布塞拉里亚军区（Bucellarion）以"布塞拉里亚军团"命名，指的是一支最初由条顿民族雇佣军组成的军队。奥普希金军区（Opsikion）主要由帝国防卫军镇守。只有小亚细亚南部沿海的西比尔霍特军区（Cibyrhaeote）的名字取自一个城镇，而不是驻守部队。在西部，巴尔干半岛最初就有三大军区——色雷斯军区、伊利里亚军区和海拉斯（Hellas）军区和远处的三大军区：拉文纳军区、西西里岛军区和阿非利加军区。将军（strateges）管理各自的军区，他的军事头衔也表明了其在军队中的角色。军区内有地方部队或正规军驻守，核心部队是 4 000 名重型骑兵组成的师。12 个军区总共有 4.8 万名骑兵，除此之外，还有不太重要的步兵和由不同的蛮族雇佣军组成的非常规军，当地民兵则主要用于守护堡垒。

君士坦斯二世是唯一重点关注过去西罗马帝国领地的东罗马帝国皇帝。他在意大利和西西里岛度过了长达 6 年的时间，东罗马帝国的臣民们认为他计划恢复罗马作为首都的地位，甚至可能对锡拉库萨（Syracuse）区别对待。从地理层面看，这样的计划不大可行，因而不大可信。君士坦斯二世个人不喜欢君士坦丁堡，自然远离这座城市，但这种厌恶之情不至于让他更换首都。

毫无疑问，君士坦斯二世决心重申帝国在意大利的霸权，对抗伦巴第人，同时他也注意到要对总督和教皇们的势力和独立性有所遏制。甚至在君士坦斯二世前往意大利之前，他对罗马教皇权力的嫉妒就已经在与教皇马丁一世（Martin Ⅰ）的来往中显露无遗。649年，这位高级教士在罗马举行宗教大会，在会上谴责了君士坦斯二世颁布的《合一通谕》。君士坦斯二世对此记恨在心：他等待时机，命令总督在合适的时机抓住马丁并把他送到君士坦丁堡。马丁因拒不服从的罪名受审，身拷锁链，被放逐到克里米亚的赫尔松。655

年，马丁在流放途中死亡。

662 年，君士坦斯二世率领一支大军离开博斯普鲁斯海峡，驶往塔兰托（Taranto）。军队来到贝内文托公国——伦巴第人在意大利最南端的领土。进攻时间选得并不明智，因为彼时贝内文托公爵格里摩尔德已经夺取了伦巴第王国的王位，而他的儿子罗穆亚尔德（Romuald）统治着伦巴第下属的公国。帕维亚和贝内文托仅此一次，众志成城，对抗敌人。伦巴第历史学家保罗斯·狄亚康（Paulus Diaconus）记载了君士坦斯二世——像很多作家一样，他通常称其为君士坦斯——在战争中的细节。皇帝依次占领了包括阿普利亚主要城镇卢切拉（Luceria）在内的所有意大利南部的伦巴第城市。君士坦斯二世把罗穆亚尔德赶到贝内文托，并死死地把他困在那里，直到罗穆亚尔德把妹妹吉萨（Gisa）作为人质交出并承诺向他进贡。要不是罗穆亚尔德国王手下的全部大军正在赶来的途中，君士坦斯二世是不会这样轻易妥协的。

离开贝内文托，君士坦斯二世继续前往罗马，留下一小部分军队听从沙普尔（Sapor）的领导，看住伦巴第人。当皇帝得知军队在福里诺（Forino）遭受重创后，似乎放弃了收复意大利中部的想法。造访罗马并接受教皇维塔利安的敬意已经让他心满意足了。教皇维塔利安在第六个里程碑处接见君士坦斯二世，当着所有罗马人的面，护送他进入城市。罗马已经有两百多年没见到皇帝的身影了，但是罗马从中获得的好处微不足道。663 年，君士坦斯二世掠夺了许多装饰艺术品并送到君士坦丁堡，其中便包括万神殿（Pantheon）的镀金青铜瓷砖。

皇帝在古都城只待了 12 天，就起程离开了。他没有攻击北部的伦巴第人，而是带领他的军队穿过那不勒斯，进入卢卡尼亚和布鲁提，远至雷焦，一路上并没有受到国王格里摩尔德和他的儿子的骚扰。664 年，君士坦斯二世随后便越过墨西拿海峡，进入西西里岛，在锡拉库萨安顿下来，一住就是 4 年多。君士坦斯二世主要关注撒拉逊人在阿非利加的行动。竞争对手阿里死后，穆阿维亚成为唯一的哈里发，于是在 663 年再次发动对罗马帝国的攻击。穆阿维亚的军队挺进阿非利加并占领了迦太基，但是随后就被君士坦斯二世赶走，重回的黎波里。在这场战争中，据说君士坦斯二世凭借"闻所未闻的苛捐杂税"榨干了西西里岛、撒丁岛和意大利南部人民的所有资产。他甚至夺走教堂里的圣餐盘，把那些拒绝付钱的人当奴隶卖了。君士坦斯二世纵然取得了辉煌的战绩，但如此惨绝人寰的行为还是削弱了帝国在西方的势力。

君士坦斯二世在锡拉库萨迎来了自己的死期。当他在一个名叫达夫尼（Daphe）的浴池里洗澡时，他的随从安德烈亚斯（Andreas）用大理石做的肥皂盒猛击他的头部，君士坦斯二世的头骨骨折，而安德烈亚斯则逃走了。

君士坦斯二世遭遇致命一击，最终死亡，而他热衷的重塑罗马帝国在西方地位的宏伟计划也就此破灭。此次谋杀行动的背后或许隐藏着无尽的阴谋，因为当君士坦斯二世被谋杀的消息人尽皆知时，一个名为梅策齐乌斯（Mezezius）的亚美尼亚军官在西西里岛称帝，统治了几个月。

因为君士坦斯二世在去世前的几年里一直不在西方，撒拉逊人在小亚细亚不断制造麻烦，哈里发穆阿维亚连续 5 年夏天出兵攻打。君士坦斯二世手下的将军们一路追击至弗里吉亚的阿摩利阿

黑暗时代（476—918）

姆（Amorium）。该地曾遭到阿拉伯人的猛攻并于 668 年迅速被罗马人夺回。当皇帝出发去西方时，他的长子君士坦丁五世获得名义上的亚洲统治权。18 岁的君士坦丁听闻父亲在锡拉库萨被杀，梅策齐乌斯篡位，便亲自前往西西里岛，处死篡夺者，然后立即返回君士坦丁堡。他出发的时候没有胡须，但次年归来时却满面须发，所以首都的人民给他起了一个后来广为人知的绰号——"波戈纳图斯"（Pogonatus）*。说来也奇怪，这个名字更适用于他的父亲，因为父亲的胡子十分浓密，而君士坦丁五世的胡子只是中等长度。

君士坦丁波戈纳图斯不愧是他父亲的亲儿子，他勤劳、努力，甚至有些专横。他紧密团结帝国，把全部精力都花在控制撒拉逊人上，并取得了巨大的成功。波戈纳图斯在位 17 年（668—685），前 10 年一直都在和阿拉伯帝国打仗。战争伊始，罗马帝国处于劣势。在 669 年至 670 年，哈里发穆阿维亚的将军们一路向马尔马拉海（Sea of Marmora）挺进。672 年，哈里发认为胜利指日可待，便准备正式围攻君士坦丁堡——这是 7 世纪君士坦丁堡经历的第二次围攻。673 年 4 月至 9 月，撒拉逊人在阿卜杜勒·拉赫曼将军和哈里发的儿子耶齐德（Yezid）的领导下，以基齐库斯（Cyzicus）为基地，围攻君士坦丁堡长达 6 个月。在一次海战中，据说东罗马帝国的军队凭借着新发明的"希腊火"，占尽上风，烧毁了许多撒拉逊船只，撒拉逊人这才停止围攻。离开博斯普鲁斯海峡后，撒拉逊人又回到了基齐库斯，牢牢守住该城市至少 4 年，不时地向君士坦丁堡发起突袭，但都被皇帝一一粉碎。最后，撒拉逊人失去了他们的将

---

* 来自单词 Pogonatum，即"卷柏"，这种植物根多分叉、密被毛，和茎及分枝密集形成树状主干。

军，眼看着埃郁普（Abu Eyub）——穆罕默德最后幸存的同伴在城墙前死去，再次掀起围攻。他们的舰队在利西亚海岸被一场风暴摧毁，陆军在撤退时遭到东罗马人攻击，损失了 3 万大军。

眼看着军队在君士坦丁堡遭受重创，损失惨重，678 年，哈里发不得不向君士坦丁支付约 1 360 千克的黄金并许诺在和约生效期间每年送给他 50 匹阿拉伯马，以此为战争画上句号。

这次胜利无疑证明了东罗马人对希拉克略家族的忠贞，但遗憾的是，由于许多编年史家纷纷在 7 世纪去世，我们手头上有关君士坦丁五世的资料少之又少。但是，我们知道他的凯旋之歌传遍了整个欧洲，来自阿瓦尔、伦巴第，甚至是远方法兰克的大使们都纷纷向他祝贺，庆祝他击退了这次威胁整个基督教世界的袭击。

在君士坦丁五世余下的统治时间里，这来之不易的和平只会偶尔被新敌人保加利亚人——一个在过去两个世纪里都居住在多瑙河流域以外的乌戈尔部落——的小动作打破。在君士坦丁五世统治末期，保加利亚人横渡多瑙河，来到了控制着麦西亚的斯拉夫部落的地盘。保加利亚人不费吹灰之力便打败了斯拉夫人和由君士坦丁五世率领到达多瑙河河口应战的一支罗马军队。皇帝认识到，收复失去已久的麦西亚是不可能完成的任务，随即便于 679 年与保加利亚国王伊斯佩里奇（Isperich）和解，允许他在多瑙河和巴尔干半岛之间的土地（之前是斯拉夫人的领土）上定居，不准再出兵进攻。保加利亚人和当地的臣民混居在一起，逐渐形成了一个新的保加利亚民族。这个新民族更具有斯拉夫人的特点，而不是乌戈尔人的特点，语言也是斯拉夫语，而非乌戈尔语。

发生在君士坦丁五世晚年最著名的事件不是新保加利亚王国建

立，而是君士坦丁堡大公会议的召开。为了解决关于基督的神圣意志和人类意志的争论，皇帝在680—681年召开了大公会议。会上，西方教会很好地阐明了自身意志，最终谴责了一志论派学说。自此之后，这不再是教会之间争论的焦点。但是新的冲突圣像破坏运动不久就爆发了。

685年，精力充沛、兢兢业业的君士坦丁英年早逝，时年36岁，这着实是帝国的一大遗憾。我们在历史学家那里几乎听不到他不光彩的事迹。他唯一的罪行应该是在680年残忍割掉了他的两个兄弟——赫拉克利乌斯和提比略的鼻子并剥夺了他们的皇权。他的这两个兄弟在名义上是他的共治者，被授予恺撒的头衔；但为了自己正在长大的儿子查士丁尼的利益，皇帝决定扼杀他们心中觊觎皇权的种子。这种行为看上去残忍而不义，如果两位兄弟没有挑衅（我们在任何编年史上都没有看到过相关线索），那么这就是君士坦丁五世优良品格的一个严重污点。

小查士丁尼（查士丁尼二世）在685年继承父亲的皇位，当时年仅17岁。这位皇子对帝国来说是一个可怕的厄运。他好似祖父君士坦斯二世的升级版，继承了祖父专横、残忍而鲁莽的性格，但又非常勇敢能干，牢牢地守住了自己的皇位。查士丁尼二世接过皇权之时还太年轻，如果他的父亲再活10年，也许情况会好一些。但是，查士丁尼尚未成年便早已开始玩弄阴谋诡计，最后变成了一个嗜血的暴君。查士丁尼二世在统治的前几年虽然还不能站稳脚跟，也不能完全实现自己的愿望，但所幸帝国相安无事。穆阿维亚死后，撒拉逊人就卷入了内战，也没有添任何麻烦。哈里发阿卜杜勒－马利克（Abdul-Malik）也很乐意与查士丁尼二世续订他的前任与君士坦丁五世签订的条约。眼看着帝国与撒拉逊人和平共处，查士丁尼二世便派军前往高加索地区的基督教王国伊比利亚和阿尔巴尼亚，并迫使对方向自己纳贡。不久之后，他亲自远征，对付保加利亚人，计划将罗马边界再次推向多瑙河。远征非常成功，敌人被打败，查士丁尼二世还带回了 3 万多名俘虏并组织了一支雇佣军在亚洲服役。

查士丁尼二世击败保加利亚人后便更进一步：从撒拉逊人手中夺回叙利亚。693 年，他用最荒诞的理由向哈里发开战。查士丁尼拒绝接受撒拉逊人根据 686 年条约向他支付的赔款，理由是这些硬币不是以前在叙利亚和埃及流通的古罗马金币索利都斯——撒拉逊人的主要流通货币，而是哈里发最近铸造的新的阿拉伯货币——"迪拉姆"（Dirhe），上面还印有阿卜杜勒－马利克的名字。但对于查士丁尼二世来说，这不过是一个开战借口罢了。他轻松愉快地宣战，亲自率领军队穿过托鲁斯山脉进入西里西亚。查士丁尼二世手下那些不愿意参战的保加利亚俘虏最终投靠了撒拉逊人，查士丁尼二世在托鲁斯山脉附近的塞瓦斯托波利斯（Sebastopolis）遭遇重创。693 年，查士丁尼重新集结军队后，对待手下残暴无情，无章无法，甚至下令处死那些没有叛变的士兵，以免他们在下一场战斗中效仿他们的战友。第二年，东罗马皇帝因为罗马亚美尼亚执政官萨姆帕德（Sumpad）反叛而失去了这片土地。这位执政官是土生土长的亚美尼亚人，最终逃亡到撒拉逊人一方。其他灾难也接踵而至，阿拉伯人洗劫了安纳多利克军区和亚美尼亚军区。

与此同时，年轻的查士丁尼为了支持那场灾难性的战争，在国内横征暴敛，大失民心。他甚至还在战争肆虐之时，坚持在首都建造华而不实的宫殿。据说，他的两名财政大臣——已经背弃信仰的前修道院院长希罗多图斯（Therodotus）和宦官斯特凡努斯（Stephanus）——对待公民穷凶极恶。希罗多图斯会把拖欠税款的公民吊在烟雾弥漫的火焰上，让他们几乎要窒息。斯特凡努斯更喜欢棍棒惩罚。据说他有一次在查士丁尼不在的时候，甚至想要抓住并殴打皇太后阿纳斯塔西娅（Anastasia）。皇帝对他的惩罚不过是命令他把自己当时忙着修建的建筑自费修建完成罢了。

横赋暴敛不过是查士丁尼二世不得人心的其中一个原因罢了。除此之外，他还热衷抓捕和监禁受怀疑的元老和其他重要人物，对任何战败的军官也都表现得冷血无情。在军官眼中，在查士丁尼手下当差无疑是通往地牢的"捷径"。同时，他在撒拉逊战争中的所作所为，不但让士兵们憎恶，而且让军官们恐惧。695年，著名的将军——伊比利亚和阿尔巴尼亚的征服者利昂提奥斯——受命接管海拉斯军区。利昂提奥斯知道，接受这一任命就好似受辱和受刑的前奏。绝望的利昂提奥斯策划了一场政变，他带着几十个追随者，冲出监狱，冲向宫殿。大吃一惊的查士丁尼二世随即落入利昂提奥斯的手中。利昂提奥斯切开了他的鼻子，把他放逐到克里米亚遥远的克森尼索要塞。查士丁尼手下两个可憎的大臣——希罗多图斯和斯特凡努斯则被民众大卸八块，当众焚烧。

查士丁尼二世垮台后，帝国拉开了长达22年的混乱和灾难的序幕。到目前为止，君士坦丁堡一直都很幸运，未受军事政变和王朝更迭的影响。除了暴君福卡斯篡位并被希拉克略废黜外，300多年来罗马帝国都没有发生暴力夺权的事件。东罗马帝国早期所有的皇帝要么由前任指定，要么由元老院和军队和平选举产生。但是接下来，我们会看到，打破有序的古老继承规则无异于一击致命。在接下来的 22 年里，国内至少发生了 5 次革命，而国外的许多严重灾难也加速了帝国的毁灭。

在利昂提奥斯统治的 3 年里，最大的"成果"便是攻陷迦太基和阿非利加。迦太基在查士丁尼时代已经被哈里发率领的大军入侵，部分地区还没被占领。697 年，迦太基陷落，虽然一度被利昂提奥斯派出的远征大军收复，但最终在 698 年永久地落入了撒拉逊人的手中，而东罗马将军们则带着主力部队从海上逃走了。灾难当前，他们不敢面对怒火中烧的利昂提奥斯，便计划密谋反对他。他们航行到博斯普鲁斯海峡，皇帝被他们的到来打了个措手不及，最终被抓住，割掉鼻子并扔进了修道院。698 年，海军上将提比略·阿普西玛鲁斯（Tiberius Apsimarus）被推举为皇帝，即提比略三世。

提比略三世非常能干，在位长达 7 年。他在与撒拉逊人的战争中得到了幸运女神的眷顾，军队打败了哈里发，收复了西里西亚，甚至占领了安条克。尽管国外战功赫赫，提比略也不能逃脱篡位者不幸的结局。令人大吃一惊的是，之前惨遭流放并身有残疾的查士丁尼二世回归并把提比略推翻。

查士丁尼二世之前被利昂提奥斯发配到黑海北岸偏远的克森尼索要塞——如今的塞瓦斯托波尔（Sebastopol）。但由于看守不慎，查士丁尼成功出逃，来到位于伏尔加河（Volga）下游和亚速海（Azoff）沿岸的鞑靼部落可萨人首领的宫廷。鼻子残缺不全的查士丁尼二世成功获得了首领的青睐并与首领的姐姐联姻。提比略听闻这个消息，斥巨资贿赂鞑靼人，劝对方交出查士丁尼。不可靠的蛮族点头同意并派了一名军官逮捕查士丁尼。但是查士丁尼从他妻子那里得到风声，他非但没有被抓住，还杀死了首领的使者，带着七八个随从乘船逃到了海上。海水灌注到小船上，查士丁尼的一位同伴对他说："风暴就要来了，这艘小船马上要沉没了。向上帝发誓，如果你这次得以逃生，你就会原谅你的敌人。""不，"这个鲁莽和顽固的流放者回答，"如果我到时候没能把他们全部赶尽杀绝，就让上帝此时此刻把我淹死吧。"风暴减弱，小船安全着陆，查士丁尼落入保加利亚国王特贝尔（Terbel）的手中。特贝尔借给他一支军队，让查士丁尼试试运气。在军队的帮助下，他挺进君士坦丁堡。城内的追随者投奔了查士丁尼，查士丁尼随即成功占领了宫殿，拿下提比略三世。随后，查士丁尼从修道院里拖出被废黜的篡位者利昂提奥斯，捆起利昂提奥斯和提比略的手脚，扔在竞技场内的皇座前。查士丁尼二世坐在那里，得意扬扬，脚下是被征服的统治者，周围的拥护者高呼："您应该踩死狮子和毒蛇！"暗指两个倒下的统治者（利昂提奥斯和提比略）的名字。*705 年，两名囚犯被斩首。

如果说查士丁尼二世第一次统治时用鞭子惩罚臣民，那么现在就是用蝎子折磨他们。他流放归来，表现得更加惨绝人寰，成功兑现了他当初在小船上许下的誓言。10 年前所有和他被罢黜有关的人现在都被一一追查并拷打，最终被处死。他的一些行为毫无人性可言：在流放期间曾得罪他的克森尼索首领被串在烤肉扦上炙烤，许多贵族被缝在麻袋里，扔进博斯普鲁斯海峡。

令人惊讶的是，查士丁尼的第二次统治竟然持续了 5 年多的时间。他的暴政引起了人们的极大不满，局势就像一颗定时炸弹，随

---

* 利昂提奥斯写作 Leontius，前 4 个字母与 Lion（狮子）相近；提比略三世名字中的 Apsimarus 中的前 3 个字母可拼出 Asp（毒蛇）。

时可能会爆发。除了鲁莽，查士丁尼还精力充沛，总是疑神疑鬼，而且异常敏感，很多阴谋还没来得及实施就被他捣毁了。最终，查士丁尼在一次军事起义中倒下了：由菲立皮库斯（Philippicus）将军率领的军队拒绝效忠查士丁尼并暴力夺权，将查士丁尼斩首。可萨可汗的姐姐为查士丁尼生的小儿子提比略年仅6岁，从避难所中被拖出来并被杀害。因此，希拉克略家族5名皇帝长达一个世纪（610—711）的统治就此终结。为了拯救他们的统治，希拉克略本人、君士坦斯、君士坦丁五世都在长期的斗争中发挥了自己的作用，尽管最终结果不尽人意。

711—717年，东罗马帝国在6年间处于无政府状态。在此期间，帝国历史上写满了各种模糊的名字：菲立皮库斯（711—713）、阿纳斯塔修斯（713—715）和狄奥多西三世（Theodosius Ⅲ，715—717）。每一个人都是通过阴谋上位，也都以同样的方式被打倒。他们软弱无能，远不及先前的两个篡夺者——利昂提奥斯和提比略。在他们统治期间，不仅爆发了一系列内部斗争，更严重的是，帝国对撒拉逊人的防御体系全面崩溃，这也是东罗马帝国发动全军兵力用于内战的自然结果。哈里发的将军韦利德（Welid）和苏莱曼（Soliman）——阿卜杜勒－马利克的两个儿子——将帝国边界处处击溃。711年，撒丁岛被阿拉伯人征服，这是自阿非利加失守以来帝国丢失的最西边的省份。同年，阿拉伯人越过托鲁斯山脉，洗劫卡帕多西亚的泰安那（Tyana）。712年，阿拉伯人入侵本都并占领了阿美西亚（Amasia）。713年，皮西迪亚（Pisidia）的安条克和小亚细亚南部的大部分地区也一同沦陷。随着希拉克略家族的垮台，东罗马人甚至连自卫的力量都没有了。然而，阿拉伯人的入侵还没有停止。

哈里发苏莱曼在早年间曾将查士丁尼二世之后短暂的统治者一网打尽，信心倍增的他最终决定开启一次最大规模的远征，目标便是君士坦丁堡。10万大军经陆路从托鲁斯山脉出发，由1 000多艘战船组成的舰队聚集在叙利亚港口，绕过小亚细亚，进入爱琴海。哈里发的兄弟穆斯勒玛哈（Moslemah）领导此次出征。卡帕多西亚已经在撒拉逊人手中，哈里发的先锋部队忙着围攻弗里吉亚的主要据点——阿摩利阿姆。然而，这座城市在安纳多利克军区司令"伊苏里亚人"利奥的带领下免遭毁灭。但不久之后，阿拉伯人还在奋力进攻，"伊苏里亚人"利奥在与侵略者达成了私人休战协议后，宣布自己为皇帝。他没有保留力量对抗阿拉伯人，而是在716年向君士坦丁堡进发。

好运再一次降临到这个造反者头上。利奥的军队打败了狄奥多西的军队。狄奥多西自愿退位，把皇冠交给胜利者。"伊苏里亚人"利奥温和正直，当时被追随者推举为帝并不是他的本意。他觉得自己无力应付叛乱分子，更不能应对撒拉逊人近在咫尺的入侵，他渴望回归默默无闻的生活。

元老院和牧首也正式选举叛军首领利奥为皇帝，将他送上皇位。这是皇位在过去的22年里第7次更换主人。终于，帝国找到了一位优秀的统治者，他能够捍卫一切荣誉并够将权力完整地传给继承人。穆斯勒玛哈的军队不会白白等待，因为这个国家又一次掌握在一个可以正确地利用资源的人手上。未来的300年，利奥将永远驱散撒拉逊人留下的风暴乌云，带领君士坦丁堡走出一切艰难险阻。他的成就值得在另外一章单独介绍。

第十五章

伟大的宫相的历史　656—720

　　宫相格里摩尔德努力让自己的儿子成为奥斯特拉西亚
国王，但以失败告终——墨洛温家族的衰败——埃布罗因
（Ebroin）及其在纽斯特利亚的暴政统治——长期内战——
丕平二世（Pippin the Young）的崛起和特斯崔（Testry）战
役的胜利——丕平的权势：在巩固王国方面的成就——德意
志的传教事业——丕平去世后，内战爆发——丕平的儿子查
理·马特（Charles Martel）的最终成功

　　656 年，国王西吉贝尔特三世去世，他是第一个墨洛温傀儡王，
被宫相操纵，统治奥斯特拉西亚。在他死后，这个大家族第一次试
图在 8 世纪到来前借王室的名义掌握真正的权力。国王西吉贝尔特
去世时才 27 岁，与祖父同名的达戈贝尔特——西吉贝尔特的儿子和
继承人——当时年仅 8 岁。宫相格里摩尔德趁着小国王年幼，在主
教的帮助下从这个男孩手上偷走了王国并把他安顿在爱尔兰的修道
院。小国王在修道院里削发，成为一名修士。摆脱了合法的继承人
后，格里摩尔德诱使他的追随者们推荐他的儿子希尔德贝尔特为奥

　　　　　　　　　　　　　　　　　　黑暗时代（476—918）

斯特拉西亚国王。但时机还未成熟，格里摩尔德面前还有众多劲敌，大多数人对古老的墨洛温家族倒台还不适应。格里摩尔德篡位后没几天，就被一群奥斯特拉西亚贵族抓住，戴上脚镣，匆匆被带到巴黎，扔在纽斯特拉西亚国王、去世的西吉贝尔特之弟——克洛维二世的脚下。

克洛维二世年纪轻轻，但暴戾恣睢、生活放荡。格里摩尔德遭到严刑拷打，最终死亡。丕平和阿努尔夫家族的荣耀时刻似乎随着首领生命的终结而消逝，但命运却另有安排。宫相被处决后的几个月内，克洛维二世去世了，王位留给了他的小儿子克洛泰尔三世。法兰克王国再次落到了一个孩子手上，无论是在现在的纽斯特利亚，还是在奥斯特拉西亚，国王的最后一次生存机会都已经不复存在了。奥斯特拉西亚的宫相家族不出几年就会再次登上历史舞台。

与此同时，克洛泰尔三世的幼年时期注定充满腥风血雨。在位还不到 4 年，奥斯特拉西亚的臣民便决定要再次选出自己的国王，不再服从苏瓦松或巴黎的命令。于是，他们选择了克洛泰尔三世的弟弟希尔德里克并为其加冕为东部王国的国王。克洛泰尔三世和希尔德里克一世这两个小男孩共治了 10 年。起初，国王在王太后巴蒂尔德（Balthild）——一位德才兼备的盎格鲁-撒逊女士——的管理下太平无事。但是，调解贵族之间的纷争和麻烦让王后疲惫不堪，最终她于 4 年后在女修道院退隐。而在巴蒂尔德退出朝政后，麻烦就立刻爆发了。

宫相埃布罗因是接下来内乱的始作俑者。他是一个生性残忍、野心勃勃、睚眦必报的贵族，渴望比肩曾经占领奥斯特拉西亚的老丕平和格里摩尔德。埃布罗因势力逐渐强大，他可以使用王室头衔，手下鼋从队伍也人数众多，准备用一切不正当手段粉碎反击。多年来他一直践行着当代编年史家口中的"暴政"。据悉，埃布罗因非常贪财，在他眼中，钱包越鼓的人越能做大事。贪婪并不是他最大的缺点；犯罪之人无论罪行多小，只要受到他的怀疑或嫉妒，最后的下场都是丢掉性命。埃布罗因的命令既反复无常，又很苛刻。例如，他曾下令，没有宫相的明确许可，勃艮第的法兰克人不能接近国王。我们几乎对小国王克洛泰尔三世一生的个人影响力和性格一无所知，670 年，他在快成年时去世，埃布罗因的统治才画上句号。

专制的宫相立刻推选克洛泰尔三世的小弟弟提乌德里克为王。但绝大多数纽斯特利亚人看到了得以摆脱暴君的一线生机。他们在欧坦主教莱奥德伽尔（Leodegar）的领导下，宣布希尔德里克一世是东、西法兰克王国的国王，并且寻求他的帮助。埃布罗因的私人追随者无力抵抗纽斯特利亚和奥斯特拉西亚贵族的联合反击。埃布罗因和他的傀儡国王提乌德里克随后被俘，被迫分别在吕克瑟伊（Luxeuil）和圣德尼修道院（St. Denis）立誓出家。如果莱奥德伽尔没有对被征服的宫相心慈手软，那么法兰克人的结局还会好一点。但是，他却一手惹出了更多的麻烦。

希尔德里克一世统治所有法兰克王国长达 3 年：他在此期间成年了，但是王权却没有握在自己的手里。宫相伍尔福德（Wulfoald）统治奥斯特拉西亚，而主教莱奥德伽尔则执掌纽斯特利亚，小有成就。但是后来，乐于挑事的宿敌开始煽动主教对同僚的嫉妒之火，在主教和国王之间播下恶毒的种子。莱奥德伽尔最后被他嫉妒的同僚推进吕克瑟伊修道院，他的老仇家埃布罗因正在那里等着他来同伴呢。同年，国王希尔德里克一世被杀。他抓获了一个名叫博多林（Bodolin）的法兰克自由民，没有经过审判和判决，就把他赤身裸体地绑在木桩上，在宫廷里鞭打他。没过多久，这个怒不可遏的纽斯特利亚人就从绳索中挣脱，叫上几个朋友，一起将国王杀死在王榻上。

鉴于希尔德里克一世膝下只有一个幼儿，法兰克王国随后便陷入了无主状态。纽斯特利亚的一大政党把提乌德里克——3年前埃布罗因竞争纽斯特利亚王位的有力候选人——带出圣德尼修道院并宣布他为国王。奥斯特拉西亚宫相伍尔福德被派往爱尔兰寻找曾在656年被格里摩尔德挟持并送到国外的王子达戈贝尔特。达戈贝尔特被约克（York）主教威尔弗雷德（Wilfred）找到，或许是在诺森伯兰士兵的护卫下被带到德意志并登上了王位。然而，另一个主要由奥斯特拉西亚人组成的政党宣布，一个名叫克洛维（Chlodovech）*的男孩是国王克洛泰尔三世的亲生儿子。埃布罗因从修道院的监狱里逃出来，重新蓄发，并成为克洛维的追随者。在这场三角决斗中，国王们形同虚设，一切全凭宫相和贵族们说了算。埃布罗因以其卓越的胆量和毅力，再次站在前线。他同意放弃克洛维这个自己曾经伪装支持的觊觎王位的男孩，于678年再次被提乌德里克国王任命为纽斯特利亚宫相。埃布罗因上任之后当务之急便是处理他的宿敌莱奥德伽尔。尽管二人在吕克瑟伊一同被俘，但是埃布罗因与莱奥德伽尔不共戴天。这位优秀的主教被带到埃布罗因面前，眼睛被弄瞎，随后被砍了头。后人铭记他仁慈的统治和残酷的结局，将他奉为圣人。

---

* 即后文中提到的克洛维三世（Chlodovech Ⅲ）。

3 年来，邪恶的埃布罗因一直忙着自己的征服大业。他打着提乌德里克国王的旗号来掩盖自己的罪行，随心所欲地命令一切。他击败了奥斯特拉西亚的军队，而从海外回来的国王达戈贝尔特也在战败后被叛徒所杀。然而，一些东法兰克人拒绝放下武器，他们选择拥立阿努尔夫和丕平家族的后代丕平二世，他是奥斯特拉西亚最得人心的首领、宫相格里摩尔德的侄子、安塞吉塞和贝格加的儿子、圣阿努尔夫和老丕平的孙子。

　　然而，埃布罗因完全能够应对丕平的反击。在拉昂附近的拉沃，埃布罗因在开阔的战场上击败了最后一支奥斯特拉西亚军队，迫使从默兹河到莱茵河的所有法兰克人承认自己庇护下的提乌德里克为国王，而他本人则成了纽斯特利亚、勃艮第和奥斯特拉西亚的宫相，很有可能会拥有王室头衔。但是，埃布罗因却在 681 年被自己曾经想陷害的一个秘密的敌人暗杀，而埃布罗因去世后，纽斯特利亚的优势也不复存在了，奥斯特拉西亚人再次在小丕平的带领下拿起武器。经过 7 年的内战，687 年，圣康坦（St. Quentin）附近的特斯崔战役决定了法兰克王国的命运。丕平在与东法兰克人的交锋中大获全胜，提乌德里克和纽斯特利亚人被迫接受丕平的条件。丕平宣布自己取代埃布罗因同时成为东、西法兰克王国的宫相，但他选择定居在他祖父的家乡梅茨，几乎是以一个独立的统治者的身份管理奥斯特拉西亚；而由他任命的摄政则指导提乌德里克统治纽斯特利亚。特斯崔一战解决了奥斯特拉西亚和纽斯特利亚的优先权问题，奥斯特拉西亚排在了前面。从这一刻起，东法兰克的阿努尔夫和丕平家族的后代在法兰克历史上比王室的影响更为重要。格里摩尔德的命运敲响了警钟，他们在未来长达 80 年的时间里不再觊觎王位，而是满足于没有任何帝王头衔的实际统治。从今以后，我们将发现法兰克人比以前更像日耳曼人，而少了些高卢罗马人的色彩：未来真实世界的中心将转移至奥斯特拉西亚的梅茨、亚琛（Aachen）和科隆，不再聚焦于纽斯特利亚的苏瓦松、巴黎或拉昂。

丕平二世是安塞吉塞的儿子，做了 26 年（688—714）的宫相。在这段时间里，他成绩斐然，把法兰克王国从过去 50 年的破败和邪恶统治中拯救出来。首先，他努力恢复王国的古老边界；因为在达戈贝尔特一世的子孙统治的时期，王国的旧疆界大大收缩。在东部边境，巴伐利亚公爵早就不向墨洛温王室效忠。实际上，他们现在都是独立的个体。在更远的北方，图尔奇林基人的情况也大致相同；他们被自己的首领，而不是法兰克宗主国，从萨摩领导的斯拉夫部落中拯救出来。自从他们击退了斯拉夫人之后，就自己说了算，不把在梅茨或科隆的统治者放在眼里。莱茵河口的弗里斯兰人从来没有被法兰克人征服过，现在正想要突袭斯凯尔特河和默兹河谷。这些都是相对偏远的部落，与政府中心相隔甚远，自然也就自由很多。但更令人惊讶的是，即使是在奥斯特拉西亚的大门口，在莱茵河、内卡河沿岸及黑森林里的施瓦本人或阿勒曼尼人近来也一改过去 200 年间的顺从，而拒绝效忠墨洛温王室，除了他们自己的地方公爵之外，拒绝服从任何人。在南方，阿基坦的高卢罗马人在一个名叫尤多（Eudo）的公爵的带领下取得了实际的独立地位。这位公爵据说是阿基坦国王查理贝尔特的后裔，达戈贝尔特一世的兄弟。

50 年来，丕平二世和他的儿子查理（Charles）一直致力于修复法兰克王国的古老边界，不断击溃从法兰克人的枷锁下逃走的各个附庸部落，历尽艰辛。丕平在位时期，与弗里斯兰人和施瓦本人之间发生了一些非常重大的战争，都取得了巨大的成功。经过长时间的斗争，他迫使弗里斯兰公爵雷德巴德（Radbod）向提乌德里克国王致敬，并将西弗里西亚割让给法兰克人。该地区是位于斯凯尔特河河口和须德海（Zuider Zee）之间的一片沼泽群岛，现在被称为西兰岛（Zealand）和南荷兰（South Holland）。为了保护这片新征服的土地，丕平在乌得勒支（Utrecht）和多尔斯塔特（Dorstadt）新建或修复了一些城堡，而这两个新城镇——一个是教会城镇，另一个是商业城镇——注定会成为莱茵河口附近的中心。雷德巴德公爵也被迫将女儿嫁给了丕平的长子格里摩尔德。

还有一系列战争是针对施瓦本人的。小丕平跟着他们来到森林深处，像他的父亲之前那样强迫他们的戈弗里德（Godfrid）公爵承认自己是法兰克王国的臣属。

值得注意的是，在丕平的统治和帮助下，德意志开始改宗基督教。圣阿努尔夫的后代无愧于祖先圣人的头衔，他们都是教会的热心朋友和传教事业的赞助人。墨洛温国王几乎都是无神论者，无一例外。他们只是名义上的基督徒，但从不参与在诸侯国中传播基督教的事业。在他们看来，如果自己的人民、主要的民族信仰天主教，那就足够了；他们并不在乎施瓦本人、弗里西亚人或巴伐利亚人的信仰所在。迄今为止，在德意志森林、博登湖（Bodensee）沿岸、多瑙河上游和缅因河沿岸所见的传教士几乎都是爱尔兰僧侣，他们怀着传播福音的热忱从圣徒岛（Isle of Saints）出发，而非受到法兰克诸王的任何鼓励。在 6、7 世纪，这些神圣之人已经遍布整个大陆，寻求异教徒并劝说他们皈依天主教，或在原始山林最荒芜的地方建造他们简陋的修道院。他们的脚步远至意大利和瑞士，其中两个最伟大的圣人——圣弗里德里安（St. Fridian）和圣加尔（St. Gall）分别在卢卡和博登湖畔的山上安家定居。

在丕平之前，这些圣人都还没有系统地尝试去改变那些仍处于异教黑暗中的德意志民族。小丕平首先意识到，法兰克政府应该承担这项职责。他派人到英国寻找威利布劳德（St. Willibrord）——弗里斯兰人中的第一个传教士。威利布劳德和他的 12 个同伴漫步在新征服的西弗里斯兰，向野蛮的异教徒布道。也正是在丕平的鼓励下，英格兰人苏伊伯特（Suitbert）在黑森人中努力传教，后来萨克森人入侵，苏伊伯特和他的皈依者被异教徒赶走。与此同时，沃尔姆斯（Worms）主教圣鲁珀特（St. Rupert）也成功完成了巴伐利亚的改宗任务并于 696 年在那里建立了伟大的萨尔茨堡（Salzburg）主教辖区。大约在同一天，爱尔兰传教士基利安（Killian）越过缅因河，沿着图尔奇林基森林边缘向图尔奇林基人布道，后在维尔茨堡（Wurzburg）殉教。阿努尔夫的孙子继位之后，法兰克、爱尔兰或英格兰的热心传教士纷纷到来，他们努力把教义散布到之前只崇拜沃坦（Woden）[*]和雷神托尔（Thunor）的德意志林地。丕平刚刚开始的事业注定要由他更杰出的儿子"铁锤"查理（Charles the Hammer）[†]和他更强大的曾孙查理大帝完成。仅仅这一项工作，就足以说明担任奥斯特拉西亚宫相的 3 代人远非邪恶的墨洛温家族 8 代人能比得上。

丕平统治法兰克人的那些年，王家年代记上出现了 4 个无足轻重的名字。国王提乌德里克无能懦弱，从修道院被拉出来坐在他

---

* 即北欧神话中的众神之王奥丁。
† 即前文提到的查理·马特。

哥哥的王位上，于 691 年去世。随后上位的是他的两个儿子，分别是克洛维三世（Chlodovech Ⅲ，691—695）和希尔德贝尔特三世（Childebert Ⅲ，695—711）。这两个国王在纽斯特利亚和奥斯特拉西亚都得到承认，但没有实权。克洛维三世还没成年就去世了，希尔德贝尔特三世刚刚成年就去世，膝下留有一子。显然，他们祖先的恶习消耗了墨洛温家族后人的生命力，他们中几乎没有一个能活到 30 岁，而国王的幼年时期越长，权力也就越虚无，宫相的权威则更加真实。希尔德贝尔特三世的继承人是另一个小男孩——他的儿子达戈贝尔特三世（Dagobert Ⅲ，711—716），他是宫相丕平操纵下的第四个傀儡国王，也是最后一个。

丕平的寿命很长，不幸的是，他在晚年白发人送黑发人，亲眼看着两个本该接他班的亲生儿子格里摩尔德和德罗戈（Drogo）离世。他的继承人便只剩下格里摩尔德的儿子狄奥多尔德（Theudoald），以及他自己与情妇阿尔派达（Alpaida）所生的私生子查理·马特，分别是 8 岁和 25 岁。但老人却指定这个年仅 8 岁的男孩为他的继承人，希望自己可以有幸看到他长大成人。然而没过几个月，丕平就去世了，法兰克人面临着一个奇怪的问题：他们是否会容忍一个娃娃宫相以国王的名义进行统治。丕平的遗孀普莱克特鲁德（Plectrudis）试图为她的小孙子夺取政府权力，一些奥斯特拉西亚人也坚持她的做法。普莱克特鲁德知道，很多人认为查理才是丕平唯一可能的继承人，毕竟让一个小孩担任宫相一职太过荒谬。为了防患于未然，她把丈夫的亲生儿子查理送进了监狱。不出所料，事实证明，普莱克特鲁德以她孙子的名义统治，只会以失败收场。纽斯特利亚的伯爵和公爵们迅速抓住机会摆脱了奥斯特拉西亚的统治。他们全副武装，聚集在一起，选择了一个名为拉吉弗莱德（Raginfred）的人担任纽斯特利亚宫相，并以年轻的达戈贝尔特三世的名义组建了一支军队入侵奥斯特拉西亚。面对从后方攻击的敌人联盟——弗里西亚人和萨克森人，他们没有退缩，而是勇敢地穿过阿登高地（Ardennes），在默兹河和莱茵河之间的所有土地上大肆破坏。普莱克特鲁德和她的孙子则躲在科隆城墙里，不敢出来。

然而，在年底之前，发生了两件大事，战争出现新的契机。丕平的儿子查理从被继母关押的监狱里逃了出来，立刻被大多数奥斯特拉西亚人尊为首领，纽斯特利亚军队疯狂入侵，让奥斯特拉西亚人暴跳如雷，他们渴望有一个能指挥作战的领袖。这位东西方都承认的年轻国王达戈贝尔特三世，和他的所有祖先一样，在刚刚成年并有了第一个孩子后不久就去世了。这些可怜的墨洛温王族刚刚成长到可以亲政的年龄就去世了，毫无例外。我们不禁怀疑，这些突然的死亡背后是否还有什么不为人知的秘密。国王如果寿命长，就可以有充足的机会维护王权，这当然不符合国王身边人的利益。

达戈贝尔特三世刚死，纽斯特利亚人就把希尔德里克一世的儿子从修道院里解救了出来。他从婴儿时期就被安置在那里，父亲希尔德里克一世于 678 年被博多林杀死。修道士丹尼尔（Daniel）以王室的名字希尔佩里克接受致敬并被推举为王。他当时已经 38 岁了，是 80 年来第一个上位时成年的墨洛温人。尽管希尔佩里克在修道院被抚养长大——或者可能正是因为这种经历，他比他的任何一个亲戚都更有活力，绝不是"懒王"一个。他不断地带领纽斯特利亚人出兵打仗，尽最大努力成为他们的国家捍卫者。不幸的是，他生不逢时。

716 年，纽斯特利亚国王和宫相为了结束普莱克特鲁德和查理的反抗，一同进军奥斯特拉西亚。与此同时，弗里西亚公爵雷德巴德从莱茵河进军科隆。查理在科隆附近向入侵者开战，但被打败了，被迫在埃菲尔（Eifel）山地处避难。希尔佩里克随后围攻科隆，迫使普莱克特鲁德和她的党羽承认自己是国王，放弃奥斯特拉西亚的国库，撤回让男孩狄奥多尔德继承宫相一职的要求。但是，当纽斯特利亚军队凯旋时，查理组建了一支新军，来到马尔梅迪（Malmedy）附近的阿登高地边缘。716 年，昂布莱沃（Ambleve）一战摧毁了希尔佩里克之前的所有的成就，军队被击溃，希尔佩里克和宫相拉吉弗侥幸逃命。

这是"铁锤"查理首次火力全开，自此之后，他的征战顺风顺水，成功打败了每一个敢于抵抗自己的敌人。在春天伊始，查理乘胜追击，入侵纽斯特利亚，并在康布雷附近的文希（Vincy）第二次击败了希尔佩里克。随后，他一路追击纽斯特利亚人到巴黎城门，敌人停止抵抗后，他又带着骄人的胜绩回到奥斯特拉西亚。在那里，他强迫他的继母普莱克特鲁德放弃科隆并驱散她的党羽。查理现在是东法兰克王国无可争议的统治者，他宣布克洛泰尔四世（Chlothar Ⅳ）为国王并任命自己为宫相。克洛泰尔四世的血统并不确定，可能是爱尔兰流亡者达戈贝尔特三世的孙子。但无论他是谁，都不过是宫相手中的一个傀儡罢了。确保自己在东法兰克王国的合法地位后，查理开始一一对付曾经在奥斯特拉西亚困难时期前来搅扰的敌人。他把萨克森人驱赶到威悉河，迫使弗里西亚人雷德巴德第二次放弃西弗里斯兰，转头对付纽斯特利亚。希尔佩里克不愿屈服于敌人，他与在最近暴乱中独立的阿基坦公爵尤多联盟，共同对抗查理，但这一切都徒劳无功。查理在苏瓦松附近的一场战斗中将他们双双击败，并在卢瓦尔河外追赶国王和公爵。这场苏瓦松之战是墨洛温家族最后一次和纽斯特利亚王国交锋。718 年，战败之后，纽斯特利亚向奥斯特拉西亚俯首称臣，低声下气地听命于宫相。

在这紧要关头，查理手中的傀儡克洛泰尔四世去世了。苏瓦松的胜利者也许想要宣布自己为奥斯特拉西亚国王，但是他的祖父格里摩尔德的命运如前车之鉴，查理更倾向于向流亡的国王希尔佩里克提条件。这名被征服的墨洛温人承认查理是东、西法兰克王国的宫相后，被允许回到纽斯特利亚，并于 719 年被宣布成为所有法兰克人的国王。希尔佩里克本该名声大噪，绝不是现在这样默默无闻，任人摆布。如果他早出生 80 年，也许凭借着自己的勇气和毅力，能让墨洛温家族手中的权力更加持久。但现在一切都为时太晚，英雄无用武之地。

服从查理统治的希尔佩里克二世一年后就去世了。在古老的王室中，载入史册的只剩下两个人——提乌德里克四世（Theuderich Ⅳ）和希尔德里克二世（Childerich Ⅱ）。这些人无足轻重，提乌德里克四世的死亡日期都没有载于史册；他们也太过无能，宫相都不屑把他们当作工具来对付敌人。艾因哈德（Einhard）* 在一篇著名的文章中描述了他们的悲惨处境："多年来，墨洛温家族除了空荡荡的国王头衔外，毫无气势可言，也没有任何显赫之处。宫里的统治者坐拥王国的财富和权力，又有宫相的名号，掌管国家的一切大事。国王能做的不过是对自己的头衔沾沾自喜，留着长发和长胡须，像

---

* 法兰克王国历史学家，加洛林文艺复兴的代表人物之一，主要作品是《查理大帝传》。

一个统治者的雕像一样坐在王位上，聆听外国大使对自己高谈阔论，再照本宣科地回答他们，就像在自言自语一样。他的王室头衔并不能让他有利可图，收入补贴也是由宫相裁定。国王除了一个中等价值的王家庄园（位于蒙特马）外，几乎没有什么是真正属于自己的。他的家人和仆人都在庄园里。必须外出时，国王会坐着一辆篷车出发，篷车由牛拉着，由一个乡下仆人驾驶。因此，他过去常常去他的宫殿或去参加国家集会，这个会议每年举行一次，以解决国事，然后国王再乘车返回。但是王国的管理，以及在国王的内外工作，都是由宫相负责的。"提乌德里克四世在位时间为720—737年，希尔德里克二世在位时间为742—752年。前者去世6年后，后者才继位。在这期间，宫相都懒得任命一个名义上的国王，而是自己施行统治。

查理作为纽斯特利亚和奥斯特拉西亚的宫相，统治长达22年（719—741年），这段时间是西欧和中欧历史上的转折点。查理延续父亲丕平的国内外政策，致力于恢复法兰克王国的旧边界，驯服异教徒邻居，在更遥远的德意志部落传播基督教，重建帝国的法律和秩序来管理不守纪律的伯爵和公爵。他的手腕十分强劲，是结束国内的无政府状态，在国外赢得胜利的最佳武器。

丕平死后，法兰克王国迎来了长达6年的内战，几乎摧毁了这位伟人的所有成就，查理不得不像他父亲一样从头再来。然而，他的地位比小丕平当时的地位更加牢固和强大，并且能够以一种更为彻底的方式让整个法兰克王国听命于自己。查理让全国都感受到中央政府的震慑力，就像墨洛温王朝早期那样。这项工作十分艰巨，因为一个半世纪以来，软弱的政府养了一群不服从命令的地方伯爵和公爵，这些贵族学会了利用每年的集会——英格兰人称之为"贤人会议"——来震慑统治者。他们出现在"校场"上，后边跟着大批武装分子，凭借家族或政党联盟来对抗中央政府。就这一点而言，只要软弱的墨洛温家族存在，他们就成功了，就能够随心所欲地选举王国官员，或者在彼此之间分配地方政府的权力。然而，伟大的宫相们结束了这一切。圣阿努尔夫家族在奥斯特拉西亚聚集了大批忠实的拥护者，在他们的帮助下，可以招架住任何的反抗与不满。奥斯特拉西亚其他的家族似乎也逐渐消失了，默兹河和莱茵河之间的所有小贵族和自由民都成了丕平和查理的热情追随者。作为回报，奥斯特拉西亚人被任命在王国各处就职，在危机中获得宫相充分的信任。奥斯特拉西亚人在体制中占主要地位，其次才是纽斯特利亚人、勃艮第人、阿基坦人和东德意志人。同胞忠诚、团结和自信才是帝国稳固的根基，而其他种族则因最近的失败而充斥着嫉妒、分裂和羞辱。然而，这场斗争并不容易。只有反复攻击昂布莱沃、文希和苏瓦松，才能粉碎纽斯特利亚的分离主义精神。而只有不断镇压不忠的公爵，阿基坦才会安宁。南高卢和南德意志（施瓦本和巴伐利亚）当地的公爵被废除，土地也被分割成伯爵领，由奥斯特拉西亚首领管理。在这之后，他们才真正顺从法兰克人的管理。随着圣阿努尔夫家族一代又一代地继续培养伟大人物，驯服的工作也终于完成了。

　　宫相对外的工作和对内一样艰苦。他们征服了德意志北部那些不屈不挠的部落，这对于奥斯特拉西亚混乱的军队来说绝对是一项丰功伟绩，毕竟奥古斯都的铁军都曾绝望地从他们荒无人烟的林地撤退。但是，法兰克人也确实经过浴血奋战，才征服了最东端的条顿人，凝望波罗的海和未知的斯拉夫人边界。巴伐利亚和弗里西亚在融入法兰克王国之前遭受了许多沉重的打击；但最后，巴伐利亚人和弗里西亚人还是长叹一声，放弃了作为异教徒的独立地位。英勇的意大利伦巴第王国常年受到巨大的罗马要塞——帕维亚、维罗纳和拉文纳的保护；但即便如此，他们也无法抵挡奥斯特拉西亚的攻击。圣阿努尔夫家族统治下的东法兰克人取得硕果无数，但是在所有军事成就中，最伟大的也是最持久有效的，便是战胜了一个祖先所不熟知的敌人。这个新崭露头角的敌人不仅威胁要破坏像弗里西亚或伦巴第这样的王国的边界，还想要分裂西方基督教国家，从其手中夺走阿基坦。法兰克人的这次胜利和其他壮举一样伟大，其中最重要的便是在普瓦捷战役中，逆转宗教狂热主义浪潮。如果没有其他战绩，那么欧洲应该永远心存感激，感激 8 世纪的伟大宫相和奥斯特拉西亚不服输的军队。

丕平去世 3 年前，西哥特国王罗德里克在瓜德尔河战役中阵亡，西班牙随之被异教徒占领。720 年，即查理完全统治东、西法兰克王国的第一年，撒拉逊人越过伊比利亚半岛边界，翻越比利牛斯山脉，进入阿基坦，围攻图卢兹。他们首先攻击尤多，这位阿基坦公爵刚刚承认自己是法兰克国王的封臣，放弃了作为独立君主统治的权利。在边界，公爵得到法兰克统治者的帮助，在图卢兹的营地攻击撒拉逊人，撒拉逊人失去了领袖阿尔－萨玛（El-Samah），溃不成军。撒拉逊人尽管在战斗中被击败，还是通过控制古老的西哥特首都纳巴达在比利牛斯山脉以北的地方站稳了脚跟。危机只是暂时解决了，并不能避免。不久，查理不得不亲自上阵，保卫法兰克王国的南部边界，敌军比 721 年尤多公爵所面对的更加强大。

第十六章

伦巴第人和教皇　653—743

格里摩尔德篡位并在战争中胜利——佩尔塔里
（Berthari）和库尼伯特（Cunibert）的统治——教皇和帝国
的争执——教皇马丁一世被流放——意大利与帝国逐渐疏
远——阿里珀特（Aribert）一世和安斯普兰德（Ansprand）
之间的内战——利乌特普兰德（Liutprand）的成功统治——
"伊苏里亚人"利奥和格里高利一世——意大利反抗圣像破坏
者——利乌特普兰德征服大部分总督区

立法者罗撒里去世后，伦巴第王国进入了第二阶段：领土面积
差不多实现了充分扩张，最后轮廓已经形成。近百年来，伦巴第政
治历史上的主要事件是内战，或对其两个邻居——罗马总督和阿瓦
尔人首领展开的防御战争。他们并未一鼓作气地将罗马人逐出意大
利，也没有将伦巴第王国的边界延伸至北方。到了8世纪中叶，君
士坦丁堡与其在意大利的罗马臣民之间存在着深深的隔阂，一度削
弱了皇权，伦巴第国王这才得以把垂涎已久的总督区握在手上。在
历史的洪流中，伦巴第王国过去的重心主要在削减东罗马帝国在亚

得里亚海以外的领土上，现在则更多转向了发展教皇权力以及就圣像破坏运动展开的争论——让罗马教会和君士坦丁堡一分为二，伦巴第统治者的野心或能力则在其次。

653 年，罗撒里短命的儿子被谋杀后，伦巴第人就推选阿里珀特为他们的国王。阿里珀特是德高望重、在全国上下备受怀念的王后狄奥多琳达的侄子，他的父亲贡多瓦尔德长期定居在意大利：半个多世纪前，他和虔诚的姐妹就一起来到了阿尔卑斯山另一边，因此阿里珀特也算是伦巴第人，而不是巴伐利亚人。新国王默默无闻地统治了 9 年（653—662）；他没有发动任何战争，因与神职人员交好、兴建教堂而闻名天下。阿里珀特是一个狂热的天主教徒，竭尽所能地根除伦巴第的阿里乌斯派残余。在他的统治下，伦巴第王国平静祥和，但在他死前，他促使伦巴第议会选举他的两个儿子戈德珀特（Godpert）和佩尔塔里共同继承王权，给未来埋下无穷的祸患。

父亲去世后，哥哥戈德珀特在帕维亚做国王，而佩尔塔里则占领了米兰。统治还不满一年，内战就不可避免地爆发了，"因为心怀邪恶之人从中煽动，挑起事端"。戈德珀特和佩尔塔里都在召集追随者，背水一战。当时贝内文托公爵格里摩尔德离开了南方的公爵领，借口帮助他的宗主对抗不守规矩的弟弟佩尔塔里，但是却背叛并谋杀了戈德珀特并带领部下向帕维亚进发。格里摩尔德继承了王位，为了和神圣的狄奥多琳达家族扯上关系，他还娶了遇难国王的姐妹为妻。佩尔塔里被赶出米兰，只好到遥远东部多瑙河畔的阿瓦尔人那里避难。

662—671 年的 9 年间，这个肆无忌惮的篡夺者统治整个伦巴第王国，在帕维亚拥有自己的宫殿，而他第一次婚姻所生的儿子罗穆亚尔德则在贝内文托代他统治。亚平宁山脉南部和波河流域从令如流，这在伦巴第历史上绝无仅有。对伦巴第人来说幸运的是，强大的君士坦丁堡皇帝（君士坦斯二世）选择在格里摩尔德统治期间进攻意大利。尽管罗马皇帝征服了贝内文托公爵领的大部分地区，但战争早已让皇帝精疲力竭。663 年，格里摩尔德国王还没到，危机就解除了。

击败罗马皇帝只是格里摩尔德担任王国成就中的一项，他还击退了入侵威尼斯的阿瓦尔人，击败宫相埃布罗因派出的军队。当时宫相代表克洛泰尔三世统治，派军翻越西阿尔卑斯山脉，前来进攻伦巴第人。然而，格里摩尔德在疆域扩大方面只取得了一项成绩；他在复活节当日出其不意地发起袭击，并从罗马人手里夺取了里米尼附近的小城福林波波利（Forimpopoli），手段极其残忍，"当所有人都在举行圣餐仪式时，他杀死祭坛上的礼拜者和洗礼池边的执事"。我们本来以为，君士坦斯二世被击退后，意大利中部的罗马人会面临更糟糕的境况，但是没有其他城市沦陷。在南方，格里摩尔德的儿子罗穆亚尔德占领了罗马人在阿普利亚的两大主要据点——塔兰托和布林迪西。但是这发生在君士坦斯二世去世后，梅策齐乌斯在西西里岛叛乱期间。

尽管格里摩尔德是通过叛乱登上王位的，但他的成就还是赢得了伦巴第人的好感。有关于他的很多故事流传至今，有的讲述了他强劲的统治手腕和狡猾奸诈，还有一些赞美了他慷慨和仁慈美德。但当他死后，人们发现他的成就与他的个人特质密不可分：伦巴第人没有选择他的长子贝内文托公爵罗穆亚尔德，也没有选阿里珀特的女儿所生的小儿子加里博尔德为王，而是把国王佩尔塔里召回。佩尔塔里是阿里珀特的儿子，10年前被格里摩尔德赶出米兰，流亡至今。这位王子漂泊一生，穿越大陆，从多瑙河流亡至英格兰海域，生活悲惨。他得知篡位者死去的消息时正在去往英格兰的途中。佩尔塔里回到意大利，听从伦巴第人的建议，在帕维亚庄严加冕。

佩尔塔里爱好和平，反对战争，王国在他统治的17年（672—688）里一片安宁。他是"一个信教之人，一个真正的天主教徒。他坚守正义，照顾穷人；建造了著名的圣阿加莎（St. Agatha）修女院和帕维亚城墙外的圣母马利亚大教堂（Church of the Virgin）"。这样的国王不会创造历史，但却是宗教史学家最为崇敬之人。佩尔塔里从未试图征服罗马或主教辖区，在他的统治期间只发生过一次冲突。当时，佩尔塔里遭到一名反叛公爵——特伦托的阿拉希斯（Alahis）袭击，随后就像一位基督徒应该做的那样——制服并赦免了叛徒。但是，佩尔塔里此次的行为却给伦巴第王国的下一任国王带来了血的代价。

佩尔塔里的儿子库尼伯特的统治（668—700）更加混乱。这个国王性格复杂，勇敢、慷慨、受人欢迎，但也粗心大意、轻率而不谨慎，放歌纵酒。尽管阿拉希斯公爵曾被库尼伯特的父亲赦免，但他还是再次叛变。库尼伯特被打了个措手不及，被阿拉希斯抓住并赶出了帕维亚。库尼伯特被暂时赶出王国，长期被困在科莫湖（Como）上的一座城堡里。但阿拉希斯的暴政让伦巴第人痛不欲生。没过几个月，真正合法的国王在据点发号施令，和篡夺者在战争中一较高低。双方在阿达（Adda）举办的加冕礼会上碰头了，该地距离洛代（Lodi）不远，阿拉希斯获得威尼西亚的"奥斯特拉西亚人"

的支持，而库尼伯特则得到了皮埃蒙特（Piedmont）的"纽斯特利亚人"的支持。西部的纽斯特利亚人优势明显，阿拉希斯被杀，佩尔塔里的儿子恢复了整个伦巴第王国的王权统治。这并非库尼伯特最后一次粉碎叛乱：在他的整个统治期，我们听说过有不少不守规矩的公爵曾发起起义，结局都很惨淡。

在 7 世纪最后的 20 多年里，伦巴第国王们并未有任何斐然卓越的成就。但是，就在佩尔塔里建造教堂、库尼伯特忙着对抗叛军时，罗马却有大事发生。教皇和帝国日渐疏远、相互排斥，这为下一代爆发的公开战争埋下了祸端。前面的章节已经概述过教皇格里高利的功绩：在基督教世界，他将教皇擢升至具有空前的精神重要性的地位；在罗马的世俗政务中，教皇的身份也极度崇高。哪怕是在格里高利死后的半个世纪里，这种情况也一直没有改变。教皇牢牢确立起了相当于西方世界牧首的地位，甚至可以随时派遣使团前往英格兰、高卢和西班牙，一路畅行无阻。教皇的世俗权力也没有受到总督或君士坦丁堡政府的过多干涉。但是，在严厉无情的君士坦斯二世与鲁莽冒进的马丁一世教皇的统治下，摩擦和斗争开始进发。我们已在别处提到，皇帝曾发布《合一通谕》，禁止继续争辩基督一志论问题。马丁不仅无视皇帝禁止宗教辩论的敕令，还召集了一次会议，宣布"（通谕）亵渎神明，乃大不敬"。马丁又致信法兰克、西哥特和英格兰的国王，内容大致相同，欲借此机会把外国君主拉入这场争端。考虑到自己和拜占庭天南海北，而自己作为西方牧首地位显赫，因此马丁决定反抗君士坦斯二世。皇帝的行动则表明了他捍卫权力的决心，不过他也完全明白，与罗马主教这样的重要人物打交道必定危险重重、困难万分。他必须等待时机，不能公开逮捕马丁，而要秘密绑架马丁，然后控制住他。655年，教皇被押送到君士坦丁堡，他切实感受到了皇帝的愤怒：马丁受尽侮辱，他身负镣铐被幽囚于牢中，后来被放逐到遥远的克里米亚。马丁这才意识到，皇帝的势力仍然如此强大，他的触角甚至远伸至罗马。

但在所有意大利人民心中，马丁是正教的殉道者，他的遭际使得罗马人和帝国渐行渐远。663年，君士坦斯二世访问他的西方领土，将罗马万神殿及其他神庙洗劫一空，这是对神明的亵渎，意大利人民也因此更加怒火中烧。君士坦丁显然意识到罗马教廷的势力日益强大，他开始有意削减教廷的资源。此时，君士坦斯二世正式免除了拉文纳大主教对罗马教皇的一切精神服从义务，并使他在总督区内得到了独立权威。罗马教廷和拉文纳教会的分裂持续了20年之久，但最终，圣彼得（St. Peter）大教堂的传统威望战胜了拉文纳大主教的野心。

如果此时有一位强势的教皇，那么天主教会可能会和帝国公开决裂。但教皇维塔利安是个无能之辈，担心与前任马丁的厄运落到自己头上，而拜占庭的意大利臣民还没有要将罗马从帝国——皇帝习惯性地称之为罗马共和国——中分离出来的打算。否认帝国的霸权就等于把罗马交给伦巴第国王格里摩尔德，因此教皇和人民都没有这个打算。

这样一来，未来将由另一代人来见证罗马和拜占庭的决裂。君士坦斯死后，帝国和教会一度交好，因为君士坦斯的儿子君士坦丁五世是一个无可挑剔的正教徒。在教皇亚佳德（Agatho）的大力支持下，君士坦丁五世于681年举办了君士坦丁堡公议，教皇还派了代表适时出席，与君世坦丁一同镇压一志论派学说。君士坦丁五世对罗马教皇十分友好，甚至授予罗马教廷一项危险的特权：在罗马教廷选举中，只要获得神职人员、人民和士兵——罗马卫戍部队的一致同意，就可立即成为罗马主教，无须等待君士坦丁堡皇帝的批准。然而，事实上，获得一致同意的情况并不常见，拉文纳总督仍然会介入其中，确定彼此竞争的候选人谁的声明是真实的。

在暴君查士丁尼二世的时代，帝国和教会之间的裂痕再次凸显。罗马教皇塞尔吉乌斯拒绝服从皇帝的命令，皇帝命令总督抓住教皇并送到君士坦丁堡。但是当查士丁尼的官员前来抓捕塞尔吉乌斯时，却遭到了罗马民众的反对，帝国卫戍部队的士兵们也拿起武器反抗：精神上的尊重早已超越了军事上的服从之心；教皇胜利了，查士丁尼二世被手下的叛军废黜、致残并被送到赫尔松，他在此地重整旗鼓，不久之后又卷土归来。

查士丁尼二世被废期间（695—717），君士坦丁堡陷入无政府状态和分崩离析的危险之中，长达 22 年的混乱时期对意大利影响重大。其间的数位皇帝在位时间都极短，无力维护他们在西方的权威。和 7 世纪的格里高利一样，教皇承担世俗职能的情况再次出现。约翰六世（John Ⅵ）在罗马征税，与伦巴第的贝内文托公爵签订条约，保护因军事叛乱而被逐出拉文纳的狄奥菲拉托（Theophylactus），甚至恢复了他的总督职位。格里高利二世（Gregory Ⅱ）更是在独立的道路上越走越远，他拒绝承认篡位的菲立皮库斯为皇帝。根据他的建议，"罗马人民决定，国家文件上绝对不能出现一个异教徒恺撒的名字，钱币上也不能铸有他的肖像。因此，教堂里并没有设立菲立皮库斯的半身像，在弥撒的祈祷中也没有介绍他的名字"。格里高利听说新皇帝阿纳斯塔修斯二世

（Anastasius Ⅱ）是一个毫无争议的正教徒后，便只承认这位新皇帝是菲立皮库斯的继任者。教皇的独立地位已经十分显著，若是再次与君士坦丁堡产生纠纷，注定会导致教皇与帝国最终关系破裂。事情不可能保持原样，分裂在所难免。导火索最终被点燃：严厉的圣像破坏者"伊苏里亚人"利奥上位后，试图在西方推行自己的宗教观，在帝国的东部省份亦是如此。"伊苏里亚人"利奥、教皇格里高利二世和伦巴第国王利乌特普兰德是最后一场斗争的主角。下面，我们就来介绍利乌特普兰德的地位和权力。

公元 700 年，国王库尼伯特去世后，便把王位留给了他的小儿子利乌特佩特（Liutbert）。鉴于当时利乌特佩特只是个孩子，王国由伦巴第人中最有智慧的安斯普兰德伯爵管理。王位上坐着一个未成年人，对早期的条顿王国来说往往是致命的。在利乌特佩特被宣布为国王仅仅 8 个月后，他身边最亲近的成年亲戚们就开始发起武装叛乱，要求获得王位。这些人包括戈德珀特国王的儿孙——都灵公爵雷金佩特（Raginpert）及其子阿里珀特；此外还有小国王父亲的堂表兄弟们。

雷金佩特获得了纽斯特利亚伦巴第人的支持，在诺瓦拉（Novara）击败了摄政安斯普兰德。雷金佩特获胜不久后就去世了，但他的儿子阿里珀特随后在帕维亚前线赢得了第二场战斗的胜利，将小男孩利乌特佩特囚禁起来。阿里珀特占领了首都，被他的追随者欢呼着拥有为国王，获得阿里珀特二世的头衔。从帕维亚逃出来的摄政安斯普兰德试图以小国王监护人的名义继续内战，但新国王下令在浴盆里勒死小国王，从而结束了这一切。安斯普兰德随后逃离阿尔卑斯山，到巴伐利亚公爵那里避难。

阿里珀特二世在统治期间，国家经历了动荡不堪的 10 年（701—711），主要工作便是镇压造反的公爵，击退卡林西亚斯拉夫人在威尼西亚的入侵活动，并加强国王对斯波莱托和贝内文托的控制权。这段时间是攻击罗马帝国在意大利领地的最佳时机，但是阿里珀特却没有踏出这一步。他对教皇很友好，把一处位于科欣阿尔卑斯山脉上的庄园当作礼物赠予教皇。但是他对封臣斯波莱托公爵法鲁德却没那么友好，因为后者曾在 703 年打过总督区的主意。阿里珀特更倾向于与教皇还有皇帝和平相处。

阿里珀特二世凭战争拿下了江山，也必因战争失国。711 年，流亡的安斯普兰德——小男孩利乌特佩特的摄政——率领公爵托伊贝特（Teutbert）借给他的一支巴伐利亚军队入侵意大利。许多伦巴第人仍然留恋佩尔塔里家族，阿里珀特在他们眼中就是一个可恶的杀人犯和篡位者。安斯普兰德的军队逐渐扩大，成千上万的"奥斯特拉西亚"伦巴第人加入进来。没过多久，安斯普兰德就兵临帕维亚城外，与国外针锋相对。这场战斗胜负未决，但阿里珀特退到城内，将胜利拱手相让。此举让军队失去信心，士兵们从他身边四散而逃。于是阿里珀特决定带上王室财产，逃到高卢去收买法兰克人。但在 712 年，他在夜间带着宝藏穿越提契诺河（Ticino）时意外溺水身亡，王位落到了他的对手安斯普兰德手上。

这个前摄政现在成了国王，但是胜利只维持了几个月。临终时，安斯普兰德说服伦巴第人选择他的共治者——他的儿子利乌特普兰德为王。几天后，父亲去世，利乌特普兰德成了唯一的统治者。

利乌特普兰德是伦巴第王国中最具才干、最精力充沛的国王。在长达 31 年（712—743）的统治期间，他成功地把东罗马人赶出意大利中部，而伦巴第人也实现了前所未有的成功与发展，结果紧随而来的却是王国灭亡。

"伊苏里亚人"利奥着手于圣像破坏运动时，利乌特普兰德已经在位 14 年。在他统治的早些年里，他忙于巩固自己的地位。尽管他曾与巴伐利亚人开战，并拿下一些阿迪杰河上游的城堡，但他并没有攻击意大利的帝国领土，

但是 726 年，一切峰回路转：利奥发布了著名的圣像破坏运动法令，禁止敬拜一切雕塑和画像。教皇格里高利二世早就对皇帝心怀不满，他曾建议意大利人抵制利奥为继续撒拉逊战争而征收的临时税，现在自然不会听从君士坦丁堡方面的指挥。格里高利二世收到利奥的法令和一封信，信中要求他立即执行帝国命令，捣毁罗马圣像。格里高利二世暴跳如雷，拒不服从，罗马人和其他意大利人也都追随他。纳不勒斯公爵埃克希拉拉图斯（Exhilaratus）曾试图在自己的公国执行这项法令，却被一群暴徒杀害，许多其他的帝国官员也被手下虐待或驱逐。这些城市选出了新的统治者，如果格里高利二世没有阻止的话，甚至会有一位新的西罗马帝国皇帝诞生。与此同时，意大利所有的帝国省份都公开暴动，与君士坦丁堡完全断绝联系。利乌特普兰德国王认为这是夺回主教辖区，带领伦巴第王国走上巅峰的良机。他穿过波河，拿下博洛尼亚（Bologna）和艾米利亚的其他大部分城市，然后征服了奥西莫、里米尼、安科纳和所有五城地区。拉文纳海港哈撒斯（Chassis）的总督保罗一直奋力抵抗，直到他在 727 年被暴徒谋杀，这座沼泽之城才落入了利乌特普兰德的手中。每一座城市的反帝派都投向了伦巴第国王的怀抱，敞开城门迎接他，伦巴第国王不费吹灰之力便占领多座城市。

不久之后，拉文纳投降，利乌特普兰德此番远征画上了一个圆满的句号。拉文纳总督优提克斯（Eutychius）逃到了威尼斯。当时威尼斯已经是一个半独立的城市，但仍然在名义上效忠帝国。与此同时，教皇格里高利二世全神贯注地撰写冗长的宣言，阐述利奥的暴行和圣物崇拜的内在合理性。729年，他在给皇帝的信中，语气中刻意透着傲慢，"我的言辞必须粗鲁无礼，"他写道，"这样才衬得上你粗俗的思想。"然后他接着写道："若是你再不听智者的劝告，那么只要你进入一所男校，宣布自己前来捣毁圣像，最小的孩子也会把他们的桌板向你头上扔去，即使是婴儿和吃奶的孩子也会前来教育你。"格里高利完全混淆了乌西雅王（King Uzziah）和希西家王（King Hezekiah）在《圣经·旧约》（Old Testament）中的争论，还引用了早期教会史上的虚构的轶事。最后，格里高利激动不已地写道，自己凭借着从圣彼得手里继承的权力可能会永远诅咒皇帝，但利奥的罪行已经是一道诅咒，自己没有必要再对他施加任何诅咒。他甚至还威胁皇帝，如果皇帝派遣军队攻打罗马，他将退到坎帕尼亚，在伦巴第人处避难。

然而，事实上，教皇格里高利最不想做的就是把自己交到伦巴第人手里。他最怕落入利乌特普兰德的直接统治之下，因为若一个意大利铁腕国王占领罗马，对教皇的世俗权力将构成致命的打击。违背软弱的总督和远在天边的皇帝不难，但如果利乌特普兰德成为全意大利的统治者，教皇们将被迫成为他卑微的臣民。格里高利希望在不落入利乌特普兰德手中的情况下摆脱利奥的统治。尽管他不再效忠皇帝，但他仍假装拥护帝国。

与此同时，意料之外的变故降临在利乌特普兰德国王的胜利生涯中。他不在帕维亚时，总督优提克斯已经在威尼斯集合军队，凭借着潟湖城半独立公民的武装力量的帮助，成功在拉文纳附近登陆。城内的帝国党羽做了叛徒，致使该城落入优提克斯手中并再次成为罗马帝国在意大利的领土。与此同时，729年，斯波莱托和贝内文托的公爵们武装反抗他们的宗主国，与教皇格里高利结盟。

利乌特普兰德决心先击败伦巴第的叛军，然后再收复拉文纳。他甚至与罗马总督达成了停战协议，协议规定他们要互帮互助，罗马人帮助伦巴第人制服叛乱的公爵，而伦巴第人帮助罗马人强迫教皇重新效忠帝国。因此，优提克斯出兵罗马，利乌特普兰德向斯波莱托进军。利乌特普兰德到来时，两个公爵立即屈服，发誓要做他忠实的封臣。利乌特普兰德随后向罗马进发，当时罗马总督已经包围了罗马，但是利乌特普兰德可不想眼看着帝国收复罗马，实力增强。他率领军队驻扎在城外的尼禄之地（Field of Nero），声称自己要做格里高利和优提克斯之间的仲裁者。以他们二人的力量，无法对抗利乌特普兰德。教皇至少欣然默许了利乌特普兰德在意大利讲和的提议。总督将重回拉文纳，不再骚扰罗马，占领拉文纳即可，五城地区和艾米利亚所有帝国丢失的领土都在伦巴第人手中。格里高利考虑到自己可以安然待在罗马，公开表示会再次效忠皇帝，但事实上，他仍然处于独立的地位。格里高利依然反对圣像崇拜。730年，他趁着当时双方和平相处，召集了一次大公会议。参会的93位意大利主教虽没有诅咒皇帝，但是严肃地将反对圣像崇拜之人逐出教门。

两个月后，教皇格里高利二世去世，格里高利三世（Gregory Ⅲ）上位。他和他的前任一样，都是破坏圣像运动的大敌。格里高

　　　　　　　　　　　　黑暗时代（476—918）

利三世刚表达自己的态度，早就对和约不满的皇帝就被罗马大公会议上将他逐出教会的决议所激怒，接着就于731年颁布了一项法令报复教皇：剥夺教皇作为西方大牧首在伊利里亚和意大利南部教区的管辖权。这些地区之前都服从罗马教廷，而未来，不仅伊庇鲁斯（Epirus）和西西里岛，甚至连阿普利亚和卡拉布里亚都听从君士坦丁堡牧首的管理。

732年，利奥采取了更具可行性的做法来强迫教皇屈服。他在小亚细亚的港口配备强大的武装力量，准备驶往意大利，暴力收复丢失的地区，逮捕格里高利三世，并把他五花大绑带回君士坦丁堡。但历史的走向与罗马帝国重振西方势力的意图背道而驰：舰队在亚得里亚海海域遭遇风暴失事，到达拉文纳时只剩下毫无用处的一堆残骸。这是帝国想要认真夺回意大利中部的最后一次尝试。从此，教皇们走上了自己的路，而被困在拉文纳要塞的总督则战战兢兢地等待着下一场伦巴第战争的爆发——这场战争注定会消灭他并席卷日渐萎靡的罗马帝国。

730年条约签订后的8年里，利乌特普兰德国王都在维护整个意大利的和平。他十分虔诚，尊敬教皇，甚至将他在战争（728—730）中从罗马总督手中夺取的位于托斯卡纳的苏特里赠予教皇。在他的统治之下，伦巴第王国繁荣发展：南部的公爵被迫服从帕维亚的命令，斯拉夫人和阿瓦尔人被阻挡在北部边境地区之外，利乌特普兰德和高卢宫相查理·马特之间的关系也很友好。根据过去蛮族的习俗，查理要在邻国寻找一位君主，这位君主会在查理的儿子丕平成年时紧紧地拥抱他并修剪丕平的头发。这一职责便落在了利乌特普兰德身上。736—737年，撒拉逊人入侵普罗旺斯时，查理向伦巴第人寻求支援，于是利乌特普兰德翻越阿尔卑斯山，加入了将异教徒驱逐出艾克斯（Aix）和阿尔勒的行列。

738年，斯波莱托公爵特罗西芒德（Transimund）再次叛变，打破了意大利的和平。国王一如既往地强势镇压叛乱，公爵被迫逃亡，在罗马教皇格里高利三世处避难。利乌特普兰德让教皇交出叛徒，但是格里高利拒绝了，伦巴第军队立刻进入罗马公国。国王攻占了奥尔泰、博马尔佐（Bomazo）和其他两个托斯卡纳南部的城镇，并以围攻罗马威胁敌方。格里高利三世并不想从利奥皇帝那里得到怜悯和帮助，这让利奥皇帝感到备受侮辱。于是，格里高利三世决定寻求另一方势力的帮助——法兰克王国的宫相。他拿圣彼得墓贿赂查理·马特，请求他保护圣城免受毫无敬虔之心的伦巴第人的侵犯。他甚至还授予宫相一个响亮的罗马贵族头衔。格里高利三世其实无权授予，因为只有皇帝才能授予贵族头衔。他甚至要让罗马效忠法兰克人，和皇帝脱离干系。因此，格里高利三世首先作为罗马教皇，竭尽全力让意大利人饱受外国入侵之苦。他在世俗之事上的所作所为激怒了利乌特普兰德，反倒惹祸上身：之所以会有这场战争，纯粹是因为他支持斯波莱托公爵的叛乱并收留了这个叛徒。然而，格里高利三世把伦巴第人的入侵定义为亵渎神明，他向查理抱怨说，利乌特普兰德率兵入侵侵犯了教会神圣的权利，蓄意侮辱圣彼得的威严。鉴于利乌特普兰德国王曾在8年前救过格里高利三世，格里高利三世的所作所为无疑是忘恩负义，故意歪曲事实，矫言伪行。但教皇对伦巴第人深恶痛绝，丧失了理性：由于罗马附属于利乌特普兰德王国，格里高利三世很有可能失去他的世俗权力，因此在格里高利眼中，虔诚、温和、有着正统信仰的伦巴第国王及君士坦丁堡反对圣像崇拜的皇帝没什么区别，令他憎恶。考虑到利乌特普兰德亲切的性格，以及伦巴第人在比较这位国王和阿尔卑斯山以外的同时代君主时所使用的饱含尊敬表述，格里高利和他的继承人提及这位国王时使用的词汇着实令人大吃一惊。《圣经》中也没有严厉到对异教徒堆叠这么多的形容词："恶臭的、伪誓的、对神不敬的、掠夺成性的、残暴的伦巴第种族。"仅仅因为利乌特普兰德出于理性惩罚教皇包庇叛军的行径，教皇就大肆辱骂，勃然大怒！伟大的国王成功地占领罗马，统一了意大利，此乃心之所向。这不仅可以避免半岛遭受法兰克人入侵，还能改善与西方帝国长期以来不正常的关系，以及避免更大的灾难——教皇俗权的永久建立。

查理·马特拒绝了格里高利的提议和计划，他绝不会像教皇宣称的那样，理由不充分便与他的老朋友利乌特普兰德发生冲突。反之，他选择努力在格里高利和伦巴第国王之间进行调解。他接受了贵族的称号，声势浩大地接待了罗马大使，然后让他们带着丰厚的礼物回家。查理不承诺帮助一方对抗另一方，而是派手下送罗马大使回国调节教皇和国王的关系。而此时，查理和格里高利都已经一只脚迈入了坟墓，二人都在次年即公元 741 年去世，而距离法兰克人代表教皇首次主动干涉还有一些时日。

事实证明教皇格里高利是在无理取闹。次年，利乌特普兰德与罗马教廷达成了协议。教皇撒迦利亚（Zachariah）一上位，就宣布不再援助叛变的斯波莱托公爵，利乌特普兰德随即收复了他之前从罗马公国夺取的城市并与撒迦利亚达成为期 20 年的和约。利乌特普兰德甚至向罗马教会献上丰厚的贡品，把许多珍贵的地产送给教皇。然而，教皇们的愤怒丝毫没有平息，他们发自内心地痛恨伦巴第人，仿佛他们还是阿里乌斯派信徒或异教徒，静静等待着另一个密谋反抗他们的机会。

743 年，利乌特普兰德在统治了 31 年后安详离世。在他统治期间，王国占领了罗马帝国大部分土地，意大利北部和东部边界拓宽，与巴伐利亚人和斯拉夫人接邻，贝内文托和斯波莱托公爵也不寻常地屈服于王国。除了他的敌人教皇以外，没有人对他的品格有任何异议，利乌特普兰德似乎是当时最受爱戴和欢迎的国王。利乌特普兰德安然离世后，法兰克人才大规模入侵利乌特普兰德小心守卫的王国。如果他是一个不那么道德和虔诚的君主，这对意大利来说也许会更好：一个强势的统治者势必会占领罗马，给自己的征程画上一个完美的句号，这样一来，罗马以后就不会再给整个意大利半岛带来无穷后患了。

第十七章

查理·马特和他的战争　720—741

查理与萨克森人和弗里西亚人的战争——圣卜尼法斯（St. Boniface）的传道事业——普瓦捷战役中的撒拉逊人——阿基坦胡诺尔德（Hunold）公爵叛变后又臣服——查理和教皇

查理·马特在普瓦捷一役中取胜，声名鹊起。实际上，打败入侵西班牙的撒拉逊人才是他取得的最大成就，但是法兰克王国周边的异教徒民族不计其数，撒拉逊人只不过是其中一个。查理担任宫相12年后才亲自率兵对抗南方的入侵分子。在这之前，他聚焦于奥斯特拉西亚的异教徒邻居，没有把遥远的阿基坦及其半独立的公爵放在眼里。

查理首先要对付的是萨克森人。为了惩罚他们曾干涉法兰克内战（714—720），查理带兵多次进入威悉河谷，将法兰克边境扩张至条顿堡森林（Teutoburger Wald）和利珀河和鲁尔河（Ruhr）的源流地区。弗里西亚人早就投降了，但是查理认为，除非弗里西亚人改信基督教，否则这样的屈服毫无意义。因此，他利用自己的影响力，和阿尔吉塞尔（Aldgisl）公爵合作，让臣民们转变信仰。这位公爵公正且爱好和平，自然不会反对这个计划。在他的保证下，乌得勒支主教威利布劳德派遣传教士来到弗里西亚地区。在一代人的努力下，弗里西亚的大部分地区人民都已成为基督徒，但东弗里西亚改宗的人进展较缓，在查理儿子的统治时期他们才最终皈依基督教。

解决了弗里西亚和萨克森的事务之后，宫相的下一项工作就是恢复法兰克人对巴伐利亚已丧失 80 年的宗主权。但是，这项工作还没完成，查理就被叫到西法兰克去镇压纽斯特利亚叛乱。

北高卢的贵族们曾在文希和苏瓦松备受屈辱，于是在希尔佩里克二世的已故宫相拉吉弗的领导下再次起义。724 年，查理首次露面，起义就瓦解了，敌人按兵束甲，拉吉弗答应把儿子作为人质，只要求保持自己昂热伯爵的地位。

查理在接下来的 3 年里忙于征服德意志东南部。查理向东穿过施瓦本，强迫当地的战士们随行出军，然后向巴伐利亚进军。经过 3 次激烈战斗，查理带着满满的战利品、一队人质和公爵休伯特（Hukbert）的降书凯旋。巴伐利亚人虽然投降了，但仍然是一处隐患，不过这为之后实施早已被遗忘的法兰克宗主权打下了基础。施瓦本公爵兰特弗里德（Lantfrid）眼看着巴伐利亚人投降，胆战心惊，随后便率兵反叛，但最终在战斗中被查理杀死。730 年，施瓦本失去了象征其独立统一的王公，查理也不再任命任何公爵接替兰特弗里德的位置，这样一来，施瓦本与邻近地区合并就轻而易举了。

武力绝不是查理把东德意志纳入法兰克版图的唯一手段。在与萨克森和巴伐利亚人交战期间，他曾为狂热的西撒克逊修士温弗里斯（Winfrith）提供庇护。温弗里斯曾不知疲倦地游走在巴伐利亚人、图尔奇林基人和黑森人之间，四处传教，史称"德意志使徒"。

温弗里斯曾在乌得勒支与主教威利布劳德主教共度些时日，随后便向东前往新的荒原，开始自己的传教之旅。他首先将目标锁定了黑森人，自从圣苏伊伯特去世后，就再也没有传教士来到过这里。温弗里斯在这大获成功，很快这片土地上就遍布基督徒。教皇格里高利二世听说他的事迹后，就派人请他到罗马，封他为莱茵河彼岸的日耳曼人的传教主教。温弗里斯——后世常称之为卜尼法斯——发誓自己和皈依者将会完全服从罗马教会，在这之后，又带着一封教皇介绍信回到北方，找到奥斯特拉西亚宫相。查理极为热情地支持新主教的工作。"没有法兰克亲王的帮助，"卜尼法斯写道，"我不能统治教会，也不能保卫神父和修女的生命，更不能阻止我的信徒们参加异教徒的仪式。"当主教当着成千上万名异教徒的面，砍下弗里茨拉尔（Fritzlar）的"圣橡树"时，野蛮的黑森人和图尔奇林基人畏于查理的权威才留手无寸铁的主教一命。在接下来的 31 年里（723—754），卜尼法斯开始四处传教，所经之地的教堂和修道院如雨后春笋，在那些教名之前不被人所知的地方都留下了自己的足迹。

查理在奥斯特拉西亚边境忙得不可开交之时，南方又掀起了一场新风暴。西班牙的撒拉逊人再次越过罗纳河和塞文山脉，入侵高卢南部。对法兰克人而言幸运的是，撒拉逊人的进攻时有时无。西班牙的统治者往往把重心放在打击叛徒、巩固权威上，不大关心伊斯兰世界不断扩大的边界。伊斯兰政府中心位于大马士革（Damascus），这些撒拉逊人远离哈里发的统治，而阿拉伯和柏柏尔首领们又忙着相互厮杀，争权夺位，基本上顾不上西班牙的局势。穆斯林统治西班牙的头 40 年里，至少有 20 个总督上位，其中 7 个下场惨烈。

前文中曾提到，721 年，阿尔·萨玛在图卢兹遭遇败绩，撒拉逊人直到 725 年才再次有了新动作。同年，埃米尔阿拔斯·伊本·乔依姆（Anbasa-ibn-Johim）率领一支大军从纳巴达出发，接连征服了卡尔卡松、尼姆和塞普提曼尼亚北部的其余地区，远至罗纳河流域。安巴萨·伊本·乔依姆在新征服的城市中安排驻军，然后渡过罗纳河，在炎炎夏日迅速席卷了远至欧坦的勃艮第地区。拿下欧坦后，他又快马加鞭返回西班牙，法兰克人根本追不上。但是安巴萨在 725 年末就去世了，之后的继任者们在 7 年的时间里相互厮杀，无力再次攻击基督教王国。阿基坦公爵尤多在穆斯林休息之际，和塞普提曼尼亚的穆斯林总督奥斯曼 – 本 – 阿布 – 内扎（Othman-ben-abu-Neza）建立友谊并将女儿许配给他，赢得了总督的支持。731 年，尤多或许和女婿结盟一齐反抗法兰克人，并再次宣布自己是独立的阿基坦公爵。查理越过卢瓦尔河，在战场上打败尤多，摧毁了整个国家，逼近波尔多城门。然而，公爵一直奋力抵抗，直到他发现另一个敌人正在逼近自己，这才放弃挣扎。尤多的女婿奥斯曼背叛了西班牙总督阿卜杜勒·拉赫曼，随后被总督打败并杀死。在征服了叛军之后，阿卜杜勒·拉赫曼决定向奥斯曼的盟友，也就是他的岳父进军。尤多不得不立刻绝望地向法兰克宗主国投降。

732 年，总督率军翻越比利牛斯山脉西部，军队获得阿非利加和东罗马帝国的支援，实力大大增强，前所未见。尤多处于守势，努力保卫加龙河防线，但军队损失惨重，七零八落。他逃到卢瓦尔河对岸去投靠查理；与此同时，撒拉逊人攻打波尔多，慢慢向普瓦捷逼近，肆意蹂躏这方土地。撒拉逊人此番前来，不仅仅是要搞袭击，更是要永久占领阿基坦，也许还想要进攻纽斯特利亚。西班牙穆斯林中最强大、最受欢迎的总督亲自率军，召集了七八万士兵，欲壑难填，誓要拿下这片土地。

在危难时刻，宫相站了出来。查理没有匆忙出兵，而是聚集东、西法兰克王国的全部力量，尽管他最信赖的仍然是自己的奥斯特拉西亚人民。查理率兵在图尔附近穿越卢瓦尔河，前去与阿卜杜勒·拉赫曼碰面——这样的景象自从两个君主国建立就再也没有出现过，纽斯特利亚和奥斯特拉西亚从未联合出征。两支大军在靠近普瓦捷的"普瓦捷郊区"（suburbio Pictaviensi）会面，也有许多奇怪的编年史家认为这场战争应该以"图尔"命名。阿卜杜勒·拉赫曼和查理都心知肚明，这绝非一场普通的战役。这场基督徒和穆斯林之间的战役有可能会很大程度上影响阿基坦的命运，甚至有可能是高卢的命运。两军对峙7天，都在等着对方率先进攻。最后，阿卜杜勒·拉赫曼发起攻击，阿拉伯军队拥出营地，攻击法兰克人的防线。有关这场大战的细节寥寥：我们只知道撒拉逊骑兵无法击破法兰克步兵的防线，法兰克步兵坚固的盾墙"像一座冰堡一样扎根在地上"。

奥斯特拉西亚人在战斗中首当其冲，"东法兰克人身材高大，铁腕有力，出刀凶猛。他们找到并杀死了撒拉逊首领"。战斗持续到傍晚，入侵者撤退，身后留下阿卜杜勒·拉赫曼和成千上万的尸体倒在法兰克人的阵前。在黑暗中，阿拉伯人有的是时间计算伤亡，一个个恐惧万分，无心应对第二天的战斗，随后便仓促逃走。阿拉伯人的帐篷里塞满了在阿基坦缴获的战利品和军需品——成千上万的战马和成堆的武器，这些最后都落入了胜利的法兰克人的手中。穆斯林入侵西方基督教世界的危机就此解除。人们经常会夸大这种危险，尤其是法国作家。他们想要美化这位奥斯特拉西亚宫相，把他奉为法国民族英雄。就算是阿卜杜勒·拉赫曼获胜，他能得到的也不过是阿基坦公国，因为离开波尔多后，这样的战争逐渐演变为入侵掠夺，就像725年的战争以洗劫欧坦结束那样。在过去的40年里，西班牙的穆斯林早就证明了他们好斗和不守规矩的特点，因此我们相信，就算他们的领导人能力卓越，他们也绝不会长期众志成城，团结一致，攻占高卢中部。与711年衰败的西哥特统治相比，纽斯特利亚以及奥斯特拉西亚活力非凡。即使普瓦捷和欧坦的遭遇一样，法兰克人也有足够的力量和勇气去面对许多诸如此类的进攻。我们可能会怀疑吉本（Gibbon）[*]的判断，他曾预测阿卜杜勒·拉赫曼获胜后可能的结果，最后只会是这样的画面：宣礼员叫来真正的信徒在苏格兰高地祈祷，牛津的毛拉们争论着唯一的神拥有哪些特质。

撒拉逊的残余势力没有再试图控制阿基坦，而是匆匆翻越比利牛斯山脉。这样一来，尤多公爵就可以重新占领波尔多和图卢兹，再次作为法兰克封臣统治他之前的领地。与此同时，查理带着战利品回到奥斯特拉西亚，西方基督教世界称赞他是自君士坦丁以来最伟大的征服者。法兰克诗人和编年史家在笔下继续为他的胜利欢呼，不久全世界都知道并相信他杀死了37.5万个撒拉逊人，手下只损失了不到1 500人！要是查理是教会眼中的红人的话，他就会和孙子查理大帝一样平起平坐，彪炳史册。但是，在修士史家的眼中，查理在促进德意志皈依基督教，热心打击异教徒上付出了诸多努力，

---

[*] 爱德华·吉本，英国历史学家，著有《罗马帝国衰亡史》。

　　　　　　　　　　　　黑暗时代（476—918）

但这都不能抵消他对待高卢教会的傲慢态度。查理曾放逐高卢主教，禁止在没有他许可的情况下举行教务会议，偶尔还会在教会地盘上驻军。由此可见，当时编年史家对他毁誉参半。

胜利后的几年里，查理一直在管理勃艮第政府。他用自己的手下取大部分勃艮第伯爵和公爵而代之，成功征服了弗里西亚。一心向和的阿尔吉塞尔公爵由一个名叫雷德巴德的凶恶异教徒接替。当雷德巴德开始杀害并驱逐威利布劳德和卜尼法斯的传教士时，宫相不得不对他展开进攻。查理在战斗中杀死雷德巴德，烧掉了弗里西亚所有的异教神殿。弗里西亚人服从法兰克的统治，查理离开之后，整整 20 年都没有再反抗过。

然而，735 年，南方出现了新麻烦。尤多公爵去世，查理认为把南方大公国并入法兰克王国的时机成熟了。他骑马穿过这片土地，强迫当地居民向自己致敬，人们迫于恐惧，只好照做。但是当查理回国后，阿基坦立刻宣布尤多的儿子胡诺尔德成为公爵。如果不是撒拉逊人再次惹是生非，胡诺尔德很有可能会立刻被查理镇压。4 年前在普瓦捷一役中阵亡的首领之子优素福·阿本·阿卜杜拉曼（Yussuf-aben-Abderahman）率军从纳巴达城外联合，渡过罗纳河，占领了古罗马城市阿尔勒。在 736—739 年间，查理主要忙着应对撒拉逊人对东南高卢的连续 3 次入侵，无力分身，为了全身心投入这场更重要的斗争中，他只好承认胡诺尔德阿基坦的公爵身份。努力没有白费：阿拉伯人被赶出普罗旺斯，异教徒曾一度占领的阿尔勒和阿维尼翁也被收复。敌军在 725 年大规模入侵塞普提曼尼亚时所占领的尼姆、阿格德（Agde）和贝济耶（Beziers）被抢了回来，废弃并烧毁，大军在纳巴达前被击败。然而，纳巴达并没有落入法兰克人的手中，塞普提曼尼亚的南部也是如此，这些地区仍然有撒拉逊警戒部队驻守，掩护着比利牛斯山脉东部山口。在未来的20多年中，这片地区也不会被征服。查理的儿子——不是查理——注定要把法兰克人的边界扩张至山脚下。与此同时，西班牙的撒拉逊人畏于铁锤查理的致命攻击，不再考虑向北进军，随后陷入了一场接一场的令人厌倦的内战。

就在查理对付撒拉逊人时，过去17年以其名义统治的傀儡国王提乌德里克四世去世了。国王这个头衔现在是可有可无，宫相甚至都没有为这个无子国王找个继承人，而是在自己生命的最后4年里独自统治法兰克王国。然而，查理本人并没有获得国王头衔，而是继续被称为宫相、元首或法兰克公爵。只要真正的权力掌握在自己手中，头衔或称号都只是浮云。

这位伟大的宫相再次征服普罗旺斯和塞普提曼尼亚北部，为自己的职业生涯画上了句点，但他生命的最后4年依然成就斐然。738年，他强迫位于利珀河和埃姆斯河（Ems）的威斯特伐利亚（Westphalians）萨克森人向自己致敬并朝贡。739年，他在巴伐利亚建立了4个主教辖区，完成了南德意志教会的组织工作，由卜尼法斯，即现在的莱茵彼岸德意志的大主教担任他们的都主教。因此，在教会层面，巴伐利亚成了法兰克教会不可分割的一部分，而在政治上，它早就如此。查理坚定地支持本土教会，但并不会干涉国外的教会争端。教皇格里高利三世与伦巴第国王利乌特普兰德陷入争执，于是邀请虔诚的法兰克统治者与教会站在统一战线，向敌人出兵，但是查理拒绝了教皇的请求。利乌特普兰德曾帮助自己对付撒拉逊人，查理不想仅仅因为伦巴第和教皇在斯波莱托公国问题上的小小争端，就与自己的老盟友倒戈相向。次年夏天，还不到54岁的查理深感自己时日无多，决心在死神到来之前就整理好后续的王国继承问题。他召集了全法兰克王国大会，经批准，他将王国的统治权移交给他的儿子们。没有人考虑墨洛温国王的意见，因为提乌德里克四世早在4年前就去世，也没有继承人继位。查理和议会自由地处理王国继承问题，仿佛这片土地早已成为圣阿努尔夫家族合法的遗产了。宫相查理有3个成年的儿子，其中2个儿子——卡洛曼（Carloman）和丕平（后世的"矮子"丕平）——是他的妻子罗瑟鲁迪斯（Rothrudis）所生；第三个儿子是斯旺希尔迪斯（Swanhildis）所生的格利佛（Grifo）。斯旺希尔迪斯是巴伐利亚人，查理在725年的巴伐利亚战役中娶她为妾。3个儿子的年纪貌似分别是27岁、26岁和17岁。查理把奥斯特拉西亚和施瓦本的统治权交给了卡洛曼，纽斯特利亚和勃艮第的统治权交给了丕平。据说，他还打算在纽斯特利亚和奥斯特拉西亚边境上留一小块封地给格利佛。尽管巴伐利亚和阿基坦这两大公爵领最终分别落到了卡洛曼和丕平手中，但是在当时查理的领地划分上没有被提及。

查理划分王国后不久，就于741年10月21日在瓦兹河畔瑟里西（Cerisy-on-Oise）去世。他完成了父亲丕平二世交给他的工作，成功恢复了法兰克王国的古老疆界，阿基坦和巴伐利亚也成为法兰克王国的附属，基督教在弗里西亚、图尔奇林基和黑森地区的影响根深蒂固。查理所面对的困难远比父亲当时遇到的更大。尽管奥斯特拉西亚四分五裂，纽斯特利亚怀有敌意，一位精力充沛的国王曾动摇法兰克人的统治并试图恢复他祖先失去的特权，但是查理还是将圣阿努尔夫家族的命运从水深火热中解救了出来。

查理为了争权夺位一路披荆斩棘，后来还要面对法兰克人从未遇到的一个严重威胁：撒拉逊人。面对劲敌时，查理毫不畏缩，猛烈地打击了撒拉逊入侵者，敌人甚至不敢卷土重来。之后我们只会听到法兰克人入侵西班牙的故事，不会听到有关撒拉逊人入侵高卢的事件。后来，国内外一派祥和，在查理的重构下，法兰克王国的权力和荣誉都达到了前所未有的高度，为查理的儿子和孙子的事业打下成功的基础。作为基督教的拥护者和德意志福音传播者的保护人，查理赢得了更为高贵的荣誉称号。而当我们细数查理的功绩，尊称他为欧洲历史崭新和伟大时代的开拓者时，高卢主教们对查理强硬统治的抱怨根本不值一提。

第十八章

支持圣像破坏运动的皇帝以及东罗马帝国在 8 世纪的境况　717—802

利奥和君士坦丁堡在 718 年的军事防御——胜利的重要性——帝国的社会和经济状况——文学艺术的萧条——迷信和圣像崇拜——圣像破坏运动——利奥的圣像破坏运动——君士坦丁·科普罗尼穆斯（Constantine Copronymus）和其宗教迫害——君士坦丁五世的胜仗——君士坦丁六世（Constantine VI）幼年时期——伊琳娜的阴谋和胜利——恢复圣像崇拜——802 年，伊苏里亚王朝终结

前任狄奥多西三世想终止 716 年开始的内战，最终退位，717 年 3 月，"伊苏里亚人"利奥成为君士坦丁堡的统治者。当时哈里发苏莱曼的军队已经入侵弗里吉亚和卡帕多西亚，并慢慢向博斯普鲁斯海峡前进，狄奥多西三世对来势汹汹的撒拉逊人胆战心惊，这种感觉不亚于对利奥的畏惧，这或许是他最终退位的原因。利奥意识到自己有能力阻止奥斯曼人入侵，因此在紧要关头和狄奥多西作对也是情有可原的。但对于帝国来说幸运的是，利奥完全没有自视甚

高，事实证明他完全有能力应付眼前的局面。利奥年纪尚轻，但早已越过丛丛荆棘。他家境优渥，父母从托鲁斯的伊苏里亚地区移居到色雷斯。他在查士丁尼二世重获皇位后就参军了，因为优异的表现而引发了暴君的猜忌，被派去出征高加索。利奥就没打算从这次危险的征程中平安回来。面对住在遥远地区的阿兰人和阿布哈兹人（Abasgi），他成功摆脱重重危险，安全归来，被阿纳斯塔修斯二世任命为安纳托利亚军区总督。利奥积极进取，坚持不懈，手腕强硬，颇具组织天赋，深受士兵爱戴。他晚年的职业生涯表明，他不仅是一名优秀的军人，还能够深入研究万事缘由，对政治和宗教形成独特的看法。

面对令人闻风丧胆的撒拉逊人，利奥只有 5 个月的时间备战。这段时间，他积累了大量的粮食储备，招募了君士坦丁堡驻军并加强了其防御工事。8 月 15 日，一支 8 万人的撒拉逊大军出现在比提尼亚海岸；几天后，一支由 1 000 多艘战船组成的叙利亚舰队出现在普罗庞提斯，穆斯勒玛哈军队乘船在色雷斯登陆。撒拉逊的陆上部队立即开始经由陆路封锁首都，一部分舰队进入博斯普鲁斯海峡，封锁帝国海军避难的金角湾。当撒拉逊船只经过博斯普鲁斯海峡时，利奥首先发起攻击。敌人试图通过海峡时，大量战舰和火船从金角湾涌出，火力大开，烧毁敌方 20 艘战船。撒拉逊海军上将随后逃到博斯普鲁斯海峡的南部出口，北部出口无人防守，这样一来，利奥就可以继续从黑海获取补给。

封锁君士坦丁堡的行动百密一疏。据悉，撒拉逊人在博斯普鲁斯海峡的色雷斯一侧的营地里度过了异常严寒的秋冬季节，而城墙内的帝国军队则衣食无忧，信心大增。穆斯勒玛哈火速请求支援，得到哈里发热情的支持；718年春天，第二支陆战队从塔尔苏斯（Tarsus）向卡尔西登进发，占领了博斯普鲁斯海峡的比提尼亚海岸，与此同时，阿非利加和埃及的强大舰队加入了封锁分遣舰队的阵营，在博斯普鲁斯海峡东边的卡洛斯阿格罗斯（Kalosagros）停泊，旨在看守金角湾，切断君士坦丁堡与黑海的通信。

守住通向北部的自由航道是防守中的重要一环，因此利奥决心竭尽全力摧毁埃及舰队。他的许多船舰上都装有著名的希腊火装置，这些战船突然出航，攻击停泊在亚洲海岸的撒拉逊船只。埃及战船上的许多船员都是基督徒，当日上船实属被迫，并不情愿。这些人有的死在帝国军队的刀剑下，有的逃上岸，四散而去。船上的撒拉逊水手们一度奋力抵抗，但由于当时船只停泊靠岸，来不及开船逃走，于是他们很快就被制服了。所有用于封锁的战舰都被烧毁或被帝国军队得意扬扬地拖回君士坦丁堡。穆斯勒玛哈手下的其他舰队放弃了封锁，任由罗马战舰控制这片海域。利奥随后向比提尼亚海岸出兵，赶走了在那里扎营的撒拉逊军队。这样一来，穆斯勒玛哈军队和亚洲的通信就被切断了，无法从亚洲获得更多的补给。色雷斯较近地区的粮食早已被耗尽，到了718年夏天，撒拉逊军队饥肠辘辘，依靠抢来的食物勉强能够糊口。穆斯勒玛哈听闻一支强大的保加利亚军队正越过巴尔干半岛，向他进军。但是，军队的许多士兵早就饿死了，损失惨重，无力招架。显然，利奥说服了特贝尔国王，让其相信撒拉逊人入侵不仅危及东罗马帝国，对自己来说也是一大威胁。穆斯勒玛哈派出部分军队阻止保加利亚人，但在阿德里安堡（Hadrianople）被野蛮的保加利亚人全数歼灭。阿拉伯历史学家承认有2.2万人在争斗中死亡。

因此，穆斯勒玛哈决定发动围攻。舰队载着剩余的陆上军队来到了基齐库斯附近的海岸，穆斯勒玛哈本人则返回塔尔苏斯。一开始的10万大军和援军现在只剩下了3万人。舰队的情况更糟：舰队在利西亚海岸附近遭遇风暴，几乎完全被摧毁。罗马人俘获了许多幸存的船只，据说1000艘船舰中只有5艘顺利返回叙利亚。

　　这样一来，曾严重威胁东罗马帝国的最后一支撒拉逊军队也被消灭了。这也许是哈里发派出的最强大的远征军，比几年前轻松入侵阿非利加和西班牙的军队组织更庞大，装备更精良，几年后查理·马特在普瓦捷遇到的撒拉逊军队也比它逊色。利奥的皇位还不是非常巩固，拜占庭帝国所有亚洲省份都已被敌人占领，他此番轻松击败强大的对手并不是什么丰功伟绩。他的成功主要归功于他自身勇气超群、精力充沛并且制敌勇猛。其次，君士坦丁堡坚不可摧的城墙也是胜利的一大保障。最后，因为阿拉伯人在海上缺乏经验，只好招募心不甘情不愿的基督徒海军船员，根本无法充分利用他们短暂的海上优势。穆斯勒玛哈的舰队似乎和薛西斯（Xerxes）的舰队一样无用、笨拙。但是，不管敌人的过失对他有多大帮助，利奥都值得后代对他说一句"谢谢"。因为在当时，东欧无人能够暂时阻止撒拉逊人，只有利奥成功地遏制住了其前进的步伐。如果当日君士坦丁堡沦陷，那么占领整个东欧和中欧的信奉异教的蛮族肯定会成为哈里发的臣民。保加利亚人、阿瓦尔人或斯拉夫人无力长期抵抗；如果东罗马帝国垮台，撒拉逊人入侵的浪潮很快就会席卷奥斯特拉西亚边界。法兰克人若是在东部和南部受到攻击，能否仍然顽强屹立，值得怀疑。因此，公平地说，在拯救欧洲脱离撒拉逊人带来的危险方面，利奥比查理的功绩更大。

穆斯勒玛哈失败后，胜利的利奥有了短暂的喘息时间，可以收拾前任留给他的烂摊子。尽管撒拉逊战争一直持续到他统治末期，边界的突袭也从未停止，但是在这之后并无发生重大危险，因此利奥能够将注意力放到国内事务上，不必担心托鲁斯山脉另一边的撒拉逊人会发动危险的入侵。

在政府管理方面，利奥是一个伟大的改革者和创新者。他与教会的关系极为亲密，最为后人所铭记，但他在世俗事务中的表现也毫不逊色。不幸的是，记录他改革的大部分文字都遗失了，除了《法律选编》（*Ecloga*）之外，什么都没有保存下来。但是这些足以体现利奥的执政风格以及他对于 9 世纪产生的显著影响。

我们曾在前面的章节中指出，东罗马帝国自 6 世纪中叶以来江河日下。这种由盛转衰的趋势始于查士丁尼穷兵黩武增加税收，后来继承人的统治则加重了颓势，在希拉克略统治时期帝国甚至有覆灭的风险。由于希拉克略及其子孙君士坦斯和君士坦丁五世个人才能出众，这个国家虽然千疮百孔，人丁稀少，但仍能苟延残喘，但是，奄奄一息的人民仍然处境恶劣。东方省份——埃及、叙利亚和阿非利加——永远地脱离了帝国。小亚细亚在撒拉逊人的多次侵略下土地荒芜，寸草不生。巴尔干半岛一半以上的土地都在保加利亚人和斯拉夫人手中。在 7 世纪，斯拉夫部落甚至进入了希腊和伯罗奔尼撒，占据了那里所有更偏远的山区角落。

7 世纪的大灾难伴随着大规模的人口迁移。在欧洲，说拉丁语的伊利里库姆（Illyricum）、默西亚和色雷斯的古老人口几乎消失了。只有零星的人口——现代罗马尼亚人和达尔马提亚人的祖先——幸存下来，分散在巴尔干半岛的斯拉夫人之间。在亚洲，古老省份的人口因撒拉逊战争而严重减少，但另一方面，这些人却和撒拉逊入侵的所有土地上的难民融合。成千上万的亚美尼亚人和波斯人选择听命于皇帝，而不是哈里发，尤其是马代特人（Mardaite）或叙利亚山上的基督徒；他们多年来在黎巴嫩对抗撒拉逊人，后来大规模移民到小亚细亚。欧洲军区的人口主要是希腊斯拉夫人，而不是希腊罗马人：6世纪时，亚洲人口中的东方人远多于希腊人。到了利奥时代，最终局面形成：东罗马帝国现除了名字和行政机构，别无其他罗马元素。另一方面，它还没有像下一个时代一样完全希腊化。在这个世纪和未来两个世纪，它最重要的特征便是亚洲化。帝国的大多数统治者都来自伊苏里亚、亚美尼亚和小亚细亚的其他山区。他们不是屠弱无力的亚洲人，而是一个勇猛且充满活力的种族，多年来的波斯战争和撒拉逊战争造就了他们坚强的特质，从5世纪以来便一直是东罗马军队的核心力量。随着帝国人口结构发生变化，社会状况也发生巨大的变化。

　　其中最重要的变化是古罗马乡村庄园的消失，将隶农或农民束缚于土地、使之不能离开农场的耕种制度不见了。这种制度在西方一直是封建制度的基础，在东罗马帝国查士丁尼到伊苏里亚人利奥统治期间才完全结束。在利奥时代，我们发现土地要么是由自由佃农耕种——以固定租金经营着大地主的土地，要么由占领公共土地的自由农民组成的村庄管理。这一变化带来了益处：最终，整个帝国内自由民相对奴隶的比值大幅度增加，最重要的是，早年间农民受锢于土地，不能成为士兵，但现在政府能够为军队获得更多和更好的征兵地。毫无疑问，这种古老制度消失是因为在公元600—700年间，斯拉夫人、波斯人和撒拉逊人疯狂入侵，破坏了旧的地貌，摧毁或取代了以前的奴隶人口。许多省份曾一度多年落在外敌手中，那么对大多数人口影响不大的旧的社会结构往往会消失，也就不足为怪了。希拉克略统治初年的整个小亚细亚地区，以及 710—718 年间的无政府状态下的大部分地区，都曾出现过类似的情况。

农奴制消失扭转了帝国的颓势。但在其他多数情况下，这样的变化后患无穷。与蓬勃发展的 5 世纪相比，现在王国的文明水平一落千丈，艺术和文学发展降到了东罗马帝国有史以来的最低点。除了争论宗教事宜的小册子，其他所有的文学类型都消失了。620—720 年，没有一位当代历史学家诞生，当时的故事只能完全从后来的资料中了解。诗歌、科学和哲学作品也已经消亡了；除了皮西迪亚的乔治（George of Pisidia）所著的《希拉克略传说》（*The Heracliad*）——以史诗的形式记载了希拉克略时代的战争，7 世纪没有一首诗诞生。拉丁语学习早就不复存在，查士丁尼的伟大法典对帝国的居民来说甚至都毫无用处。除了格外博学的人，这本书对其他人来说简直是一本天书，因此各个军区都没有再实施系统的法律，根据当地的习俗和惯例而不是古罗马的准则来伸张正义。利奥不得不删节并翻译《查士丁尼法典》，让它变得通俗易懂、行之有效。此外，自从查士丁尼统治以来，礼仪和社会条件都发生了重大变化，而为了使这本书符合当时的需要和习惯，他省略了其中的大部分内容。不单单是文学作品，艺术的发展也每况愈下。能从不幸的 7 世纪保存至今的文学作品屈指可数，但在大量的钱币中，我们发现当时的人教化程度极低，甚至不能表现最简单的形状。希拉克略或君士坦丁五世的面孔勉强能看出人形，但是肖像周围的一圈文字拼写有误，不知所云；字母的形状不正确，切割也不好。

当时最痛苦的莫过于伴随着艺术和文学的衰落，愚钝的迷信和愚昧也泛滥成灾，这对 5 世纪乃至 4 世纪的古罗马来说都是难以置信的。尽管君士坦丁堡仍然保留着所有伟大的古代文学作品，但是对当时的统治者没有太大的影响，统治者反而深受工匠作品——从街上伟大的希腊雕塑作品得到启发——的影响。当时充斥着愚蠢的迷信和巫术妖术，杜撰的有关圣徒的狂热传说层出不穷，人们争相对自然现象做出离奇的解读。

　　在一系列恣意蔓延的荒谬迷信中，最显著的标志便是 7 世纪的圣像崇拜运动——反对者称其为"偶像崇拜"。这种行为直接反对早期的基督教习俗，常常把最奇怪和最神奇的力量归于基督和圣徒（无论是雕刻的还是绘画的）的表现。基督和圣徒不仅被视为指导信徒虔诚的有用纪念物，还被认为具有内在的神圣性，能够显现出最惊人的奇迹。希拉克略认为他的一幅画是由天使之手在天堂所作，把这幅画当作一种崇拜物随身携带，相信这幅画给他带来了各种各样的好运。人们相信，皇宫门上的十字架能够说人类语言，甚至连牧首和主教都坚定地认为，首都的一幅著名圣母像可以蒸馏出芬芳的香脂。每一个教堂和修道院都有能创造奇迹的圣像，并从敬神的祭品中获得不小的收益。圣像崇拜引发的怪异行为荒诞无比，例如，若是想让最喜欢的图画上的神成为受洗孩子的教父，那么最常见的著名做法便是刮掉一点儿颜料，混入洗礼水中。

　　"伊苏里亚人"利奥坚决反对这些幼稚的迷信，出台众多法令并试图镇压王国内的圣像崇拜行为，此举为后人铭记。利奥具有丰富的常识，而且他来自伊斯兰边境，那里的基督徒可以把这种敬拜石头和图画的方式与穆斯林纯粹的精神崇拜做对比。穆斯林嘲笑基督徒服侍圣像，而从许多平信徒的行为来看，这样的嘲笑是有根据的。一些像利奥这样有思想的人也被穆斯林的嘲笑所动摇，不由得对当时人们的迷信和愚蠢行为感到震惊。他们提出，以雕刻或绘画表现基督的行为有异端邪说的色彩，因为这过于强调基督的人性而非神性。这种想法并不是什么新鲜事，东罗马帝国的基督徒之前就经常提出，尽管更多的是由分裂教会者而非天主教徒提出。利奥自己的正统信仰非常坚定，即使是他的敌人也无法证明他有丝毫背离信仰的行为，利奥和其他人只在圣像崇拜上有所分歧。无论在哪里拆毁十字架，他都要以率军出征的规格，身着皇袍，在宫殿的门上用自己的钱立一个十字架。他反对的纯粹是基督的拟人化表现以及对圣徒形象的过度崇敬。

利奥可不是一个粗俗的士兵，他家庭富裕，曾以帝国副官（aide-de-camp）而非普通士兵的身份进入军队。因此，利奥很可能受过良好的教育，反对圣像崇拜也是基于理性和哲学思考，而不仅仅是因为受撒拉逊人或异教徒影响而产生的没头没脑的偏见。可以确定的是，从他宣布政策的那一刻起，他就赢得了政府机构和军队高官的最大支持。一般来说，受过教育的世俗人士都会支持他的观点，大多数士兵追随他，东部省份也默许他的改革。另一方面，利奥发现反对自己的人主要是和圣像崇拜利益相关的修道士和盲目沉迷圣像崇拜的下层阶级。欧洲军区都反对他的观点，越往西走，圣像崇拜越流行。在整个帝国中，意大利是利奥观点最后的立足点。

战胜撒拉逊人 8 年后，利奥在 726 年发起圣像破坏运动。此时，帝国安定下来，重构工作已经完成。两次叛乱也被镇压了，一次由意大利一个名为巴西尔（Basil）的人发起，另一次由前皇帝阿纳斯塔修斯领导，他曾试图在保加利亚人的帮助下复辟。巴西尔和阿纳斯塔修斯都人头落地，不会再有叛乱骚扰帝国了。利奥出台法令，禁止一切不敬和迷信的圣像崇拜，下令拆除所有圣像并清洗教堂墙壁上的所有画像。法令刚一颁布，就遭遇了激烈的抵抗。利奥的手下在拆除宫殿门上的大十字架时，暴徒扑到士兵身上，用棍子把他们打死。利奥出兵清理街道，许多暴徒被杀。开端并不顺利，紧随其后的是一系列灾难。整个帝国的大部分神职人员宣布反对皇帝。在许多省份，他们开始公开宣扬煽动性言论。教皇——正如我们在讲述意大利命运时所看到的那样——在整个事件中起带头作用并给君士坦丁堡寄去了无礼至极的信件。727 年，罗马方面拒绝服从法令，而海拉斯军区则爆发公开叛乱，危险一触即发。卫戍部队和民众在狂热的修士的鼓吹下，联合起来宣布推举某个名为科斯马斯（Cosmas）的人为皇帝。他们装备了一支舰队去攻击君士坦丁堡，但最终被打败，造反者推举的皇帝也被俘并被斩首。然而，即使是利奥的敌人也会承认，利奥对大部分囚犯和反叛的军区非常温和。事实上，他很少用死刑来惩罚不服从他法令的人，对于那些卫护圣像者口中的英雄和信仰虔诚的忏悔者来说，鞭打和监禁是更常见的"奖励"。利奥誓要令出必行，但他天生就不是个虐待狂，受罚的敌人表现得更像是暴徒或反叛者，而不是圣像崇拜者；就像在英格兰的伊丽莎白一世（Elizabeth Ⅰ）统治时期，耶稣会士不是因其是天主教徒的身份而受罚，而是因为叛变才受罚。年迈的主教杰马努斯（Germanus）因拒绝与利奥合作而遭到罢黜，但并没有受到更多的伤害。总的来说，利奥主要是通过提拔圣像破坏者，而不是虐待卫护圣像者来贯彻法令。

利奥统治的最后 13 年（727—740）是创造丰功伟绩的一个时期。尽管有一些公开的和更隐秘的抵抗，但他还是成功地在帝国的大部分地区执行了法令，只有意大利仍然反对。726 年，哈里发希沙姆（Hisham）很可能听说了拜占庭帝国的内忧，于是再次入侵亚洲军区，利奥意识到防御东方的必要性，迟迟没有夺回罗马。727 年，一支撒拉逊军队入侵尼西亚（Nicaea），最终在该地被击败并被迫撤退。在 730 年、732 年和 737—738 年间也发生过不太严重的入侵，但并未造成严重损失，帝国边界牢牢地稳固在托鲁斯山脉山口。利奥本人在安纳托利亚军区的阿克洛伊农（Acroinon）取得巨大胜利，给撒拉逊战争画上了句点：2 000 名阿拉伯入侵者被砍杀，首领也悉数阵亡。倭马亚王朝（Umayyad Caliphate）由盛转衰：军队的实力远没有 718 年被利奥击败的穆斯勒玛哈当时的军队强大，后来的君主们也不是他们的先辈那样狂热的征服者——之前的征服者让帝国疆域在 7 世纪大大减小。3 个世纪以来，利奥有效地避免了伊斯兰征服对东方基督教国家带来迫在眉睫的危险。

利奥去世后，他的儿子君士坦丁继位。根据通常的计算，他是第五个使用"君士坦丁"这个名字的人，如果希拉克略的孙子名字无误，而且不算君士坦斯二世的错误称呼，那他就是第六个。然而，比起名字中的数字，伊苏里亚王朝的这第二位皇帝因其侮辱性的诨号"科普罗尼穆斯"（意为"粪便"）而广为人知。他的敌人卫护圣像者给他取了这个绰号，纯粹是表现敌人的恶趣味，和君主统治没关系。

君士坦丁登基时是个 22 岁的年轻人。他长期与父亲共治，父亲的管理方法对他影响重大，反对圣像崇拜的观点扎根于心。他虽然继承了父亲的精力和能力，但在这两个方面都不如父亲。利奥谨慎而又颇具勇气，知道如何适度行事。君士坦丁五世则胆大妄为，不懂得折中，也不懂得宽容，采取高压政策来完成每一个计划。此外，利奥的私生活无可非议，甚至十分简朴，但君士坦丁耽于享乐，喜欢奢华和表演，热衷于音乐和戏剧娱乐，有时还会花天酒地。因此，9世纪的编年史家对待他比对待其父亲更为严厉，把他描绘成一个残忍邪恶的怪物，也就不难理解了。

君士坦丁刚登上皇位，就表明要继续父亲的政策，立刻就引发了圣像崇拜者叛乱：他们说服君士坦丁的姐夫、奥普希金军区将军阿塔瓦斯杜斯（Artavasdus）占领首都，并宣布自己为皇帝，君士坦丁当时则出征攻打撒拉逊人，不在首都。所有仇恨圣像破坏者的欧洲军区都宣布效忠阿塔瓦斯杜斯。但是，小亚细亚的核心——安纳托利亚军区和色雷斯军区——仍然忠于利奥的儿子君士坦丁。君士坦丁五世在两次战斗中击败了阿塔瓦斯杜斯的儿子们，并在君士坦丁堡围攻反叛者，彰显自己的才能和实力。君士坦丁堡因饥荒日渐衰败，阿塔瓦斯杜斯逃走，但被捉住并带到了君士坦丁面前。742年，皇帝下令弄瞎阿塔瓦斯杜斯和他儿子们的眼睛，把他们关在修道院里，将主要追随者斩首。

圣像崇拜者尝到了血的教训，他们胆战心惊，在君士坦丁五世（740—775）的长期统治中没有再公开造反。但他们一如既往地坚持自己的信仰：没有什么比根深蒂固的迷信更难根除的了，而且手腕强硬的君士坦丁更适合去恐吓，而不是说服他们。随着时间的流逝，君士坦丁五世发现大批虔诚的信徒在秘密地进行圣像崇拜，皇帝逐渐坚定决心，誓要根除这一行为。一段时间过后，他决定用精神制裁来巩固世俗权力。753 年，君士坦丁五世在君士坦丁堡召集大公会议，但这个会议只是名义上和基督教世界有关。教皇用侮辱性的诅咒回应了这个传唤；安条克、耶路撒冷和亚历山大的主教得到哈里发的安全保护，拒绝出席。但还是有 338 位主教浩浩荡荡赶来参会，会议由君士坦丁堡牧首西尔永的君士坦丁（Constantine of Sylaeum）和以弗所大主教、皇帝提比略二世之子狄奥多西主持。此次会议完全致力于反对圣像崇拜，禁止描绘基督的行为，并视其为亵渎神明的圈套，竭力禁止以人的形象来表达基督的人性和神性，以免在基督的人性中掩盖神性。同时，会议谴责圣像崇拜，因为除了神性崇拜的所有崇拜都具有异教和人类崇拜的色彩。皇帝也有其他顾虑，对此他没有要求会议做出决定；他否认圣母的代祷权，对在最伟大圣徒的名字前加上"神圣"的称号有所顾忌。例如，他说的是"使徒彼得"，而不是"圣徒彼得"。陷入恐惧深渊的当时和下一代的圣像崇拜者把大量恐怖的字词用在这些可怕的自由思想上，这些字眼用在希律王或犹大（Judas）身上更合适。

有了君士坦丁堡会议颁布的法令加持，皇帝在其余下的统治期间继续展开真正的宗教迫害，在他眼中，圣像崇拜者是异端分子，不是反叛者或暴徒。少数人被判处死刑，但大多数受害者都遭到鞭打、残害、辱骂或被流放。最顽固的圣像崇拜支持者往往是一些修士，他们不仅自己反抗，还会运用他们对暴民的巨大影响力，试图推翻皇帝。过了一段时间，君士坦丁决心结束修道制度，因为该制度是迷信活动的保护伞。想要根除一种践行几个世纪并受到多数人尊崇的生活习惯，简直就是痴心妄想。只有民众站在统治阶级一边，修道院才能像后世的宗教改革时期那样被镇压。然而，君士坦丁还是赶走并迫害了大量的修士。在他眼中，修士数量过多，他们还会推卸作为人民的普通职责，掩盖其自私和懒惰的本性。君士坦丁五世不仅要拆毁修道院，还要让其内部的收容者还俗。有一次，他召集了色雷斯军区的所有修士和修女，让他们在结婚或放逐塞浦路斯之间做出选择。大多数人选择了后者，在他们同时代人的眼中成了真正虔诚的忏悔者。还有一次，他让一队解除圣职的修士在赛马场列队，每个修士都要手牵一个他将要娶的同样解除圣职的修女——不出意外，支持圣像崇拜的作者们称这些还俗的修女为"娼妓"。废弃的修道院要么被拆掉用作建筑材料，要么变成了兵营。

　　如果说君士坦丁五世将全部精力放在迫害圣像崇拜者上，就有失偏颇了。长达35年的统治见证了他卓越的军事成就，而10多场战役让他尽显率兵冲锋陷阵的英姿。750年，在亚洲，倭马亚王朝倾覆，撒拉逊人开启了一系列残酷的内战，拜占庭帝国迎来了扩张疆域的良机。君士坦丁五世翻越外托鲁斯山脉，一路推进至幼发拉底河；745年，他占领了科马尼基（Commagene）地区，将该地区所有信仰基督教的居民运送到色雷斯；751年，他占领了幼发拉底河沿岸的马拉蒂亚（Melitene）和塞奥多西奥波利斯（Theodosiopolis）恢宏的亚美尼亚要塞。阿拔斯王朝（Abbaside）的首位哈里发——阿卜杜拉·阿拔斯－萨法赫（Abdallah Al-Saffah）后来收复了部分领土，但剩下的仍然握在帝国手里，见证了君士坦丁战争的胜利。撒拉逊人多次企图入侵卡帕多西亚和塞浦路斯，但都被剿灭。总的来说，君士坦丁五世有效地保护了小亚细亚免遭阿拉伯人的袭击，而拜占庭帝国则实现了财富和人口的再次增长。

　　君士坦丁五世在欧洲也有所建树。他完全降服了巴尔干半岛以南的色雷斯和马其顿的斯拉夫部落。在695—718年的战乱中，斯拉夫人脱离了帝国的控制，帝国只好再次出兵制服。君士坦丁小心地加强了巴尔干半岛地区峡谷——与多瑙河流域相连——的防御力量，在查士丁尼建造的被毁坏的堡垒内再次驻军。此次帝国向北进军，不免再次与保加利亚人产生龃龉；保加利亚人长期以来不断骚扰斯拉夫人和罗马的色雷斯和马其顿地区，不能忍受四周被新的堡垒包围。君士坦丁打过了场胜过保加利亚人的战争。第一次战争发生在755—762年，君士坦丁在安基阿卢斯（Anchialus）取得大捷，随后保加利亚国王巴尔安（Baian）求和，承诺不会再袭击巴尔干半岛。764—773年，第二次战争爆发，君士坦丁横越巴尔干半岛，入侵保加利亚，在多瑙河附近杀死了新国王托克图（Toktu）。765年，君士坦丁正准备在第二年完成对该国的征服，突然他的整个舰队和陆上部队在黑海的一场风暴中被摧毁。巴尔干半岛上迎来了漫长而胜负未决的斗争，随后双方在773年根据旧条约握手言和。最后一次保加利亚战争发生在774—775年，国王特勒里格（Telerig）意欲入侵马其顿，点燃了战争的导火索。这场战争以利索色利亚（Lithosoria）大捷而闻名天下，但君士坦丁在率领军队向北行进时去世，而他的胜利也绝非一劳永逸。保加利亚人并没有被征服，但是陷入绝境，乖乖服从拜占庭帝国的命令，离开色雷斯，只要能保卫自己的多瑙河流域平原免受东罗马人的袭击，他们就很满意了。

撒拉逊人和保加利亚人被驱逐出边境，帝国在君士坦丁的统治下兴旺发达，这一切都在意料之中。君士坦丁在边境的荒地上建立了许多殖民地，把亚美尼亚的基督徒移民安置在色雷斯，许多斯拉夫人和保加利亚人的难民被安置在比提尼亚。据说当时农业很发达，60 计量单位的麦子只卖 1 索利都斯。在君士坦丁的统治下，强盗被一举歼灭，商路安全；君士坦丁堡还建有新的供水系统，恢复了 150 多年前就已被破坏的瓦伦斯（Valens）水渠。746—747 年，首都遭受瘟疫袭击，满目疮痍，君士坦丁用来自海拉斯和群岛的新移民填补了死去的数千人口的空白，而且随着国内的繁荣，商业快速发展，就业率大大提高。君士坦丁五世于 775 年去世，享年 57 岁。他留给后代的是充实的国库、一支忠诚的军队和一个井然有序的国家。

君士坦丁五世的继任者是他的长子利奥四世（Leo Ⅳ），因为母亲伊琳娜（Irene）是哈扎尔（Chazar）公主，所以利奥四世常被称为"哈扎尔人"利奥（Leo the Chazar）。利奥四世多年来与父亲共治，奉行父亲的政策，但是态度更加缓和。统治初期，利奥四世对圣像崇拜者甚是宽容，但当他们再次点燃反抗的火苗时，利奥又恢复了父亲严苛的作风，许多著名的圣像崇拜者都遭到鞭打和驱逐。然而，他不像君士坦丁五世当时那样反对修士，而是允许他们重建修道院，甚至将其中一些人提升为主教。他在 777 年恢复迫害很可能是发现有人想要谋反；他的兄弟尼基弗鲁斯（Nicephorus）和克利斯多夫鲁斯（Christophorus）与心怀不满的党羽结盟，但最终被利奥赦免，他们的同伙都遭到流放，但没有被判死刑。

利奥四世延续父亲与撒拉逊人的战争。778 年，拜占庭帝国军队入侵科马尼基，在野外打败了撒拉逊大军并保护一大批叙利亚基督徒作为殖民者定居在色雷斯。次年，哈里发马赫迪（Mehdy）入侵安纳托利亚军区，回击利奥：他的军队强势出击，入侵步伐远至多利留姆（Dorylaeum），但最终没能占领该地，被罗马人打得落花流水，狼狈不堪地撤了回去。

利奥四世体弱多病，仅仅统治了 5 年，就于 780 年去世，享年不到 32 岁。他把皇位留给了他的儿子君士坦丁六世。当时小皇帝只有 9 岁，伊琳娜作为摄政皇太后统治帝国。利奥英年早逝，对于圣像破坏运动和伊苏里亚王朝来说都是个灾难。伊琳娜皇后在丈夫在世时成功地掩盖了一个事实：她是一个狂热的圣像崇拜者。因此当她掌握国家权力后，立刻改变了过去 60 年的帝国政策。她首先结束了圣像破坏运动，然后逐渐用自己的亲信取代了原来的阁僚和军事将领。一场阴谋随之而来；反叛者打算推举伊琳娜的小叔子尼基弗鲁斯为帝，但这个的阴谋随后被皇太后发现，他们最终遭到流放，利奥四世的 5 个兄弟也都被迫成为神父，丧失了夺取皇位的资格。

784 年，牧首保罗去世，伊琳娜任命一个狂热的圣像崇拜者——塔拉西乌斯（Tarasius）接替他的位置，随后冒险地在尼西亚召开大公会议，会议邀请罗马教皇哈德良和东罗马帝国牧首的代表出席。在皇太后的影响下，会议以大多数人支持的结果宣布，将基督和圣人形象化是合法的，并且命令人们不能把圣像当成神来崇拜，但可以表达尊敬和崇拜之情。一些顽固反抗圣像崇拜的主教被逐出教会。会议上的所作所为导致君士坦丁堡的帝国卫队发起兵变，因为军队中的大部分士兵仍然支持"伊苏里亚人"的观点。但伊琳娜成功地渡过了难关，平定叛乱并巩固了自己的势力。

与此同时，事实证明，将帝国交给一个孩子和一个女人来统治只会带来无穷后患。巴尔干半岛的斯拉夫人爆发叛乱，撒拉逊人入侵小亚细亚。帝国根本没有一位能领导军队的皇帝，不免让人悲痛万分，哈里发马赫迪的儿子哈伦·拉希德（Haroun al-Raschid）得知帝国现如今没有一位能带头打仗的皇帝后，便疯狂入侵安纳托利亚军区和奥普希金军区，脚步远至博斯普鲁斯海峡。伊琳娜自知无力应对眼前的局面，便于784年以每年支付7万金币的条件换来了和平。保加利亚国王宣战后不久便在战争中杀死了色雷斯军区将军，随后疯狂入侵色雷斯。

君士坦丁六世在这些灾难中长大成人，但他那觊觎强权的母亲担心儿子会改变自己的宗教政策，一直以来都没有给儿子一丁点实权。她甚至让军队发誓，只要自己还活着，军队就永远不能承认君士坦丁六世是唯一的统治者。长期以来，母亲的监护让小皇帝恼怒不堪，他随即决定掌握主动权。21岁的君士坦丁六世来到安纳托利亚军队的营地并在这里宣布自己已成年，是国家的唯一统治者。他驱逐了母亲的亲信并把伊琳娜在宫殿里关了好几个月。

尽管君士坦丁六世牢牢地掌握了权力，但他软弱无能，只能再次与母亲共治，在所有的帝国法令中写上两个人的名字。野心勃勃且天性扭曲的伊琳娜却用阴谋来回报皇帝的信任。君士坦丁和他的祖先一样好战而精力充沛。他多次战胜撒拉逊人，后来又投身于保加利亚战争。君士坦丁六世遭遇保加利亚国王卡尔达姆（Cardam）的致命一击，声望首次受到动摇，在军队的影响力也大大减弱。不久之后，他又与牧首及神职人员展开激烈斗争。君士坦丁不顾教会的反对，与幼年母亲强迫他娶的一个妻子离婚，并与他心之所属的西奥多塔（Theodota）结婚。眼看着教会被君士坦丁的任性行为激怒，军队也不再像以前那样唯命是从，邪恶的皇太后决定在此时对儿子出手。她收买了一些皇帝身边的侍从来捉拿他们的主人。君士坦丁落在母亲的手中，眼珠被挖了出来，随后被关在一个修道院里，在那里活了 20 多年。

这个乖张的母亲通过宫廷阴谋，而不是一场公开的起义，就废黜了他的儿子并弄瞎了他的双眼。奇怪的是，尽管伊琳娜的所作所为骇人听闻，但她的统治只维持了不到 5 年。圣像崇拜者又可以实践迷信，自然是对伊琳娜感激不尽。但这绝不能成为为她开脱的理由。

伊琳娜掌权的 5 年间（797—802），国家内忧外患。宫廷由 2 个贪婪的宦官——埃提乌斯（Aetius）和斯陶拉基奥斯 (Staurakios) 控制，所有的高官都听从他们的支配。两人之间的重重矛盾在有关伊琳娜把持内政的文字中占据了绝大部分篇幅。与此同时，哈伦·拉希德的军队不断骚扰边境地带。撒拉逊人入侵安纳托利亚和色雷斯军区，一路强势进军以弗所。伊琳娜同意每年向哈里发献上一大笔贡金，这才换来了和平。

802 年，伊琳娜终于得以一尝自己种下的苦果。为了结束国内外的无政府状态，在财政大臣尼基弗鲁斯的领导下，一些帝国高官在晚上抓住了伊琳娜并把她关在修女院里。没有人肯为她辩护，这个皇太后人见人恨，甚至连她费尽心血维护的圣像崇拜者都不愿意为她说话。尼基弗鲁斯被宣布为伊琳娜的继承人，顺利登上皇位。

伊苏里亚王朝长达 85 年的统治就这样结束了。伊苏里亚家族对帝国影响重大，毕竟伊琳娜短暂的统治带来的灾难还不足以推翻之前利奥三世和君士坦丁五世打下的扎实根基。帝国边界比以前更安全，人口数量增加，帝国的财富和实力都有所增强，军队也比 8 世纪初期更有效率。一系列圣像破坏运动虽然不能完全粉碎迷信，但有益于根除变化莫测的圣像崇拜。反对圣像崇拜的党羽仍然存在，在军队和行政部门的势力依然强大；我们将看到他们在 9 世纪重登历史舞台。

第十九章

"矮子"丕平以及法兰克和伦巴第的战争　741—768

丕平和卡洛曼担任宫相——成功的战争——卜尼法斯改
革法兰克教会——卡洛曼退位——丕平废黜希尔德里克三世
（Childerich Ⅲ）并拥有国王头衔——埃斯托夫（Aistulf）和
教皇斯蒂芬（Stephen）之间的争执——教皇请求法兰克人进
攻意大利——丕平两次征服埃斯托夫——罗马教皇获得主教
辖区——圣卜尼法斯殉道——法兰克人征服纳博讷——阿基坦
公爵之间的长期斗争——丕平去世

查理死后的一系列事件清楚地表明，圣阿努尔夫家族必须依靠
武力来捍卫自己的优势，只有才能出众的统治者才能保证家族延续
下去。对法兰克王国而言比较幸运的是，尽管丕平和卡洛曼可能不
如他们的父亲那般伟大，但都颇为通情达理，而精力充沛。此外，
与墨洛温王朝的国王不同，兄弟俩和睦相处，携手并进，实属难得。

查理死后，事端横生。年纪较小的格利佛认为王国分割有失公
允，随后便占领拉昂并开始集结纽斯特利亚反抗分子组成了一支军
队。施瓦本公爵的兄弟图德巴得在 730 年被推翻，随后便在阿尔萨

斯（Elsass）和黑森林带领阿勒曼尼人起义。阿基坦公爵胡诺尔德否认法兰克王国的宗主地位，萨克森人也拒绝按照和约要求向法兰克人进贡，随后大举入侵黑森。

742年，丕平和卡洛曼花了整整一年的时间来应付这场突如其来的大风暴。他们先是镇压不守规矩的弟弟，把格利佛抓进了阿登高地的一个要塞里。接着，他们向阿基坦的胡诺尔德进军，席卷卢瓦尔河南岸，公爵未加反抗，随后向南撤退。两位宫相还没来得及制服胡诺尔德，就被其他事件牵制住了。现在，处在王国中央的施瓦本正在崛起，引起了法兰克王国的注意。他们的祖先是如破竹之势的阿勒曼尼人，不久之后便征服了远至巴伐利亚边境的整片土地。但是，在两位宫相对付这些敌人之前，还有很多工作在等着他们。他们已经决定将宫相这一奇怪的职位合法化。自此，宫相便扮演子虚乌有的君主身边的摄政者角色。他们找到了最后一个墨洛温王朝成员——希尔德里克三世并为他加冕。希尔德里克三世就像故去已久的同族提乌德里克四世一样无能。这样一来，经过了6年的空白期后，法兰克人再次有了一个国王。

卡洛曼和丕平花了3年的时间才在王国各个角落树立起权威，最终阿基坦还是再次承认了其附属国的地位，萨克森人受到了惩罚，巴伐利亚人试图独立的企图也被粉碎。但是，这一切并非一帆风顺。物资匮乏的两位宫相只好像父亲那样打起了教会的主意，强迫主教和修道院将他们的部分教会土地用于支持王室战争开支。他们对教会的其他举止虽然不那么离经叛道，但同样不得人心；法兰克神职人员的生活不检点，对其精神职责态度松懈，还会沉迷于形形色色的世俗享乐。两位宫相派出严厉而狂热的传教士卜尼法斯来整改这些恶习。745年，大主教会议召开，法兰克王国的所有高级教士都应邀参加，大主教声称反对教士胡作非为。在他的要求下，一系列教会法应运而生，法令反对教士生活淫荡，从事兼职工作，给予不守规矩的人恩惠，主教不服从大主教，轻率臆测，违背修道惯例和誓言，以及支持异端。

卜尼法斯还和一些拒绝服从罗马教廷的人发生了争端。这些人以爱尔兰传教士克莱芒（Clement）为首，在大主教眼中，这种可恶的态度不亚于公开支持异端邪说。卜尼法斯的所有行动都得到了卡洛曼和丕平的热情支持，教会内部改革也带来了教会势力的扩张。在这两位宫相陷入困境的岁月里，卜尼法斯把德意志中部改信基督教的土地划分成维尔茨堡、埃尔福特（Erfurt）和比拉堡（Büraburg）3个主教辖区，分别为法兰克尼亚、图尔奇林基和黑森三地的主教座城市。位于莱茵河彼岸的富尔达（Fulda）大修道院也同步建成，主要用于宗教活动和宗教学习。

令所有同时代的人大为惊讶的是，宫相卡洛曼完成了奥斯特拉西亚的秩序重建工作后，便于747年放下手中的刀剑，穿上了修士的长袍。"没有人知道原因，但似乎他真的渴望冥想的生活，在其中感受上帝的爱。"他追随圣努尔夫家族3位祖先的脚步，遁入修道院。毋庸置疑，他这样做的原因绝不是因为软弱无能，更不是因为无耻地渴望安逸的生活。他来到意大利，得到了教皇撒迦利亚的祝福，随后便在萨宾山地的索拉泰山（Mount Soracte）上为自己建造了栖居之地。我们下一次提到他的名字，将会是在他退位7年后。

哥哥退休后，丕平便成了奥斯特拉西亚和纽斯特利亚的宫相。在一切尘埃落定前，丕平还有一场仗要打。747年，他的弟弟格利佛从囚禁中出逃，试图在萨克森掀起一场风波。巴伐利亚的奥迪洛（Odilo）公爵去世后，格利佛便占领该地，声称母亲斯旺希尔迪斯拥有公爵血统，自己有权统治该地。格利佛很快就被丕平赶走，被迫逃到阿基坦。巴伐利亚落到了已故公爵的儿子塔西洛（Tassilo）手中。

格利佛叛乱后，我们在法兰克年代记上看到了一段不同寻常的文字："两年无战事（749—750）。"丕平现在完全掌握了法兰克王国，王国内外都没有可以与之抗衡的敌人。从656年急躁的格里摩尔德试图夺取王权的那一天起，各位祖先脑中就一直萦绕着一项计划，而丕平现在则想迈出这一步，让理想照进现实。格里摩尔德的下场给他们敲响了警钟，丕平二世和查理·马特都有所顾忌；他们避免使用国王的头衔，认真地延续古老的墨洛温家族的傀儡统治。现如今，圣阿努尔夫的后代决心要等到愚蠢的希尔德里克三世去世后，结束这场闹剧。在过去的10年里，希尔德里克的名字虽然没有什么用，但一直出现在法兰克宪章和法令的开端。751年，王国召开全国集会，会上，人们热切地赞成废黜希尔德里克并选举丕平为国王。为了使这一变革有充分的法律权威，丕平随后遣使前往罗马，获得教皇的批准。使团的带头人——维尔茨堡主教布克哈特（Burkhard）问教皇撒迦利亚："保留一个没有王权的国王是好还是坏？"教皇一心想要奉承丕平，赢得他的支持来对抗伦巴第人，自然是给出了布克哈特期待的答案。他说："拥有国王头衔的应该是拥有真正权力的人，而不是有名无权之辈，这是最好不过的了。"丕平曾对不幸的希尔德里克宣誓效忠，而教皇令人鼓舞的回复无疑让他摆脱了宗教职责束缚。听到教皇的话，丕平再次召集法兰克人集

黑暗时代（476—918）

会。会议于 751 年 10 月或 11 月在纽斯特利亚古老的王城苏瓦松召开，丕平正式称王。按照古条顿习俗丕平被大家高举在盾牌上，得到臣民的拥护。随后，奥斯特拉西亚大主教卜尼法斯为这位基督徒君主涂油。希尔德里克被剥夺王冠，发配到一个不知名的修道院里度过余生，跟之前居住过的著名王室庄园说再见。

因此，圣阿努尔夫家族的雄心壮志终于实现了，而法兰克人又一次获得了一位国王。墨洛温王朝也随之落下帷幕，过去的 4 代国王只是徒有虚名，而丕平勤于思考的大脑和强硬的手段赋予了国王这个头衔真正的内涵。奥斯特拉西亚的贵族们把丕平高举在盾牌之上，日耳曼使徒卜尼法斯为他施涂油礼，罗马教皇为他祈祷。丕平继续自己的征服之旅，法兰克旗帜在过去几代人都没有征服的土地上飘扬。查理·马特守住了王国的旧边界，他的儿子则注定要把它的边界扩展到法兰克国王不曾永久伫立之地。

矮子丕平作为国王，统治了 17 年，他的工作主要分为 3 个方面。首先也最为重要的是，丕平与罗马教皇和伦巴第国王之间的交往在意大利引发了两场重要战役。其次，丕平在南高卢的撒拉逊人和阿基坦公爵之间东征西讨。他和萨克森人之间的战争则意义不大。教皇撒迦利亚曾在丕平登基时为他祷告，从未忘记法兰克人会给予援助来对抗伦巴第人的承诺。撒迦利亚献完殷勤，还没来得及要求回报，就去世了。但他的继任者斯蒂芬很快就要求新加冕的法兰克国王兑现承诺。伦巴第老国王利乌特普兰德死于 744 年，他的侄子希尔德布兰德（Hildeprand）继位。伦巴第大议会以其品行不端且无能为由，罢免了在位时间仅仅几个月的希尔德布兰德并选举弗留利公爵拉奇斯（Ratchis）取而代之。新国王性情温和虔诚，延续了利乌特普兰德与教皇的和平关系。到了749年，不知为何，拉奇斯开始出兵攻打佩鲁贾——意大利少数几个仍臣属于帝国的地区之一。教皇撒迦利亚来到他的兵营，恳求他能停止战争，和平相处。没想到拉奇斯不仅停止了围攻，还像他同时代的卡洛曼一样摘下王冠，在修道院隐退。7、8世纪的德意志君主有时也会突然厌恶世俗之事，做出这样的举动。

拉奇斯的继任者是他的兄弟埃斯托夫。埃斯托夫雄心勃勃，征服了垂涎已久的拉文纳，伦巴第王国达到了有史以来的最大领土面积。在君士坦丁五世眼中，意大利臣民是可恶而又顽固的圣像崇拜者，并且他当时被撒拉逊战争所牵制，因此并没有在埃斯托夫攻打拉文纳时予以帮助。拉文纳几乎是不战而降，最后一位总督优提克斯（Eutychius）逃到西西里岛。在这之后，埃斯托夫又忙着迫使独立的贝内文托公国臣服。他的下一个计划是吞并位于台伯河下游河谷的"罗马公国"的城镇，并让教皇成为膝下之臣。尽管埃斯托夫与教皇达成了40年的和平协议，但在752—753年间，他在罗马一带徘徊，占领了"圣彼得遗产"（patrimony of St. Peter，这里指罗马公国）的翁布里亚和萨宾边界。最后，他的大使出现在斯蒂芬二世面前，要求罗马致敬并每年进贡。斯蒂芬二世为了能让埃斯托夫望而却步，先是恐吓要将他逐出教会，然后又向伦巴第人嗤之以鼻的君士坦丁堡求助。然而，这些努力都是徒劳的。斯蒂芬二世又想起法兰克国王之前欠罗马教廷人情债。在确定法兰克国王不平会接待自己并接受自己的要求后，他于753年10月离开罗马，再次恳求伦巴第国王给予自己和平和独立，随后越过阿尔卑斯山，来到位于巴勒迪克（Bar-le-duc）附近的蓬蒂翁（Ponthion）的法兰克宫廷。

在法兰克王国，斯蒂芬二世最终如愿以偿。丕平在城外 5 千米处的路边与斯蒂芬会面，跪在他面前。尽管当时还是 1 月，大雪遍地，丕平还是走在马镫旁，牵着缰绳，陪同斯蒂芬二世走向城门。在王室小圣堂，斯蒂芬二世看着宫廷人员在面前集合，"饱含热泪，哽咽着向国王讲述教会悲惨的现状，恳求他拯救圣彼得遗产也即罗马公国，结束战争，带来和平。丕平发誓一定会答应斯蒂芬的所有要求并竭尽全力让他拿回拉文纳总督区和所有属于罗马共和国的城市"。此时，有一个意想不到的客人出现在高卢，恳求丕平改变想法，然而终是徒劳。这位客人便是丕平的哥哥卡洛曼，他从萨宾修道院来到这里，祈祷丕平不要把战争的苦难带到意大利去。当时的教会历史学家认为这一请求非常奇怪，他们推断卡洛曼一定是深陷妄想症，或者他害怕埃斯托夫骇人的盛怒。丕平没有理会他，命令他离开朝廷并到维也纳定居。不久之后，卡洛曼在维也纳去世。

与此同时，法兰克人在瓦兹河畔的瑟里西召开集会。在会上，国王提议，向伦巴第人开战以维护罗马教廷的权利。国王热情十足，斯蒂芬二世慷慨送礼，法兰克人自然是热切地呼吁开战。教皇为了报答他们的好意，给丕平、他的妻子伯莎和他的小儿子——查理和卡洛曼庄严加冕，并诅咒一切从丕平家族手里争抢法兰克王位的反叛分子。

754 年夏天，法兰克大军凭借人数优势堵住了萨伏依人的关口，准备入侵意大利。埃斯托夫已经集结了军队，准备迎击。在邻近苏萨（Susa）的多拉河（Dora）狭窄的河谷里，伦巴第大军遭遇法兰克先锋部队的致命一击，埃斯托夫不得不后退至帕维亚，以免遭受第二次重击。丕平穷追不舍，一路烧杀破坏，蹂躏皮埃蒙特，很快就把埃斯托夫困在他的王室要塞里。埃斯托夫随后爽快求和，不免让丕平心生疑虑。埃斯托夫亲自向丕平致敬，上交人质并交还罗马教廷应得的一切。于是双方签署条约，斯蒂芬兴高采烈地返回罗马，而丕平则得意扬扬地回到阿尔卑斯山另一边，在自己的努力下，伦巴第最终成为依靠法兰克王国的一分子。

国王在回国的路上听说了莱茵河彼岸德意志使徒美因茨大主教去世的消息。卜尼法斯尽管人至暮年，但仍然在法兰克王国内奔波游走，一心想让每一个臣民都皈依基督教。他在异教仍然占据主导地位的东弗里斯兰开始了传教之旅。这是异教徒的最后一个藏身之地，卜尼法斯带着基督教入侵，激起了他们的怒火。一大群野蛮的异教徒向在多克姆（Dokkum）安营的卜尼法斯进攻，杀死了卜尼法斯和他的所有同伴。卜尼法斯殉教身死后没多久，弗里斯兰的基督徒们就用行动替他报仇了。他们手拿武器，镇压异教同胞。异教徒死伤成千上万，侥幸存活的人都被迫接受洗礼。大主教在死前完成了他一生为之奋斗的传教事业。卜尼法斯曾是黑森地区的使徒，后来被安葬在黑森的富尔达。一座大修道院屹立在他的灵柩之上，成为黑森地区基督徒的生活中心。丕平严厉规范法兰克神职人员的教会纪律，如果卜尼法斯有幸能亲眼看到这一幕，那么他一定会喜上眉梢。卜尼法斯去世后一年，韦尔讷伊（Verneuil）主教会议通过了当时最为严格的法律，禁止一系列曾让大主教怒不可遏的神职人员的过失行为，例如，生活腐化堕落、买卖圣职和从事世俗副业。

当时在帕维亚被围困时许下的承诺不过就是空头支票。法兰克人从意大利撤退后，国王一再找借口拖延，他一直牢牢占据曾于753年占领的萨宾或拉丁城市，一个都没有还给斯蒂芬二世，更不用说是教皇曾鲁莽要求并天真地想要得到的拉文纳总督区了。755—756 年的冬天，埃斯托夫的敌对态度更加明显。伦巴第人沿台伯河河谷南下，突然围攻罗马。奥勒良城墙仍然坚不可摧，但是城内居民在长达 3 个月的围攻下几近屈服。丕平出兵抗敌，教皇和臣民士气大振。不久之后，埃斯托夫被迫停止围攻，迅速北上保卫伦巴第。法兰克人再次逼近塞尼斯山峡谷，誓要歼灭挡路的伦巴第人。埃斯托夫第二次被围困在帕维亚，只好求和。这一次的条件可没有那么简单了：丕平要求伦巴第人每年进贡伦巴第国库 1/3 的宝物和数量众多的人质，并且要立即交出拉文纳主教辖区。伦巴第人纵使百般不情愿，但还是同意了这一切。法兰克使节把拉文纳、里米尼、佩斯卡拉（Pescara）、弗利（Forli）、乌尔比诺（Urbino）和塞尼加利亚（Sinigaglia）及其管理权都转交给教皇。这些城镇的城门钥匙被带到罗马，耀武扬威地放在圣彼得的坟墓上。因此，教皇接管了意大利中部的拜占庭帝国领土，成为一位重要的世俗王公。在教皇眼中，他此次夺权合情合理，因为保卫意大利的"罗马共和国"领土本是皇帝的责任，但随着君士坦丁顽固地走上异端道路，皇帝也就失去了这项权利。没有恺撒的情况下，教皇代表"罗马共和国"挺身而出，要求拥有伦巴第人最近篡夺的所有土地。显然，他把自己当作总督区的"贵族"，而贵族是没有义务服从一个异端皇帝的。

第二年，国王埃斯托夫坠马身亡。丕平也不用再受意大利事务的叨扰，伦巴第新任国王——伊斯特里亚公爵狄西德里乌斯正忙着加强自身势力，防止前国王拉奇斯离开修道院，再次争夺王位。丕平在余下的统治时间里，主要致力于实现高卢南部的法兰克领土的完整与统一。当时丕平上位没多久，他的军官们就为他收复了纳博讷北部塞普提曼尼亚的所有撒拉逊城镇。759 年，丕平亲自率军围攻纳博讷——比利牛斯山脉以外的最后一道伊斯兰堡垒。丕平刚到城外，城里的基督徒就爆发起义，杀死了阿拉伯驻军，给法兰克人打开城门。当时西班牙——无异于往常——内战肆虐，没有提供任何帮助，法兰克王国的边界也得以扩张至比利牛斯山脉。

征服阿基坦难度更大，这也是丕平的最后一项政绩。查理的老对手——老公爵胡诺尔德早就隐退至修道院，他那虚伪而躁动的儿子怀法尔（Waifer）继承了爵位。760 年，国王传唤新公爵交出一些法兰克难民和部分教会土地，新公爵怀法尔随即武装起义，反抗自己的宗主。当丕平带领所有奥斯特拉西亚的军队进攻贝里（Berri）和奥弗涅（Auvergne）时，怀法尔只好求和并向法兰克人致敬。然而，宗主前脚刚走，怀法尔就开始入侵勃艮第，把刚才的忠心耿耿抛到了九霄云外。第二年，国王再次率大军归来，征服了克莱蒙和奥弗涅的其余地区，并在 762 年攻陷布尔日（Bourges）和贝里。怀法尔固执己见，而想要脱离法兰克人统治的巴伐利亚公爵塔西洛瞄准时机，率军反叛，这也让怀法尔更加坚定了反抗的决心。阿基坦有了短暂的喘息的机会，但是怀法尔早在 766 年就已经被赶出了加龙河，除了加斯科涅人（Gascon），阿基坦所有所有臣民都被迫向丕平效忠。767 年，怀法尔被绝望的下属杀害，阿基坦投降，没过多久首都图卢兹陷落。阿基坦现在附属于法兰克王国，和其他地区一样被并入王国的地方行政单位。

在对抗阿基坦的为期 7 年的战争中，丕平还抽时间平定了塔西洛的叛乱，并时常给萨克森人一些苦头作为惩罚。早在 755 年，丕平就对萨克森人发起过一次猛攻，最终得到了所有威斯特伐利亚部落的效忠。但这个狂野的种族都是顽固的异教徒，勇气无匹，令10代法兰克传教士和国王都望而却步。完全征服萨克森人的任务将留给丕平的大儿子完成。

在统治的最后几年，丕平在欧洲处北斗之尊；狄奥多里克大王之后，再无国王有如此重要的地位。就连巴格达的阿拔斯王朝哈里发也请求和他结盟：倭马亚王子阿卜杜勒·拉赫曼带头在西班牙掀起反叛，焦头烂额的哈里发努力争取丕平的帮助，驱赶叛军。精明的法兰克人谁都不帮，看着他们相互厮杀。东罗马帝国皇帝君士坦丁五世也经常派使臣到高卢：先是哄骗丕平把拉文纳总督区还给帝国，第二次谴使是想给自己的大儿子和丕平的独生女儿吉塞拉（Gisela）谋求一桩婚事，第三次则是交流宗教事宜。东罗马帝国派教士出使，试图想让法兰克人对具有争议的圣像破坏运动产生兴趣并诱使他们加入。拜占庭人当着丕平的面与教皇的使节们展开讨论，但没有得到法兰克国王的帮助。因为丕平可不像东罗马帝国皇帝那样把这场争论看得那么重要。

丕平一生获得荣誉无数，享尽天年，于768年9月24日在巴黎附近的圣德尼修道院去世。丕平去世前长期卧病在床，有足够的时间处理王国的继承问题。他的性格有点儿难以捉摸：一方面，他具有圣阿努尔夫家族伟人的所有独特的特点——胆量十足、野心勃勃、精力充沛，并且拥有卓越的管理技巧；另一方面，他又很少彰显自己的个性、兴趣或弱点，但他之前干涉意大利，成为法兰克国王的行为都表明他并没有继承父亲的小心审慎。此外，当时人们对他的宗教虔诚极尽溢美之词，绝不是像对查理的态度那样敷衍了事。

有迹象表明，丕平对文学有一定的鉴赏力，他的儿子查理大帝则更为明显。但是，我们无法了解丕平性格的全貌：他的绰号"矮子"也不是同时代的人给他起的，而是 11 世纪的编年史家基于传说而非史实加在他头上的。只有了解丕平的生活和行为，才能对他有全面的理解。

第二十章

查理大帝早年：征服伦巴第和萨克森　768—785

国王丕平在圣德尼修道院祭坛旁的棺椁里安息后，他的两个儿子查理和卡洛曼便立刻分道扬镳，遣散了几个从圣德尼来的盟友各自称王，并于 768 年 10 月 9 日分别在努瓦永（Noyon）和苏瓦松由主教施涂油礼。

法兰克人有国王之子瓜分领土的惯例，这一古老而有害的习俗曾让墨洛温家族跌落神坛，圣阿努尔夫家族有可能会重蹈覆辙。实际上，查理·马特去世时，法兰克王国正因继承问题而岌岌可危。兄长卡洛曼出人意料地主动退位，才让一切转危为安。然而矮子丕平并没有从青年时代的经历中吸取教训，仍犯了同样的错误：老规矩对他影响深远。前文提到，丕平临终时将王国分给了两个儿子。

然而，他还是费尽心思地偏袒长子，壮大他的实力，使得次子无法与之抗衡。查理获得了更适宜作战的一半国土，这些土地覆盖奥斯特拉西亚和纽斯特利亚，从美茵河延伸至不列颠海（British sea）；士兵骁勇善战，构成了法兰克军队的主要战斗力。此外，他还获得了新近征服的阿基坦西半部分土地。卡洛曼的地盘则包括勃艮第、莱茵河上游的施瓦本地区，以及从滨海阿尔卑斯山（Maritime Alps）到西班牙边界的整个地中海沿岸——古老行省和塞普提曼尼亚。此外，他还占领了阿基坦的东部土地——克莱蒙、罗德兹（Rodez）、阿尔比和图卢兹。虽然双方的国土面积相差无几，但是卡洛曼的国力远逊于查理，因为查理才是法兰克人的国王，他可以统率军队、号令全国。

查理和卡洛曼一向不和，原因不得而知。或许因为次子是在父亲丕平登基以后出世的，先天取得了某些特权地位；而长子诞生时，他们的父亲还只是一名宫相。至少我们知道，在查理和卡洛曼共同执政的 3 年里，他们随时都有可能反目成仇。还好有贤德的母亲伯莎从中斡旋并给予忠告，才避免了兄弟阋墙、公开决裂。两位国王都是听母亲话的好儿子，这对整个法兰克王国来说是一件幸事；而更幸运的是，年轻的新任国王尤为短寿。如果卡洛曼能活得更久一些，在 9 世纪的最后 25 年，墨洛温家族骨肉相残的悲惨剧情必会重演。历史学家在撰写查理的传记时，总是提到查理曾多次受到其弟挑衅。而如果有人为卡洛曼辩护，我们或许就会知道，查理也非等闲之辈。

双王共治伊始，刚刚被征服的阿基坦就爆发了起义。丕平的宿敌——南部首领怀法尔公爵去世，他的老父胡诺尔德离开修道院，发动叛乱。加斯科涅人坚信这两个互相猜忌的兄弟会自相残杀，没有余力再征服南方，于是法兰克驻军控制的最北边的昂古莱姆（Angoulême）立刻背叛了法兰克人。查理立即出兵对抗叛军，邀请卡洛曼同行：小国王来了没多久，就和哥哥大吵一架，随后便回到勃艮第。然而，卡洛曼并没有趁此机会攻击查理，而查理则独自继续对付阿基坦人，仍然十分顺利。这场战争非常成功：查理率领全副武装的军队急行军远至波尔多，并在弗龙萨克（Fronsac）建造了大型的防御工事，其在后世成了加龙河上的中心据点。胡诺尔德被查理彻底击败，逃到加斯科涅公爵卢普斯（Lupus）处避难。然而，畏惧查理的卢普斯选择屈服，上交逃犯并向查理求和。查理凯旋，把胡诺尔德再次送进了修道院，自此以后毫无争议地成为阿基坦国王。他基于法兰克体系把阿基坦划分为几个伯爵领，交给自己在卢瓦尔河北部的心腹，而不是当地人管理。从今以后，阿基坦没有再出任何差池。

虽然卡洛曼在对抗阿基坦时袖手旁观，与查理产生嫌隙，但查理不久就在母亲的劝解下与弟弟和好。为了遏制卡洛曼，查理设法与卡洛曼的南北邻居结盟，还曾设宴款待与法兰克王国日渐疏离的巴伐利亚公爵塔西洛。查理迎娶了伦巴第国王狄西德里乌斯的女儿德西德蕾塔（Desiderata）为妻，和伦巴第人的关系也变得更为亲密；尽管教皇曾大发雷霆，有失风度地高声尖叫，一度恳求查理"不要让优秀的法兰克血统沾上不忠不节、邪恶不净的伦巴第血液——这是一种真正邪恶的结合，根本不是圣洁的婚姻"。教皇斯蒂芬三世（Stephen Ⅲ）早已学会利用遥远的高卢君主来对抗邻近的帕维亚国王，在他眼中，法兰克人和伦巴第人联姻就是对罗马教廷的背叛。尽管斯蒂芬三世在旁威胁，但是这桩婚事还是定了下来。于是，教皇一改往日的执拗，更加谨慎小心，不再对伦巴第人怀有敌意，转而与狄西德里乌斯国王言好，以免自己有朝一日落在伦巴第人手里，孤立无援。

然而，查理和德西德蕾塔结婚不到一年，就突然声称妻子有病不能生育，把妻子休了。这个理由是否真实，还是查理受到政治上的影响，这些我们都不得而知。但是查理休妻后便立即迎娶了一个名叫希尔德加德（Hildigard）的施瓦本女子，我们不由得怀疑他的真实动机和英格兰的亨利八世（Henry Ⅷ）如出一辙。尽管如此，查理的此番行为让德西德蕾塔的父亲——伦巴第国王怒不可遏。麻烦很快就到来了。又有传言道，查理和卡洛曼即将开战，狄西德里乌斯也会参加。就在战争爆发前，卡洛曼国王于 771 年 12 月去世，留下了一个幼子，但是勃艮第和阿勒曼尼的贵族和主教并不想把这个孩子送上他父亲的王位。他们压制其他党派，明智地投靠位于埃纳河流域科尔贝尼（Corbeny-sur-Aisne）的查理，将他奉为全法兰克王国的国王。卡洛曼的遗孀格贝尔加（Gerberga）带着孩子和一些属下逃到了伦巴第，狄西德里乌斯现在乐意笼络查理的敌人，对这样一个能够在法兰克王国中分一杯羹的重要人物自然是不会放过。

从莱茵河河口到罗纳河河口，从美因河到比斯开湾之间的所有土地都落在了一位国王的手里。这位国王是位伟大的英雄人物，在之前的 3 个世纪里，我们介绍过众多历史人物，但是无人能与他抗衡。狄奥多里克的功绩与查理相比，微不足道。我们讲述黑暗时代的故事以来第一次遇到这样一个人：他的形态和思想，他的计划和生活方式都得到完整记录，从中我们可以对他形成清晰而具体的认识。我们对于"铁锤"查理、国王丕平、利奥三世，甚至是优秀的狄奥多里克都只有模糊的形象，但是查理却如同站在我们面前这般真实，他是一个坚定而专横的人，一个活生生的人，一个我们了解而钦佩的人。

"他的身形高大粗壮，"编年史家艾因哈德写道，"他的身高是脚长的7倍。头圆圆的，眼睛大而活泼，鼻子略大于常人，神情明亮而愉快。无论他是站着还是坐着，都显得很高贵；他身材匀称，举止优雅，因此人们并不会注意到他脖子很短，过于敦实。他脚步坚定，外貌颇具男子气概；声音清脆，但对于这样优秀的身形来说，声调又过于尖锐。他身体健康，在去世的4年前患上间歇性发热。他一直随心所欲，从不遵从医嘱——戒掉他所钟爱的烤肉。"

查理有运动的习惯。他喜欢骑马和打猎，游泳的技能也很出众。他喜欢在温泉水游泳池里运动，这也是亚琛成为首都的一大原因。

查理不喜欢外国服饰，总是穿着法兰克服装。他会穿一件亲肤的亚麻衬衫和衬裤，外面套着有丝绸边的羊毛短上衣和马裤。在人们发明长袜前，他会在小腿和脚上裹着亚麻绷带，外面穿上高筒靴。冬天，他穿着一件水獭皮或貂皮大衣，外面是一件亮蓝色的斗篷。他身边常佩一把金柄剑。在一些重要的日子里，他会穿一件金丝绣制的上衣和斗篷，用金扣扣紧，头上戴着一顶宝石王冠，手持宝剑，剑柄镶有宝石。但是，查理日常的穿着有时还不如朝臣的衣服华丽。

查理在饮食上十分节制，在饮酒方面更是如此。他痛恨醉酒，在晚餐时最多只喝3杯酒，属下醉酒也会遭受惩罚。他喜欢适度饮食，认为教堂的斋戒对自己健康有害。他的饭桌上除了他最喜欢的食物——烤肉外，一般不会超过 4 道菜。

查理在享用晚餐时习惯于听人朗诵或背诵。他喜欢古代历史和传说，也喜欢圣奥古斯丁的作品，尤其是他的《上帝之城》(*De Civitate Dei*)。查理要求作家以他为主角，撰写故事并记录下古时法兰克帝王的事迹和战争史诗。他擅长朗读，和着竖琴歌唱，还不遗余力地指导别人。他十分喜欢人文艺术，也钟爱博学之才，从世界各地招来各领域学者。为了学习语法，他派人去请执事比萨的彼得(Peter of Pisa)。他在其他文科领域的老师是最优秀的学者——英格兰人阿尔昆(Alcuin)。查理跟随阿尔昆学习修辞和辩证法，还花了很多时间学习天文学知识。因为对星体的速度和运动很好奇，他还为一年中的 12 个月和 12 阵风起了德意志名称。他试图学习书法，常常把纸和笔记本放在枕头下，偶尔活动手指，练习写字。但是他开始这项事业时年事已高，很难取得进展。此外，他还热爱建筑，设计了宏伟的亚琛大教堂。教堂内的金银烛台和吊灯闪闪发光，门和栏杆皆为铜质。起初在建造教堂时，亚琛周围没有现成的大理石柱子，查理只好派人从拉文纳和罗马一路运过来。他是个虔诚的教徒，所有有他出席的仪式都尤其要注重礼节得体。他有很强的语言能力，拉丁语讲得很好，曾用法兰克语和拉丁语祈祷，两种语言都运用自如。他对希腊语也有涉足，但是口语能力不如理解能力。他的演讲自由流畅，总是可以清晰地表达出自己的想法。

查理的睡眠很轻，晚上常常起来三四次。他晨起着装准备工作时，房间内不仅会有他的朋友们，他还会让行宫伯爵把当事人带到面前，而他本人则会坐在椅子上，就像在法庭上一样做出决定。

令人失望的是，查理有一个缺点——他无视基督教关于两性关

　　　　　　　　　　　　　　　黑暗时代（476—918）

系的教义。查理和第一个妻子离婚就过于草率，而第三个妻子死后，他又立刻娶了3个妾，生了众多私生子。宫廷里的丑闻一件接着一件，查理的两个女儿甚至和两个朝臣公开生活在一起，简直是莫大的罪过。查理对他们的过错没有放在心上，也从不责备他们，但这在他的儿子——"虔诚者"路易（Louis the Pious）——眼中却罪孽深重。因此，路易一登上王位，就把这两姐妹赶走了。教会因为这位伟大的国王在性道德方面的缺点，拒绝在他死后为他施宣福礼（Beatification）。赖歇瑙（Reichenau）的修道士韦廷（Wettin）曾恍惚中游荡至另一个世界，他看见查理身处炼狱，一直待在净化之焰里，直到这一罪过从他的灵魂中被清除。韦廷看到的异象充分显示了当时人的道德态度。

编年史中记载了众多关于查理大帝为人和生活方式的史实，但是，还有其他一些信息虽然没有引起当时的观察家的注意，但给我们留下了深刻的印象。查理在文学、艺术、科学和建筑学等方面的造诣处在时代前列，在王国管理和组织方面也超越前人，在执掌王权和履行职责方面的作为也令人称道，但是他在处理某些事情时却乏善可陈，虽然有些令人失望，但也在意料之中。前面提到，查理生活放荡，甚至偶尔还会做出泯灭人性的行为。他曾于782年在凡尔登（Verden）屠杀了4 500名手无寸铁的战俘，野蛮至极。如果查理的大多数战争都以防御为主，或出于必然不得不开战，那么战争就不会那么频仍了。实际上，查理的侵略意图——尤其是在伦巴第战争中——非常明显，但这在纲纪紊乱的8世纪不足挂齿。总的来说，查理的宽宏大量和卓越品质令人印象深刻，因此，我们以自身的道德标准来判断他，难免有失偏颇。查理在黑暗时代中鹤立鸡群，历史学家自然不会用他们的低标准来评价他。然而，只有牢记当时的时代精神，查理的伟大之处才会得到最为恰当的认可。

我们将会从查理的 3 个身份来介绍他：征服者、组织者，以及将新的政治生活理论带到基督教世界的引路人。这 3 个身份紧密相连，不能割裂，因为查理在统治的前前后后，积极从事每一个方面的工作。为了明确他行事的逻辑顺序，时间点有时会有所重叠。

乍看之下，查理最非凡的成就似乎是大大扩张了法兰克王国领土。除了从父亲那里继承的土地外，他还曾一举吞并伦巴第王国、西班牙边区（Spanish March）、萨克森，以及易北河和德拉瓦河（Drave）的斯拉夫人地盘。查理运筹帷幄，坚定不移，多年来的东征西讨也都最终获得胜利。查理继承了父亲和祖父的责任——保护信奉基督教的欧洲免遭撒拉逊人、斯拉夫人和异教徒萨克森人的袭击。查理的祖先们曾多次击退这 3 个敌人，但并没有完全歼灭他们。查理还有一大职责：像查理·马特对待弗里西亚人和图尔奇林基人那样，让新征服的臣民们——斯拉夫人和萨克森人改宗基督教，从而大大扩张基督教世界的外围防御力量，将其推至迄今为止被蛮族和异教徒淹没的中欧地区。只有撒拉逊人是不可能改变信仰的。撒拉逊人可能会被驱逐，但是现在，消灭他们可比让他们放弃宗教信仰更容易。除了这些对王国建设有益的工作外，查理又多了一个令人不悦的计划：粉碎伦巴第王国来巩固与教皇之间的关系。丕平在位时曾致力于此，查理也延续了父亲的努力。他成功摧毁了一个健康而充满活力的基督教国家，一个孕育了强大的意大利民族的国家，将其拱手送给一个无利可图的同盟——教会，而教会在未来将陷入长达 7 个世纪的纷争与混乱。最糟糕的是，查理明确了教皇的世俗权力，这将成为一个诅咒，对意大利产生持续千年的猛烈冲击。查理的回报不过是一些小恩小惠罢了——可以合法进行宗教制裁并获得了皇帝的头衔。由此可见，在 10 世纪到来之前，法兰克国王被束缚于维护罗马教廷的义务，经由教皇之手加冕才能获得皇帝的头衔，还身兼保护基督教世界统一这一含糊的职责——这不过就是满足教会的渴望罢了。然而，这对圣努尔夫家族和后继的王朝而言却是因小失大，得不偿失了。

在讲述查理大帝早期的征战之前，有必要明确他弟弟卡洛曼去世时查理王国的国界。在德意志，弗里西亚和巴伐利亚两个附庸国控制着北部和南部边界。这两大附庸国现在都信仰基督教，比过去 50 年更加听命于法兰克人，但仍然在当地拥有自己的统治者，并且没有完全纳入法兰克的君主统治。萨克森人位于弗里西亚以东，没有被墨洛温王朝和后来的宫相所驯服。经过 300 年的艰苦战斗，法兰克人和萨克森人的边界和公元 500 年时的相比没有发生变化。在萨克森东部的是法兰克人还尚不熟悉的民族——奥博德里特人、维尔茨人和索布人等斯拉夫部落。

巴伐利亚公国的东部邻居是另一批斯拉夫人，他们曾在易北河上游短暂建立萨摩人、捷克人和摩拉维亚人的王国，在德拉瓦河上建立卡兰塔尼亚王国（Carantania）。阿瓦尔王国位于斯拉夫人另一侧，现在由于内战和内部的斯拉夫臣民反叛，日益衰败。

图尔奇林基人占领了夹在弗里西亚和巴伐利亚之间的查理王国的边境地区，他们现在不再受本国王公的统治，而是像邻近的施瓦本一样被划分为各个法兰克王国，是查理王国不可分割的一部分。在边界之外与图尔奇林基人为邻的则是索布人。

法兰克帝国的东南边界沿阿尔卑斯山脉主线与狄西德里乌斯的伦巴第王国隔山相望。比利牛斯山脉则构成了其西南边界，山的另一边是西班牙的撒拉逊人。755年，倭马亚王朝的阿卜杜勒·拉赫曼刚刚稳固势力，建立了独立于阿拔斯王朝的国家。

　　在查理的一众邻居中，狄西德里乌斯注定是法兰克王国刀剑之下的第一个输家。狄西德里乌斯不久前收留了从勃艮第逃走的卡洛曼的遗孀格贝尔加，而且还有意推举格贝尔加的儿子为法兰克国王。然而，真正的导火索不是狄西德里乌斯图谋不轨，而是教皇与狄西德里乌斯之间的关系。哈德良一世（Hadrian Ⅰ）是一个土生土长的罗马人，彼时刚刚当选教皇。他非常讨厌伦巴第人，拒绝了狄西德里乌斯的示好和结盟的请求。哈德良一世正式成为教皇后不久，就开始向可怜的伦巴第国王寻衅滋事。教皇要求把两大重要城镇——费拉拉（Ferrara）和法恩扎——划进拉文纳总督。教皇声称，这些城镇早在757年就被许诺给圣彼得，但是当时狄西德里乌斯与拉奇斯国王正忙着争夺王位。现在，狄西德里乌斯必须立即实现诺言。狄西德里乌斯认为，查理当时忙着在阿尔卑斯山另一边处理从他弟弟那里新获得的土地，分身乏术，不会出现在意大利；于是，他便出兵攻打五城地区并占领了塞尼加利亚和乌尔比诺，与教皇公开叫板。不久之后，他便倾尽伦巴第王国的力量，向罗马进军。哈德良一世早就料到会有这么一天。他一边坚城固邑，一边急忙派人向法兰克国王求助，强迫不义的伦巴第人完全履行国王丕平当年所立的条约。教皇向查理谴使的消息吓坏了狄西德里乌斯。772年秋天，狄西德里乌斯放弃包围罗马，退回到维泰博（Viterbo），随后谴使向查理解释自己无心留下任何真正属于拉文纳总督的土地，教皇的指控完全是莫须有的。

　　狄西德里乌斯第一次进攻罗马时，他的如意算盘其实没有打错，查理当时确实被国内事务牵制，无暇分身。那年夏天，查理踏上了为期 20 年的征服萨克森人的伟大征程，殚精竭虑，费尽周折。772 年夏天，查理进入萨克森人的领土，强迫中萨克森人或安格里瓦里人（Engrians）*效忠自己，还砍倒了圣树伊尔明苏尔（Irminsul）作为自己胜利的标志。伊尔明苏尔是一棵受到所有萨克森部落尊敬的圣树，坐落在帕德博恩（Paderborn）附近的小果园里，上面装饰着丰富的祭品。回到奥斯特拉西亚，查理在蒂翁维尔（Thionville）会见了哈德良一世和狄西德里乌斯的使节。查理一刻也没有背离他父亲支持教皇的政策。于是，他命令使者回去告诉狄西德里乌斯，让其立刻交出非法占领的所有属于罗马教廷的城邑并公正对待圣彼得。伦巴第国王对查理此番插手倍感愤怒，自然不会同意查理的要求，信誓旦旦地声称自己绝不会交出一城一邑。然而，这却把查理的大军引到了意大利。查理率领一个师从日内瓦出发，翻越塞尼斯山，而他的叔叔伯纳德（Bernard）则带领剩余军队向大圣伯纳德山山口（Great St.Bernard Pass）行进。在此期间，狄西德里乌斯在苏萨和伊夫雷亚（Ivrea）附近的阿尔卑斯山峡谷处加强防御。但是一支法兰克精锐小分队却翻越山地，来到苏萨，扭转了战争的局面。狄西德里乌斯看到自己被包抄，随即抛下军队，逃回帕维亚，与他的前任艾斯图尔夫在与丕平一战中的行为如出一辙。查理紧随

---

* Engrians 指生活在 Engria 的日耳曼人分支，一般写作 Angrivarii，故此处译为"安格里瓦里人"。Engria 一般写作 Angria，即得名于 Angrivarii，是一个历史区域，相当于现在德国的下萨克森州和北莱茵—威斯特伐利亚州，须与中世纪早期的东安格利亚王国区分开。后文将 Engria 译为"恩格里亚"。

其后，围攻帕维亚，坚持了好几个月。与此同时，狄西德里乌斯的儿子阿德尔奇斯（Adelchis）组建了第二支伦巴第军队，在维罗纳城前就位。查理留下部分军队继续封锁帕维亚，率领其余士兵向阿德尔奇斯进军，阿德尔奇斯仓皇逃走，维罗纳、布雷西亚和贝加莫（Bergamo）随后也都落到了查理的手中。伦巴第王子出海寻求君士坦丁堡的帮助，希望当时正陷在保加利亚战争泥沼中的君士坦丁五世能助自己一臂之力。

狄西德里乌斯拼尽全力守住帕维亚，围城战持续数月仍不见分晓，查理随即决定在 774 年春天访问罗马，深入了解这位新上任的教皇。他到达罗马时正值圣周（复活节前一周），城内举行了盛大的复活节庆祝活动。查理确认了父亲的承诺，将拉文纳总督区——从北部的费拉拉和科马基奥（Commachio）到南部的奥西莫，还包括教皇和伦巴第国王之间有争议的城镇——赠予教皇，双方的会晤就此画上了圆满的句号。后世的罗马作家们妄称，查理还在送给丕平的这份大礼中增加了北托斯卡纳、帕尔马（Parma）、摩德纳（Modena）和威尼斯，甚至还有科西嘉岛（Corsica）。但是，当时官方并没有这样的记载：法兰克从未将托斯卡纳或艾米利亚的主权交给教皇，更不用说不属于法兰克国王的威尼斯或遥远的科西嘉岛了。

774 年初夏，查理在从罗马返回波河河谷的路上得知帕维亚准备投降的消息：狄西德里乌斯和手下的战士们因饥荒而饥不可堪，同意打开城门，条件是法兰克人留他们一命。伦巴第国王作为囚犯被送到了纽斯特利亚，多年后沦为修士，死在了科贝（Corbey）修道院，他的国库也被法兰克军队洗劫一空。上文提到的伦巴第王位继承人阿德尔奇斯则逃到拜占庭，多年后以"贵族"的身份死在那里。

　　查理没有效仿丕平——允许伦巴第以附庸国的身份存在，而是宣布自己成为意大利的国王，强迫所有伦巴第公爵和伯爵在帕维亚向他效忠。只有狄西德里乌斯的女婿贝内文托公爵阿雷奇斯（Arechis）一直坚持独立。自此之后，查理便自封为法兰克和伦巴第国王，以及罗马贵族。查理留下驻军守卫首都，还把一些更重要的意大利城市交给了法兰克伯爵，而不是以前的伦巴第总督管理。除此之外，意大利的管理几乎没有改变。查理治国张弛有度，因此在他余下的统治期内，意大利几乎没有制造任何麻烦，只在 776 年爆发了唯一严重的骚乱；当时，弗留利公爵、斯波莱托公爵和贝内文托公爵密谋把阿德尔奇斯从君士坦丁堡召回并宣布他为伦巴第国王。查理得知他们密谋谋反的消息后便来到意大利，在战斗中杀死了弗留利公爵并强迫斯波莱托公爵向他效忠。贝内文托公爵阿雷奇斯并没有被征服：法兰克人不止一次出兵攻打阿雷奇斯，但阿雷奇斯的南部公爵领仍然完好无损。显然，在查理眼中，这个遥远的小国不足为患，不值一提。直到 787 年，查理率军亲临意大利，在萨勒诺（Salerno）包围阿雷奇斯，最终迫使阿雷奇斯成为自己的封臣。但在 792 年，阿雷奇斯死后，他的儿子格里摩尔德摆脱了法兰克人的束缚。他曾数次受到攻击，多个主要城镇也遭到查理军队的袭击，但他自此之后一直保持着不稳定的半独立状态。伟大的国王查理亲自率军出征，才征服了这个不守规矩的公爵，后来便再也没有亲自进入贝内文托领土。

　　回归正题，接下来要讲述查理于 774 年首次征服伦巴第人后发生的故事。查理不在国内的这段时间，萨克森人再次拿起武器。这场征服萨克森人的战役之前因为远征意大利而耽搁，现在是时候重启了。在查理漫长的统治期间，萨克森于 775 年首度被征服。

萨克森人主要分为四大部落集团。一是离法兰克边境最近的威斯特伐利亚人，居住在条顿堡森林附近的埃姆斯河和利珀河沿岸；二是威斯特伐利亚人东边的安格里瓦里人，他们占领了从威悉河河口远至黑森边界的维瑟河谷地区；三是安格里瓦里人东部的伊斯特伐利亚人（Eastphalian），生活在阿勒尔河（Aller）、奥克河（Ocker）和易北河一带，与斯拉夫的奥博德里特部落隔易北河相望；四是诺德阿尔宾吉亚人（Nordalbingian），他们生活在易北河另一边的荷尔斯泰因（Holstein），位于丹麦人的边界上，是萨克森人中最难接近，也是最野蛮的一大部落。萨克森地处森林、荒野和沼泽之中，只在南部边界上有一片丘陵地带，即哈茨山脉（Harz）的尖坡。萨克森人难以被征服的一大原因是其城镇和防御工事甚少，当敌军出现时，他们会躲在树林或沼泽地里，待敌军离开后再出现。这片土地上几乎没有道路，因此追击逃走的敌军也是一大难题。如果萨克森人被查理包围并被迫投降，他们就会把人质交给敌军并用牲口充作赔款。但法兰克人前脚刚离开，他们便又会再次拿起武器。萨克森民族中曾有一个部落造反 9 次，但是不管是谁，只要他的意志力比不屈不挠的查理弱，最终都会屈服。查理坚持不懈，一次又一次地率兵对抗叛军，一路烧杀破坏，给予敌军重重的惩罚。他把屡教不改的萨克森部落赶到莱茵河对岸，在他们的土地上建造城镇和堡垒，设立主教区并派出无数传教士。在他生命的最后 10 年里，查理终于心满意足地看到萨克森人变成了顺从的基督徒臣民。

入侵威斯特伐利亚吹响了 775 年的征服号角，查理驱散居民，攻占了萨克森人在西吉堡（Sigiburg）的营地，随后便进入恩格里亚（Engria），打败中萨克森人，后渡过威悉河来到了伊斯特伐利亚。查理一路疯狂入侵，远至奥克河。伊斯特伐利亚虽然是离法兰克边境最远的萨克森部落，但却第一个屈服，首领赫斯（Hessi）热切地接受了基督教并向查理效忠。不久之后，安格里瓦里人也来到国王的营地，交出人质，聊表忠心。威斯特伐利亚人则一直坚持抵抗，后来查理在返回奥斯特拉西亚的路上，把他们的土地翻了个底朝天，大肆屠杀威斯特伐利亚战士，他们这才屈服。国王在西吉堡和埃雷斯堡（Eresburg）两大营地留守驻军，分别压制威斯特伐利亚和恩格里亚的势力。他带回来的人质大多是贵族家庭的男孩，这些孩子被送到不同的奥斯特拉西亚修道院接受基督教洗礼，被抚养长大。虽然萨克森 3/4 的土地都向查理效忠，但这种依附关系极其不稳定。萨克森人把法兰克人视为令人厌恶的世敌，而法兰克人利用基督教来获得萨克森人灵魂和身体的屈服更是人神共愤。他们从不畏惧查理会率军归来，但是当着查理的面却不敢造次。

次年，查理第二次入侵意大利，镇压弗留利公爵和贝内文托公爵，威斯特伐利亚人和安格里瓦里人接着爆发了起义。他们袭击了法兰克人在埃雷斯堡的营地并屠杀了当地驻军，但这次起义和西吉堡起义均已失败告终。查理听说叛乱的消息后便迅速从意大利赶回来；他的速度惊人，萨克森人以为他刚越过阿尔卑斯山，实际上他早已到了利珀河。萨克森人胆战心惊，整个民族立刻向查理求和并派当地的首领向他效忠，"他们承诺会受洗，自己的土地便是国王真正的附庸国"。只有一个名叫威杜金德（Witukind）的首领拒绝投降，776 年，他向北逃到丹麦人那里避难。查理替换了在埃雷斯堡的驻军并在卡尔施塔特（Karlstadt）建造了另一个坚固的营地。整个冬天，查理都待在靠近萨克森边界的奥斯特拉西亚，以便监视这些靠不住的臣民。777年春天，他在恩格里亚的中心——帕德博恩召集全法兰克王国集会，标志着萨克森已经成为王国领土不可分割的一部分。"当时有许多萨克森人接受洗礼，并遵循法兰克的民族习俗发誓坚定地信仰基督教，忠于查理及其继承人，如果再次反抗，他们将丧失自由和土地。"

一些来自西班牙的使节也来到帕德博恩，出人意料地向国王致敬。倭马亚王朝哈里发阿卜杜勒·拉赫曼最终成功地从那些拒绝称他为国王的撒拉逊人手中征服了几乎整个西班牙半岛。敌军的残余势力只好绝望地去找查理，只要查理可以保护他们免于落入哈里发手里，他们就会成为法兰克国王的封臣，这些人以伊本·阿拉比（Ibn al-Arabi）和卡思敏·伊本－优素福（Kasmin Ibn-Yussuf）为首，他们在西班牙最西北的法兰克边境上控制着巴塞罗那、赫罗那（Gerona）和韦斯卡（Huesca）等城镇。查理决定接受他们的提议，边界也推至比利牛斯山脉以外。查理为了保护塞普提曼尼亚免受撒拉逊人的袭击，在塞普提曼尼亚和科尔多瓦领土之间建立了新的堡垒防线。他相信萨克森人现在已经被完全征服，可以放手让其安定地以基督徒的方式生活。

778年，查理首次率军亲征西班牙。他本人带着纽斯特利亚大军穿过比利牛斯山西部，而奥斯特拉西亚、勃艮第和伦巴第征兵则翻越东比利牛斯山脉。两支军队在萨拉戈萨会合，查理随后接受了巴塞罗那和赫罗纳的撒拉逊叛军首领的效忠。尽管法兰克大军集中力量攻击，萨拉戈萨仍然没有被攻破。查理随后逡巡不前，只好原路退回阿基坦。这次征战算不上是一场大胜利。一帮靠不住的撒拉逊叛军成为手下封臣并不是这场战役唯一的收获；查理攻下城镇潘普洛纳后，西班牙的巴斯克人和纳瓦拉人（Navarre）也向查理致敬，这才是查理更大的收获。事实上，778 年，当法兰克军队在返途中穿过比利牛斯山山口时，巴斯克人在龙塞斯瓦耶斯峡谷（Roncesvalles）猛攻国王的后卫部队和马车队。他们夺走了许多战利品，杀死了 3 名高官——总管艾吉哈德（Egginard）、行宫伯爵安瑟伦（Anselm）和布列塔尼总督罗兰（Hruotland）。最后一位是法兰克历史上的一大伟人，历史上仅仅记载了有关他在龙塞斯瓦耶斯峡谷过早离世的故事。罗兰死后不久，许多以他为主角的传说应运而生，其中最著名的当数《罗兰之歌》（*Chanson de Roland*），在这部作品中，布列塔尼总督罗兰在基督教世界的地位仅次于查理大帝。

国王刚到阿基坦没多久，就得知了一个不希望听到的消息——萨克森人违背承诺，再次武装反抗。流亡的威杜金德从丹麦回来，召集了一群骚乱的萨克森年轻人走上战场。更多的部族也应召而起，萨克森大军攻占了新建的卡尔施塔特堡垒，一路入侵黑森和莱茵河右岸，远至道依茨和摩泽尔河口。他们烧毁教堂，杀害乡民，对查理在 775—776 年破坏伊尔明苏尔圣树和四处劫掠的行为展开疯狂的报复。查理得知这个令人不安的消息后便亲赴奥斯特拉西亚，派出部分军队扫除莱茵河沿岸的萨克森敌军，但将召集法兰克人第三次征服萨克森的计划推迟到明年。然而，在 779 年的夏天，查理又开始了无止境的征程，军队横扫威斯特伐利亚。威斯特伐利亚人战败后又一次投降；安格里瓦里人和伊斯特伐利亚人则不战而降。查理于次年春天再度回归，在利珀河上游举行了一次盛大的宴会，将萨克森以传教区划分，分别由奥斯特拉西亚的一群传教士管理，这便是后来将土地分割成主教区的第一步。数千名异教徒皈依基督教并接受洗礼。780年，当数千名萨克森人同时穿过奥克河和易北河时，查理不止一次亲自协助。

查理随后开始对付意大利。他第一次离开时，意大利并没有立即爆发叛乱。在780—782年的2年里，这片土地一直十分安静。查理认为意大利已经趋于和平，于是他袭故蹈常，按照帝国其余领土的模式将意大利划分为数个伯爵领，把其中的许多交由当地的萨克森首领管理并授予他们伯爵的头衔；其余辖区则由法兰克军官管理。他还在萨克森颁布法律，其中最严厉的惩罚当数针对坚持异教信仰之辈。凡是犯有诸如供奉沃坦，焚烧而非埋葬死者，公开嘲笑教会仪式或抢劫教堂等罪行者都将被立即处以死刑。即使是那些顽固地拒绝洗礼，洗礼后拒绝斋戒或是违背教会纪律的人也会受到死刑的威胁。

或许是由于查理颁布的法令过于残酷，萨克森人在782年秋天再次武装反抗。从丹麦回来的叛徒威杜金德带头，大多数北方部落也随之附和，查理在得知此事后便迅速回到萨克森。查理依旧势不可当，许多萨克森人立刻缴械投降。但是，国王却首次对这个不守规矩的民族表现出了强烈的愤怒。萨克森人杀害祭司，焚烧教堂，嘲弄般洗去自己受洗的痕迹，查理对此却不能容忍。他命令各个部落，把那些在摒弃基督教并在最后一次叛乱中领头的人押过来，共有4 500名俘虏被投降的同胞带到他位于阿勒尔河的费尔登营地。一心想要报仇的查理下令斩首这一大群无助的囚犯。但是，这种残忍的处决并没有吓倒萨克森人，反而激起了他们的怒火。在这场大屠杀中，每一个萨克森人都失去了一些亲朋，连那些迄今为止表现得极为顺从的部族也纷纷投入战斗。783—785 年，双方开战，战争持续了 2 年多。查理 2 次行军穿过这片土地，在埃姆斯河到易北河之间的每一片土地上肆意焚烧，大举屠杀，但愤怒的叛军紧随其后，藏身于森林和沼泽中。查理此番绝不手软，不会放过这片土地，带着所有的军队一起在萨克森的中心地带明登（Minden）附近过冬。785 年春天，叛军开始举棋不定，赶走不屈不挠的法兰克国王好似天方夜谭，于是他们又一次打算投降。查理承诺，只要叛军首领威杜金德投降并接受洗礼，便可以免于一死。于是，威杜金德选择和战士们一起投降，这场叛乱终于画上了句号。伯爵们再次接手旧区，传教士们又回来重建他们被毁坏的教堂，幸存的萨克森人在法兰克战士和法兰克教士的束缚中苟且偷生。

792—804 年间，萨克森人还爆发了 4 次局部叛乱，更大的麻烦则发生在 7 年后了。但是这些小骚乱不过是萨克森人最后的挣扎罢了，都没有严重威胁查理的统治地位，与 783—785 年的斗争相比就是小巫见大巫。萨克森人作为一个独立的异教徒群体的命运也在这场为期 2 年的战争中被终结。

查理吞并易北河和威悉河的德意志领土不久，便将多瑙河上游的德意志领土全部收入囊中。他的封臣——巴伐利亚公爵塔西洛有点儿不守规矩，查理多次宽恕了他的不忠不义，但是查理的仁慈和体贴并没有换来塔西洛的丝毫悔改。最终在 788 年，塔西洛的公爵领被剥夺，随后被分割成伯爵领交给法兰克人管理，而塔西洛本人则在纽斯特利亚的瑞米耶日（Jumieges）修道院里度过余生。

第二十一章

查理大帝后来的战争和征服　785—817

　　　　查理后来的广阔征程——查理的儿子们管理边缘省
　　份——征服波罗的海的斯拉夫人——波希米亚投降——和阿瓦
　　尔人之间的战争，阿瓦尔人最终投降——和东罗马帝国之间
　　的战争——征服西班牙边区——萨克森人叛乱——和丹麦人的
　　战争

　　查理的第一阶段征程已告一段落，法兰克王国周边的敌人也都
已俯首称臣。相对来说，富饶的伦巴第平原上几乎没有再掀起波澜；
经过漫长的努力和奋斗，遍布荒原和沼泽的萨克森也被纳入了法兰
克王国的领土。但是，查理的野心远不止如此。要想确保基督教世
界安全无恙，免受外部敌人的攻击，就必须要征服更多的地方，确
保边境地区稳固可靠。查理一手把法兰克王国的边界推至易北河和
尤利安阿尔卑斯山脉，随后则开始处理伦巴第人和萨克森人与东部
邻居阿瓦尔人和斯拉夫人之间的长期纷争。此外，778 年远征的胜
利并非一劳永逸，西班牙的边界仍有待巩固。虽说巴塞罗那和赫罗
纳也蠢蠢欲动，但他们效忠位于科尔多瓦的倭马亚国王，而不是法

兰克国王。

　　因此，查理大帝在征服之旅后半阶段的主要工作便是稳固东部和西南边境。查理在统治的头 15 年里需要完全征服法兰克人的近邻并将他们纳入自己的统治，然而，这个时期的工作却大不相同。中欧的所有条顿民族现在都听命于查理；对法兰克人来说，这些种族不但在宗教上，而且在血缘和语言上都很疏远陌生。查理在东方的第二个统治阶段的主要工作便是确保阿瓦尔人和斯拉夫人不会造成任何伤害。要达到这一目的，查理不能派法兰克驻军占领他们的王国，也不能把他们分割成公爵领或不同的军队，而是要强迫他们的君主向法兰克人效忠并进贡。另一方面，在西方，查理要陆续征服比利牛斯山脉和埃布罗河之间的堡垒，修筑强大的边界，抵挡摩尔人。让穆斯林信仰基督教如同天方夜谭，因此查理誓要将他们赶走。穆斯林被赶走后，这些城镇出现了新的人口，他们既不是纯种西班牙人，也不是纯种法兰克人，而是混血的加泰罗尼亚人（Catalan）。在他们的血液里，罗马西班牙人、西哥特人、阿基坦人和法兰克人的血统相互交融，因此他们在外貌和语言上都与半岛其他地区的居民迥然不同。虽然查理忙着与斯拉夫人、摩尔人和阿瓦尔人打交道，但他在这段时期的对外事务中还有很多别的工作。法兰克王国和东罗马帝国由于意大利的边界划定争议，时常发生纠纷。在统治末期，查理还击退了丹麦人对法兰克王国的第一次攻击，这次攻击本身无足轻重，但预示着未来危机重重。我们发现查理还大加干涉英吉利海峡彼岸的诺森布里亚，同时把触角伸向南方，占领巴利阿里群岛（Balearic Isles）。远在巴格达的阿拔斯王朝哈里发甚至都知其大名，哈伦的使者也曾来到亚琛宫廷与查理结盟。

在统治的后半段，查理经常亲自上阵，率兵打仗，但战事并没有之前（773—785）那么频繁。查理当时有 3 个正在长大的儿子，分别管理王国的 3 大重要部分，各自守卫法兰克王国与自己的封地接壤的边界地区。长子查理统治着西纽斯特利亚，包括安茹（Anjou）、美因和图赖讷（Touraine）；次子丕平则在伦巴第；小儿子路易统治阿基坦。因此，小查理曾在父亲统治时期处理过阿莫里凯的布列塔尼人的两次起义（786 年和 799 年）。路易负责管理比利牛斯山沿线的撒拉逊边境。丕平必须时刻监视贝内文托公爵，同时也要留神意大利东北部的阿瓦尔人。但是，这 3 位王子的工作也并不只局限于自己封地的事务。查理偶尔被派去对付萨克森人，路易多次在南意大利与敌人交锋，丕平不止一次指挥了对波希米亚斯拉夫人的进攻。总之，每当这位伟大的国王不能亲自与叛军或外敌作战时，他就会派一个儿子代替自己出兵。查理不允许儿子们固步自封，各自为政，经常会让他们和自己在亚琛待上几个月。

法兰克王国往往会多场战役同时进行，以时间轴顺序回顾查理大帝后来的征服略显杂乱无序，按照从北到南的地理方位讲述比较容易理解。

785 年后，法兰克东北部边境被萨克森人的旧敌——斯拉夫部落包围。他们分别是位居北方——现在的梅克伦堡（Mecklemburg）的奥博德里特人、波美拉尼亚（Pomerania）西部的威尔茨人和位于勃兰登堡（Brandenburg）、哈弗尔河（Havel）和施普雷河（Spree）流域的索布人。这些部落和他们在巴尔干半岛的亲戚一样粗鲁，但他们各自归属不同的小诸侯，如同一盘散沙，因此不足为惧。尽管人数众多，骁勇善战，但易北河和奥德河流域的所有斯拉夫部落还是被查理一夕降服。789 年，查理率领一支奥斯特拉西亚大军穿过易北河。乐于与世敌作战的弗里西亚和萨克森士兵也加入其中，军队实力大大增强。斯拉夫人似乎仅仅听到查理的名字就已闻风丧胆；挣扎片刻，奥博德里特人的首领维钦（Witzin）国王首先投降，维尔茨人的首领德拉戈维特（Dragovit）国王随后也向查理效忠，按要求送上人质并同意纳贡，接纳查理派来的基督教传教士。法兰克军队穿过沼泽和森林，来到位于波美拉尼亚佩讷河（Peene）的波罗的海入海口，然后带着丰厚的战利品回到莱茵河畔，分毫不失。斯拉夫人被彻底征服，甚至都没有趁着 795 年萨克森人起义时抓住机会摆脱查理的统治，而是帮助查理反抗叛军。奥博德里特人的君主维特金曾在为法兰克人打仗时被伊斯特伐利亚人杀害，查理随后便为自己的盟友报仇雪恨，异常残暴地横扫了易北河沿岸的土地。在后来的一次萨克森起义（987）中，我们再次看到奥博德里特人应查理之命，武装反抗敌人。新国王萨拉苏科（Thrasuco）没有得到法兰克人帮助，独自率军再次征服了诺德留底人，诺德留底首领手戴铁链，被扔到查理国王脚下，"查理极大地表彰了萨拉苏科，并赐予拉斯拉夫人厚礼"。10 年后，尽管奥博德里特人的邻居维尔茨人投奔敌人，但萨拉苏科依旧带领手下，与入侵查理领地北部边境的丹麦人英勇作战。后来，812 年，维尔茨人在查理统治末期再次被征服，因此查理去世时东部边界完好无损。总的来说，查理的敌人数不胜数，北方的斯拉夫人并不是最难缠的。

波希米亚的捷克人位于斯拉夫人更南边，和法兰克人往来较少。人们口中的波希米亚森林（Böhmerwald）是一片广袤的森林和山地，杳无人烟，长期把法兰克人和捷克人隔绝开来。805—806

年，小查理被父亲查理大帝派来对付捷克人，两次疯狂入侵易北河上游的河谷地区，最后迫使捷克首领向法兰克王国进贡，承认臣服于法兰克帝国。

查理的王国在波希米亚南部沿多瑙河、拉布（Raab）和莱森（Leithe）地区与伦巴第人和拜占庭帝国的老仇家阿瓦尔人的鞑靼部落接壤。阿瓦尔人近些年来深陷困境，内战缠身，阿瓦尔国王也不再统治整个民族，更不能自称为"可汗"——阿瓦尔人最高统治者的旧名。尽管内乱把国内搞得一团乱，手下的封臣斯拉夫人也多次起义，但阿瓦尔人突袭邻国的旧习惯并没有改变。最终，阿瓦尔人自作自受；788年，他们入侵弗留利的伦巴第大军和巴伐利亚公国的附庸。2年后，终于有闲暇的查理计划以最大规模兵力攻击阿瓦尔人。查理亲率奥斯特拉西亚和萨克森军队沿多瑙河行进，冲破阿瓦尔人为加强边境而建造的长线防御工事，一路进攻至拉布。与此同时，一支伦巴第大军进入德拉瓦河，深入潘诺尼亚腹地，在战场上击败了阿凡尔人并袭击了他们的环形营地。然而，后来查理被萨克森人起义牵制，在萨克森人身上花了半年时间。若非如此，阿瓦尔人不出次年就会全部投降。国王后来没有再亲兵上阵，他的儿子丕平和弗留利公爵埃里克（Eric）则作为代表，继续攻打阿瓦尔人。法兰克军队两次占领了位于多瑙河和泰斯河之间的巨大的"环形营地"或曰王室营地——这里是阿瓦尔人的核心堡垒，给亚琛送去了大量的战利品。战利品异常丰厚，查理的朋友们几乎每人都分到了一份，连遥远的麦西亚王国的国王奥法（Offa）都沾了光。最后，阿瓦尔人心如死灰，他们的"图顿"（tudun）即首领们主动来到亚琛宣布投降，向查理效忠并表示愿意皈依基督教。805年，国王接受了阿瓦尔人的臣服并从阿瓦尔人中指定一名封臣来统治整个民族并赐予他"可汗"的古老头衔。这位王子以亚伯拉罕的名字受洗，定期向法兰克人朝贡，严禁阿瓦尔人再去骚扰伦巴第或巴伐利亚边境。然而，这时的阿瓦尔人已是强弩之末，不久之后，他们的民族和王国就会被入侵的马扎尔人（Magyar）彻底吞噬。

阿瓦尔人与他们的南方邻居和以前的封臣——萨韦河和德拉瓦河流域的斯拉夫人同病相怜。这些卡兰塔尼亚人（Carantanian）和斯洛文尼亚人（Slovenian）被查理手下的巴伐利亚人和伦巴第人征服，依附并效忠于法兰克王国，被迫进贡，但没有完全融入王国。

前文提到过查理和意大利之间的关系往来。尽管贝内文托公爵在查理亲征后曾多次被迫效忠，但是查理从未成功地完全征服贝内文托公国。国王的次子丕平最终作为父亲的代表被授予王室头衔和权力，掌管意大利。丕平不仅要努力压制贝内文托，还必须解决东罗马对意大利的觊觎。君士坦丁堡皇帝在半岛上的那不勒斯、雷焦和布林迪西依然根结盘据，享受着威尼斯和伊斯特里亚半独立民族的敬意。对法兰克人而言幸运的是，查理统治时，东罗马帝国正值皇后伊琳娜（780—790 和 797—802）和篡位者尼基弗鲁斯一世（802—811）统治乏力的时期。东罗马帝国皇帝对意大利新政权的崛起深为忌惮，而且继承皇室头衔的竟然还是法兰克人，这对声称是奥古斯都和君士坦丁唯一合法的继承人的东罗马帝国皇帝来说，简直是奇耻大辱。但他们也无计可施，只能派狄西德里乌斯国王的儿子——伦巴第王子阿德尔奇斯在意大利挑起事端。阿德尔奇斯之前逃到君士坦丁堡，成为拜占庭贵族。他不止一次攻击意大利，但都铩羽而归。法兰克王国和东罗马帝国之间唯一激烈战斗发生在 804—810 年；当时尼基弗鲁斯一世为了报复威尼斯的叛乱，数次远征意大利。804 年，威尼斯人因内乱而四分五裂，其中一个党派投奔了法兰克人。尼基弗鲁斯派出一支舰队，袭击托斯卡纳海岸和拉文纳总督，但对伦巴第王国影响不大。不久，威尼斯亲东罗马的党羽占了上风，又一次把这座城市交给了拜占庭人。尼基弗鲁斯眼看着威尼斯再度落入自己的手中，自是心满意足，随后便与查理和解。这场战争唯一的结果是法兰克人得到了包括普拉（Pola）和伊斯特里亚在内的其他沿海城市的永久占有权，而这些城市之前都属于东罗马帝国。尼基弗鲁斯的继任者米海尔·朗加比（Michael Rhangabe）长期与查理结盟，甚至承认查理是西方的皇帝。812 年，法兰克人骄傲地接受了这一称号，把这当作君士坦丁堡皇帝软弱无能的象征。

查理在意大利东征西讨，随之引发了与撒拉逊海盗之间的冲突。这些海盗出没于地中海中部，藏身于朝向半岛西海岸的岛屿港口中。法兰克人占领了科西嘉岛和撒丁岛，逮捕了五六十年前从东罗马人手中占领了这些岛屿的撒拉逊殖民者，确切日期无法考证。799 年，法兰克人还占领了巴利阿里群岛。这些遥远的附属国曾多次受到来自西班牙舰队的攻击，直到查理统治末期才被制服。热那亚和托斯卡纳公爵受命管理这些地区，他们有能力组建一支庞大的舰队并且多次在海上成功地击退摩尔人。

但是，查理和穆斯林之间最激烈的战斗发生在西班牙，贯穿于他的统治后半期。785 年，法兰克王国占领赫罗纳，基督徒在比利牛斯山脉以外的征程拉开序幕。战争主要由查理的小儿子路易负责；路易曾被父亲任命为阿基坦国王，管理西南一切事务。查理和他的主将兼谋士威廉——图卢兹伯爵、法兰克传说中的一位伟大英雄——则忙着对付科尔多瓦的两个前倭马亚王朝国王阿卜杜勒（755—788）和希沙姆（788—897）。这两个国王都是强大而有能力的统治者，法兰克人很难从他们手中夺取寸土。然而，他们有时会向法兰克人求助，基督教世界的边界日渐扩张。795 年，在比利牛斯山外新获得的领土——赫罗纳、卡尔多纳（Cardona）、乌赫尔（Urgell）和奥索纳（Osona）等城镇周围——被划为一个独立的辖区，即西班牙边区。查理任命自己的侯爵管理该区，而不是把这里变成塞普提曼尼亚公国的属地。加泰罗尼亚最大的城镇巴塞罗那于 797 年 3 月被并入西班牙边区。起因是加泰罗尼亚长官扎伊德（Zeid）有意谋反，但在科尔多瓦的叛乱中被击败，最终只好把巴塞罗那拱手交给法兰克人。摩尔人在 799 年曾短暂收复了这片土地，但国王路易随后带着所有的阿基坦士兵翻越比利牛斯山，围攻巴塞罗那。法兰克人在城外筑造城墙，在临时营房里度过了 800—801 年的一整个冬天。最终，摩尔人被饥荒打倒，持续两年的围城战于 801 年落下帷幕。摩尔人投降后便全部离开，随后塞普提曼尼亚的哥特人成为这里的主人。法兰克人在比利牛斯山外的地位已经非常稳固了，在查理统治的最后 10 年里，他们征服了从潘普洛纳远至埃布罗河河口的整个山脉南坡地区。809 年，加泰罗尼亚的第二个大城镇塔拉戈纳（Tarragona）陷落；811 年，镇守埃布罗河下游的大要塞托尔托萨（Tortosa）也随之失守。法兰克人随后顺利渡河，入侵瓦伦西亚广阔的平原；法兰克人来势汹汹，于是，科尔多瓦的第三位倭马亚统治者哈卡姆（al-Hakem）于 812 年求和，把在比利牛斯山外的一切战利品都送给了基督徒。法兰克人不可能永久地占领这片地盘，但是巴塞罗那和它以北的所有城镇都成了基督教世界的一部分：这些据点守卫着阿基坦边境，防止撒拉逊人入侵，最终形成了阿拉贡王国（kingdom of Arragon）重要的半壁江山。

这就是查理大帝的对外征服之旅。但是，对外战争并不是他统治后期唯一流血的战争。法兰克王国内部也不平静，但相对无关紧要。上文提及阿莫里凯的布列塔尼人曾两次企图恢复独立地位，但都无功而返。这些叛乱很容易被粉碎，但后来的萨克森人叛乱却并非如此。785年，法兰克人平定萨克森人的叛乱；7年后，住在易北河和威悉河流域不安分的居民再次起义。第八年夏天，极北的一些地区再次武装反抗，又回归了祖先异教传统。当时的编年史家称其"狗改不了吃屎"。793年，起义广泛地在伊斯特伐利亚和诺德留底人之间蔓延开来；这次风暴不像查理统治早期所经历的起义，并没有延伸至王国全部领土，但是直到794年才被成功镇压。才过了2年，伊斯特伐利亚人和诺德留底人又惹出了新的事端，需要查理亲自解决。但是，这件事也说明，随着王国势力的不断壮大，查理可以任用一支由基督徒萨克森人和奥博德里特部落忠诚的斯拉夫人组成的军队来镇压叛军。804年，这片土地上爆发了最后一次叛乱，叛乱只蔓延到北部部落，头号叛军——难以控制的诺德留底人被迅速驱赶至高卢。查理把1万个诺德留底家庭安置在纽斯特利亚的小殖民地里，还把这些空旷的土地作为礼物送给他的封臣——奥博德里特国王。这是最后一次萨克森人叛乱，从此"他们放弃了对邪恶灵魂的崇拜，放弃了他们祖先的邪恶习俗，接受了基督教的洗礼，与法兰克人混居，最终和法兰克人融为同一民族"。第一个主教区也在此期间成立，标志着萨克森人已完全服从法兰克人的管理，并完全皈依基督教。查理于 804 年至 806 年在不莱梅（Brenmen）、明斯特（Munster）和帕德博恩建立主教区，分别作为萨克森北部、西部和南部的宗教中心。汉堡（Hamburg）、奥斯纳布吕克（Osnabrück）、费尔登、希尔德斯海姆（Hildesheim）、明登和马格德堡（Magdeburg）随后也设立主教，不过这是下一代人的任务了。萨克森人的第一拨城镇正围绕着这些主教教区发展起来，在这之前，这里的居民都过着纯粹的乡村生活，从未生活在城镇内。

查理在统治末期成功占领萨克森，与日德兰半岛（Jutland Peninsula）和斯堪的纳维亚群岛的丹麦人狭路相逢。丹麦人居住在诺德留底边境的艾德河（Eider）以外地区，查理的祖先对他们闻所未闻，但查理的儿子们今后一定会对他们印象深刻。随着一股新的、好战的基督教力量深入北方深处，丹麦人也有了一系列不寻常的活动。他们一定从跑来这里避难的萨克森流亡者威特金那里听说过不少关于伟大的法兰克国王的故事，也一定了解这位国王不竭的精力和坚韧不拔的毅力，自然是害怕他会把魔爪伸向艾德河以外的地方，担心自己会被迫纳贡并接受基督教。为了防止法兰克人有进一步的行动，国王古德弗雷德（Gudfred）于 808 年沿着边界在石勒苏益格（Schleswig）地峡最窄处修建了大型的海上土方工程，也就是人们长久以来所知的丹纳维尔克（Dannewerk），其因 1863 年德军和丹麦的最后一次冲突而变得出名。防御工作只是其中一方面。此外，古德弗雷德开始在弗里西亚和佛兰德斯海岸远至塞纳河口的地区部署海盗袭击，同时攻打查理在波罗的海的斯拉夫附属国——奥博德里特人和维尔茨人的地盘。古德弗雷德在弗里西亚造成了重大破坏，曾一度成功粉碎奥博德里特人的进攻并征服维尔茨人。他袭击了所有无人防守的海岸地区，让法兰克人头疼不已。但当法兰克大军前来应战时，他又回到了船上。810年，古德弗雷德深入弗里西亚，甚至傲慢地声称要去亚琛拜访查理。但是他在同年便被自己的臣民杀死了，他的侄子兼继承人海明（Hemming）与法兰克人言归于好。和平并非长久之计，据说丹麦人曾在查理统治的最后几年零星发动过突袭行动，而法兰克王国为了保卫海岸而在纽斯特利亚港口建造的舰队并没有有效地保护弗里西亚水域。

但是，查理生前并没有看到丹麦人后来的猛烈进攻：查理早在丹麦人入侵王国之前就去世了。他一定没有想到，自己去世50年后，这些半开化的、遭人轻视的敌人会全面瓦解法兰克王国，甚至还会劫掠国王自己的住所——亚琛皇宫。

第二十二章

查理大帝和帝国

到目前为止，查理大帝无休止的对外战争已经占据了本书的大量篇幅，而他在王国维护和内部体制改革方面的举措则少有提及。首先，在具有纪念意义的公元 800 年，查理被教皇利奥三世加冕为皇帝，同时也将一个新的政治理论引入了西方基督教国家的政府管理中。

前文提到过，西欧大多数国家的皇帝的真正权力都已消亡，但是罗马帝国的普遍统治理论却得以流传下来。西哥特国王狄奥多里克和法兰克国王克洛维都自豪地声称自己是君士坦丁堡恺撒最早的臣民，骄傲地从皇帝手中接过响亮的头衔和象征荣誉的长袍。到了6 世纪中叶，高卢、西班牙和意大利只是在名义上效忠于帝国。随着查士丁尼试图恢复西方国家的统治，条顿国王们被迫拿起武器来保卫自己，这种有名无实的效忠也随之停止。后来，托提拉、利奥维吉尔德和提乌德贝尔特都拒绝效忠帝国，皇帝的名字在他们的钱币和宪章中彻底消失了。623 年，苏因提拉把希拉克略的士兵赶出西班牙。585 年，莫里斯出钱出力，也无法将假王子贡多瓦尔德扶上王位，古罗马在西班牙和高卢的最后一点影响也消失殆尽了。然而，知识阶层脑海中还萦绕着有关古罗马帝国的记忆。7 世纪编年史家的奇怪措辞也表明，他们仍然记得古罗马的普遍统治理论。一位 7 世纪的西班牙编年史家仍然将东罗马军队视为"共和国士兵"，远在高卢的法兰克国王的臣民们在写信时仍然以古罗马的小年纪年（15 年周期）来确定日期。

在意大利，皇帝的统一基督教世界的传统仍然刻骨铭心。某个叫格里高利或撒迦利亚的教皇在主张家长权威或谴责邪恶的伦巴第人大举入侵时，经常会使用一些陈词滥调，而其中最强大的武器莫过于呼吁古罗马在世俗和精神上的至高无上地位。教皇们的野心总是让他们沉溺于古老帝国辉煌的美好回忆中。堕落的罗马民众有时也会毫无意义地宣泄自己的虚荣心，他们声称自己——"罗马元老院和人民"——是奥古斯都和君士坦丁真正的继承人，而君士坦丁堡的恺撒不过就是个希腊人。当时，"伊苏里亚人"利奥和教皇格里高利二世决裂，罗马因此实际上脱离了东罗马帝国奥古斯都的控制，意大利人可以轻而易举地坚称，君士坦丁五世和利奥四世失去了使用罗马帝国头衔的真正权利。罗马帝国失去了罗马，只是问题的一方面。真正让意大利反抗者不满的是，皇帝的头衔已经从异端的伊苏里亚王朝中消失，无人使用，而帝国本身仍然存在，毕竟意大利人不能想象帝国会有终结的那一天。

60 年来，一个个皇帝有名无实，无一例外都是异教徒，根本无法掌控罗马。这样长期存在的异常状况让意大利人和法兰克人倍感困惑；后来，东罗马帝国回归正统信仰，但同时皇位又落到了女皇手中，情况没有丝毫好转。尽管伊琳娜信仰正统，但她本人为了争夺皇位，对自己的儿子无所不用其极。

教皇在和伊苏里亚皇帝之间的长期争论中，曾不止一次提到要选举一个单独的奥古斯都统治罗马意大利——没有落到伦巴第人手中的半岛地区。这个计划主要因为教皇反对而未得以实施，但从来没有被人们遗忘。意大利大部分地区——伦巴第和罗马——都是由一个国王统治，这是教皇和罗马人民都乐于看到的，那么这个完全断绝罗马对君士坦丁堡依赖关系的想法始终悬而未决，未免有些怪。因为只要东罗马帝国出现一个颇具帝王风范的统治者，教皇和他同时代的罗马和意大利人就会心神不宁，认为他们也许应该效忠于这个人，尽管这个统治者有可能是希腊人和异教徒。

我们或许可以推断，这些疑虑几乎不会困扰查理大帝的法兰克封臣，但对他的意大利臣民来说，这会是烦恼之源。实际上，他们是法兰克国王忠实的臣民，但从理论上讲，君士坦丁堡讨厌的恺撒是否会把他们视为忠实的臣民，仍然存疑。

对于在 773—800 年间掌管罗马教廷的教皇来说，这种想法一定时常出现在他们的脑海。然而，罗马教皇利奥三世最先想到问题的解决方案——宣布法兰克国王不仅仅是罗马贵族，更是罗马皇帝。帝国历史上从未出现过一个蛮族出身的奥古斯都，但是比起现在君士坦丁堡的情形，这又有什么值得大惊小怪的呢？显然，意大利人看到拜占庭皇位上坐着一个非常邪恶的女人，最终产生了和东罗马帝国一刀两断的冲动。查理一定对他们的想法心知肚明，但他似乎暂时不想答应。也许他害怕皇帝头衔带来的责任；更可能的是，他不知道如何合法获得这一头衔：还有一个问题始终未得到解决，即什么人或什么机构可以授予这个头衔，而且君士坦丁堡绝对无法容忍蛮族国王拥有皇帝的头衔，肯定会断然拒绝授予。

查理当年施以援手，将罗马教皇利奥三世从罗马国内的某些敌人手中解救出来，利奥感激不尽，这或许才有了在公元800年圣诞节举办的盛大仪式。利奥在罗马遭到了他的仇敌——前任哈德良一世的族人的残酷虐待；他们抓住了利奥并试图把他拘禁起来。但利奥逃走了，翻越阿尔卑斯山，在查理邻近萨克森帕德博恩的营中避难。查理决定亲自到罗马来决定这件事；同时，利奥在一些法兰克使节的保护下顺利回家。在800年底，查理进入意大利，在罗马的一次宗教会议上，他仔细调查了利奥的行为并宣布利奥无罪，而利奥的敌人有的被处决，有的被关进监狱。随后，教皇复位，庄严宣布，所有针对自己的指控已被澄清，官复原职。

没过几天，教皇就把他的救世主查理加冕为皇帝，以此来报答恩情。这个重大仪式的细节令人好奇。皇室和教廷成员都聚集在圣彼得大教堂庆祝圣诞节。仪式结束时，皇帝仍然跪在圣坛前默默祈祷，利奥手执皇冠走上前去，将其戴到伟大的国王的头上，大喊着："上帝赐予奥古斯都查理生命和胜利，由上帝为伟大而热爱和平的罗马皇帝加冕。"法兰克士兵与意大利神职人员及市民也齐声高呼，包括教皇在内的所有在场人员都在查理起身时跪下，按照对古罗马皇帝的仪式向他致敬。

查理本人往往声称，仪式是在未经他同意的情况下举行的，如果他知道教皇的意图，他那天就不会进入圣彼得大教堂。然而，毋庸置疑的是，他早就认真考虑过这件事。利奥感恩图报，这样突然的举动让查理放下了对加冕礼的异议，只不过是将查理的计划早一步实施了。利奥知道，自己的举动一定会受到法兰克人和罗马人欢呼雀跃的赞扬，而查理本人其实并不反对拥有这一头衔，只是拿不准采取什么样的加冕形式。大多数臣民对加冕礼的看法可以从洛尔施修道院（Lorsch Abbey）编年史的片段中得知："希腊人已不再使用皇帝的名号，因为他们正在忍受一个女人的统治，因此，这对教皇利奥和与其协商的圣父（主教），以及所有的基督徒来说都是好的，他们也定会热烈拥护法兰克国王查理称帝。因为他控制了之前恺撒一直居住的罗马，占据了意大利、高卢和德意志的所有其他领土。既然上帝赐予他这些领土，当所有基督教国家都赞同时，他也应该接受皇帝的头衔。"

一定也有很多声音认为查理拥有皇帝的头衔不合法。当然，教皇没有授予头衔的权力，几个世纪以来也没有这样的先例——由衰败的贵族团体和聚集起来的仍然自称为"罗马元老院和人民"的各类公民授予皇帝头衔。教皇声称，当人们聚集在圣彼得大教堂，天堂直接降下神启，教皇才不得不称查理为"皇帝"，称查理"由上帝加冕"。但是，这样的借口无论是对拜占庭宫廷还是对现代历史学家来说，都没有说服力。事实上，这已经是既定事实，查理得到皇帝的头衔并非百害而无一利，但授予头衔的特殊形式仍值得商榷。教皇看似冲动的行动在未来看来后患无穷。如果国王的加冕礼采取了其他形式，后世的教皇们就不可能提出授予或拿走皇冠的无理要求。

如果有一个所有的西方国家都可以参加的正式选举仪式，或者如果查理像拿破仑那样在晚年自立为帝，而不是由教皇授予皇位，那么查理的继承人就不用再踏上奔波的罗马之行，更不用和罗马教廷苦苦争论了。

实际上，查理称帝对于当时影响重大，在未来的几个世纪里，也对欧洲历史产生了许多更重要的影响。

其中最显著的影响是查理和他的所有臣民重新获得了皇权，加冕仪式又赋予王权新的、更神圣的内涵。从前，法兰克人选举查理为国王，赋予他权力，后来查理又成了伦巴第人的国王。现在，他既"由上帝加冕"，又是人民的选择。查理在未来越来越倾向于在教会和道德以及民事事务中坚持他无所不能的权威。作为天选之子，他声称自己是道德的守护者、基督教的改革者，以及教会的保护者。查理一直对领土上的精神福祉兴趣浓厚。我们已经看到了他在帮助萨克森人、斯拉夫人和阿瓦尔人转变信仰时展现出惊人的能量。他主持过无数的集会和宗教会议，鼓动主教们管理神职人员，执行严格的纪律，坚守朴素的生活，根除世俗之人中的异教和不道义行为。既然查理成了皇帝，他就更加坚持自己在道德方面的权威：在他眼中，他不仅是君士坦丁和狄奥多西的继承人，还继承了以色列古代国王大卫（David）或约西亚（Josiah）的神权。查理在加冕后便重返阿尔卑斯山，并在奥斯特拉西亚召集下一次大议会，他利用这个机会向忠实的部下传输自己的观点。他以新任皇帝的名义让所有的臣民、平信徒和世俗之人都再次向他宣誓效忠：凡12岁以上者都要在当地神职人员的主持下向他宣誓。人们还被警告，"他们不仅要承诺永远效忠于皇帝并听从皇帝的命令，对抗敌人，还要根据各自的

　　　　　　　　　　　　　　　黑暗时代（476—918）

力量和理解服从上帝和上帝的律法。他们发誓要戒除偷窃，压迫和不公的行为，更不能有异教行为或使用巫术；发誓不做损害教会的事，不伤害皇帝保护和监护的寡妇和孤儿。此外，查理正式声称，皇帝应捍卫法律和道德，他警告臣民，任何违背皇帝和皇帝法令的行为都直接触犯了天选之子。

这种观念高度强调皇帝的职责和权力崇高而神圣。然而，它不仅存在于查理脑中，查理还成功地把这个想法传递给同时代的人以及后世的人们：他开始使用"神圣罗马帝国"的概念，深刻地影响了整个中世纪的世俗和宗教生活。法兰克君主仅仅代表强权统治，没有崇高的精神意义：新帝国代表教会和国家为了双方的共同利益，紧密而自觉地结合在一起。皇帝应该是教会的保护者和监督者的概念首先出现：不幸的是，最终教皇发展为国家的监督者。这代人见证了教皇利奥跪在地上，"崇拜"伟大的查理国王，但是他们却无法预见，有一天，查理的继承人会低声下气地在利奥继承者紧闭的门前等上几个小时，甚至还乞求能够获得为教皇拉马镫的荣耀。

查理大帝加冕开启了欧洲的新时代。纯粹的野蛮力量的统治结束了，随后欧洲经历了一段复杂的时期，不仅迎来了思想冲突，还有国家之间的军事冲突。对于未来，我们必须时刻留心：一方面要注意基督教王国的理想观念对政治的影响——上帝选择的唯一统治者正统治着这个伟大的帝国，挥斥方遒；另一方面，与之对立的是，首席主教身处罗马，执掌教会，手握通往天堂和地狱的钥匙，指导国王们走该走的路。

管理这样一个地大物博的王国是一个难题。为此查理生前将权力下放给儿子们。前文曾提及，查理任命查理、丕平和路易分别担任纽斯特利亚、意大利和阿基坦的国王。查理曾考虑过将帝国交由许多封臣分别统治的可行性。这一计划在他这一代是可行的，他也许没有预见到，下一代人要面对更加纷繁复杂的局面，到了那时，小国国王不得不效忠并顺从于他的弟弟、叔叔，甚至是远房表兄弟。

查理于 806 年公开宣布了他去世后的王国规划：皇帝的头衔和包括纽斯特利亚和奥斯特拉西亚在内的所有法兰克土地都将归他的长子查理所有，萨克森、图尔奇林基和勃艮第也一并属于查理。次子丕平拥有意大利、巴伐利亚和东施瓦本。幼子路易将统治阿基坦、普罗旺斯和西班牙边区。然而，两个年长的国王丕平和查理于 810 年和 811 年相继意外去世，让他们的父亲大为悲痛，这一分割计划最后成了泡影，查理不得不重新划分帝国。这样一来，家族中唯一的成年男子路易获得了皇帝的头衔和除了意大利——归丕平的小儿子伯纳德（Bernard）所有——之外的所有王国。

查理在儿子们还活着的时候便把王国的大部分地区交给了他们。他们的王国沿用墨洛温王朝时的公爵和伯爵统治等级。一些新领土，诸如萨克森或伦巴第，被纳入帝国后不久，就被分割成了与奥斯特拉西亚和纽斯特利亚相同的伯爵领。因此，从伯爵到皇帝，等级是逐级上升的；伯爵服从公爵，公爵服从副王，副王服从他的父亲。在被征服的土地上，法兰克人通常管理大多数省级政府，但是查理经常把伯爵职位交给本地的伦巴第人、阿基坦人甚至萨克森人，而这些当地人也表现得极为出色。

查理本人不停下脚步，是确保帝国统一与和平的最好途径。查理只要还有一口气在，他就会不断地在王国内来回巡视。他经常出访萨克森、意大利或巴伐利亚，这是让这些边远省份保持忠诚和顺服的最好办法。他同样也设立了钦差定期巡察制度，钦差在王国内巡视并向他汇报不同省份的需求和要求。"主上钦差"（Missi Dominici）或者皇家使节的巡视制度于 802 年正式设立，但是查理先前就已雇用过此类官员，只不过没有得到系统执行。他的父亲"矮子"丕平和祖父查理·马特偶尔会给予官员差费（Missi Discurrentes），但查理大帝却使这项巡视制度大规模应用并加以优化。根据他的安排，使者（有时是神职人员，有时是一般信徒）需要巡视一定数量的伯爵领，任期一年。他们要访问该地区的居民集会，传唤伯爵到民众会议（mallus）上并询问各省的情况。钦差会听取对伯爵或当地主教的控诉，后告知国王或当场审理。我们有时会发现巡按使还担负着其他的职责，比如出使或参加战争，但是检视地方长官是他们的首要职责。正直而强大的臣民便是维系法兰克帝国的最有力保障。

上一章提到，查理对艺术和文学兴趣颇深，这无论是在他的家族，还是在墨洛温王朝的一众国王中都是非常罕见的。说来也奇怪，残暴的希尔佩里克一世竟是这两个朝代中唯一表现出文学品位的国王。前任们忽视文学和艺术的发展，但查理成功地补阙挂漏。五湖四海的博学之士聚集在查理面前，最著名的莫过于诺森伯兰的阿尔昆、伦巴第人比萨的彼得和"执事"保罗。起初，学者们大多来自国外，但到了查理的统治末期，一代有学问的法兰克人在他的鼓励下脱颖而出。查理在两份公告——《文学培育书简》（*Epistola de litteris colendis*）和《图书百科》（*Encydica de emendatione librorum*）中阐述了自己的意图。他抱怨全国各地的主教和修道院长写给他的信"观点正确，但语法糟糕"，他不得不开始担心神职人员是否有足够的拉丁语知识来理解《圣经》的全部含义。因此，他在每一个修道院里建立学校，完善拉丁语教学，"因为上帝之子不仅在生活上要遵循教规，保持虔诚的态度，还要根据自己的能力致力于文学思考，能够承担教育他人的职责"。在查理的敦促下，所有大型修道院都成了学习中心，许多古典作家的作品因为查理的重视得以保存下来。"祖先粗心"才导致这些书破旧不堪，"几乎都磨破了"，于是他命人抄写副本，古书数量大大增加。根据要求，每座修道院都要保有藏书的几本副本并与邻国交换。他尤其关注《旧约》和《新约》，震惊地发现竟有多种版本。在他眼中，这正是因为抄写员愚昧无知导致的。查理让"执事"保罗编制新的《圣经》选集，根据最好的文本进行校对，在王国内的所有教堂使用。他不仅关注宗教书籍，还收集和撰写了古老的法兰克英雄史诗——我们可以推测，这是《尼伯龙根之歌》(*Nibelungenlied*)等作品的原型。不幸的是，他的儿子"虔诚者"路易认为此书充斥着异教思想，于是毁掉了这本宝贵的法兰克诗集。他还让学者们致力于编纂拉丁语和德语的语法、传记，甚至是世俗历史作品。毫无疑问，正是在查理的大力鼓舞下，法兰克历史才有了突飞猛进的发展。查理上任前的史料甚少且单调枯燥；而他登基后不久的历史记录则内容丰富、数量众多、精彩纷呈。尽管9世纪波折不断，但是我们对它的了解比对8世纪更为全面。

查理把最好的学者都留在自己的宫廷，视为知己。查理在亚琛过冬时或在战争之余，都会召集学者们围绕各个学科进行讨论，从天文学谈到逻辑学。文学界人士都采用老式的古典名字。阿尔昆称自己为弗拉库斯(Flaccus)，查理被称为大卫王(King David)，其他学者则称自己为荷马(Homer)、摩普索斯(Mopsus)和达马泰斯

（Damaetas）。他们的讨论不以目的为导向，有时还有些幼稚，但在西方基督教世界，一群学者聚在一起热烈地讨论还是件新鲜事。回首黑暗的 7 世纪，我们会发现查理大帝的宫廷汇聚智慧和光芒，未来伟大的事业在这里生根发芽，这是前无古人的。

查理不仅乐于在文学上打发闲暇时光，还十分喜欢音乐，世俗音乐和教会音乐都深得他意。他醉心于在罗马听到的《格里高利圣咏》，便把意大利的唱诗班指挥带来教北方的教徒高唱激昂的教皇圣歌。

查理同样也是一个伟大的建设者。在亚琛，他为自己建造了一座宏伟的宫殿和一座气派的大教堂。宫殿已经不复存在，但是大教堂得以保存至今，彰显了查理时代的罗马式建筑的发展水平。查理想把它建成阿尔卑斯山以北最宏伟的大教堂，当他发现工人无法实现自己的想法时，便派人从遥远的罗马和拉文纳搬来石柱和大理石。查理有一口华丽的罗马石棺，材料可能来自意大利。查理是奥斯特拉西亚人，喜欢在祖先的土地上定居，因此他在亚琛以外的两个奥斯特拉西亚城镇——古老的皇帝驻地尼姆尤根（Nimuegen）和恩格尔海姆（Engelheim）——建造了宫殿。他在美因茨建了一座长达457 米的桥，这是法兰克人在该类建筑上的首次尝试。不幸的是，这座桥在 813 年的大火中被烧毁，没有被复原。此外，他还挖掘了一条运河，通过其支流阿尔特米尔河（Altmuhl）和雷德尼茨河（Rednitz）连接莱茵河和多瑙河，充分表明了他对工程学的兴趣。

查理度过了漫长的一生和统治时期，要想了解他的方方面面，需要大量的史料。查理在完成了这些功绩后，在寒冬罹患胸膜炎，最终于 814 年 1 月 28 日在亚琛的住所去世。查理被埋葬在他自己建造的大教堂里，坟墓上放着一座金色的神龛，上面刻着他的肖像和铭文："在这座坟墓之下，安息着伟大的信奉正统宗教的皇帝查理，他崇高地扩大了法兰克人的国家，隆盛地统治了 47 年。"

这不过就是一段简短的祭文，墓下之人功绩无数，他的伟大岂是寥寥几行就能道清的呢？查理永远地留在臣民心中，他的名字在治下的所有民族中流传开来，成为权能、智慧和公义的象征。700 年来，西欧各国都将他视为基督教世界的骄傲、"神圣罗马帝国"的创立者、统治理想的实现者。在灰暗的中世纪，查理的形象常常被扭曲，模糊不清，但他的身影依然在众多传说和浪漫故事中隐约可见。在查理死后的一个世纪里，人们相信他已经征服了西班牙和拜占庭，势力甚至延伸至巴勒斯坦。他为后世所铭记，人们甚至认为他无所不能。和查理死后兵荒马乱的内战时代相比，他的统治时期堪比黄金时代。但是，把他的时代看作一个史无前例、异常卓越和公正的时期并不是妄自尊大，而是对他公正的认可。因为查理让西方世界看到了一些新的、崇高的理想，这一切在 12 代蛮族国王的残酷统治时期和早期古罗马恺撒的统治时期从来没有出现过。

第二十三章

"虔诚者"路易 814—840

> "虔诚者"路易的性格——路易改革法兰克宫廷——路易在教会事务上的立法——路易侥幸逃生后分割帝国领土——亚琛分土——意大利的伯纳德反叛——路易的第二次婚姻及其后果——路易年长的儿子们反叛，随后路易第二次分土——儿子们接二连三的叛乱——卢根菲尔德（Lugenfeld）——路易两次被废黜，两次恢复帝位——路易晚年麻烦不断——路易率军对抗儿子小路易，随后"虔诚者"路易去世——路易统治的灾难性后果

查理大帝把皇位和帝国都留给了他唯一的合法婚生子——人们口中的"虔诚者"路易，后来的编年史家们称其为"文雅的"路易。皇位的继承人是一位虔诚的王子，像英国的"忏悔者"爱德华（Edward the Confessor）一样，都是"戴着王冠的圣人"。路易软弱且善良，已然不是青葱少年的他品德温良，更适合待在修道院，而不是宫殿。他不要强，意志也不够坚定，是妻子、神父和主教的奴仆，是一位溺爱家人的父亲和丈夫。路易是一位过于慷慨的给予者，

本性就不适合承担责任，只有依赖比自己强大得多的统治势力，自己才会感到轻松。法兰克权杖下的每一个国家都要以其各自的方式进行统治，这项难题之前已经把父亲查理大帝压得喘不过气，现在路易不得不独自面对。此外，丹麦人在查理大帝生前就曾发动过一次入侵，就算路易现在有能力应对，这还是会占据他诸多精力，让他倍感苦恼。然而，路易还给自己平添了许多其他麻烦：有争议的王位继承问题和间歇发生的内战。法兰克王国在路易的统治下经历了索然无味的 26 年，其中，路易对于自己和不孝子们之间的关系处理不当，并最终由此引发了一系列的祸害。

现在，路易手里的伟大帝国已见雏形，但是仍然有三大难题摆在他面前：一是被征服的土地面积广阔，国家之间通信缓慢；二是臣民之间存在民族差异；三是古老的条顿习俗要求国王把王国领地划分给他的所有儿子，就如同王国是一份私人遗产一般。前两个难题不足为惧。查理大帝精力充沛，出访各国，步履不停，早就弥合了时间和空间上的鸿沟。民族分歧也并不像人们预期的那么可怕，因为真正的民族情感在西欧还没有得到充分的发展。帝国毁灭的直接原因既不是法兰克帝国土地辽阔，也不是其居民特征各异，而是君主分土，给帝国带来无穷后患。迄今为止，帝国都得以虎口逃生。"铁锤"查理分裂了自己的王国，但大儿子卡洛曼自愿退位，不久之后，纽斯特利亚和奥斯特拉西亚便合二为一。丕平又一次分裂了他的王国，但是和查理共同享有继承权的卡洛曼英年早逝，不然查理的毕生事业很有可能会受到阻碍。下一代也出现了这个情况，死神带走了查理的两个儿子，只剩下"虔诚者"路易独享完整的继承权。

但对路易本人和帝国来说，不幸的是，路易继位时已经有 3 个未成年的儿子，还注定要在死前看到他的第四个儿子长大成人。路易注定要在王国分土的计划上越走越远。

路易在位于杜埃河（Doue）上的阿基坦王国收到他年迈的父亲去世的消息时。他在路上奔波了 30 天，以最快的速度来到亚琛，接过了政权。他没有派人去请教皇协助加冕，而是把皇冠从首都大教堂的圣坛上取下，戴在自己的头上，庆祝继位，而聚集在一起的伯爵和主教们在一旁高喊："路易皇帝万岁！"贵族们还用"虔诚的"这个称谓向他致敬，路易把这个称谓铸在了钱币上，钱币另一面刻有铭文"法兰克王国的革新"（renovaio regni francorum）。"革新"一词最早出现在查理大帝暮年管理事务的大臣们被罢免官职时。路易带着自己的心腹来到亚琛，下定决心不让自己落到他父亲的宠臣手里。父亲的生活和宫廷里有众多严谨虔诚的路易不能认可的事情。路易的生活异常贞洁高尚，他对那些纵容他父亲不道德行为的主教和修道院院长忍无可忍。虽然法兰克宫廷到处都是传教士，但这些传教士并不是高尚的典范，老皇帝本人也没有树立最好的榜样。路易决心给这一切画上句号。

这位新上任的君主在王位巩固后便把那些在父亲晚年时行为可耻的姐妹赶出了宫廷。她们的情人也被驱逐或监禁——其中一个甚至失去了双眼。路易随后遣散了查理大帝的 3 个首席大臣：身兼财政大臣和圣马克西姆（St. Maximin）修道院院长的赫利萨卡（Helisachar）被扔进他的修道院。伯爵瓦拉（Wala）和修道院院长阿达拉德（Adalhar）兄弟结局更惨。皇帝把阿达拉德打发到位于卢瓦尔河河口附近孤岛上的赫尔穆蒂尔（Hermoutier）。瓦拉则被剥夺武器和盔甲，剪掉头发，关进了科贝修道院，沦为修士。

这些大臣的职位随后被一些路易担任阿基坦国王时的亲信替代：他的养兄弟埃博（Ebbo）、修道院院长伊尔杜安（Hilduin）和塞普提曼尼亚的伯纳德伯爵。埃博虽是农奴之子，但他很早就与皇帝结识并交好。他之前被任命为兰斯大主教，许多出身高贵的法兰克传教士对此抱怨连连，他们认为农奴出身之人没有资格至此高位。伊尔杜安则被任命为财政大臣，他无耻地监管多个教堂，同时担任3所修道院的院长，还一心想要加官进爵。然而，伯纳德则是个聪明、焦躁但风趣的加斯科涅人，让查理大帝的老臣颇为嫉妒和怨恨，似乎是大臣们的眼中钉。但是，路易身边最有影响力的谋士当数他的妻子埃芒加德（Hermengarde）。埃芒加德是埃斯拜（Hesbain）伯爵的女儿，她野心勃勃，不择手段。路易是个名副其实的妻管严，深受妻子的影响，一次又一次地被迫做出与他温和而正义的品性背道而驰的残忍行为。

　　查理大帝留下的王国边界安全平和，因此路易在继位初期无须参与任何对外战争。在帝国的第一次贵族会议上，教会事宜占据优先地位，这是新政权的一大主要特点。据说主教和修道院院长像世俗贵族一样，身着斗篷，手拿宝剑，装备金马刺，路易大为震惊，于是立法禁止主教和修道院院长寻求肉体之欢。奴隶出身的神职人员和之前的地主之间的关系也得以解决，法令规定，农奴支付适当的赎金便可享有自由身。皇帝对农奴问题尤为关注，因为心腹埃博和其他几个大臣都是农奴出身。路易急着想为他们辩护，让他们不必再和古老的主人纠缠，也免受那些生来自由的神职人员侮辱。路易的另一项法令涉及修道院的土地使用权。首先，路易规定14所大修道院要向帝国输送士兵并上交援助金，其他16所修道院要单独上缴财政税。在这之后，他宣布帝国内的所有其他修道院都应以简单的工作为主，即"为皇帝及其子女的福祉祈祷"。这使得大量的地产转为教会所有，也就是后世所说的教会领（frankalmoigne）。此外，这还免除了土地对国家的自然责任，这些土地远比之前那些法外土地数量多。

路易从统治伊始就对教会表示出极度的尊重。816年，曾为查理大帝加冕的老教皇利奥三世去世，教皇在弥留之际匆忙选定斯蒂芬四世（Stephen Ⅳ）继任。新教皇在没有皇帝的许可下就继位了，不过路易没有表示反对，也没有对这种无视他特权的行为表示愤怒。路易毫无怨言，甚至放任斯蒂芬指出，路易在亚琛的加冕礼缺少来自教会的祝福，因为路易当时是亲自从圣坛上取下了皇冠。为了让路易的地位和他伟大的父亲一样崇高，教皇提出要翻越阿尔卑斯山，重新给他的主人加冕。教皇对加冕形式的质疑并没有冒犯路易，路易在兰斯会见了斯蒂芬并于816年在那里第二次加冕称帝。路易此时放松了对教皇的控制，坐视教皇在次年将帝国紧紧握在手里。

817年的一场事故对皇帝的性格和命运产生了重大影响。路易和他的队列在经过连接亚琛大教堂和宫殿的木廊时，整座建筑突然倒塌。许多大臣都在此事故中丧命，皇帝自己也身受重伤，卧床好几个星期。震惊之余，此番死里逃生也让路易陷入了沉思，他深知生命无常，自己在踏入坟墓前必须要将一切准备妥当。在发生事故前，路易清醒且沉默寡言，但从现在开始，路易却陷入了一种不正常而阴郁的心理状态。如果路易是个大胆的罪人，转变生活方式便可以让自己的良心过得去。但作为一个无可非议的善良之人，这种转变只会使他陷入夸大的禁欲主义。路易把之前打发闲暇时光的世俗文学抛在一边，余生都投入神学中。据说路易甚至销毁了他父亲制作的古老的法兰克英雄诗集，因为他在其中发现了许多异教色彩。2 年后，一心想要退隐至修道院的路易在大臣们苦口婆心的劝说下，才没有放下皇冠。

路易开始病态地思考他的身后事，决定着手处理广阔领土的继承权问题。路易当时只有 43 岁，大儿子也只有 17 岁，但路易决定让这个初长成的男孩成为共治者，加强他与自己的联系，以便这个男孩可以在自己死后顺利继位。同时，考虑到王国最后会是大儿子的，路易决定给小儿子们封地。王国分土的古老蛮族本能仍然植根于法兰克人心中，无法抗拒。

路易一生曾多次划分领土，这是第一次。3 个儿子中最年长的洛泰尔成为共治皇帝，在父亲生前得到了意大利王国。次子丕平将继承父亲本来的领土——阿基坦。三子路易得到巴伐利亚和多瑙河沿岸一直到东部边境的荒凉地区。因此，倘若皇帝去世，他的继承人将会拥有包括首都亚琛和罗马在内的大部分领土和包括奥斯特拉西亚和纽斯特利亚在内的其他所有古老的法兰克领土。阿基坦和巴伐利亚的国王就算联手叛乱，也不足以震慑皇帝的统治，但路易最后庄严地劝告两个年幼的儿子要服从兄长的统治，每年都要觐见兄长，而且在平时与战时都要成为兄长的得力助手。尽管不乏操戈同室的前车之鉴，但路易还是希望他的孩子们能和睦相处。

此次亚琛分土中的一则条款定会立即招致麻烦——意大利成为小洛泰尔的特殊领土。皇帝的侄子伯纳德——死于 810 年的意大利的丕平的儿子——统治意大利已经有 7 年的时间了。伯纳德当年被查理大帝任命，虽然作为一个忠实的臣民服从路易的统治，但他一直把阿尔卑斯山南侧的王国视为自己的封地，无论谁登上皇位，他都希望继续保有这片土地。伯纳德下定决心不被赶出王国，于是在得知亚琛领土分割的消息后便突然造反了。伯纳德颇得民心，伦巴第人也欣然为他出兵并拿下阿尔卑斯山的所有关口，他甚至试图在朋友奥尔良主教狄奥多尔夫（Theodulf）的帮助下在高卢兴风作浪。

已经努力了这么久，伯纳德本应明智地用武力来决定最后结果，但他没有这么做，而是拖延时间谈判。伯纳德信赖公正温和的皇帝，于是离开军队，前往索恩河畔沙隆（Chalon-sur-Saône）参加会议。他很快便发现自己犯了一个致命的错误，他就像是一个在审判中的罪犯，而不是前来和谈的王子。会议地点邻近亚琛，伯纳德和主要的追随者在那里受到了审判和谴责，并在会上被判处死刑。但路易没有忘记使节保其平安的承诺，将死刑减刑为致盲。伯纳德被执行刑罚，但执行过程太过笨拙，伯纳德因休克而死。有传言说，执行者是被埃芒加德皇后收买才下此狠手的。皇帝在余下的岁月里对自己失信的行为和侄子的死一直悔恨不已。这是他所犯下的唯一严重的道德罪行，他在良心上绝不会放过自己。

伯纳德死后的几个月里，路易遭遇了一场灾难。在他眼中，这是他受到的第一次报应。路易从布列塔尼远征回来后便听到了妻子埃芒加德去世的消息。有人私下说，埃芒加德也对侄子的死深感愧疚，这是她的报应。无论如何，路易似乎也有这样的想法。他深爱着他那专横的妻子，在她的指导下学到了很多东西。路易失去妻子后便郁郁寡欢，这是他所经历的最严重的打击了。他沉浸在悲伤中不可自拔，忽略朝政，还曾谈到要退隐至修道院。几个月后，大臣们发现形势变得越来越不可控，于是他们想尽一切办法让路易振作起来。据说主教们走了一步险棋：他们敦促路易再婚，这是他的义务。国王隐居对国家有害，路易必须记住，人不是注定要孑然一身的。然而，皇帝既不去寻找佳人，也不娶别人推荐的自己没有见过的公主为妻。于是，大臣们就把王国内伯爵和贵族所有最美丽的女儿都带到他的宫廷。几年后在君士坦丁堡，同样的情景在丧偶的狄奥菲雷斯（Theophilus）身上再度上演。众多名媛站在路易面前，而路易的目光却停留在朱迪斯（Judith）身上。朱迪斯是来自施瓦本阿尔卑斯山的一位贵族姑娘，阿尔特多夫（Altdorf）的韦尔夫（Welf）伯爵的女儿。路易被朝臣们步步紧逼，最终同意娶朱迪斯为妻，为此余生都很后悔。朱迪斯正直而机智，比同时代的所有女性都博学，很快就从他忧郁的丈夫手中掌握了帝国，不亚于她的前任。2年后（822），朱迪斯诞下一子，以路易曾祖父的名字被命名为查理（Charles），这个孩子的出生便是帝国日后的罪恶之源。

路易安稳地度过了一段时间，但在他二婚3年后，阴影再次笼罩在这位不幸的皇帝身上。路易出于不知名的原因，再度陷入痛苦和悔恨之中。他先是想起自己并没有尽到一名善良的基督徒应尽的本分：赦免所有的敌人。于是，路易立即把所有自己伤害过的人从流放途中召回。瓦拉和阿达拉德兄弟俩从修道院里被拉出来。之前一直被监禁的意大利的伯纳德的党羽现在被送回了家。皇帝迫切地想要赎罪，甚至极不明智地给最重要的流亡者一些长期空缺的高级职位。路易任命阿达拉德为王宫管家，让瓦拉担任儿子洛泰尔的首席顾问。但是，路易忘记了，不是所有人都能像自己一样原谅别人。

就算现在位居高官，这些人在内心深处也不会忘记那段在修道院隐居的糟心日子。

路易弥补受害者所遭受的侮辱后，又迈出了惊人的一步。他在皇城苏瓦松附近的阿蒂尼（Attigny）召集大会议，当着一众权贵的面开始忏悔自己的罪行。路易身着麻布衣衫走出来，头上没有佩戴皇冠，陈述以前犯下的一切错误和罪行，从处决意大利的伯纳德一事说到许多微不足道的过失。在大多数人眼中，这些过失都是没有恶意的，或许早已被人遗忘了。路易甚至有些较真地提及他的父亲查理大帝的所有罪行和缺点。然后，路易恳求主教们给予与他罪行相称的忏悔。主教们不愿意利用君主的谦卑，于是规定他受鞭刑和斋戒的惩罚，还要守夜、祈祷、布施和建造教堂。路易都一一认真执行了，惊讶的伯爵和朝臣们只好眼睁睁看着他们的君主遭受鞭刑，一丝不苟地完成了这些让他受尽屈辱的任务。这是圣人的行为，但不是皇帝该做的。

没有什么能比这场过度的忏悔更伤害路易了。臣民们惊讶于路易在宗教上的谦逊，但他们也从皇帝的行为中得出结论：作为一个君主，他不再被人畏惧或服从。法兰克贵族们还对高高在上的查理大帝印象深刻，虽然查理很严厉，但是深得民心。而现在这位皇帝在公众面前哭哭啼啼，为当时很少有人认为是罪恶的行为卑躬屈膝。他得到的更多的是来自臣民的鄙视，而不是钦佩。臣民们私下咕哝，路易不过是一个脑病缠身、自虐成性的修士。而在未来，皇帝的大多数世俗封臣都会对皇帝充满蔑视。但是，这股暗流还需要一些小小的刺激才能迸发成不忠不义的狂风暴雨。

在阿蒂尼会议召开当年，路易度过了最后的好日子。紧接着，整个王国都出现了邪恶的预兆。20 多年没动静的西班牙摩尔人突然入侵塞普提曼尼亚。丹麦人赶走了他们的国王哈拉尔德（Harald）——路易的门徒，也是基督教的支持者，随后开始入侵弗里西亚海岸。然而，比撒拉逊人或丹麦人更难缠的敌人正在路易家门口等着他。长子洛泰尔受到记仇的瓦拉的指导，走上固执己见的道路，无视父亲的意愿和帝国的福祉，在他的伯爵领帕维亚表现得像是一个独立的国王。

829 年开启了 9 世纪的致命内战。路易和朱迪斯的小儿子查理现在已经 7 岁了，他的未来成为父母最关心的问题。皇帝总是为自己的身后事苦思冥想，深信自己命不久矣：他十分担心自己年老时，小儿子会落入兄长们的手中。在妻子的催促下，路易决定给这个男孩一些领土。他把阿勒曼尼公国、瑞士和勃艮第阿尔卑斯山以南的土地分给了小儿子。

路易在沃尔姆斯的大议会上宣布成立阿勒曼尼阿王国的提议，他的 3 个大儿子都没有出席此次会议。法令一发布，人们便开始窃窃私语，一系列叛乱也随之而来。新王国的领土本身就该是洛泰尔的，但他的两个弟弟对此也同样愤恨。从一些流言蜚语中可以体会出他们的怒火：他们大胆宣称，查理不是他们的兄弟。他们还说，塞普提曼尼亚的伯纳德背叛了他们的父亲路易并勾引了这个老人的妻子。人们竟然相信了这一无稽之谈。高级神职人员的首领们加入了王子们的队列；瓦拉也借此谋反复仇；发现自己因支持伯纳德而被罢职的大臣埃博和伊尔杜安也忘恩负义地加入这次谋反，反对那个当年把他们从奴隶主手中解救出来的男人。高卢两大高级教士——里昂的阿戈巴德（Agobard）和亚眠（Amiens）的杰西

（Jesse）也是同谋。一场大范围的起义正在萌芽之中，而毫无戒心的路易对此一无所知。

次年春天，叛乱爆发。皇帝不得不来到这一国境边陲，应对实力大涨的布列塔尼人。他召集了一支随行小队，很快就在遥远的西部荒原上不见了踪影。皇帝前脚刚离开皇宫，敌人就开始部署行动、煽动叛乱。一心与皇帝作对的瓦拉在西法兰克诸贵族面前高谈阔论，还写信给高卢的教会领袖，他在信中指责皇帝破坏了教会和帝国的统一——他既干涉宗教事项，又漠视俗世凡务。路易只是他奸诈的妻子和不忠奴仆的道具，而所有善良的基督徒和爱国的法兰克人都有责任拯救这个帝国。阿基坦的丕平很快被瓦拉说动，亲率一支加斯科涅军队赶赴巴黎。所有的纽斯特利亚伯爵在巴黎与丕平会合，洛泰尔也从意大利发来消息，声称他会带领一支伦巴第大军赶来。不久，路易从布列塔尼回来，却发现自己身后的土地都已树起了反旗。路易深入贡比涅（Compiegne），随后便被丕平的军队包围。敌军势不可当，皇帝手下的士兵四散而逃，皇帝自己也落入叛军手中。他的儿子们把他关进了监狱，等待大会议的召集。皇后朱迪斯被人从避难所里拖出来，朱迪斯一心想要保命，最终被迫在普瓦捷出家为修女。大会议于次年春天在尼姆尤根召集，然而，一切峰回路转。这次会议是在旧法兰克土地的中心举行，在那里支持叛军的人寥寥无几。莱茵兰和德意志北部的伯爵们也带着众多好斗的战士来到这里，丕平和洛泰尔手下的纽斯特利亚人和伦巴第人甚至都感到惶恐不安。战场上未见一丝硝烟，局势就被完全扭转，老皇帝的逆子们跪在父亲的脚下。但是，胜利的路易却表现得很仁慈——过于仁慈。洛泰尔被剥夺了国王头衔，但被允许保留他的意大利国土，他安然无恙地回到了帕维亚。丕平也被赦免，重回阿基坦。而此次谋反的主要的人物瓦拉被送到科贝修道院，他在那里生活得顺心如意。不过后来瓦拉出言不逊，皇帝彻底被激怒，随即便把他驱逐到日内瓦湖（Lake of Geneva）岸边，隐修生活也没那么惬意了。叛乱分子被一举消灭，皇后朱迪斯也从女修道院中被释放出来；但路易认为在她解除修道誓言之前，有必要让她对自己所遭受的冷酷指控做免罚宣誓，以表清白。

　　路易再次成为皇帝，但他对待手下败将的妇人之仁注定会给自己带来无尽的麻烦。他不忠的儿子们还和以前一样有权有势，不但没有感激父亲的宽宏大量，反而恼火自己管理不善，导致精心策划的阴谋毁于一旦。回到自己的王国后，他们消停了一段时间，便重新开始策划阴谋。这一次，洛泰尔和丕平不遗余力地拉拢他们的弟弟——巴伐利亚的路易。这个小国王在自己国内非常受欢迎，甚至还有许多国外追随者，因此他们希望借助路易的力量分裂德意志。哥哥们向路易保证，如果路易加入下一次谋反，他将获得小查理在施瓦本的土地。

　　832年春天，一场新的叛乱爆发了。阿基坦的丕平首先开始行动，他逃出父亲的宫廷，拒绝出席复活节大会议并开始组织加斯科涅臣民备战。皇帝吸取830年事件的教训，不会再让自己被敌人打个措手不及。他聚集帝国的全部武力来迎接阿基坦的丕平入侵。随后传来消息，巴伐利亚的路易已经组建了一支军队，得到多瑙河的斯拉夫人帮助并征服了施瓦本。正直的皇帝这次终于被儿子们的恶行激怒了，他宣布没收丕平和巴伐利亚的路易的王国。路易任命自己最受宠爱的小儿子查理为阿基坦国王，而洛泰尔——尽管与丕平和路易在一条船上，但他还没有任何敌对行动——成为帝国剩余土地的继承人。

此次分土百害而无一利。皇帝没有成功收买洛泰尔，反倒是激怒了十分依赖年轻国王的巴伐利亚人和加斯科涅人；最糟糕的是，帝国上下惊叹道，皇帝过度偏爱最小的儿子才是一切祸患的根源。为什么查理手里增加了阿基坦的土地，整个帝国都会感到心烦意乱呢？

情况很快就变得越来越糟。丕平和路易的军队正在靠近，洛泰尔也带着意大利军队出征，翻越阿尔卑斯山。教皇格里高利四世（Gregory Ⅳ）也出现在洛泰尔的队伍中，他在几年前经洛泰尔擅自同意，当选为教皇。身处沃尔姆斯的"虔诚者"路易见此也立刻聚集了奥斯特拉西亚和萨克森的征兵。

路易向南迎战自己的逆子。两军在罗斯菲尔德（Rothfeld）平原会面，一场大战迫在眉睫。但虔诚的皇帝仍然厌恶流血的战争，他想阻止这场战争，主动提出要和儿子们和谈。王子们对父亲的弱点了然于心，也知道父亲的军队现在士气低落。他们决定放下武器，同意谈判，但是心中也打起了自己的小算盘。教皇格里高利四世同意参与王子们的计谋，以公正的调解人的身份出现在皇帝面前。但是教皇在皇帝的军营里还没待多久，帝国军队就开始瓦解了。显然，教皇听命于自己的赞助人洛泰尔国王，他借此机会让那些仍然忠诚的伯爵和主教们相信，"虔诚者"路易注定要失败。很快，各种各样的间谍穿梭在两个营地之间，带来了毁灭性的打击。皇帝手下的军官一个接一个地在半夜逃回了家，其中有些卑鄙小人还带着手下逃到了敌对阵营。最后，皇帝手下就只有一小群人了。皇帝环顾稀疏的队列，喊道："你们也去我儿子那里吧，要是有人因为我而丢失了生命或缺胳膊少腿，那就太可惜了。"嘲讽中包含着基督徒听天由命的无奈。伯爵们哭了，但他们没有停留，转身离开，留下路易独自站在帐篷门口，他的妻子和儿子查理紧握着他的手，站在他旁边。从833年6月那一天起，罗斯菲尔德平原就被法兰克人称为"谎言战之地"卢根菲尔德，"忠诚之士在那里绝种"。

皇帝的儿子们立刻扑到无助的猎物身上，快速赶到路易空无一人的营地，假惺惺地向父亲敬礼，随后便在帐篷外设置守卫。朱迪斯再次戴上面纱，被送到阿尔卑斯山另一边的洛泰尔的托尔托纳（Tortona）要塞。小查理被交付给普鲁姆（Prum）修道院，因为年纪过小，这才免于盲刑，最后沦为修士。老皇帝被送到苏瓦松的圣梅达修道院，被监禁在高塔里。儿子们为了让路易退位并出家，可谓是费尽心血。路易若没有受到强迫，可能会自愿退位，但若遭受武力的威胁，他便不会这么做了。因此，洛泰尔和大主教埃博聚集了高卢的宗教会议，正式宣布皇帝因无能和管理不当而被废黜。洛泰尔这一举动实在欠妥，实际上是准许神职人员侵占了这种权力，必定会给未来所有的皇帝当头一棒。

路易不承认自己在法律上已经被推翻，但他现在和往常一样准备忏悔，洛泰尔也终于对此心满意足。如果父亲当时主动放弃皇位，现在绝不会沦落到这般田地。老皇帝佩带宝剑，身着镶有宝石的加冕服，来到圣梅达修道院的圣坛前。他把武器和长袍放在圣坛上，给自己披上了一件麻布斗篷，紧接着宣读长达8页的声明，他借此指控自己犯下重罪，是造成帝国混乱的始作俑者。他开始忏悔意大利的伯纳德之死，这其实是他犯下的唯一罪行。接着，他又指责自己有很多琐碎的罪行——比如在大斋期召集军队开会。他甚至卑微地承认他做了坏事：允许妻子摘下修道面纱并让她做免罚宣誓，来消解罪行。他承认，他这样做可能是教唆她作伪证。

老人读了这份耻辱的文件后，把羊皮纸放在圣坛上，又回到监狱的高塔里了。但这一丧失体面的场面并没有达到洛泰尔希望的效果。人们没有没有蔑视屈从的老皇帝，反而对强迫皇帝蒙受耻辱的儿子义愤填膺。教堂外的人群试图围攻洛泰尔，奥斯特拉西亚和萨克森的伯爵们也开始集结武装部队反对他。年轻的国王胆战心惊，随后便逃到了勃艮第。德意志伯爵们立刻把路易从监狱中放出来，再次给予他帝国之剑并宣布他是法兰克王国唯一的统治者。一支大军开始追捕洛泰尔。尽管他在索恩河畔沙隆附近成功抵挡了追兵的攻击，但他还是从高卢撤退，在自己的伦巴第王国避难。这实际上是内战中的第一次流血战争。

上帝似乎要追着不孝子和他的追随者复仇。洛泰尔到达意大利后不久，瘟疫就席卷了他的军队，杀死了他的首席顾问——年迈的瓦拉和亚眠的杰西，以及军队首领——奥尔良伯爵马特弗里德（Matfrid）。洛泰尔自己也身患重病，在死亡的边缘垂死挣扎了好几个星期，但他还是竭尽所能地给帝国制造事端。兰斯主教埃布和里昂大主教阿戈巴德——两个曾经与瓦拉密谋非法罢黜老皇帝的高阶神职人员——落入了路易的拥护者手中。两人都被废黜了主教职位，而皇帝的义兄弟——忘恩负义的埃布则被单独监禁在德意志中部的富尔达修道院里。

路易对自己的不幸仍然不自知，随后便一手毁掉了自己刚刚恢复的声望。他在里昂附近的克雷米厄（Cremieux）召开会议，提议重新划分帝国领土。洛泰尔受到惩罚，被剥夺除意大利以外的所有领土。被没收的大部分土地——勃艮第、普罗旺斯和位于梅茨和特里尔附近的古老奥斯特拉西亚王国——将分给路易深爱的小儿子小查理，当时他年仅 14 岁。

消息一出，国家上下哀声载道。洛泰尔彻底绝望，路易和丕平也都不高兴，那些深信是皇帝过度宠爱小儿子才导致战争爆发的法兰克人也都心生厌恶。就算没有一场新的灾难降临到这个国家，王国也有可能遭受另一场战争。维京人将会展开第一次入侵，他们已经趁着法兰克内战彰显了自己的实力，大举破坏了防御空虚的沿海地区。835 年，维京人在洛泰尔赶回意大利的途中在弗里西亚大举登陆，洗劫了都会城市乌得勒支和该省的大港口和商业中心多尔斯塔特。836 年，路易考虑再次分土，消除洛泰尔对于上次帝国划分的成见。就在此时，丹麦人席卷法兰德斯（Flanders），烧毁了安特卫普（Antwerpen）新城。837 年，他们入侵瓦尔赫伦岛（Walcheren），狂暴地在莱茵河河口烧杀破坏，一路远至尼姆尤根。"虔诚者"路易放弃了对抗意大利的计划，转而对付北方的异教徒，迅速向他们正在入侵的地方进军。然而，丹麦人对法兰克帝国军队心生畏惧，他们随后逃回到自己的船上，只给皇帝留下一片被毁坏的田地和熊熊燃烧的村庄。

路易立刻又投入自己不明智的计划上来：赐予心爱的查理土地。837 年，在亚琛的一次大议会上，15 岁的男孩被赋予皇室宝剑，路易亲手为他戴上了王冠，不仅给予他曾在克雷米厄大会上许诺的施瓦本和勃艮第土地，还给了他一大片延伸到萨克森边界的德意志土地——以前被分配给巴伐利亚的路易。新王国的伯爵和主教们被要求向他们年轻的统治者效忠，成为他的部下。

　　然而，巴伐利亚的路易下定决心要把他之前被许诺的德意志土地紧紧握在自己的手里，他开始向莱茵河东所有的条顿人寻求支持，这些人也不希望被移交给男孩查理管理。巴伐利亚的路易召集了一支军队，向哥哥洛泰尔求助并采取防御阵势。老皇帝在瓦兹河畔的瑟里西召集大会，会上他宣布路易被剥夺除巴伐利亚以外的所有土地，而这些被剥夺的土地将授予小查理。很快阿基坦的丕平去世，皇帝便把丕平的整个王国交给了他的宝贝小查理，在这条愚昧之路上头也不回地走了下去。如果这项计划得以实施，那么小查理将获得除了巴伐利亚公国之外的阿尔卑斯山以北的所有法兰克土地。然而，百密一疏，终有一漏。阿基坦的丕平膝下有子，其中最年长的男孩与父亲同名，和查理差不多大。阿基坦的大多数人民对于路易任命新王国一事二话不说，便在阿基坦的丕平的房间里宣布小丕平为国王。皇帝明显厚此薄彼，他宣布这个男孩年纪太小，不能统治，而且命令阿基坦人把男孩送他到亚琛宫廷接受训练，学习管理朝政之术——路易竟觉得自己有能力教好这门艺术！小丕平并没有出现在亚琛，路易随即威胁要入侵阿基坦。

　　内战立刻在东部、西部和南部爆发。839 年春天，巴伐利亚的路易闯入施瓦本；小丕平手下的加斯科涅人在卢瓦尔河进军。与此同时，一直在守株待兔的丹麦人又回到了弗里西亚海岸，第二次摧毁了多尔斯塔特并严重蹂躏了莱茵河河口附近的所有土地。"虔诚者"路易一筹莫展，不知应该先攻击哪个敌人好，最终决定向最有希望的地方寻求帮助。他决心将在卢根菲尔德的记忆和在圣梅达圣坛前受到的耻辱都抛在脑后，请求长子的帮助。洛泰尔急于恢复他作为长子的继承权，迫切地想再次被承认为帝国的继承人，自然是站在父亲这边。他从帕维亚赶往沃尔姆斯，听从父亲的调配。洛泰尔在全体会议上跪在老人面前，忏悔自己忘恩负义和屡次叛国的不忠之举，请求父亲的宽恕。他表面一副渴望宽恕的样子，暗地里却与父亲商量好要得到奖赏。因此，"虔诚者"路易现在宣布了帝国最后一次分土计划，亲手埋下了祸根。沃尔姆斯会议宣布，小丕平被完全剥夺继承权，洛泰尔和查理共分帝国。长子兼继承人洛泰尔继承了意大利、萨克森、施瓦本、默兹河和莱茵河沿岸的所有法兰克土地，以及罗纳河沿岸的勃艮第和普罗旺斯王国。备受宠爱的小儿子查理得到了纽斯特利亚和阿基坦——这两个王国合起来大致就是法国的现代版图。

840 年拉开了内战的帷幕，还有一系列新的战斗人员加入。老皇帝路易、洛泰尔和查理联合起来对抗小丕平。幸运之神曾一度眷顾这位老人。路易首先进军阿基坦，驱赶叛军并强迫卢瓦尔河以外的主教和伯爵们在奥弗涅的克莱蒙向查理致敬。皇帝这次一反常态，并没有赦免所有的敌人，而是斩首了小丕平手下的几个主要党羽。

阿基坦刚被制服，路易带着前所未见的活力——如回光返照般——带领军队向北推进，向他的儿子巴伐利亚国王进军。路易攻击迅猛，小路易随后被赶出施瓦本，沿着多瑙河的巴伐利亚河岸逃避追击，最终被迫在斯拉夫边境的东部边区避难。皇帝用武力维护了沃尔姆斯分土大会的结果：丕平被剥夺了继承权，路易被赶到德意志的角落，勉强跻身。皇帝于 7 月再次召开会议，缓慢地回到莱茵河主持会议，春天的两场战役让他不堪重负。几年来，他的肺部多次感染，后因在春天暴露在寒风中打仗，病情快速发展为肺结核。路易在美因河畔法兰克福解散军队，卧床养病。几周过去了，他的身体一天不如一天。最后他命令随从们把他放在一条船上，划到莱茵河上他深爱的小岛边。小岛位于因格尔海姆（Ingelheim）宫殿旁的河中央，从那里可以看到普法尔茨（Pfalz）的高塔屹立在湍急的水流之上，周围只有几个芦苇覆盖的狩猎小屋。垂死的皇帝就在这里度过了仲夏的几个星期，他在床上一动不动地躺了好几个小时，在胸前紧扣着一个小小的十字架。他的妻子和儿子查理远在阿基坦的普瓦捷，没有及时赶到来接受他的临终祝福。但一群主教和修士在皇帝临终之时聚集在他身边，送他离开。6月25日，老人被最后一波痛苦侵袭，他从床上惊跳起来，大声喊道："出去！出去！"随后跌倒去世了。一大群神父在一起讨论皇帝的遗言是在命令恶魔离开，还是指他自己将要出发去寻找一个更好的世界。就这样，国王路易的生命走到了终点。

国王路易，你是如此虔诚之人的朋友，

人民赋予的"虔诚者"的头衔，你当之无愧。

这个他曾多次分割领土的帝国将在他的 3 个儿子和孙子手里争个你死我活。他在阿蒂尼和苏瓦松卑躬屈膝的忏悔让他尽失皇家尊严。他允许丹麦人刺探北部无人防守的土地，任由撒拉逊人在南部的意大利登陆。他曾一次又一次地忍受神职人员侵犯世俗权威的行为，法兰克民族——墨洛温王朝和加洛林王朝——的历任国王从来都没有这样做过。尽管他的虔诚和良知经常让他走上歧途，但是臣民们却因此而更加尊重他，这是他的前任们不能与之媲美的。不久之后，人们开始回首"虔诚者"路易的时代，那是一个相对平静和繁荣的时代。

第二十四章

法兰克王国的衰败——维京人来袭　840—855

"虔诚者"路易儿子们的战争——丰特奈（Fontenay）战役和《凡尔登条约》（Partition of Verdun）——维京人和他们的战船及作战方式——西欧屈服于维京人的入侵——维京人入侵纽斯特利亚和奥斯特拉西亚——法兰克间断性的内战——"秃头"查理（Charles the Bald）和他的政策——洛泰尔去世

根据最后的分土法令，王国的大部分领土都分给了长子洛泰尔和小儿子查理。因此，"虔诚者"路易在去世前一直遭巴伐利亚的路易以及他的孙子阿基坦小丕平的仇视，自然也是情有可原。老人去世后，有关继承权的冲突爆发了。纽斯特利亚和奥斯特拉西亚的法兰克人以及伦巴第人将在对付东德意志和阿基坦人的战斗中迸发出新的活力。

然而，事实并非如此。未来的历史进程不是由"虔诚者"路易的临终遗愿决定的，而是由他的 3 个儿子们说了算。此外，法兰克的各个王国并不愿意遵守路易最后提出的不近人情的分土计划。

首先要解决的问题是，帝国是否会保持查理大帝和路易早年统治时期的国家版图？毫无疑问，皇帝的头衔是肯定要继续保持的。洛泰尔在许多年前便被加冕为共治皇帝，他在父亲去世之前也重新获得了信任并被再次任命为皇位继承人。但他是否有能力担起曾让父亲不堪重负的重担呢？他是否能够恩威并济，管理不同民族的臣民，还不会引发他们的不满和反感呢？洛泰尔勇敢活跃，肆无忌惮，不会像父亲一样因重重顾虑和过度敏感而受尽折磨。但他的缺点却让他走向了另一个极端，这和父亲过度柔和坚忍的性格一样，对于统治者来说都是最为致命的缺点。洛泰尔漠视亲情，他在圣梅达和卢根菲尔德的所作所为就是最好的证明。他不仅对朋友和亲属冷酷，对兄弟、父亲或他的侄子都是如此，甚至都不屑于做做样子，至少面子上过得去。即使当时礼制未修，但洛泰尔不孝的行为还是让他的臣民和追随者瞠目结舌。他的雄心壮志和骄傲是唯一能够引人注目的特点。虽然洛泰尔之前曾残酷无礼地对待父亲，让帝国在所有国家眼中尊严扫地，但是在洛泰尔眼中，帝国依旧强势伟大，不可一世。他曾经用自己的行动告诉法兰克人，皇帝可以遭受监禁和训诫，受人摆布，被公开追捕及遭到废黜，他甚至愚蠢地以为自己不会步前任的后尘。当洛泰尔被宣布继位时，人们知道法兰克王国将迎来一个严酷的君主。

　　然而，洛泰尔在840年的处境还是有利的，他的死对头路易和丕平被赶到了帝国的偏远角落。除了奥斯特拉西亚人——曾在"虔诚者"路易身处困境时不离不弃，一直支持皇帝，是老派占支配地位的民族——他还获得旧意大利王国伦巴第人的忠实支持。但是，洛泰尔做决定时极为武断，行动起来却十分迟缓，这种奇怪的行事方式极大地耗费了他的精力。他开始对父亲临终遗愿不理不睬，也毫不隐瞒自己的打算：虽然弟弟查理曾在父亲垂暮之年因极力保护纽斯特利亚，受到了特别的赞扬，但洛泰尔还是要夺走这片之前属于自己的领土。然而，洛泰尔并没有付诸行动，而是前往德意志结束父亲未竟的事业——与弟弟巴伐利亚的路易作战，这样一来，对付查理的行动也就暂时搁置了。洛泰尔到了巴伐利亚后却没有快速出击，而是和路易达成了 6 个月的休战协定，之后便回到了纽斯特利亚。洛泰尔无力对抗查理，最后便从纽斯特利亚回到亚琛。洛泰尔在亚琛度过了歌舞升平、吃喝享乐的一个冬天，而他的两个兄弟正在养兵蓄锐，筹备大军。路易和查理眼下有共同的敌人，他们已经决定联手出击。

841 年春，纽斯特利亚国王和德意志国王分头出兵，在莱茵河会合。皇帝被他们的联合力量吓坏了，他意识到自己必须要寻求唯一可能的盟友来巩固自身的实力，于是他向阿基坦的小丕平确认能否借给自己南方的兵力。丕平接受了这个请求，带了一队加斯科涅人穿过勃艮第来支援他的伯父。与此同时，查理和路易在索恩河流域的沙隆成功会师，军队势力强大，洛泰尔都不敢与之抗衡。洛泰尔先是佯装谈判，拖延了几个星期，当他听说侄子和阿基坦大军到达的消息后，突然声称问题只能由武力解决，随后便开始出击。两方军队在约讷河河谷对阵，之后便迎来了具有决定性意义且伤亡惨重的丰特奈战役。这是自查理大帝在普瓦捷战役中击溃撒拉逊人以来，在欧洲发生的最伟大的战役。帝国的所有国家都列队出击，洛泰尔率领奥斯特拉西亚大军与路易国王带领的巴伐利亚人和萨克森人在布雷蒂尼奥勒（Bretignolles）山上对垒，而查理手下的纽斯特利亚人在勒菲（Lefay）附近的平原上对抗小丕平带领的阿基坦人。经过激烈的交锋，纽斯特利亚人先行撤退，逃过了南方同胞的猛攻，而在另一边，路易手下的德意志人比皇帝的奥斯特拉西亚大军更具决定性优势。洛泰尔遭遇敌军可怕的进攻，从山上落荒而逃，而在默兹河和莱茵河之间，贵族精英的尸体遍布战场。奥斯特拉西亚在这场战役之后便一蹶不振，这个王国曾在特尔崔和昂布莱沃赢得了 6 代人的支持，但是这种凌驾于帝国之上的霸权地位从此一去不返。841 年 6 月 25 日，东部的条顿人手持利剑，粉碎了其战无不胜的名声，权力的天平也永远地向东倾斜。这场屠杀让人们记忆深刻，这场战役也被认为是帝国在接下来的 40 年里所经历的种种罪恶的源泉。编年史家雷吉诺（Regino）称："法兰克人在那一天死伤惨重，名望和勇气也日渐消亡，他们不能拓宽疆域，更不能保护自己的领土。"

洛泰尔将军队残骸带回亚琛，而丕平则向南逃往阿基坦。胜利的兄弟俩——查理和路易在一年内便成功地制服了皇帝在奥斯特拉西亚和德意志的所有党羽。在帝国的荒凉角落——萨克森，路易国王对崛起的奴隶阶级和少数幸存的异教徒倍感忧虑，而洛泰尔则试图通过支持萨克森叛乱来挑起事端，但这一切努力都是徒劳的。

次年春天，纽斯特利亚和德意志国王联手将洛泰尔赶出了奥斯特拉西亚。双方在斯特拉斯堡会面，庄严向彼此宣誓，而他们在誓言中的措辞对于后世十分珍贵，是在各自王国发展的新法语和新德语的首部不朽杰作。当他们在亚琛行进时，洛泰尔不得不带着妻子和财产向南逃到勃艮第。人们一直记得洛泰尔如何在逃亡路上打碎了曾经让他祖父查理大帝引以为傲的银球；这个银球"展现世界的划分，天上的星座以及星球的轨道"，碎片作为报酬最后则被分给了手下不满的士兵。洛泰尔在里昂停下了脚步，他最终还是收起自负，向兄弟们求和。两位国王乐意接受，最后的谈判中签订了著名的《凡尔登条约》。法兰克人已经没有时间再打内战了，就在兄弟厮杀时，丹麦人已经洗劫了英吉利海峡上的重要港口——昆托维奇（Quentovic），摩尔人也登陆普罗旺斯，入侵阿尔勒，而易北河以外的斯拉夫人也早已摆脱了法兰克人的控制。

《凡尔登条约》的签订标志着帝国的最终分裂。虽然查理和路易把首都亚琛还给了洛泰尔，同意其拥有皇帝的头衔并对兄长给予尊重，但是他们在未来实际上都是独立的君主。在查理大帝手中成功运作的体系——西方基督教国家由一位皇帝统治并得到位于边远地区的副王的辅助，在"虔诚者"路易统治期间也曾无力地运转，但是现在却销声匿迹了。在兄弟交付给他的主权国家之外，洛泰尔并无任何权力和权威。

《凡尔登条约》明确地将法兰克帝国从北到南一分为三。其中，巴伐利亚人路易占领了莱茵东部的所有德意志土地——萨克森、图尔奇林基、巴伐利亚、施瓦本，并拥有对易北河和萨韦河斯拉夫人的宗主权。他还有莱茵河以西的一小片奥斯特拉西亚领土，包括斯拜耳（Speier）、沃尔姆斯和美因茨。洛泰尔则保留了他古老的意大利王国以及从罗纳河口到莱茵河和伊塞尔河口的狭长地带——包括弗里西亚、奥斯特拉西亚大部、勃艮第大部和普罗旺斯。查理拥有纽斯特利亚和阿基坦西部王国、西班牙边区和西勃艮第。因为丕平被皇帝抛弃，所以卢瓦尔河南部以及北部的土地也落到了查理手里。

其中，查理和路易的王国几乎是统一的。东部王国包括除奥斯特拉西亚之外的所有德意志地区。西部王国是现代法国的雏形，由奥斯特拉西亚和阿基坦联合组成，包含了帝国大部分罗曼语[*]地区，其内部的条顿元素影响甚微，日后也越来越难以察觉。但是，洛泰尔的王国有些奇怪和棘手。在这个王国里，加强内部区域联系的既不是血缘，也不是语言和历史纽带。两座皇家城市——罗马和亚琛——连接而成的一片土地便是王国的轮廓。条顿的奥斯特拉西亚人、讲罗马语的勃艮第人和意大利的伦巴第人绝不会团结一致，他们肯定会出于地理和国家原因而分道扬镳。这样的联盟在洛泰尔生前苦苦维系着，皇帝一去世便会分崩离析。

我们在未来会发现查理大帝的广阔疆域将不断细分，随着皇权形成的中枢力量最终崩坏，东西之间和南北之间的联系也会越来越少，不久之后，帝国的不同区域将会书写其自身的命运篇章。但只要"虔诚者"路易的儿子们在世，东西法兰克仍然会相互依存。最终在887年，随着"胖子"查理（Charles the Fat）被废黜，统一的法兰克国家的历史也就此结束。

843年开启了皇帝洛泰尔和两个兄弟——后世口中的"日耳曼人"路易（Lewis the German）和"秃头"查理——的三王分治时代。"秃头"这个名字并不适合这位纽斯特利亚国王，毕竟查理刚刚度过21岁生日，而他的哥哥们则步入中年，洛泰尔当时已经44岁，路易也已38岁，他们俩都有正在长大的儿子，这些男孩不久之后就会成为王国的共治皇帝。

从843年《凡尔登条约》签订到887年"胖子"查理被废黜的

---

[*] 罗曼语指由拉丁语演变而成的各种语言，包括法语、意大利语、西班牙语等。

这段时间是欧洲历史上最混乱复杂的一段时期，因为法兰克帝国各个部分的命运与分支广泛的皇室家族的命运紧密联系在一起。这个家族在起名时极度缺乏创造性，同样的4个名字不断地重复出现。到目前为止，我们只提及了3个兄弟——洛泰尔、路易和查理，他们3个也都各有3个儿子，还分别以叔伯们的名字命名，这样任性的起名方式让历史上的读者和作家苦不堪言。洛泰尔的3个儿子是路易、查理和洛泰尔；路易的儿子们叫路易、查理和卡洛曼，而后来成为父亲的查理也学哥哥们的坏榜样，为孩子们起名为路易、查理和卡洛曼。我们在回顾这段历史时，面前一定要摆着一份清晰的家谱，以免由于名字相似，混淆加洛林王朝的帝国、德意志地区和纽斯特利亚家族。

洛泰尔统治时间为843—855年，路易为843—876年，查理在位时间为843—877年。兄弟3人在凡尔登和解之后，发现有两个问题摆在他们面前。首先，兄弟们在过去的15年里彼此仇视，但是现在必须要和平相处。其次，他们要保护西方基督教世界免遭外敌入侵。前文一笔带过，丹麦人曾在"虔诚者"路易统治时期首次进攻，他们现在不仅侵蚀沿海地区，甚至严重威胁着整个帝国的安危。撒拉逊人正在大胆地掠夺普罗旺斯和意大利一带。易北河以外的斯拉夫人也开始背离帝国，再次入侵德意志，之前他们曾在这里被查理大帝制服。

让人们始料未及的是，这3位国王维持了长达10年的和平期（843—853）。尽管王国没有内忧，但他们还是没能成功抵挡外患。正如编年史家所言："丰特奈一役似乎不仅让法兰克军队实力大减，还打破了他们在战争中不败的神话。"在抵抗外敌方面，"日耳曼人"路易算是矮子里拔高个儿了，他的两个兄弟们则经历了接二连三的灾难。

现在，当务之急是要坚决打击斯堪的纳维亚海盗的入侵。卡特加特海峡（Cattegat）两岸的人民现在一心一意地入侵南部邻居的土地。他们来自一群同族部落，其中一些居住在日德兰半岛和丹麦群岛，还有一些居住在斯堪的纳维亚半岛的南部和东南部海岸，其他人则位于北海对面的峡湾地带。西方基督教世界经常不加以区分，笼统地称其为丹麦人，而事实上丹麦人只是入侵的 4 个民族中最靠南的那一个。一个更为广泛的称呼是"北方人"（Northmen），这其中包括瑞典人、哥特人、挪威人，以及居住在日德兰半岛和西兰岛的丹麦人。

从远古时代起，卡特加特海峡和波罗的海南部的居民就是航海民族。2 世纪的塔西佗曾提到斯堪的纳维亚强大的海军力量。征服英格兰的朱特人（Jutes）和盎格鲁人也崛起于这片海峡。丹麦人早先就沉溺于海上抢劫。早在 6 世纪，我们就听说过维京人首领偶尔会来到奥斯特拉西亚和弗里斯兰海岸，比如，法兰克人提乌德贝尔特曾杀害的海格拉克国王。但直到 8 世纪末，西欧才开始受到北方人的严重威胁。墨洛温王朝后期统治无力，这些种族长期保全自身，他们此番突然加强行动的原因很难确，他们之前消停的原因很有可能是与萨克森人——一个和自己一样凶悍并且无法控制的种族——长期作战。但可以肯定的是，在查理大帝时代之前，他们主要忙于自相残杀，很少听到他们在北海或英吉利海峡活动的消息。直到后来富有的法兰克帝国征服萨克森人和弗里斯兰人，把疆界延伸至艾德河，带着贸易和基督教出现在他们面前，他们才开始有所行动。

查理大帝征服萨克森之后，维京人开始崭露头角。他们的踪迹最先在西部海域被发现。789 年，维京人对英格兰小镇韦勒姆（Wareham）发动小型突袭。然而，他们的活动范围没过几年就大大扩大。793 年，他们血洗诺森伯兰的林迪斯法恩（Lindisfarn）修道院；795 年，他们首次出现在爱尔兰；799 年，他们突袭阿基坦，开始进攻法兰克帝国。自此之后，维京人步履不停。每年，他们的舰队都会发现一些崭新而富有的掠夺地点，水手们最后甚至都能将西欧的每条河流和江口记得滚瓜烂熟。前文提到，查理大帝曾备受维京人首次入侵的困扰，因此努力在纽斯特利亚的所有港口打造防御舰队，在他统治的最后几年，丹麦国王戈德弗雷德在南波罗的海和弗里斯兰海岸寻衅滋事。前文也提及，维京人曾在"虔诚者"路易的统治薄弱的时期来到莱茵河河口附近。但现在处境越来越危险：皇帝洛泰尔和他的兄弟们发现北方人不再是个小麻烦，而是已经发展为真正的威胁。

北方人从遥远的家园出发，踏上前往爱尔兰或阿基坦的漫漫长途，着实是胆量惊人。他们乘坐的不过是狭长的敞开式船只，约22.5 米长、4.5 米宽，但只吃水 1.05 米深。北方人主要是划船，较少用帆航行，船上的一支桅杆能轻松放低，一般在海战开始前被拆下。顺风时，他们会使用一张大型方帆，但他们更信任桨手的力量和耐力。普通的维京船长载有大约 120 名船员，因此运输大型部队时就需要大量的船只。但是，尽管船载量很少，维京人却依然势不可当；他们都是专业的战士，自愿从事海盗活动并且从个体来说，他们远远优于那些被英格兰市政官或法兰克伯爵强制带到战场上对抗他们的征兵。从装备上来说，他们也远胜于对手，几乎每个士兵都配有锁子甲上衣和钢盔，而当时在法兰克人和英格兰人中，只有贵族和首领才能穿着盔甲。维京人在为自己的生命而战：他们在陌生的国家一旦战败，就要听凭这片土地上人民的支配，难逃一死。因此，他们在战场上比敌人更加卖力，更加凶猛。但起初维京人是来掠夺，而不是打仗的，他们不想和愤怒的乡村征兵艰苦对抗涉险赢得战利品，而是更乐意掠夺一些富有而不设防的港口或修道院，然后扬帆返航。

此时维京人在西欧的各个海岸都展开行动，法兰克人不是唯一的受害者，英格兰王国和苏格兰的凯尔特人和爱尔兰的情况更糟。北方人有两条清楚的出征路线：一条是经过弗里西亚和莱茵河河口到达纽斯特利亚和南部英吉利海峡；另一条路线是一场更漫长而大胆的远海航行之旅，从挪威西部海角来到奥克尼群岛（Orkney）和设得兰群岛（Shetland），再向西南航行，经过赫布里底群岛（Hebrides），到达爱尔兰、威尔士和英格兰西部。丹麦人对于第一条路线很有把握，挪威人则经常走第二条路线。另外两大北方民族——斯堪的纳维亚半岛的瑞典人和哥特人——则专注于向东航行，对抗波罗的海的斯拉夫人和芬兰人。

维京人早年入侵时，爱尔兰人是最大的受害者。部落首领无法保护臣民，岛上没有一座城镇筑以石墙防御，而众多富有的修道院除了神的保护，没有其他实质性的防御力量，几乎是敞开大门，迎接掠夺者的到来。挪威海盗在这片土地上尽情行动，不久之后便在这里过冬，他们没有在夏季结束时立刻回国。维京人在爱尔兰时，不由得产生了一个新念头：控制整个国家并将其转变成一个新的挪威王国。凡尔登分土同年，一位名叫托吉思尔（Thorgisl）的伟大首领完全占据了该岛北半部并在那里自立为王。托吉思尔在两年的统治（843—845）中成果丰硕，不过后来便意外落入米斯（Meath）国王马拉奇（Malachy）的手中，被马拉奇淹死在欧维尔湖（Loch Owel）。国王死后，他的王国也随之瓦解，爱尔兰人从托吉思尔溃散奔逃的随从手中抢回了众多之前被抢走的土地和宝物。但挪威人仍然紧紧占据爱尔兰的所有港口和岬角：他们在都柏林（Dublin）、韦克斯福德（Wexford）、沃特福德（Waterford）和利默里克（Limerick）建造自己的城镇，持续不断地骚扰内陆地区的爱尔兰人。

英格兰要比姐妹岛好过得多。威塞克斯（Wessex）伟大的国王埃格伯特（Ecgbert）有能力捍卫自己的王国。他在位期间（802—838），大多数维京人的入侵都被击退。而在他的儿子埃塞伍尔夫（Ethelwulf）较弱的统治下，敌人变本加厉、步步为营。警报最终在850年拉响，维京人第一次在这片土地上过冬，在赛尼特（Thanet）的肯特郡岛上构建防御工事，反抗威塞克斯民兵，向这条与大陆隔开的狭窄水道进军。

比起在爱尔兰的挪威同胞们，丹麦人在法兰克帝国的进程要艰巨得多。丹麦人在很长一段时间里都谨小慎微，不敢进攻内陆或在旷野应战。当"虔诚者"路易率兵前来时，丹麦人当着路易的面逃走了。只有当帝国被内战牵制时，他们才会大胆过河，入侵内陆城镇。841年，他们在丰特奈战役前大举入侵，航行至塞纳河并占领鲁昂，在《凡尔登条约》签订之前进入卢瓦尔河流域并烧毁了南特（Nantes）大港口。

然而，维京人在法兰克各国王签订和约之后的行动也越发大胆。他们依然坚持攻击帝国，而在新一次分土协定之后的几年里，他们也取得了比以往更大的成功。法兰克王国的3个兄弟都遭遇北方人的围困，其中2个遇到了一系列不间断的灾难。"日耳曼人"路易情况最好，身处王国边境的强大萨克森部落善于对付他们的宿敌。但是后来，汉堡新城在845年被烧毁，主教被迫逃往不莱梅；851年，丹麦大军航行至易北河，在野外击败萨克森伯爵，疯狂蹂躏萨克森东半部，之后班师回到日德兰半岛。

洛泰尔和查理的表现更糟。每一年，弗里西亚的海岸地区都会遭到敌人的入侵；皇帝把瓦尔赫伦岛送给丹麦人罗里克（Rorik），条件是罗里克要把它作为封地并保护海岸免受他同胞的入侵。但是，这样的求和礼物无济于事。罗里克后来变得更加贪婪，展开了一系列的入侵行动，最终整个弗里斯兰海岸都布满了丹麦人连成栅栏般的堡垒，他们进攻的脚步逐渐深入内地，远在亚琛宫殿的洛泰尔甚至都开始担心自己的安全。

年轻的国王查理和西法兰克人的命运有些悲惨。查理王国内无掩蔽的海岸线远比他兄弟王国内的要长。无休止的内战也让查理颇为恼火，阿基坦的丕平一直对凡尔登分土存有异议，因此竭尽所能地维护自己在卢瓦尔河南部党羽中的地位。双方交锋多次，最终丕平在长达2年的时间里被迫向查理效忠，但他很快就再次反抗。虽然他的叔叔更胜一筹，但丕平并没有放弃挣扎。查理一心想要制服丕平，没有把太多心思放在对抗丹麦人上。当他在阿基坦忙得焦头烂额时，王国的北部地区却惨遭蹂躏。早在843年，维京人就大胆地在纽斯特利亚过冬，夺取卢瓦尔河口岛屿上的努瓦尔穆捷（Noirmoutier）修道院并构筑防御工事。第二年，维京人逐渐深入内陆，被叔叔查理制服的丕平只好疯狂地向贵族奥斯卡（Oscar）求助，把敌人引至远达图卢兹的加龙河河岸。维京人就这样被引入了王国腹地，得以窥探王国的繁荣和财富，也可以洞察统治者的软弱和无知。然而，最先感受到敌人重拳的不是阿基坦。845年，维京人大胆进入了塞纳河口，第二次掠夺了鲁昂，然后向从未到过的河流上游进发，逼近巴黎城墙。查理不敢直面敌人，而是在蒙马特和圣德尼修道院高地建造防御工事，维京人则进入巴黎，展开劫掠。后来，他们不知为何突然感到莫名恐慌，随即乘船沿河而下。让他们害怕的肯定不是查理的军队，因为查理从来没想过打仗，而是想通过缴纳贡金了结此事。实际上，他曾给予这个特殊的部落约3 100千克黄金，劝说他们完全退出纽斯特利亚。

从这时起，国王查理要面对的情况变得越来越糟，我们猜测这主要是因为他自身的问题：查理浮躁多变，总是将手头的新工作做到一半，就突然转向其他工作。他的胆量也是个问题。查理不止一次在统治时期因为害怕而非小心谨慎就仓皇而逃。巴黎惨遭掠夺后，我们发现维京人在纽斯特利亚的四周徘徊；一支部队驻扎在卢瓦尔河河口，一支部队在贵族奥斯卡的带领下监视加龙河，还有一支军队专注于掠夺佛兰德斯并在需要时从洛泰尔皇帝位于瓦尔赫伦岛的丹麦封臣那里得到帮助。查理国王匆匆从维京人入侵的一个地点赶往另一个，还总是姗姗来迟，并不能提供任何保护。连高卢南部最大的城市波尔多也于847年遭到加龙河上维京人的围攻。查理一度进入阿基坦并成功征服他的侄子丕平；丕平酗酒，行为放荡，更过分的是他曾不明智地向丹麦人求助，这导致他在加斯科涅大失人心。但是查理在阿基坦遭受了有生以来最大的灾难——波尔多的一大群心怀不满的市民投奔贵族奥斯卡，波尔多因此陷落。这个城市未来多年都将由维京人统治。

丹麦人从富饶的波尔多搜刮了丰厚的战利品，这自然吸引了更多的丹麦人进入高卢。法兰克王国的情况越来越糟糕，我们可以发现每年入侵者船只的踪迹逐渐向腹地深入，向大河流上游而去。850年，丹麦人越发大胆，甚至在塞纳河畔建起堤坝。他们在这里住了好几个月，闲暇时还会入侵博韦（Beauvais）和芒特（Mantes）周遭的土地。"秃头"查理忙着对付反叛的布列塔尼公爵，没能解救臣民于水火之中。次年，根特（Ghent）、泰鲁阿讷（Terouanne）和所有佛兰德斯土地全部沦陷，这期间也没有看见国王的踪影。但是，查理俘获了他的老仇家阿基坦的丕平，这或许能将功补过：丕平被加斯科涅伯爵俘获并被转交给国王。根据旧法兰克人的习俗，丕平最后被削发，扔进了修道院。

852年，西法兰克王国陷入了有史以来最糟糕的情况。丹麦人再次来到塞纳河并在他们之前的营地安顿下来，查理动员纽斯特利亚全部武装力量，维京人看着势不可当的法兰克大军，只好退守至栅栏后面。皇帝洛泰尔率领好战的奥斯特拉西亚人一同前往帮助他的兄弟，丹麦人的厄运似乎已无可挽回。然而，长达数月的围困之后，查理突然与丹麦首领戈德弗雷德和解，给了他一大笔钱，还赠予他卢瓦尔河口的一块土地供他定居。洛泰尔和奥斯特拉西亚人愤怒地回家了，从此再也没有帮助过善变的纽斯特利亚国王。

法兰克人的日子并不好过，另一大苦难也将于不久之后降临，让他们苦不堪言。853年，自《凡尔登条约》签订之日持续至今的10年的和平共处被打破了。不安分的阿基坦人虽然失去了老领导丕平，但还是决定再次反抗。他们秘密地向"日耳曼人"路易求助，丹麦人的袭击和斯拉夫人的叛乱虽然让路易备受困扰，但他还是不明智地同意了阿基坦人的请求。路易派他的第二个儿子"萨克森人"路易（Lewis the Saxon）率领施瓦本和巴伐利亚大军进入阿基坦，向他的兄弟查理宣战。皇帝洛泰尔比往常更加理智，试图在其中调停斡旋。最终，"日耳曼人"同意撤出高卢南部。这并不是因为洛泰尔的努力，仅仅是因为小路易没有从加斯科涅叛军那里得到预期的支持，发现自己在叔叔亲自率领的纽斯特利亚大军面前如螳臂当车。这场毫无意义的内战打得正酣，丹麦人在查理王国内部的行动也更加肆意和大胆。853—854 年，他们烧毁了南特和图尔市，入侵昂热和布洛瓦（Blois）周围地区，只在奥尔良城墙前受到法兰克人成功的抵抗。

次年，联系法兰克帝国的最后纽带也断裂了——皇帝洛泰尔去世。洛泰尔未老先衰，深知自己已无力应付当时的种种祸害，他在普鲁姆修道院隐退，没过几个星期就去世了。民族混杂的法兰克帝国立刻分崩离析：长子路易早就被教皇塞尔吉乌斯二世（Sergius Ⅱ）加冕为共治皇帝，只获得名存实亡的意大利王国以维持帝国的颜面。他是个伟大的国王，但在阿尔卑斯山之外无人尊重，无人服从。他的弟弟洛泰尔和查理分走了父亲在北部的领土。洛泰尔获得奥斯特拉西亚，查理接手普罗旺斯，中间的勃艮第领土被他们一分为二。

这样一来，法兰克帝国统一已经成为一个笑话，查理大帝的王国现在被分裂成 5 个王国，危难时刻，它们既不会相互关爱，也不会相互帮助。

第二十五章

黑暗时代：
从洛泰尔一世去世至"胖子"查理被废黜　855—887

洛泰尔一世去世后，内战爆发——国王路易和他在德意志的统治——洛泰尔二世（Lothair Ⅱ）的麻烦——纽斯特利亚的维京人——《皮特雷敕令》（Edict of Pîtres）——"秃头"查理入侵奥斯特拉西亚——《墨尔森条约》（Treaty of Mersen）——查理称帝——"日耳曼人"路易去世——路易的儿子们和"秃头"查理之间的战争——查理在纽斯特利亚的继承人——"胖子"查理的灾难性统治——"胖子"查理统一了德意志、法兰西和意大利——巴黎围攻战——胖子查理被废黜

在丰特奈战役和凡尔登分土之后的岁月里，混乱接踵而至。9世纪下半叶最悲惨的莫过于基督教王国自黑暗时代以来第一次退回至原始的混乱和野蛮状态。400年来，基督教世界风雨飘摇，但逐渐趋于统一，向文明进步，势力也有所增长。但是现在，它开始崩塌，后退到曾经分裂、软弱和无知的状态。查理大帝多年来的统治

达到了发展的巅峰，随后的时代每况愈下，直到 10 世纪中叶才会再次崛起。

但是，基督教世界在 855—887 年间落到了谷底。"虔诚者"路易的后代们掀起无数灾难性的内战，维京人和撒拉逊人的入侵的范围越来越大，法兰克帝国的统治者们仿佛着了魔咒，要么英年早逝，要么低能愚蠢。随着懦弱、笨拙且无能的"胖子"查理在 887 年垮台，法兰克民族最终在历史中消失。

皇帝洛泰尔去世后，新麻烦就来了。洛泰尔的 3 个儿子在划分父亲王国一事上无法达成一致。路易认为自己作为长子和皇帝头衔的持有者，手里的意大利王国太小了。洛泰尔二世嫉妒最小的弟弟查理拿走了勃艮第的土地，试图抓住查理，将他削发并关在修道院里。教皇本笃三世（Benedict Ⅲ）在双方还没出手之前就从中斡旋，兄弟二人达成休战协定。但他们随后便分道扬镳，寻求联盟来对付彼此。洛泰尔二世和他的叔叔"秃头"查理结盟，而路易则和他的叔叔、同名的"日耳曼人"路易站在统一战线。2 年后，家庭恩怨升级为战争。857 年，查理和洛泰尔二世在一场决定性的战役中联合起来对抗丹麦人，而丹麦人的主要军队在一个名为比约恩（Bjorn）的贵族的带领下在法兰西中部集合，一路烧毁了巴黎、沙特尔（Chartres）和布洛瓦。维京人在纽斯特利亚和奥斯特拉西亚联合之前便向后撤退，躲在塞纳河中瓦塞尔（Oissel）岛的营地内。查理命令一支最新组建的舰队航行至下一河段，堵住维京人的去路，让他们迫于饥饿屈服。围困 3 个月后，查理的目标似乎马上就要实现了：丹麦人进不能攻，退不能逃。但就在他们即将屈服的时候，纽斯特利亚国王得知了一个可怕的消息：他的兄弟路易和全部德意志大军渡过了莱茵河，正在向他进军。查理立刻停止了对瓦塞尔的围攻，任由丹麦人焚烧他的舰队并逃跑，转而向东迎战国王路易。两军在布列讷堡（Brienne-sur-Aube）会师，但查理看到德意志人压倒性的人数优势时却临阵脱逃了：他不改往日的作风，抛弃了手下的士兵，自己逃到了勃艮第。查理的手下见此也都放下武器，大多数纽斯特利亚伯爵和主教都向路易国王效忠。这样一来，这位德意志君主便占领了他兄弟的王国并宣称自己是西法兰克国王。他的侄子洛泰尔二世也派人前来求和，路易因此就成了阿尔卑斯山以北所有王国的宗主。路易派走了德意志军队，身处一众纽斯特利亚人之间，准备在拉昂附近过冬，就在这时，权力的不稳定性也随之凸显。"秃头"查理在勃艮第秘密组建了一支新军队并于隆冬时节向拉昂进军。纽斯特利亚人不肯出兵对抗自己的老国王，而路易见敌众我寡，只好逃往德意志，放弃了这片之前不费吹灰之力得到的西法兰克土地。18 个月后，兄弟俩于 860 年达成和平，但是野心勃勃的路易给法兰克王国带来了重重伤害，又岂是条约可以弥补的？战争正在肆虐，但丹麦人一路并未受阻。一支军队反复袭击莱茵河口和佛兰德斯，另一支军队洗劫了亚眠和努瓦永，第三支军队则进入地中海，航行至罗纳河，摧毁了洛泰尔二世的弟弟查理的普罗旺斯王国。查理是一个身患癫痫症的弱小青年，根本没有能力捍卫自己富饶的土地免受海盗的侵袭。而这支军队一路挺进意大利，洗劫了路易二世王国内繁华的比萨港口。

纽斯特利亚遭到入侵之后，"日耳曼人"路易在一众加洛林亲戚中一直是最幸运的，但是现在，他也开始遇到一些从未处理过的陌生问题。路易将全部精力都放在了西法兰克王国，而东法兰克王国的斯拉夫封臣——奥博德里特人却在叛乱中崛起。862年，路易率军镇压起义，结果一败涂地。然而，内忧不断对王国来说才是最严重的打击；统治卡林西亚和巴伐利亚东部边区的长子卡洛曼揭竿而起。这个忘恩负义的王子两次被征服，两次被赦免（861年和863年），在864年又掀起了第三次叛乱，强迫父亲在王国中分给他一杯羹。"日耳曼人"路易深知自己即将步入风烛残年，一心想要安抚所有的儿子。于是，他做出了一生中最不明智的举动：和他的父亲"虔诚者"路易一样分割帝国领土。865年，在他的分配下，卡洛曼成为巴伐利亚和卡林西亚国王，和他同名的次子路易统治萨克森、图尔奇林基和法兰克尼亚，幼子"胖子"查理统治施瓦本和雷蒂亚。路易当年对父亲"虔诚者"路易大逆不道，现在儿子们也这样对待自己，在路易眼中，这不就是上帝的惩罚吗？儿子们对土地的边界划分颇有怨言，经常出兵对抗父亲或是自相残杀。865—876年间共发生过4次叛乱，有的是个人发起的，有的则是三人合力。但"日耳曼人"路易比父亲更为严厉，他一次又一次地击败了不孝子的叛乱。然而，不知是因为固执还是自己无能，路易在每次胜利之后都会赦免儿子们并恢复他们的荣誉。

王子们不断掀起叛乱，奥博德里特人和随后的摩拉维亚人也成功起义，摆脱了对帝国的依赖，但德意志仍然是5个法兰克王国中最幸运的一个。洛泰尔一世的3个儿子现在正统治父亲的"中法兰克王国"的零碎土地，他们手下的臣民注定要度过的一段风雨飘摇的岁月。有关意大利国王路易的灾祸将在别处提及，他的两个弟弟则更为命运多舛。统治普罗旺斯的癫痫症患者查理受尽丹麦人和撒拉逊海盗的困扰。此外，他贪婪的叔叔查理不仅无法保护纽斯特利亚免受丹麦人的袭击，还机关算尽地试图将普罗旺斯纳入自己的领地，也让查理头疼不已。洛泰尔二世身处奥斯特拉西亚——现在以统治者的名字被称作洛塔林吉亚（Lotharinga），而维京人现在沿莱茵河到达诺伊斯（Neuss）和科隆，让洛泰尔颇为恼火。但是，洛泰尔还给自己惹了一个更大的麻烦：他把妻子特伯加（Teutberga）赶出宫廷，公开迎娶情妇瓦尔德拉达（Waldrada）。洛泰尔此举后患无穷，特伯加的兄弟休伯特——圣莫里斯修道院（St.Maurice）院长和上勃艮第（Transjurane Burgundy）公爵——率兵反叛，此外，还引发了和教皇之间的争执，洛泰尔余生都十分痛苦。教皇尼古拉一世（Nicolas Ⅰ）坚决反对国王对妻子的不公，多次要求他把妻子带回宫廷。他诱使洛塔林吉亚的贵族们强迫国王暂时休了瓦尔德拉达，但是沉迷情欲的洛泰尔很快就赶走了妻子，再次把情妇带了回来。雷鸣般的谴责从教会传来，洛泰尔在生命的最后 10 年里一直生活在教皇的禁令之下。最终在 868 年，洛泰尔二世卑微地亲自来到哈德良二世（Hadrian Ⅱ）面前赔礼道歉，完全屈服于教皇的权威。这是自格里高利一世以来，教皇获得的最伟大的胜利之一。

　　法兰克各个王国的进展都不顺利，但和往常一样，"秃头"查理的王国在基督教世界里首当其冲。现在，法兰西的每条大河——索姆河、塞纳河、卢瓦尔河和加龙河——河口都有丹麦大军驻扎，这些丹麦人在编年史中被理所当然地称为"pagani Sequanenses"或"pagani Ligerenses"。他们分布于这些河流河口的岛屿或岬角上，主要是掠夺各自营地周围的内陆地区。与此同时，"秃头"查理让当地的伯爵们保卫王国，自己则做一些无用功：试图占领他的侄子们的王国——查理的普罗旺斯和洛泰尔的奥斯特拉西亚。查理的家庭也不让他省心：他的孩子们和"日耳曼人"路易的孩子们一样非常不守规矩。为他统治阿基坦的次子查理正试图成为一个独立的国王，而小儿子卡洛曼包藏祸心也被他发现，为此被判盲刑并永久监禁。但是，就算遭受内忧和外患的双重夹击，查理也绝不会停止对兄弟和侄子们图谋不轨的脚步。就算查理开始关注正事，他处理问题的方法也都极为不明智。愚不可及如查理，才会想出 861 年的计划——通过贿赂在维京人中挑起内斗。不出意外，狡猾的海盗拿了国王的好处后，然后团结起来，共同抗敌。

　　然而，查理的会议提出了对抗丹麦人的两种方案，为丹麦人最终的败局打下基础，值得我们特别注意。法兰克人迄今为止在对付维京人时主要有两个难题：敌人行动速度快；法兰克王国内的城墙大多没有围墙保护，也没有堡垒，这样一来，农村居民就没有安全的庇护所。查理在 864 年颁布《皮特雷敕令》，对这两个难题阐述了自己的见解，提出了恰当的解决措施。为了应对迅速移动的维京人，查理决定让法兰克军队更具机动性；他还尽力用骑兵代替行动不灵活的大规模地方征兵，下令"所有有马的人都应成为骑士"。封建骑兵的时代从此拉开帷幕。从军事角度看，这种权宜之计是完全正确的，但对于君主制来说却是不幸的，骑士制度的开始标志着封建制度的分裂。《皮特雷敕令》中的第二项措施是加强王国防御工事。查理尤其支持在河流上修桥。城镇位于河流两侧，由一座桥相连，对面堤岸上还建有坚固的桥头堡。这样一来，维京人沿河而上的路线就被堵住了，因为只有拆除两端的堡垒，他们的船才能从桥下通过，但这在围攻术不发达的当时需要花费很长时间。这项法令的第一批成果便是皮特雷的桥梁工程：这座强大的桥梁位于塞纳河下游，厄尔河（Eure）与塞纳河的交汇处。与此同时，旧巴黎所在的孤岛上也设有两座防御桥梁，横跨塞纳河的北部和南部支流，将其与大陆相连。曾2次被维京人袭击的巴黎正是由于这些防御措施才成功抵住了维京人的第三次入侵，没有被敌军占领。

863年，皇帝洛泰尔一世的小儿子——普罗旺斯国王查理因长期患有癫痫去世。他的兄弟洛泰尔二世和皇帝路易分走了他的小王国，这让本想从中分到一杯羹的"秃头"查理大为不满。查理此时正忙着应对丹麦人，而他的侄子小丕平从修道院逃脱并在阿基坦发起叛乱，也让他颇为头疼。就在国王对付侄子的时候，卢瓦尔河的维京人在法兰西中部进行史无前例的大规模扫荡，他们在一次入侵中烧毁了普瓦捷、昂古莱姆、佩里格（Perigueux）、利摩日、克莱蒙和布尔日。反叛者丕平也加入了丹麦人的行列，据说还抛弃了基督教，转而信仰沃坦——"前君主反叛，成了异教的奴隶"。这一年还没结束，丕平就落入了他叔叔的手中，在法兰克人的一致同意下被判处永久单独监禁。

西法兰克王国在这些事件之后终于可以从北方人的进攻中获得短暂的喘息。867年，西法兰克王国的所有维京人都集结起来攻击英格兰，当时英格兰人还没有受到维京人太多攻击。从丹麦人于868年占领约克，到878年在艾丁顿（Ethandune）拜倒在阿尔弗雷德大帝脚下，丹麦人在这段时间里把精力放在战胜英吉利海峡对面的王国上。入侵英格兰不是为了掠夺，而是为了征服。维京大军由2个国王和5个贵族领导，由过去10年一直掠夺欧洲大陆的所有部落组成。就算没有成功地制服整个英格兰，他们还是获得了丹麦区（Danelagh）——东半部半岛，并在此定居。

868—878 年间，法兰克人虽然免受维京人袭击，但也并没有获得什么好处。869 年，与教皇和解后的洛泰尔二世郁郁寡欢，死在了从意大利回国的路上。从那时起，他的两个年长的叔叔在继承奥斯特拉西亚——斯凯尔特河和莱茵河之间的旧法兰克土地、他们的故土——的问题上开始了无休止的争斗。法兰西和德意志都想要继承洛泰尔二世统治的"中法兰克王国"，这场斗争将会持续千年。谁又能说，亚琛、特里尔、梅茨、列日（Liege）和斯特拉斯堡的命运已经确定了呢？

"秃头"查理得知洛泰尔二世去世的消息后便带领纽斯特利亚征兵渡过默兹河，在梅茨加冕为洛林国王。那一年，布列塔尼人正公开造反，而一支零散的维京军队正在图尔和昂热大举征兵，但查理对这些琐碎的麻烦没有留心。"日耳曼人"路易此刻卧床不起，他的儿子们也没有出征斯拉夫人。但是次年春天，路易率领所有德意志人出现在战场，善于夺取而非战斗的他选择后退，提出谈判的请求。随后在 870 年《墨尔森条约》签订，洛塔林吉亚被两兄弟瓜分：查理得到了他已故侄子的勃艮第土地和远至默兹河的西奥斯特拉西亚；路易得到弗里西亚和东奥斯特拉西亚。因此，查理手中握有里昂、维也纳、贝桑松、图勒（Toul）、凡尔登、康布雷、列日、通厄伦和梅赫伦（Mechelen）；路易拥有亚琛、科隆、特里尔、斯特拉斯堡、乌得勒支、尼姆尤根和马斯特里赫特（Maestricht）。

然而，《墨尔森条约》只能暂时平息问题。之后的 5 年里，兄弟们和平共处，维京人仍然在英格兰对抗英勇的威塞克斯国王。875 年，洛泰尔一世在世的最后一个儿子——皇帝路易二世去世。和两个兄弟一样，路易二世也没有任何男性继承人。随后，年迈的叔叔

"日耳曼人"路易和"秃头"查理又为了皇帝头衔和意大利王国展开斗争。"秃头"查理一如既往地急躁而鲁莽，总是率先出兵。他留下纽斯特利亚自力更生，自己则带领一小支军队向意大利进军，突袭伦巴第王国正在召集的议会。这场会议在帕维亚举行，主要是讨论继位者的选择问题。"秃头"查理被一些伦巴第人推举为国王，然后便准备进军罗马，教皇将会在那里为他加冕。但与此同时，"日耳曼人"路易也没打算放任自流。他首先派最小的儿子施瓦本的查理——人们口中的"胖子"查理——对付纽斯特利亚国王。但"胖子"查理一生就从来没有做好过父亲交给自己的工作，自然被叔叔吓跑，逃回阿尔卑斯山。然后，"日耳曼人"路易派不守规矩的长子巴伐利亚国王卡洛曼率巴伐利亚和法兰克征兵进入伦巴第。"秃头"查理畏惧与这支军队交锋，于是向卡洛曼提出，纽斯特利亚和德意志军队都应撤出半岛，双方要通过和平谈判来解决此次有争议的继承问题。这位巴伐利亚王子被他叔叔狡猾的提议欺骗了，于是翻过布伦纳山，踏上了返程的路。然而，"秃头"查理没有向塞尼斯山撤退，而是向南冲向罗马。查理到达罗马后，由他的朋友教皇约翰八世（John Ⅷ）正式加冕为皇帝。但他没有应教皇的请求留在意大利帮助教皇对抗撒拉逊人，而是立刻回到了纽斯特利亚，展示他的新皇冠。

就在此刻，"日耳曼人"路易去世，享年 76 岁。他被父亲任命为巴伐利亚国王已经 60 年，在《凡尔登条约》的规定下统治整个德意志也有 33 年。尽管儿子们多次反叛，他也守不住手下的斯拉夫封臣，但总的来说，他是一个成功的统治者。德意志能够成为一个统一的民族王国，绝大部分要归功于路易的努力。他的长期统治给萨克森人和法兰克人、巴伐利亚人和施瓦本人充足的时间，让他们能够共同发展并学会将自己视为一个与众不同的国家，而不仅仅是法兰克帝国的一个省份。但是，就算他在德意志的统治成绩合格，历史也不能原谅他在854年和858年的所作所为。当时他为了一己私欲，故意牺牲基督教世界的整体福利，在查理与维京人激烈交锋时攻击纽斯特利亚。这些是第一位德意志国王一生最大的污点。

前文已经提到路易延续家族的恶习，分别将巴伐利亚、萨克森和施瓦本分给了他的3个儿子卡洛曼、路易和查理。然而，儿子们绝不会和平地继承王国。"秃头"查理得知哥哥去世的消息后，便试图占领洛塔林吉亚。他认为自己作为皇帝有权进入亚琛皇城，并公开声称《墨尔森条约》的宣誓者"是父亲路易，和他的儿子们无关"。"秃头"查理率大军进入奥斯特拉西亚，占领亚琛和科隆。在德意志的3位年轻国王中，只有路易独自迎战。卡洛曼远在东边对付叛乱的斯拉夫人，"胖子"查理据称卧病在床。安德纳赫（Andernach）战役决定了莱茵河和斯凯尔特河之间的土地的命运。在这场战役中，在人数上占尽优势的纽斯特利亚人被法兰克尼亚人和萨克森人击败。"秃头"查理像往常一样第一个逃走，安全抵达列日，放任身后的军队自生自灭，几乎全军覆没。查理回到国内，在塞纳河上发现了丹麦人的舰队，当时维京人刚刚开始从英格兰撤退。但是，查理几乎不为所动。尽管他此番远征铩羽而归，但他没有思索片刻就同样轻率地冲到意大利，未曾料到自己于875年轻易获得的皇冠正岌岌可危。他给维京人约2 200千克白银，诱使他们离开纽斯特利亚，去攻击他侄子的地盘。查理的精锐部队在安德纳赫战役中荡然无存，查理只好带着一支匆忙装备的小军队赶到伦巴第。

"秃头"查理在帕维亚见到了老朋友教皇约翰八世，在即将进军罗马之时听到了大侄子巴伐利亚国王卡洛曼的消息：卡洛曼在伦巴第东部获得众多支持，已经越过阿尔卑斯山，向自己赶来，一心想为去年遭遇的背叛复仇。查理在巴伐利亚军队赶来之前便匆匆逃走，但在翻越塞尼斯山途中患上痢疾，最终于 877 年在山脚下的临时营房里痛苦猝死。

"秃头"查理当时还未满 60 岁，但他从少年时就担任国王，根据《凡尔登条约》，西法兰克王国在他的统治下度过了灾难性的 34 年。在一众加洛林国王中，他给帝国带来了最多的灾难。他的出生就是个灾难之源；少年之时让国家陷入长期的内战；成年后轻浮、肆无忌惮、急切而多变。他不顾后果地抢夺亲戚们的遗产，引发了 4 次战争，但是一旦敌军应战，他又落荒而逃。纽斯特利亚的境况让查理名誉扫地，如果他拿收买丹麦人退兵的一半贿款用于扩军备战，丹麦人很有可能就会被轻易赶走。但查理总是投身于一系列异想天开的侵略外敌计划中，在他聚焦国外时又任由王国在自己脚下崩溃。历史对这第一任法兰西国王找不到任何赞美之词。

在"秃头"查理去世后的 10 年里，加洛林王朝似乎蒙上了阴影，一个又一个国王要么英年早逝，要么意外死亡，更多的是被疾病击垮。在法兰西和德意志，6 个在位的君主都膝下无子，到了 887 年，王室只有一个孤零零的男性继承人——一个年仅 8 岁的男孩。与此同时，丹麦人全军从英格兰返回，整个帝国在这些短命的国王的统治下正在经历着有史以来最严重的危机。

"秃头"查理的儿子路易二世（Lewis II）——人们熟知的"结巴"路易（Lewis the Stammerer）继承了纽斯特利亚和阿基坦，也就是法兰西——我们现在称之为西法兰克王国。这位新国王谨小慎微，和轻浮的父亲非常不同。虽然教皇约翰八世一再敦促他延续父亲查理的政策，但路易二世还是立刻放弃了对意大利王国和皇冠的追求。他迅速与德意志堂兄弟达成和平并续签了《墨尔森条约》，这样一来，东洛塔林吉亚属于德意志，西洛塔林吉亚则落到了法兰西手里。随后，路易二世率军攻打刚刚再次回到卢瓦尔河口的丹麦人，但在与丹麦人交锋时患病，几个月后于 879 年去世。那时，他刚刚结束第二年的统治。路易二世生前有 2 个儿子——路易和卡洛曼，第三个孩子也在他去世后诞生，被命名为查理。法兰西的伯爵和主教们遵循当时一成不变的不幸习俗，加冕路易和卡洛曼为王。这两个小伙子当时分别 17 岁和 16 岁，还不能安稳地继承王国。维京大军拒绝在丹麦区定居并向阿尔弗雷德效忠，于是被阿尔弗雷德大帝赶出了英格兰。维京大军大举入侵佛兰德斯，烧毁了根特和圣奥梅尔（St.Omer），那时两位小国王的统治还未满两个月。与此同时，"萨克森人"路易也开始入侵纽斯特利亚，似乎也着了"秃头"查理贪得无厌的魔怔，又或许是被纽斯特利亚叛变的伯爵们叫去的。但是，西法兰克王国紧紧地围绕在年轻的国王身边，"萨克森人"路易同意退兵，条件是西洛塔林吉亚——"秃头"查理 10 年前根据《墨尔森条约》得到的土地——割让给自己。这样一来，列日、那慕尔（Namur）、康布雷和通厄伦就从法兰西人手里转到了德意志人手里。

与此同时，西法兰克王国的另一部分领土也遭受了严重的损失。自善良的皇帝路易二世去世，普罗旺斯和勃艮第南部就与纽斯特利亚团结在一起（875—879）。但路易唯一的女儿——公主埃芒加德的丈夫维也纳公爵博松（Boso）强大而野心勃勃，是勃艮第的统治者之一。博松趁着纽斯特利亚危机，决定要求得到妻子从父亲那里的遗产。尽管教皇乐意施以援手，但博松在意大利未能成功，而普罗旺斯和下勃艮第的贵族们纷纷团结在他身边。博松于879年10月被宣布为国王，随后在里昂加冕。博松在普罗旺斯的新领土阿尔勒（Aries）被称为下勃艮第王国，是查理大帝帝国第一块并非在皇室男性继承人之间传承的土地。博松的领土在面积上几乎与皇帝洛泰尔一世的儿子查理统治下的普罗旺斯王国吻合，囊括整个罗纳河河谷，从里昂到海边和意大利边界的所有土地。

西法兰克王国的面积有所缩小，德意志总体上处于更好的状态。与当时大多数皇室兄弟不同，"日耳曼人"路易的3个儿子和睦相处。两位哥哥达成一致：卡洛曼继续待在意大利，路易三世（Lewis Ⅲ）则试图在洛塔林吉亚扩大权力。卡洛曼把"秃头"查理赶出伦巴第并掌握了波河北部的大部分土地，但是在这之后，他便严重发烧，最终瘫痪。卡洛曼被带回巴伐利亚，在病床上活了2年。他在死前将王国交给了他的兄弟路易，只规定边境公国卡林西亚应交由阿努尔夫（Arnulf）即自己与斯拉夫情妇的私生子统治。次年（880），刚刚步入中年的卡洛曼去世。

与此同时，卡洛曼在意大利的王位被他无能的弟弟施瓦本国王夺去。879年秋天，"胖子"查理进入意大利，被公认为国王，庄严地在拉文纳从约翰八世手里接过了伦巴第王冠。但是他却很少在新王国露面：虽然查理被诚恳地请求反抗南部的撒拉逊侵略者，但他什么也没做，回到了施瓦本的家中，此举让他名誉扫地。

这时，丹麦人集结了比以往更强大的力量，准备进攻法兰克帝国。他们从西法兰克王国四面八方的海岸聚集，这一次的目标不是老猎物纽斯特利亚，而是东法兰克王国。德意志人永远不会忘记880年，在这一年，萨克森和图尔奇林基士兵们在汉堡附近的吕讷堡石楠草原（Luneburg Heath）一败涂地。萨克森公爵、2名主教以及至少12名伯爵战死沙场，胜利的维京人在整个易北河流域随心肆虐，没有再受到进一步抵抗。几乎就在同一时刻，另一支丹麦军队出现在奥斯特拉西亚，与路易国王打了无关紧要的一仗。丹麦人后来离开了，但仍然一直驻扎在位于斯凯尔特河上克特雷（Courtray）附近的大营地内，对纽斯特利亚和奥斯特拉西亚虎视眈眈。

881年春天，丹麦人决定先把西法兰克王国收入囊中。他们沿着博韦行进，在索库尔（Saucourt）与年轻的法兰西国王和他手下的大军对阵。让西方基督教世界颇为高兴和惊讶的是，路易三世重创侵略者，杀敌八千，一路追至王国边界以外的康布雷。这是法兰克人战胜维京人唯一的阵地战，事关重大，路易三世也自此被人们寄予厚望：欧洲或许找到了一位能够对抗异教徒的救世主。但是，这一年还未结束，这位英勇的年轻国王就在一场愚蠢的嬉戏中死去，把纽斯特利亚王位留给了他的兄弟卡洛曼。

在索库尔战败的丹麦军队退到根特，两个著名的海盗头子——西格弗里德（Siegfred）和古德弗雷德率军赶来，军队实力大大增强。在秋天快要过去时，丹麦人向奥斯特拉西亚大举进攻，这片古老的皇家地盘的征兵们面对丹麦大军溃不成军。他们的国王"萨克森人"路易则逃之夭夭，从881年的冬天到882年，斯凯尔特河河口到埃菲尔的所有乡村地区都遭到了丹麦人的狠狠蹂躏。奥斯特拉西亚的内陆地区在这之前一直侥幸逃脱了丹麦人的进攻，但在这个致命的冬天，列日、马斯特里赫特、通厄伦、科隆、波恩（Bonn）、诺伊斯、曲尔皮希、马尔梅迪、尼姆尤根和该地区的其他所有城镇都遭到掠夺。最让人心碎的莫过于亚琛皇城被洗劫一空：丹麦人掠夺皇宫，把教堂当马厩，还破坏了查理大帝墓上方的神龛和圣像。

最让德意志人心灰意冷的是，本应在次年春天攻打入侵者的"萨克森人"路易于882年1月20日去世——这是3年内去世的第四位加洛林王朝君主。臣民们别无他法，只好选择路易三世在世的兄弟——施瓦本和意大利国王"胖子"查理——作为继承人。

最后一位血统纯正的加洛林皇帝查理就这样开始了自己的悲惨统治。他此时正在意大利，出访罗马并接受了皇冠。丹麦人在查理悠闲返程的途中入侵了特里尔和梅茨。查理于7月到达莱茵河，集结了萨克森、施瓦本、巴伐利亚和法兰克尼亚的所有征兵，再加上自己本身带着的一支伦巴第军队，组建了一支自查理大帝去世以来最大规模的军队来对抗丹麦人。西格弗里德和古德弗雷德见此，只好退到默兹河上之前建造的埃尔斯洛（Elsloo）营地。懦弱的皇帝和敌军对峙了12天，竟然没有命令庞大的军队进攻营地，而是最终与敌人开启谈判。几天后，士兵们心灰意冷地得知，查理已经同意允许维京人带着所有的战利品撤退，支付其2 000磅银币并把莱茵河河口的一块公爵领授予国王古德弗雷德，并把自己的堂妹吉塞拉（Gisela）——国王洛泰尔二世的私生女许配给他。作为回报，丹麦人同意接受洗礼并向皇帝致敬。这种收买古德弗雷德的权宜之计可能是受到英格兰的阿尔弗雷德4年前做法的启发。阿尔弗雷德和古瑟罗姆（Guthrum）在签订《韦德莫尔和约》（Peace of Wedmore）前，就是这样解决问题的。不幸的是，查理忘记了，古瑟罗姆守信是因为阿尔弗雷德实力强大，而他自己对古德弗雷德可没有这样的震慑力。

西格弗里德国王和一些丹麦人并不想在莱茵河河口安居，他们从埃尔斯洛赶往纽斯特利亚。"胖子"查理只想确定自己的国王安然无恙，对他堂弟卡洛曼可能会经历的事情漠不关心。882 年冬天到 883 年，法兰西北部遭受了灾难性的打击，严重程度不亚于莱茵地区在 881 年冬天经历的灾难。从兰斯到亚眠，再到克特雷的所有乡村地区都被丹麦人疯狂入侵。卡洛曼国王和他的贵族们没有向在索库尔大捷中冲锋陷阵的路易三世学习，而是效仿"胖子"查理的——支付入侵者约 1 200 磅银币的巨额贿款，诱使他们将阵地转移到奥斯特拉西亚、英格兰、爱尔兰或他们可能选择的任何其他国家。海盗们暂时离开，王国终于有了喘息的时间，但就在这时，未满 20 岁的卡洛曼去世了。884 年，他在雷安德利斯（Les Andelys）附近的森林里猎杀野猪时意外被一个随从杀死。加洛林王朝几乎是后继无人了：几年内，有 5 名国王接连去世，唯一健在的男性是无能的皇帝"胖子"查理和卡洛曼的弟弟——"结巴"路易年近 5 岁的遗腹子，后世称其为"单纯的"查理（Charles the Simple）。

未成年人当政无异于晴天霹雳，西法兰克人不想面对这样的惨状，派人请求皇帝接管纽斯特利亚的王权。因此，查理大帝当年统治的所有王国——除了博松的普罗旺斯小王国——再次统一听命于一个皇帝。然而，"胖子"查理实在有愧于"查理"这个伟大的名字。在查理统治整个法兰克王国的 3 年间（884—887），臣民对帝国的最后一丝忠诚也荡然无存，他们注定要绝望地抛弃旧皇室，寻求新的救世主和新皇帝。

这不幸的 3 年历史并不复杂。丹麦人得知卡洛曼去世后便纷纷回到纽斯特利亚，声称"对死人发过的誓不算数"。但他们此番回归，主要是因为主体部队在罗切斯特（Rochester）遭遇阿尔弗雷德国王的重创。与此同时，改变信仰的古德弗雷德在莱茵河下游揭竿而起，还厚颜无耻地命令皇帝把波恩和科布伦茨附近的肥沃土地给自己，"因为他的公国没有葡萄园给他酿酒"。查理没有对他诉诸武力，而是遣使去引诱他参加一个会议。885 年，这个丹麦人一露面便被伯爵亨利和埃伯哈德（Eberhard）杀死了，随从也被一同屠杀。古德弗雷德的军队解散了：一些战士跑去掠夺萨克森，最终被碎尸万段；其余的则加入了刚刚入侵纽斯特利亚的国王西格弗里德的阵营。

维京大军再次团结在西格弗里德的旗帜下，随后进入法兰西北部，似乎打算征服整个国家并在那里定居。但是他们在巴黎遭到意外的抵抗，巴黎伯爵奥多（Odo）和主教戈泽林（Gozelin）聚集了纽斯特利亚的所有精锐士兵，对抗敌人。成功保卫巴黎是法兰克人自索库尔大捷以来最显赫的战功。法兰克人在巴黎岛上坚持了 11 个多月（885 年 11 月至 886 年 10 月），在塞纳河的两条支流上架起了 2 座坚固的桥头堡以抵御北方人的袭击。700 艘维京船被拉到了平地上，也就是现在的战神广场（Champ de Mars），4 万维京大军在城内遭到全方位夹击。恰好在此时前往意大利的皇帝竟然可耻地对巴黎不管不顾，但是奥多和戈泽林一直坚持，就算北边的桥头堡被洪水冲走并被敌人烧毁，也决不放弃，奋勇抗敌。

886 年夏天，受到激励的"胖子"查理最终集结帝国所有军队前去救援巴黎。手下的大军比 4 年前出征埃尔斯洛营地的还要多。但是，眼看着先锋部队受到抵抗，首领法兰克尼亚公爵亨利被杀，皇帝随之便拒绝冒险攻击丹麦人。发生在埃尔斯洛的可耻情节又一次上演了：查理付给丹麦人约 700 磅的银币，允许他们沿塞纳河前往勃艮第，在那里可随心所欲。此外，勃艮第人拒绝服从查理并向阿尔勒国王博松倒戈，让查理颇为恼怒。查理只好出此下策来发泄自己的仇恨。

巴黎得救了，勇敢的奥多伯爵的名望也如日中天。皇帝连最后一次机会也没有把握住，彻底失去了臣民们的尊重。他剩下的岁月不多，厄运缠身。由于脑软化的折磨和日益严重的肥胖症，"胖子"查理在签订了可耻的《巴黎条约》后便回到德意志。厄运即将到米：东法兰克王国的伯爵和公爵们在他的侄子，即卡洛曼国王的私生子卡林西亚公爵阿努尔夫的带领下密谋造反。887 年，这位年轻的公爵拿起武器，公开宣布他将进军法兰克福，废黜他的叔叔。查理试图组建一支军队，但没有一个封臣愿意帮助他。他只好绝望地把王冠和长袍送到阿努尔夫面前，放弃了自己的王国，只希望留下家乡施瓦本的 5 个庄园，让自己可以安然度过余生。公爵同意了查理的请求，于是这个笨拙的前任皇帝拖着笨重的身体来到多瑙埃辛根（Donaueschingen）的一座皇家别墅，3 个月后便因病去世了。查理在过去 3 年里恶疾缠身，这可能是他能给自己的无能软弱找到的唯一借口。

与此同时，阿努尔夫进入法兰克福，被德意志的所有伯爵和公爵拥立为王。这个年轻人以勇敢和能干著称，虽然是个私生子，但东法兰克人十分乐意追随他。帝国的其他地区却不尽然，每一个王国里都有一位权贵站出来，在当地称王。

在纽斯特利亚，还有一个加洛林血统的男孩——卡洛曼最小的弟弟"单纯的"查理。但是当时，巴黎刚刚侥幸逃脱，丹麦人仍盘踞在塞纳河上，法兰克人根本没有时间让这个刚满8岁的男孩加冕为王。纽斯特利亚王位迎来两个索取者——意大利波莱托公爵韦多（Wido）和巴黎伯爵奥多。韦多的母亲是洛泰尔皇帝的女儿，而奥多是去年从丹麦人手里拯救自己城市的大英雄。尽管奥多不能吹嘘自己有加洛林血统，但他还是轻松地战胜了对手，最终在贡比涅被桑斯（Sens）大主教沃尔特（Walter）加冕为国王，很快就迫使韦多离开法兰西，回到意大利。

在另一章里，我们将讲述弗留利的贝伦加尔（Berehgar of Friuli）被选为意大利国王，以及他不得不与从法兰西铩羽而归的圭多争抢王位的故事。

一位名叫鲁道夫（Rudolf）的上勃艮第总督在汝拉（Jura）和西阿尔卑斯山建立了第四个王国。鲁道夫首先在圣莫里斯修道院由海尔维西亚的伯爵和主教加冕，随后便冲出汝拉，再次在图尔称王。但鲁道夫在洛塔林吉亚的地位一直不稳固：他的领地局限在阿尔卑斯山以北、阿勒河（Aar）以西和索恩河以东的地区，主要城镇包括洛桑（Lausanne）、日内瓦、圣莫里斯和贝桑松，是洛林王国中最小的一部分。

到此时为止，博松的阿尔勒王国或下勃艮第王国已建国9年，创立者博松死于887年，但他的儿子路易——继承了意大利国王路易女儿埃芒加德的加洛林血统——已经顺利地继承了父亲的王位。

因此，法兰克帝国被分割成5个国家。自墨洛温王朝开始，我们见证了很多王国转瞬即逝，分分合合，但是此次的王国分裂更为永久，其中的 3 个王国都彰显了真正的民族差异，而其他两个国家——上勃艮第和下勃艮第也具有强大的民族凝聚力和个性，注定会数代传承下去。在这 5 个王国里，其中一个由加洛林家族的私生子统治，还有两个由加洛林王朝母系后裔的王子统治，只有法兰西和上勃艮第的统治者没有一滴古老的皇室血液。

第二十六章

9 世纪的意大利和西西里岛　827—924

> 摩尔人入侵西西里岛，西西里岛西半部被占领——意大利南部的内战——摩尔人入侵意大利——教皇利奥在奥斯蒂亚取胜——东西教会争执——《伪教皇教令集》(*Forged Decretals*)——皇帝路易二世对抗摩尔人——路易二世去世后，意大利面临无政府状态——拜占庭人再次占领意大利南部——摩尔人在坎帕尼亚——韦多和贝伦加尔的内战——皇帝阿努尔夫入侵意大利——阿努尔夫去世后，意大利长期的无政府状态

我们之前曾多次提到，意大利王国，也就是从前的伦巴第王国，已成为查理大帝帝国的一个省，也时常注意到身居意大利北部帕维亚的国王和意大利中部的教皇和动荡的罗马暴徒的故事。然而，我们几乎没有提及半岛南部的三分之一，或者墨西拿海峡对面的岛屿。

在 9 世纪，曾孕育好战的萨莫奈民族的意大利南部大部分地区——亚平宁山脉所有山谷——仍然在贝内文托公爵的手中。前文

提到，他们曾不止一次被迫向查理大帝效忠。但是，查理大帝时代结束之后，公国就被放任不管了。西科（Sico）和西卡尔（Sicard）两位公爵曾在"虔诚者"路易统治时期管理贝内文托，和路易的儿子伦巴第的小国王洛泰尔也多有交涉。对他们来说幸运的是，帝国的继承人更想要巩固阿尔卑斯山以北的地位，而不是全面巩固法兰克人在意大利的霸权。

但并非整个意大利南部都由贝内文托公爵统治。实际上，东罗马帝国的皇帝一直掌控着半岛的"脚趾和脚跟"（从意大利靴子般的领土形状来说）。布林迪西有一位将军，他的权力扩展到古代阿普利亚的南部。在雷焦，另一个统治者掌管布鲁提——现在被称为卡拉布里亚。鉴于 828 年以来，西西里岛与伊斯兰入侵者无休止的斗争一直在激化。因此，在墨西拿海峡之外，还有一位军事统治者任重而道远，要竭力避免西西里岛一半的"军区"落入撒拉逊人手中。

除了贝内文托公国和拜占庭军区，意大利南部还有更多的国家。那不勒斯在一连串世袭执政官的统治下风雨飘摇：它仍然暗中效忠于东罗马帝国，邻国阿玛尔菲（Amalfi）和加埃塔（Gaeta）也是如此。和那不勒斯一样，它们从未落入伦巴第人的手中。但这些城市也不服从附近军区的统治者，与其说是拜占庭的臣民，不如说是盟友。

9 世纪，意大利南部面临的一大政治问题就是撒拉逊人大举征服，民族危在旦夕。起初，只有拜占庭的土地受到威胁，但很快所有基督教国家也卷入其中。这片来自南方的乌云曾在 720 年笼罩君士坦丁堡，735 年席卷高卢，现在却改变了行进方向。撒拉逊人的新目标不是基督教国家的东西防线，而是中心地带。意大利在长达 20 年的时间里都将处于生死存亡的边缘，而那不勒斯和贝内文托，即使不是步罗马的后尘，也将与 150 年前的迦太基和托莱多同病相怜。

827 年，一支撒拉逊军队登陆西西里岛，拉开了后续纷争的帷幕。军队的带头人是一个名为尤菲米斯的叛徒，他是西西里军区的一位骑兵中队将领，曾反抗皇帝"阿摩里亚人"米海尔（Michael the Amorian）。尤菲米斯强迫修道院的一个修女嫁给自己，皇帝为了惩罚他，命令西西里岛的将军割下他的鼻子。但是这个士兵没有屈服，而是杀死了将军并诱使军队反叛，随后占领锡拉库萨。尤菲米斯的反叛被君士坦丁堡派来的舰队镇压，但他本人则经海路逃到阿格拉布王朝（Aglabite）的君主兹亚达特·安拉（Ziyadat Allah）处避难。北非在摆脱了巴格达哈里发的控制后就一直由阿格拉布王朝统治。

兹亚达特·安拉同意助尤菲米斯一臂之力，不是为了取代尤菲米斯，坐在西西里岛的王位上，而是为了赢得西西里岛并将其纳入伊斯兰世界的版图。兹亚达特·安拉宣布发动圣战，任命阿萨德·伊本·法拉特（Asad ibn al-Furat）为将军。阿萨德是一位年迈的法官，被全阿非利加奉为圣人。他四处布道，吸引了许多狂热的冒险者——阿拉伯人、柏柏尔人和摩尔人——加入他手下的常规军。撒拉逊人希望西西里人能在尤菲米斯的带领下起义，于是在 827 年6 月，他们带着尤菲米斯一同在南海岸的马扎拉（Mazara）登陆。然而，当地人痛斥尤菲米斯是个叛徒并拒绝与他为伍，尤菲米斯遭受阜提努（Photinus）将军率领的西西里岛军队的强攻，一蹶不振。暴怒的北非人横扫千军。据说 70 岁高龄的阿萨德仍然在前线奋勇杀敌，众多基督徒死在他的长矛下，凝结的血液把他的手牢牢地粘在了长矛上。西西里岛的军队几乎被全军覆没，指挥官则逃到卡拉布里亚，最终在那里去世。

随后，穆斯林占领了阿格里真托（Girgenti），向锡拉库萨进军。但是他们在锡拉库萨城墙前的阿纳波河（Anapo）沼泽地临时安顿时，患上了致命的沼泽热。这种病曾让许多其他围攻那座古城的士兵在城墙前倒下。阿萨德在这场瘟疫中去世，他的军队从瘟疫肆虐的营地里逃了出来，最终来到卡斯特罗乔瓦尼［Castrogiovanni，恩纳（Enna）的旧称］并围攻该城。叛徒尤菲米斯命丧该地，一切都是咎由自取：尤菲米斯贿赂该地驻军军官，诱使他们投降。两个驻军军官佯装采纳了该提议，怂恿尤菲米斯在城墙下见面，在尤菲米斯前来密谈时迅速砍掉了他的头。随后不久，一支来自君士坦丁堡的部队对恩纳发起围攻，穆斯林又退回至米尼奥（Mineo）堡垒，在那里受到拜占庭人的围困。

就在东罗马的胜利之旗要升起时，两支新的撒拉逊军队突然加入，改变了战局。一支军队由兹亚达特·安拉派来，随后攻占了巴勒莫，另一支军队由因内战而流离失所的西班牙摩尔人组成，在南海岸登陆，帮助米尼奥的同教教徒解除围困并在开阔的战场上击败了西西里岛的将军。

狄奥菲雷斯刚刚继承父亲米海尔的皇位，曾一度向西西里岛继续派遣救兵。但在 832 年，他与哈里发穆塔西姆（Motassem）陷入一场惨烈的战争，将全部注意力都转移到东罗马帝国上。这场发生在亚洲的战争给西西里岛带来了毁灭性的灾难。大批的阿非利加摩尔人不断涌入，逐渐征服了该岛西半部的所有城市。西西里岛曾一度似乎要永远被希腊人和阿非利加人平分，就像1 200年前在狄俄尼索斯（Dionysius）和希伦二世（Hiero Ⅱ）手里一样。但最终，摩尔人两次击溃拜占庭人顽固的防御；842年，墨西拿陷落，半岛中心最坚固的哨所恩纳也于17年后的859年被占领。于是，东罗马人回到了东海岸，手里只有四面环海的锡拉库萨和埃特纳山（Mount Etna）附近的一系列城镇——陶尔米纳（Taormina）、卡塔尼亚（Catania）和拉梅塔（Rametta）。摩尔人占据了岛上的大部分土地，现在终于可以从容不迫地对付更远的地方，也可以越过墨西拿海峡入侵大陆。

在意大利南部，一场灾难即将被引爆。贝内文托公爵西卡尔是一个名副其实的恶棍和暴君，在839年被他愤怒的臣民暗杀。随后，贝纳文托人宣布伯爵拉德尔希斯（Radelchis）为他们的君主，但是，重要城镇加普亚和萨勒诺却依附于已故暴君的兄弟西康努夫（Siconulf）。一场内战在两个皇位觊觎者之间被引爆，这场战争一波三折，注定要持续至少12年。战争爆发次年（840），走投无路的拉德尔希斯一时糊涂，竟然向西西里岛的摩尔人求助。摩尔人自然不会错过良机。一支摩尔大军在巴里（Bari）登陆，由拉德尔希斯党羽接手并获许占领该地。一样愚蠢的西康努夫决定以恶制恶，他派人去克里特岛（Crete），找坎地亚（Candia）的撒拉逊海盗来助自己一臂之力，撒拉逊人随之应声前来。600年后，君士坦丁堡的皇位觊觎者招来了土耳其人，历史再次重演。两个王子的帮手们洗劫了对手占领的城镇，驻扎在那里，并以各自的名义占领该地。阿普利亚和卢卡尼亚被摩尔人和克里特人占领了，与此同时，墨西拿刚刚陷落，西西里岛的撒拉逊人横渡海峡，横扫卡拉布里亚的拜占庭领地。从 843 年到 851 年，从雷焦到罗马城门的整个意大利地区都被伊斯兰劫掠者占领了，基督教世界似乎马上就要失去南部半岛了。整整一半的城镇，包括巴里、塔兰托、雷焦、布林迪西，甚至位于那不勒斯城门的密西纳努（Misenum）城堡现在都变成了撒拉逊要塞。846 年，一支来自阿非利加的大舰队出现在奥斯蒂亚，海盗们占领了罗马的坎帕尼亚，甚至洗劫了城墙外的圣保罗教堂和梵蒂冈的圣彼得教堂。若不是有坚固的奥勒良城墙守卫，撒拉逊人早就进入了罗马，这里很可能会成为他们的据点。

但是，意大利的大救星已经翻越了阿尔卑斯山，开始承担起他一生的重任。844 年，《凡尔登条约》签订不久后，昏君洛泰尔的长子路易被父亲任命为意大利国王，于次年出现在塞尔吉乌斯二世面前，在罗马庄严加冕。教皇让年轻的法兰克王子发誓保护教会和教会的所有特权。路易加冕后，塞尔吉乌斯和罗马的所有贵族都向他效忠。847 年，塞尔吉乌斯去世，利奥四世继位，皇权也得到了充分的认可。

路易和利奥四世和睦相处，让撒拉逊人第一次感到了挫败，意大利的基督徒也有了得救的希望。849 年，阿非利加和西西里岛的摩尔人第二次派大军攻打罗马。教皇利奥亲自率领罗马和拉丁的伯爵和男爵组成的军队迎击敌人，而那不勒斯和阿玛菲的舰队则在执政官恺撒里乌斯（Caesarius）的领导下守卫奥斯蒂亚港。异教徒们一出现，战争随即在海上打响，但一场大风暴把大部分阿非利加舰船都冲上了岸。摩尔人遭遇那不勒斯战舰和教皇军队的两面夹击，溃不成军。少数人从海上死里逃生，沦为罗马人的奴隶，被派往利奥为保护梵蒂冈和圣彼得教堂而新建的城镇修筑城墙。这座城镇是罗马的一大新区，以利奥的名字被命名为利奥城墙（Leonine City）。拉斐尔（Raphae）伟大的壁画描绘了教皇利奥的这一伟大胜利，这是 9 世纪发生在意大利的一件大事，世人将会永远铭记。

次年，皇帝路易迫使敌对的贝内文托公爵妥协。他进军萨莫奈（Samnium），威胁拉德尔希斯，如果他拒绝与敌人西康努夫和解，就会受到攻击。公国被迫一分为二：拉德尔希斯保留了首都和公国的东半部，西康努夫成为"萨勒诺王子"，统治剩下的另一半即坎帕尼亚和卢卡尼亚。不再需要撒拉逊人帮助的拉德尔希斯悄悄地把撒拉逊人出卖给路易。851 年，一场针对撒拉逊人的大屠杀为这场和谈画上了句号。

尽管意大利南部的内战结束了，但情况仍然很危险。从巴里到雷焦的所有海岸仍然掌握在穆斯林手中，他们在统治巴里的海盗头子莫法雷格·伊本·萨利姆（Mofareg-ibn-Salem）的领导下联合成一个国家，莫法雷格获得了苏丹的称号，得到大多数同胞的效忠。18 年来（853—871），莫法雷格·伊本·萨利姆一直让意大利南部胆战心惊，如果不是有路易皇帝那样一个活跃而顽固的对手与之抗衡，他很有可能会建立起一个王国和一个王朝。

这个年轻的法兰克皇帝已经在意大利站稳了脚跟，达到了他的父辈和祖辈都没能到达的高度。与大多数同胞不同的是，路易把注意力集中在一个王国上，致力于增强王国的防御实力。事实证明，他是一位杰出的意大利统治者。路易声称自己是查理大帝的长子，但他从未在阿尔卑斯山以外取得过这样的地位。虽然受到加冕，但他从未在亚琛统治过，也从未走出过半岛，除了普罗旺斯。但是，路易在意大利的权力却是实实在在的，他在处理与教皇的关系时最为坚决。855年，本笃三世和阿纳斯塔修斯争夺教皇之位，皇帝在拉特兰宫（Lateran）开庭审议，判定本笃三世是真正的圣彼得继承人。路易还不顾大多数罗马神职人员的反对，指定尼古拉一世为下一任教皇。后来，尼古拉冒险反对他的提拔者时，看到城市被伦巴第军队占领，很快就被迫求和。

尼古拉之后的下一任教皇哈德良二世也与皇帝交好，他称赞道："皇帝不像其他国王那样与基督徒开战，而只与基督教的敌人——恶魔之子开战；因此，罗马将会将永远坚定地站在这位最为虔诚的皇帝身边，经过使徒们的祈祷，战争之神也将会确保皇帝凯旋。"

路易一直成功地控制教皇，本笃、尼古拉和哈德良3名教皇皆声名显赫，在罗马教会历史上留下了浓墨重彩的一笔。本笃特意挑起了与君士坦丁堡牧首佛提乌（Photius）的争执，最终导致东西方教会大分裂。一开始的争执在于佛提乌的选举是否有效，很快事态就不断发酵，双方开始就罗马教会凌驾于伊利里亚和马其顿主教之上的霸权地位发生争吵。自从"伊苏里亚人"利奥宣布他们只效忠于君士坦丁堡后，这样的霸权似乎已经动摇。本笃于858年去世，但他的继任者尼古拉仍然没有放弃斗争；佛提乌的前任从未正式辞去牧首一职，尼古拉声称佛提乌是一个入侵者和篡位者，最终罢黜了他的牧首职务。教皇没有大会议的辅助，只凭借自己彼得继承人的身份，就罢黜另一位牧首并将其逐出教会，这在拜占庭神职人员看来荒谬无比。他们对尼古拉的信件视若不见，皇帝米海尔三世（Michael Ⅲ）威胁要让意大利见识一下自己的力量，誓以武力夺回查士丁尼的继承者对罗马的权利。尼古拉做出回击，把拜占庭统治者比作西拿基立（亚述王），还嘲笑他曾被撒拉逊人夺走了西西里岛和卡拉布里亚，在亚得里亚海以西都无从行使权力。经过 7 年的争执，东西方教会的分歧最终在君士坦丁堡公会议（866）上得到详细阐述。在会议上，牧首、皇帝和 1 000 名主教和修道院院长起草了 8 项条款，宣布罗马教会脱离东正教信仰和约束。其中 6 条仅涉及小型仪式问题，例如奉行四旬斋仪式，神职人员要剃发。第三条和第七条最为重要，前者谴责对神职人员强制禁欲是撒旦的骗局，后者谴责罗马教义关于圣灵从父子而出的教义。东方教会认为圣灵从圣父与圣子而出，正式宣称西方教会陷入了一种"异端邪说，被绝罚1 000 次都不为过"。

佛提乌很快被废黜，但他的倒台并没有弥合教会之间的裂痕，因为拜占庭皇帝和神职人员都遵守君士坦丁堡大公会议的教义声明，直到今天，东方教会都一直坚守。

尼古拉一世不仅一手挑起了与东方教会的争执，还曾保护受伤的特伯加女王，并惩罚前文提到的放荡的洛塔林吉亚国王洛泰尔。这些行为都让他被世人铭记。但是，真正让他名扬四海的是他的另一个身份：第一个使用著名的《伪教皇教令集》的教皇。在尼古拉一世之前，罗马主教的信件和法令集——所有教会都知道并使用——都以罗马主教西里修（Siricius，384）的文件为基础。但大约在 860 年，据称是属于 2 世纪和 3 世纪教皇的 59 部教令集被带到罗马，还有 39 部被补充到从西里修时代到格里高利二世（384—731）的真正教令中。在这些珍贵的作品中也有来自君士坦丁的捐赠品和几次主教议会通过的法令。据说，这些文件是美因茨大主教里库夫（Riculf）在西班牙发现的，随后便被纳入了由塞维利亚大主教圣伊西多尔（Saint Isidore）编辑的真正的《基督教会议法案》（*Acts of Councils*）中，新旧文件都以圣伊西多尔的名字命名。

这些伪教令在任何一个足够了解早期教会历史，或是进行经文校勘的人面前都会立刻暴露出真实的面目。但这在 9 世纪却不太容易发生。只有少数人会揭发这些新教令，这些人一般致力于证明教令的真实性。考虑到它们的实际来源，这些教令充满了 9 世纪神职人员感兴趣的权威决策。有什么能比找到圣克雷芒或圣费利克斯（St. Felix）在教会土地或神职人员禁欲问题上做出的决定更令人高兴的呢？在 1 世纪，询问教会是否拥有土地或提出教士禁欲的想法，不但不虔诚，而且不明智。因此，教皇和所有神职人员将所有的时代错误和对人的迷惑，以及不可能的风格和形式统统贪婪地纳入了《伪教皇教令集》，迅速将其变成了有力的武器，用来对抗世俗政权、东方教会和任何其他他们深恶痛绝的敌人。尼古拉一世想必很清楚自己的行为：他有自 384 年以来的所有真正的教皇法令，一直小心保存着，没有差池；西班牙的一个角落怎么会出现比教皇档案室里更多的法令呢？那些罗马教廷最重要的地契从使徒时代一直保存至教皇行使西方教会立法权的时代，是否已被遗忘？在这一点上，尼古拉肯定有自己的看法，但这些文件太具吸引力，无法忽视。从此以后，它们便成了中世纪教皇荒谬主张的依据。

究竟是谁编纂了《伪伊西多尔教令集》（*Pseudo-Isidorian Decretals*）？这个问题的答案我们永远不会知道。这些教令最初在美因茨被发现，似乎创作于美因茨或兰斯。罗马不仅使用了这些伪教令，还恬不知耻地以其为纲。事实上，这些伪教令原本是为当地主教而非教皇服务的。866 年，它们首次在重要事件中被使用。兰斯大主教辛克马尔（Hincmar）以不称职为由废黜了苏瓦松主教洛塔德（Rothad）。洛塔德向尼古拉一世提出上诉，声称根据教令集，只有教皇才能废黜主教，大主教无权行使该项权力。尼古拉对辛克马尔颇为恼怒，随后便让苏瓦松主教官复原职。辛克马尔在去年刚刚使用了这些法令，自然不会对此表示否定。他只好小心安慰自己，这些文件是"抓住大主教的捕鼠器"，因为这些法令让所有的权力都到了罗马教皇手里。

但我们必须回到意大利的世俗事务上来。853 年，路易皇帝首次试图将撒拉逊人驱逐出半岛；但由于贝内文托公爵懈怠或叛变，这一行动失败了。贝内文托公爵求助于巴里苏丹换取了自己的安宁，高兴地看着撒拉逊人袭击邻居萨勒诺的行动败北。那不勒斯也会永远记住这一天：莫法雷格强行进入那不勒斯，塞贝托（Sebeto）的河岸上尸体遍野，莫法雷格踩在尸体之上，士兵们把受害者的头颅放在他的脚下。

几年后，路易再次踏上了打击异教徒的征程。起初，他频频受阻，但在 867 年，他强迫贝内文托公爵和萨勒诺公爵向他效忠并加入他的伦巴第军团作战。随后，路易接连攻占了阿普利亚的许多城镇，终于在 868 年包围了巴里。这场围攻战持续了至少 3 年，路易在此期间还陆续清除卢卡尼亚和卡拉布里亚的敌人。然而，只要海上一路畅通，巴里就能一直获得补给和增援，路易只好寻求海军力量的支持。他向刚刚接替"酒鬼"米海尔的马其顿皇帝巴西尔求助。于是，海军上将尼基塔斯·奥里法斯（Nicetas Oriphas）率领 100 艘战船，横扫亚得里亚海，把穆斯林赶到了大海深处。随后，他曾一度封锁巴里，但很快就与路易发生争执，最后撤退。然而，苏丹失去了制海权，已到穷途末路。871年2月，皇帝在没有拜占庭援助的情况下成功攻下这座城市。苏丹在城堡中被贝内文托的阿达尔吉斯（Adelgis）公爵俘获，剩下所有的巴里穆斯林驻军全部被歼灭。

路易转而对付塔兰托——阿普利亚的最后一个撒拉逊据点，一心想要横扫卡拉布里亚，攻击西西里岛来为这次征程画上圆满的句号。但是，这一伟大而充满挑战的计划被一场叛变摧毁了。皇帝和妻女一同访问贝内文托时，靠不住的新公爵阿达尔吉斯抓住了路易并把他扔进了地牢。据说当时已沦为阶下囚的巴里苏丹劝说阿达尔吉斯，他指出，若是路易进一步取胜，意大利将被并入帝国领土，所有的半岛南部公国都将不复存在。

但是，这个叛徒很快就自食其果。一听到巴里下台的消息，阿非利加的阿格拉布王朝君主决定不能让意大利从伊斯兰世界的手中溜走，随即准备大规模进军南部的基督教世界。自称"意大利之墙"的将军瓦利·阿卜杜拉（Wali Abdallah）率领3 000摩尔人在塔兰托登陆，阿达尔吉斯得知这个消息大为惊慌，当时他的宗主路易只被关了40天。阿达尔吉斯对这场即将来临的暴风雨心生畏惧，只好释放了那位威严的囚犯，前提是路易发誓不会向自己复仇。人们认为只有路易才能拯救意大利，只有伦巴第军队才能赶走阿非利加人。与此同时，瓦利·阿卜杜拉包围萨勒诺，遇到了萨勒诺公爵怀法尔的勇敢防御。

皇帝一被释放便召集了意大利北部的军队赶到罗马，军队力量强大，一心要对付背信弃义的公爵，为路易报仇，而教皇哈德良二世立刻宣布，他在贝内文托宣誓是因受到武力胁迫，因此誓言无效。但在惩罚叛徒之前，宽宏大量的路易决心先赶走围攻萨勒诺的摩尔人。伯爵贡特尔（Gunther）率领先锋部队在卡普亚附近击败了敌军用来掩护围攻行动的军队。皇帝亲自来到摩尔人阵地，经过短暂的战斗，侵略者逃到他们的船上。872 年 8 月，摩尔人还没出海，一场暴风雨就吞没了所有军队。

现在是时候对付叛徒贝内文托公爵了。873 年春天，在教皇约翰八世的庄严祷告下，路易进入公国，占领贝内文托后强行逼近首都城门。但是，不出意外的是，阿达尔吉斯的领土并不是路易成功征程的终点。在教皇的调解下，公爵被路易赦免，表明了效忠和忏悔的决心后又获得了贝内文托的主权。

路易现在终于有时间实施自己的伟大计划——把摩尔人赶出卡拉布里亚和西西里岛。但是，让所有臣民都为之悲痛的是，路易于875 年去世，对意大利而言是永恒的不幸。更为悲惨的是，路易没有男性继承人，只有一个女儿埃芒加德。但是这位公主至今未婚，身边没有一位可以捍卫父亲王权的伯爵。

到目前为之，路易是加洛林王朝最优秀的一位君主，像他同名的祖父一样公正、虔诚而宽容；但与老路易不同的是，路易二世自幼就是一位伟大的战士。倘若他当初继承了父亲洛泰尔的所有王国，那么法兰克帝国在他这一代还会屹立于世界。倘若他能活得更久，留下男性继承人，那么一个强大而坚固的意大利王国很可能会初现雏形。路易在米兰的圣安布罗斯（St. Ambrose）大教堂安息，统一意大利的希望也随之被埋葬，而后世口中的"铁器时代"在半岛所有省份开始萌芽。

我们在另一章中提到，由于查理大帝长子洛泰尔一系绝嗣，帝国皇位迎来空缺，意大利和法兰克帝国的所有其他王国都遭遇了一连串的麻烦。"秃头"查理成了路易二世名义上的继承人，但是当时查理身处纽斯特利亚，撒拉逊人刚从872年的战败中恢复过来，又开始在阿普利亚和坎帕尼亚大批出没。他们3次在野外击败贝内文托公爵阿达尔吉斯，阿达尔吉斯和教皇约翰一起乞求"秃头"查理回到意大利对付撒拉逊人，但都是徒劳。

然而，救世主出现了。他不是来自西方，而是来自东方。法兰克皇帝没有出现，但马其顿皇帝巴西尔决定承担起把摩尔人赶出意大利的重担。马其顿军队穿过爱奥尼亚海（Ionian Sea），于875年占领巴里，一路取胜，势不可当。为了摆脱异教徒的控制，阿普利亚的城镇一个接一个地打开大门。两次辉煌的海上大捷一度歼灭阿非利加和西西里岛摩尔人的海盗舰队。摩尔人在塔兰托的据点遭到袭击，大将尼基福鲁斯·福卡斯——著名皇帝的同名祖父——横扫卡拉布里亚，把意大利东部的土地上的撒拉逊人（884—887）赶尽杀绝。拜占庭人接着攻击贝内文托公国，不费吹灰之力便席卷了这片土地，公爵乌尔索（Urso）被迫流亡国外。东罗马帝国的统治者掌管贝内文托长达4年，但在894年被意大利国王韦多赶走，随后韦多又小规模重建了贝内文托公国。贝内文托东南半部分——名字取自希腊名的省份巴斯利卡塔（Basilicata）和卡塔帕纳塔（Catapanata）——一直握在东罗马皇帝手中。奇怪的是，拜占庭人在意大利顺风顺水，在西西里岛却损失惨重。事实上，顾此失彼实属必然。877年，阿非利加和西西里岛的摩尔人大举入侵东罗马人在半岛的重要据点——锡拉库萨。两个被遗忘的杰出将领——"贵族"约翰（John the Patrician）和塔尔苏斯的尼基塔斯顽强地守卫该城，坚持了10个月。到了878年5月，城内被围困的摩尔人只好靠草和荨麻为食，虚弱的军队也无力抵御。摩尔人突然闯入，屠杀了"贵族"和英勇部队的残余力量。帝国现在在西西里岛上只拥有埃特纳火山脚下的零星堡垒和孤零零的卡塔尼亚。在战争期间，这些据点一直握在东罗马人手中，10世纪初才被敌人占领。

拜占庭人在意大利南部和西西里岛与阿格拉布国王斗争时，伦巴第和罗马也麻烦缠身。撒拉逊入侵坎帕尼亚让教皇约翰八世非常恼火，他召唤"秃头"查理返回意大利。纽斯特利亚国王确实在877年宣称他有权继承皇位，但查理在穿越塞尼斯山时猝然离世，他对皇位的索取也便戛然而止。

皇帝和伦巴第国王的头衔现在都无人继承，几个王子对此虎视眈眈。尽管教皇试图支持伯爵博松——一位勃艮第贵族，刚刚娶了贤君路易二世的女继承人埃芒加德公主，但是以米兰主教为首的大多数意大利北部人还是选择"日耳曼人"路易的长子卡洛曼为君主。然而，卡洛曼在伦巴第的统治一点儿都不成功，他当选后不久便一病不起，陷入了昏迷，只好放弃所有国家事务。卡洛曼在880年去世时仍然享有意大利国王的头衔。

与此同时，半岛群龙无首，局势一片混乱。虽然东罗马帝国军队把摩尔人赶出了亚得里亚海海岸，但是这些被驱逐的异教徒仍然不断入侵拉丁姆和坎帕尼亚。从阿非利加赶来的摩尔援军大大加强了军队实力，他们疯狂入侵那不勒斯、卡普亚和加埃塔地区。最终，绝望的那不勒斯共和国和摩尔人私下和解，任由其港口变成摩尔人掠夺邻国土地的行动基地，这才换来了片刻和平。很快，摩尔人在加里利亚诺河（Garigliano）沿岸建立起一个真正的殖民地，他们在882—916年从未被意大利的中央政权赶走。摩尔人入侵的足迹遍布萨莫奈亚平宁山脉，其至远至托斯卡纳。然而，奇怪的是，这些入侵者从未成功地占领加埃塔、卡普亚或周围的其他城镇。他们仅仅是掠夺成性，根本没有在这里有组织地定居下来的迹象。

教皇约翰绝望地想要寻找一位可以拯救罗马和意大利的皇帝，最后选定了最有希望的"胖子"查理并为他加冕。但是，这个无能笨拙的君主很快就于881年回到了德意志，为了准备北方战争，他甚至带走了教皇约翰想用来消灭坎帕西亚摩尔人的伦巴第征兵。

次年，约翰八世去世。他是9世纪最后一位有能力的教皇，曾竭尽全力保卫意大利免受异教徒入侵，加强和扩大教皇对法兰克国王和法兰克教会的权力。他死后，曾让查理大帝家族倾覆的厄运似乎也降临到罗马教皇的身上。8年内，3名教皇接连去世，教皇之位上再无显赫之人。在9世纪的最后15年，第一可耻的高级教士出现，让基督教世界蒙受了一个世纪的屈辱。

在"胖子"查理不光彩的统治下，意大利和其他法兰克王国同病相怜。西西里岛的摩尔人和他们在加里利亚诺河上的殖民者的远征脚步越来越远；他们的船只远至北边的比萨和热那亚。与此同时，另一支来自西班牙的军队也来到普罗旺斯海岸，占领了环海堡垒弗拉克辛奈图姆（Fraxinetum），在那里建立了一个强大的殖民地，延续了近百年的统治（888—975）。尽管有阿尔勒和上勃艮第国王坐镇，但是弗拉克辛奈图姆的摩尔人还是入侵至更深的内陆地区。出人意料的是，摩尔人甚至摧毁了整个罗纳河流域，远至瑞士的洛桑和圣莫里斯都未能幸免。有一次，一支普罗旺斯的撒拉逊军队和一队多瑙河的马扎尔军队在沃州（Vaud）的奥尔布相遇并展开战斗。似乎欧洲的所有仇敌都在欧洲中心相遇，基督教世界屈服已是板上钉钉之事。

　　"胖子"查理被废黜后，加洛林家族再无合法的继承人。意大利和其他法兰克王国领地一样，不得不寻找新的王室家族接管。有两位王子想要争取伦巴第议会的支持和教皇的眷顾，他们分别是意大利中部最强大、最蠢蠢欲动的贵族斯波莱托公爵韦多，以及位于意大利与伊利里亚斯拉夫土地接壤的边陲之地弗留利的边区侯爵贝伦加尔。二人都声称自己的母系祖先拥有加洛林王朝的血统。贝伦加尔是吉塞拉的儿子，而吉塞拉是"虔诚者"路易和朱迪斯皇后的女儿；韦多的母亲是洛泰尔一世的女儿，贤君路易二世的姐姐。起初，两个对手似乎不太可能打起来，因为"胖子"查理被废黜后，帝国进入了大分裂时期，韦多想要趁此机会大胆地横穿阿尔卑斯山，夺取他祖父洛泰尔的洛塔林吉亚领地。倘若贝伦加尔能够在这个翻越阿尔卑斯山的计划中助自己一臂之力的话，那么韦多就会允许贝伦加尔加冕为意大利国王。因此，弗留利侯爵由伦巴第议会选举为王，由米兰大主教主持行了涂油礼，而公爵韦多则进入勃艮第，在朗格勒加冕。然而，韦多与法国国王奥多经过短暂的斗争之后，放弃了争夺阿尔卑斯山以北地区的企图，随后回到了意大利。韦多无视自己曾对贝伦加尔许下的誓言，开始与意大利中部的伯爵们勾结在一起，很快向王位发起挑战。一场长达4年的苦战在贝伦加尔和圭多之间爆发，前者得到伦巴第的支持，后者得到托斯卡纳和整个意大利中部以及教皇的支持。斯蒂芬五世（Stephen V）声称米兰大主教不应该给贝伦加尔加冕——这是教皇的特权，于是他便于891年为韦多涂油并宣布其为皇帝和意大利国王。两名对手之间的斗争以韦多获胜而告终。韦多占领帕维亚，把贝伦加尔赶回了他的弗留利公国，统治了伦巴第王国3年时间。他让教皇福尔摩苏斯（Formosus）加冕儿子兰贝特（Lambert）为共治皇帝，自认为王朝已经牢固地建立起来。

但是，现在王位又迎来了一个新的竞争者。被打败的贝伦加尔越过阿尔卑斯山向东法兰克国王阿努尔夫求援。阿努尔夫一直声称自己是查理大帝帝国的统治者中的佼佼者，非常乐意借此机会插手意大利事务。894年，阿努尔夫翻越阿尔卑斯山，与贝伦加尔会合，一同围攻贝加莫（Bergamo）。这座城市靠悬崖而建，俯瞰伦巴第平原，异常坚固。东法兰克人攻占了这座城镇，城内的所有驻军遭到屠杀，阿努尔夫随后穿着盔甲，将安布罗修斯（Ambrosius）伯爵的头颅挂在城门前。这一举动让维多的追随者惊骇万分，波河以北的意大利所有地区都宣布向阿努尔夫效忠。斯波莱托皇帝向南撤退，准备保卫亚平宁山脉。最终，圭多在那里去世，把这一任务留给了他的儿子兰贝特。

次年，军队遭遇疾病侵扰，人数骤减，但阿努尔夫还是扬扬得意地率领全部军队穿过托斯卡纳，出现在罗马城前。守卫这座不朽城的不是斯波莱托的兰贝特，而是兰贝特的母亲阿格特鲁德（Ageltrude）。罗马人在她的鼓舞下坚守了几日，但当阿努尔夫拿下台伯河外的新城区"莱昂城"时，皇后和她的战士们逃走了，教皇随后打开城门。一直反对斯波莱托人的教皇福尔摩苏斯把阿努尔夫视为救世主，高兴地加冕他为皇帝；但是，东法兰克士兵的暴行和掠夺引起了罗马民众的极大不满。阿努尔夫加冕后，首先斩首了30个支持韦多和兰贝特的公民，让罗马民众大失所望。

阿努尔夫由于发烧和中风，放弃征服兰贝特在翁布里亚亚平宁山脉的世袭公国，随后返回了东法兰克王国。他前脚刚离开，整个意大利中部便开始支持斯波莱托的兰贝特。阿努尔夫的头号支持者——教皇福尔摩苏斯去世，继位的新教皇斯蒂芬六世（Stephen Ⅵ）是兰贝特的狂热支持者。896年，斯蒂芬六世强行打开了前任教皇的坟墓，声称福尔摩苏斯是伪教皇和篡位者，接着将他的尸体扔进了台伯河。

阿努尔夫身患重病，没有再回到意大利。弗留利的贝伦加尔趁他不在，又一次成为伦巴第的主人，而斯波莱托的兰贝特在罗马、托斯卡纳和翁布里亚得到了认可。对意大利来说幸运的是，18个月后兰贝特坠马去世后，他的母亲阿格特鲁德表示她的儿子是唯一的国王，并没有代表她的小孙子——兰贝特的儿子提出任何要求。一年后，阿努尔夫去世，贝伦加尔在10世纪的第一年（900年）傲视群雄。

从前文或许可以看出，贝伦加尔的统治不太令人满意。撒拉逊人仍然盘踞在坎帕尼亚这片土地上，多瑙河流域的马扎尔人又带来了新的灾难。899年，他们首次出现在意大利并入侵维罗纳，用残酷的行动表明：基督教世界现在迎来了比穆斯林还要强大的敌人。与此同时，罗马陷于无政府状态。4年内有6名教皇去世，不过他们的离去也没有什么可遗憾的。卜尼法斯七世（Boniface Ⅶ）曾两次因挥霍无度被免除神职。曾残酷对待福尔摩苏斯遗体的斯蒂芬六世后来被敌人抓住并关在监狱里，也没有什么值得伤心的。至于其他那些只在位数月的教皇，后人对他们所知寥寥，自然也没有什么兴趣。他们只是罗马市民或拉丁姆贵族中的代表人物。

就这样，欧洲的9世纪落下了帷幕，意大利和其他曾在一个世

　　　　　　　　　黑暗时代（476—918）

纪前效忠查理大帝的王国一样前景堪忧。伦巴第王国在以贝伦加尔为代表的统治者手中再次恢复实力，这可能是未来的唯一光明。

教皇、意大利国王和皇帝头衔之间争吵不断的关系仍然给贝伦加尔带来灾难。贝伦加尔在 900 年的统治一波三折，当时教皇本笃四世（Benedict Ⅳ）和斯波莱托的兰贝特党羽残余力量找到了一个新的竞争者来对付贝伦加尔，那便是普罗旺斯国王（或阿尔勒）路易——国王博松和意大利公主埃芒加德的儿子，也就是贤君路易二世的孙子。路易多次战胜贝伦加尔，在帕维亚被加冕为伦巴第国王，并于 901 年 2 月在罗马获得了皇冠。但是，他头戴皇冠只是暂时的。经过一年的战斗，贝伦加尔成功地把路易赶出阿尔卑斯山。905 年，路易再次回归，召集意大利中部的反叛者对抗贝伦加尔并再次赢得短暂的优势。但是，路易在维罗纳突然被贝伦加尔手下的军队包围；维罗纳市民在半夜打开城门，年轻的普罗旺斯皇帝落入了敌人手中。被俘的路易被贝伦加尔的手下弄瞎了眼睛，被悲惨地送回罗纳河旁的王国。"最终，贝伦加尔把让许多王子付出生命代价的意大利王冠牢牢地握在了自己的手里。"但是，贝伦加尔手下这个位于伦巴第平原上的王国岌岌可危。教皇和意大利中部的伯爵们虽然没有找到可以与贝伦加尔抗衡的对手，但都心照不宣地漠视他的命令。915 年，约翰十世（John Ⅹ）为了获得贝伦加尔的支持来对抗撒拉逊人，终于为其加冕，贝伦加尔这才从教皇那里获得了迟到已久的皇帝的尊严。第二年，意大利幸运地从那群劫掠者手中解脱出来。在这场圣战中，贝伦加尔的军队、斯波莱托公爵的军队、贝内文托公爵的军队以及教皇的军队一度团结一致，事实证明，众人拾柴火焰高。敌人的堡垒被攻占，军队在战场上被击败，整个殖民地最终被铲除。

但是，胜利的贝伦加尔注定不能安详地离去。在他晚年时，敌人们鼓动阿尔卑斯山外的上勃艮第国王鲁道夫二世（Rudolf Ⅱ）夺取皇位。贝伦加尔又一次被许多追随者遗弃，再次眼睁睁地看着伦巴第大部分地区被一支阿尔卑斯山以北的军队占领。但这一次，他注定不能力挽狂澜。924 年，困在维罗纳的贝伦加尔被叛徒杀害，不仅失去了生命，还失去了他为之奋斗的皇冠。

第二十七章

德意志 888—918

德意志国王阿努尔夫——阿努尔夫在鲁汶（Louvain）打败丹麦人——出征意大利——阿努尔夫和儿子兹温蒂博尔德（Zwentibold）的斗争——马扎尔人接近德意志——"童子"路易（Lewis the Child）的统治——马扎尔人入侵导致国内混乱，带来灾难——康拉德（Conrad）在法兰克尼亚的统治——康拉德的灾祸和死亡

卡林西亚的阿努尔夫出身卑微，母亲是卡洛曼国王的一个斯拉夫情妇，但他继承了祖先的力量和活力。在他统治的 12 年里，德意志向北方和东部的敌人发起进攻，在基督教国家中占据主导地位。法兰克帝国现在已经分裂成 5 个王国，但是其他国王都想要阿努尔夫认可他们的权力。西法兰克王国的统治者奥多最先出现在德意志君主面前，想要与其友好结盟。奥多似乎认可阿努尔夫是位高一级的主君，因为他回到纽斯特利亚后，当着德意志使节的面，第二次在兰斯加冕，戴上了阿努尔夫送给自己的王冠。上勃艮第的统治者鲁道夫随后拜访德意志宫廷：他来到雷根斯堡（Regensburg），

得到阿努尔夫的认可，随后便平安回国。伦巴第王国的贝伦加尔早前受到对手斯波莱托的韦多的战争威胁，在王国边界的特伦托会见了阿努尔夫，承诺会成为他坚强的后盾。最后，下勃艮第（阿尔勒）国王博松的遗孀埃芒加德将幼子路易交由阿努尔夫保护并请求他在普罗旺斯王国摄政。尽管阿努尔夫没有获得皇位，但与过去50年的所有亲戚相比，他实际上是一位当之无愧的宗主和整个法兰克王国的统治者。阿努尔夫成功地阻止了维京人的入侵，彰显了自己的实力。从此，维京人在德意志一众敌人中最不足为虑。891年，丹麦人大举涌入奥斯特拉西亚，入侵默兹河和摩泽尔河沿岸的土地。洛塔林吉亚当地的军队被打败，将领美因茨大主教桑德奥尔特（Sunderold）也被击败。远在巴伐利亚的阿努尔夫一听到这灾难性的消息便向西赶来，一路把丹麦人赶到了他们在戴尔河（Dyle）河畔鲁汶的防御营地。丹麦人在那里掘壕据守，法兰克骑兵后有急流，前有沼泽，无从接近。但阿努尔夫命令所有战士下马，手拿斧头，穿过沼泽地，进入丹麦人的栅栏里。德意志士兵们砍倒胸墙，闯进营地，而丹麦人被赶到河里，大多数人都死无葬身之地。这是丹麦人和东法兰克王国（德意志）之间最后一次高水平战斗，丹麦人后来继续到弗里西亚和莱茵河下游烧杀掠夺，但从此断了深入这片土地或在其边界建立独立公国的念想。

阿努尔夫一手打败丹麦人，平息了东部斯拉夫诸侯、捷克人和摩拉维亚人的威胁，在这之后，他有了一个不明智的计划——征服意大利，当时他的朋友和臣属贝伦加尔刚被斯波莱托的韦多赶出了意大利。阿努尔夫曾分别于894年和895—896年两次入侵意大利，具体细节在关于意大利的章节中有所提及。阿努尔夫从意大利归来，头上耀眼的皇冠似乎证明了他的地位已经凌驾于其他国王兄弟之上；但他在罗马战役中发烧，身体不适，置意大利于混乱之中，被斯波莱托的兰贝特控制。

阿努尔夫从意大利回来之后，一波三折。他自己的家族也出现了继承难题，不停地招灾惹祸。阿努尔夫多年来都没有合法继承人。于是，889 年，他说服德意志会议允许私生子兹温蒂博尔德为继承人。4 年后，兹温蒂博尔德成为副王。然而，阿努尔夫的正妻奥塔（Ota）在同年（893）给他生了一个儿子——在历史上被称为"童子"路易。"童子"路易因此被认为是帝国的合法继承人，洛塔林吉亚的新国王兹温蒂博尔德大为失望，感到巨大的威胁。从那时起，这个不守规矩、脾气暴躁的年轻人成了父亲的眼中钉。兹温蒂博尔德对年幼的弟弟继承王国一事心生怨恨，不断挑起争端。他与洛塔林吉亚的一些大贵族——尤其是海诺（Hainault）和马斯高（Maasgau）伯爵"长颈"雷基那尔德（Reginald Longneck）——一直明争暗斗。为了反抗兹温蒂博尔德的暴政，雷基那尔德和其他许多奥斯特拉西亚贵族向纽斯特利亚国王"单纯的"查理求助，将他奉为洛塔林吉亚国王，还把古老的皇家城镇亚琛和尼姆尤根拱手相让。然而，898 年，这一离间奥斯特拉西亚与德意志的计划失败了，失败的原因不是兹温蒂博尔德出兵对抗，而是当时阿努尔夫接手了儿子的事业，"单纯的"查理不敢直面东法兰克王国的全部势力。随后，"单纯的"查理同意退回自己的国土，撤出奥斯特拉西亚。

对德意志来说，王国东部边境出现的新敌人比无法无天的兹温蒂博尔德更加危险。这些人来自马扎尔人（或匈牙利人）的乌戈尔部落，他们于 896 年出现在多瑙河和泰斯河中游。衰弱的阿瓦尔人的残余势力当时在那里混居在斯拉夫摩拉维亚人中间。马扎尔人曾被另一个野蛮的部落——鞑靼佩切涅格人（Petcheneg）——一路向西驱赶，最终被赶出了俄罗斯南部并被迫寻找新的家园。佩切涅格人都是轻骑兵，手持弓箭，力大无穷，擅长突袭和假装撤退，但他们在激战中缺乏战无不胜的毅力和稳定的力量。他们的突袭比北方人更迅速，也更具破坏性，但他们并不像维京人那样可怕，因为他们永远学不会围攻设防据点，在战壕中自卫或参与常规战斗。佩切涅格人只会伏击或突袭敌军，很少会任由德意志重骑兵在战场上与自己平等作战。他们习惯骑马穿过开阔的乡村，烧毁无防御的修道院和村庄，但会避开有城墙的城镇。倘若该地的驻军全力以赴地发起攻击，他们定会匆忙逃走。

主要因为阿努尔夫，马扎尔人才能首次接近德意志。在摩拉维亚战争期间，阿努尔夫雇用了一些马扎尔战士作为轻骑兵辅军上场作战。因此，马扎尔人知道如何接近摩拉维亚和德意志。阿努尔夫在世时，马扎尔人并没有严重骚扰德意志，因为当时他们主要忙着把斯拉夫人沿多瑙河赶出平原。但皇帝一死，他们就开始入侵巴伐利亚和图尔奇林基。早在 889 年，他们就已经被发现在骚扰意大利北部，蹂躏贝伦加尔国王的故乡弗留利公国，让贝伦加尔怒火中烧。

899 年 12 月，年纪尚轻的阿努尔夫去世，被葬在他最喜欢的城市雷根斯堡。随后，德意志的公爵、伯爵和主教们在福希海姆（Forcheim）会面，推选已故君主的 6 岁儿子"童子"路易为王。从过去的经验看，成年人统治国家百无一利，孩童路易也不例外。他作为德意志国王，在名义上统治国家 11 年，那是王国历史上已知的最悲惨的日子。到此时为止，这片土地上的统治者们都很幸运。在查理的所有后代中，统治德意志的这一族系迄今为止最具才干和活力，皆为强大且有能力的统治者，除了只统治了5年的不幸的"胖子"查理。但现在，所有曾被父亲强势镇压的灾难在"童子"路易有名无实的统治下悉数爆发。中央政权无计可施，德意志不得不面对两大灾祸：外敌入侵和国内战争。

洛塔林吉亚最先爆发矛盾。整个洛塔林吉亚都对国王兹温蒂博尔德恨之入骨，许多奥斯特拉西亚贵族们拒绝效忠他，转而承认他的小弟弟是直接统治者和宗主。兹温蒂博尔德在镇压反叛的臣民时去世，他没有留下男性继承人，于是王国被再次纳入德意志王国的版图中。

更糟糕的是：902年，德意志爆发了第一次大规模的家族纷争，贻害无穷。经过了上一代人，王国内公爵、伯爵和侯爵等头衔逐渐世袭化。儿子继承父亲的王位，并将邻近土地作为封地赐给自己的兄弟，这已经是家常便饭了。若是政府统治足够强力，这种情况就不足为患。阿努尔夫就非常强势，诸侯在他治下井然有序，但他的儿子只是个孩子，身边没有任何成年亲属作为监护人，甚至连一个维护皇权的强势宫相都没有。中央政权被两名大主教——奥格斯堡（Augsburg）的阿达尔贝罗（Adalbero）和美因茨的哈托（Hatto）操控。后来他们成了德意志民间传说里的邪恶教士，世世代代的德意志人都相信，他们由于罪孽深重而受到上帝惩罚，最终被老鼠活活吞噬。但是哈托和阿达尔贝罗甚至没有被国家议会正式承认为摄政，而且除了执行大会的决议，他们没有使用王室名号的权力。

在路易统治的第三年，法兰克尼亚两大家族公开对峙，并没有以效命王权为借口，而是纯粹出于私仇。班贝格（Bamberg）的阿达尔贝特（Adalbert）和他的两个亲戚（分别统治萨尔河和美因河上游土地）突然开始攻击康拉德和埃伯哈德兄弟俩——他们分别统治黑森和拉恩河流域。4 年来，他们之间的斗争断断续续，德意志中部惨遭蹂躏，就算国家大会下令，主教们诅咒也无济于事。不久之后，这场纷争就迅速殃及西洛林。另外两个伯爵——格哈德（Gerhard）和马特弗里德（Matfrid）也在此援助阿达尔贝特，袭击了黑森的敌军。在这场战争中，4 名伯爵阵亡，整个美因河河谷都遭受了惨重的破坏。哈托主教见此惨状，在特立布尔（Tribur）召集议会，最终认定班贝格的阿达尔贝特是战争的策划者，随后派出大军进攻阿达尔贝特。阿达尔贝特在泰勒斯（Theres）的城堡里遭到国家大军的围困，最终被抓获并被处决，而他的朋友格哈德和马特弗里德则被流放国外。但是，德意志花了 4 年的时间才让此事告一段落，而与此同时，其他一些大伯爵和公爵也尝到了甜头。他们知道不管爆发何种暴乱，都有可能免遭惩罚。几年后，我们发现雷蒂亚的伯查德（Burchard）侯爵企图胁迫邻近的小执政官，让自己一跃成为施瓦本公爵。当小皇帝周围的主教们提议镇压并处决伯查德时，民众毫无疑问地更加偏向这个封建篡夺者，而不是中央政府。在洛林，一波未平一波又起，最终雷基那尔伯爵再次试图把奥斯特拉西亚交给纽斯特利亚国王"单纯的"查理，事态达到高潮。

虽然这些国内纷争很严重，但与匈牙利人在东部边境造成的破坏相比，根本不值一提。从"童子"路易继位的第一年开始，匈牙利人就没有停下进攻的脚步。他们首先开始突袭巴伐利亚和卡林西亚；不久之后，他们趁着法兰克尼亚内战深入施瓦本，远至萨克森

　　　　　　　　　　　　黑暗时代（476—918）

地区。907 年，匈牙利人击败了巴伐利亚全部大军，杀死了公爵卢伊特波尔德（Luitpold）、萨尔茨堡大主教、弗赖辛（Freising）和塞本（Seben）主教。最终，德意志暂时损失了东部边境——巴伐利亚"东部边区"，现在被称为奥地利；马扎尔人入侵整个东部地区，远至恩斯河（Enns）。第二年，胜利的马扎尔人进入图尔奇林基，杀死了维生尔茨堡主教和公爵。910 年，年仅 16 岁的国王路易首次上阵，巴伐利亚人、施瓦本人和法兰克尼亚人也在他手下团结起来，共同对抗侵略者。这是第一次，也是最后一次。然而，路易国王的第一仗实属灾难：他的军队惨遭埋伏，几乎全军覆没，只有巴伐利亚军队直面敌军，成功地遏制了敌军。

路易后来在战争中对抗马扎尔人的表现，我们无从知晓。因为一年后（911），还没有成年的路易便因病去世，连带着加洛林王朝的德意志血统也一起消失了。路易没有留下任何男性——兄弟、叔叔或堂表兄弟——来继承德意志王国的沉重遗产。

现在，摆在德意志王国贵族们面前有两个选择：一是选择加洛林王朝法兰西血统的家族成员为国王，二是效仿勃艮第人、意大利人和普罗旺斯人，在贵族之中选择一个作为新的统治者。犹豫再三后，议会选择了第二个方案。法兰克尼亚人、萨克森人、施瓦本人和巴伐利亚人在福希海姆聚集，推选康拉德为王。康拉德是下法兰克尼亚的一位伯爵，父亲康拉德曾在 5 年前在与班贝格的阿达尔贝特交战中阵亡。只有那些对查理大帝家族忠贞不渝的奥斯特拉西亚人拒绝承认这位新国王，再次宣布效忠"单纯的"查理——软弱但野心勃勃的纽斯特利亚君主。康拉德的祖先或许是圣阿努尔夫家族的女性后裔，但不能自称代表法兰克皇室的古老传统。他在德意志贵族中最有权势，因为出众的军事才能而被选中。

康拉德的 7 年统治（911—918）经历了一场又一场叛乱和灾难。在地方长官眼中，这个来自新家族的统治者和他们自己没有区别，对待中央政府的态度自然是比以前更加傲慢。他们彼此之间肆意开战，竭力镇压弱小的邻舍并占领土地。德意志的每一个古老分支，即最初的施瓦本人和巴伐利亚人部族统一，萨克森人和法兰克人，都显示出彼此分离的趋势。每一个部落都试图在自己新统治者的统治下重申自身的独立性，把最强大的贵族拥为公爵并追随他，甚至反对国王。只有出现一位强大而坚忍的君主才能遏制这样的分离趋势并防止王国分裂。

康拉德一世既没有精力也没有毅力。在整个统治时期，他都在与想要篡位的大贵族们做斗争，但去世前都没有取得胜利。除了他在法兰克尼亚的同胞和高级神职人员外，他在这场斗争中几乎是孤立无援，而他的遗言则警告德意志人，如果王国要生存下去，那么他们必须选择一个比他更强大的国王。

如果把康拉德和他那些过于强大的臣民之间发生的多起冲突联系起来，去讲述普法尔茨伯爵埃尔香格（Erchanger）是如何试图成为施瓦本公爵的，就未免太令人乏味了。阿努尔夫——匈牙利人曾杀死的卢伊特波尔德的儿子——在巴伐利亚夺取公爵权力，奥托公爵的儿子萨克森人亨利（几年后的国王亨利一世）公然反抗他的领主并把他赶出萨克森。康拉德在与叛军对抗时基本上没有取得过胜利；他确实击败、俘虏并处决了施瓦本公爵，也一度将巴伐利亚人阿努尔夫驱逐出境。但他从"单纯的"查理手中夺回奥斯特拉西亚的计划却完全失败了，出征萨克森对付亨利公爵的计划也铩羽而归。

最终，康拉德被迫与亨利公爵讲和并承认亨利在全国的公爵权力。据说，美因茨大主教哈托和亨利有私人恩怨，当他听到萨克森人胜利的消息后，气急攻心而死。哈托在康拉德统治时期和在"童子"路易统治时期一样，都是中央政权的有力支持者，无法忍受分裂势力最终取得胜利。

毋庸赘述，虽然内战在王国各地肆虐，但国外的敌军比以往任何时候都更加活跃，他们的行动范围更广，不仅仅是入侵东部边界。马扎尔人疯狂涌入王国，他们甚至到达了莱茵河：913年，马扎尔人出现在科布伦茨城墙前。917年，他们突袭并烧毁了王国西南角上的城市巴塞尔。与此同时，施瓦本人和巴伐利亚人忙于对抗国王，无暇团结起来自保。

事态越发严重，康拉德一世于918年12月23日去世。死前，他将他的兄弟和首席政务员叫到床榻边，提醒他们，若要拯救德意志，就必须要找到一个比他自己更有力的国王。康拉德还建议属下不要把目光局限在自己的家族中，而是要选择他的对手——强大的萨克森公爵亨利。虽然亨利是自己的仇敌，但康拉德认为他是这个王国中最强大、最有能力的政治家。因此，康拉德最终抛开个人恩怨，支持这位萨克森人。康拉德的建议被采纳了，事情出现了转机。

德意志现在仍处于黑暗中，但光明就在眼前。王国还有很多问题要解决：查理大帝的工作——将法兰克人、萨克森人、施瓦本人和巴伐利亚人融为一体——是否还要继续？分裂倾向是否仍然强烈？幸运的是，有两个有利因素可以推动民族团结。一方面，教会在伟大的法兰克国王的保护下快速崛起，发展壮大，心怀感激的教会总是站在王室这边，支持民族统一；另一方面，更为重要的是来自外部的邻国敌人的压力——即使对于动荡的施瓦本伯爵和最不守规矩的萨克森部落来说，自从阿努尔夫国王去世后，德意志也只能在一个统治者的手中继续存活下去，这一点显而易见。"童子"路易和法兰克尼亚的康拉德的统治惨不忍睹，因为前者年纪太小，而后者没有世袭权威，身边没有个人追随者。当一个背后有着巨大公国的强大男人占据康拉德的位置时，拯救德意志的问题或许会迎刃而解。

第二十八章

9 世纪的东罗马帝国 802—912

尼基弗鲁斯一世和他的战争——尼基弗鲁斯被保加利亚人
杀死——米海尔一世的短暂统治——利奥五世（Leo V）打败
保加利亚人——利奥的教会麻烦——"阿摩里亚人"米海尔废
黜利奥，随后统治了 9 年——米海尔的政策——狄奥菲雷斯的
统治——狄奥菲雷斯与哈里发的战争——狄奥菲雷斯迫害圣像
崇拜者——米海尔三世长期的幼年时期——圣像崇拜恢复——
米海尔三世纵欲，统治终结——巴西尔和马其顿王朝

当同一家族的几代君主连续统治时，东罗马帝国的状态最好；
而当王朝更迭，皇冠成为任何成功的将领或谋反的政治家手中的战
利品时，帝国的情况最为糟糕。于是，篡权夺位屡见不鲜，内战仿
佛成了一种地方病，肆意传染。国家内忧不断，外国敌人也跃跃欲
试，大举进攻。前文提到，希拉克略家族倒台，"伊苏里亚人"利奥
的家族当时还没有走到台前，东罗马帝国在 695—717 年间不时出现
无政府的灾难性局势。现在，我们要讲述第二个短暂的统治（802—
820）以及东罗马帝国在这段时间的内忧外患。这个时期从伊琳娜女

皇垮台开始，一直到"阿摩里亚人"米海尔建立起一个王朝，这一时期并不像 8 世纪初查士丁尼二世倒台之后那样满目疮痍，但是百业萧条，帝国历尽艰辛，花了很多年才恢复过来。

前文提到，财务大臣尼基弗鲁斯带头发动宫廷政变，伊琳娜女皇下台。这个新君正值壮年，人们只会觉得他是一个能干的财政大臣，从来没有怀疑过他有狼子野心。事实证明，掌握大权后的尼基弗鲁斯比同时代的人更有勇气、更顽固也更有活力。一些心怀不满的将领认为自己也有权坐上皇位，两次发动叛乱，但都被尼基弗鲁斯成功镇压。尼基弗鲁斯的皇位越发稳固，不可撼动。在教会事务上，他一改迷信的伊琳娜定下的政策，对反对圣像崇拜者以及帝国中其他持不同政见的党派表现出十足的宽容。尼基弗鲁斯还将热衷于迫害分裂分子的宗主教和神职人员牢牢控制在手心里。后世编年史家怨恨尼基弗鲁斯，很可能就是因为他这样的举动——而这似乎证明，这样的怨恨根本不合理。尼基弗鲁斯的统治既不残忍也不专横，人们对他的唯一指控也是捕风捉影——他上位后，表现得仍然像一个财政大臣，更关心的是财政平衡，而不是臣民的福祉。

尼基弗鲁斯在统治时仍然受到战争的困扰。哈伦·拉希德仍然稳坐在邻国巴格达的王位上，威胁着帝国的安宁。尼基弗鲁斯拒绝支付伊琳娜曾向撒拉逊人承诺的贡金，因此哈伦又时不时向东罗马人开战。这些战争自从君士坦丁五世时代开始就连绵不绝，不时爆发。尼基弗鲁斯在战争中没有受到幸运女神的眷顾。在伊琳娜时代，宦官参政，管理不善，导致军队萎靡不振。事态发展十分严峻，当哈伦提出和解的条约时，尼基弗鲁斯欣然接受。皇帝每年要支付 3 万索利都斯金币的贡金，有意思的是，他还要为自己支付 6 块分量

　黑暗时代（476—918）

很足的大金牌，为儿子兼继承人斯陶拉基奥斯支付 1 块。

尽管这样的条约颇为屈辱，但是这并没有给尼基弗鲁斯当头一棒，他与查理大帝的斗争也进展顺利。一则条约让这场与新的西方帝国之间断断续续的长期战争画上了句号，也让法兰克和东罗马回到了起点。虽然威尼斯四周环绕着查理大帝的领土，这些土地被查理控制也有一段时间了，但是威尼斯并没有沦陷。尼基弗鲁斯也没有被迫走出最不体面的一步——把查理视为帝国统治中的平辈和共治者。

东罗马帝国和微不足道的对手——保加利亚人之间的战争才是尼基弗鲁斯的灭顶之灾。796 年，君士坦丁六世的伟大远征失败以后，巴尔干半岛背后这个掠夺成性的部落越发大胆。保加利亚人在新国王——残酷而干练的克鲁姆（Crumn）——的带领下突袭色雷斯，尼基弗鲁斯最终只好亲临沙场对付敌人。811 年，尼基弗鲁斯率领由欧洲和亚洲军区士兵组成的大军，在儿子斯陶拉基奥斯的陪同下，穿越巴尔干半岛。起初捷报频传，尼基弗鲁斯在野外打败了保加利亚人，占领并掠夺了保加利亚国王的宫殿，但是几天后，在一旁安营扎寨的胜军对敌人有失防范，在夜间遭遇突袭。军营一片混乱，皇帝大惊失色，最终被杀，他的儿子斯陶拉基奥斯身受重伤。群龙无首的拜占庭军队遭受重击，他们把皇帝和许多将领的尸体丢在战场上，然后慌乱逃窜。保加利亚国王砍下尼基弗鲁斯的头颅并将其做成了酒杯，就像阿尔博因在 3 个世纪前对待库尼蒙德国王的头骨那样。

东罗马帝国军队的残余力量在阿德里安堡集结，受伤的斯陶拉基奥斯也被带到这里。他立刻在他父亲的房间里被宣布成为新任皇帝，但他的伤势实在是太重了，没有再从床榻上站起来。显然，斯陶拉基奥斯命不久矣，而他的皇冠很快就会成为篡夺者的战利品。米海尔一世——斯陶拉基奥斯的妹夫，尼基弗鲁斯独女的丈夫——见此，向垂死皇帝的护卫军行贿，最终于 812 年，在斯陶拉基奥斯去世前称帝。

米海尔此次能够上位，纯粹是因为他与尼基弗鲁斯家族的关系，他本人不值一提，迷信而懦弱。但从宗教的角度来看，米海尔继位还是有一定意义的：他是希腊人，是该民族中称帝的第一人。和大多数同胞一样，他强烈支持圣像崇拜，坚决反对岳父对教会的宽容政策。他的周围聚集着狂热的传教士，努力想要纠正尼基弗鲁斯之前的行为，从国家和军队的高官队伍中剔除所有的圣像运动破坏者。

如果米海尔一世是有勇有谋之辈，那么这些行动可能会很受欢迎；但恰恰相反，他是一个软弱无能的统治者。他一度拒绝向正在四处蹂躏色雷斯的保加利亚人开战，而当他最终领导军队走上战场时，却被打了个落花流水。米海尔对法兰克人采取怀柔政策，正式承认查理大帝是合法的皇帝并将其视为平辈，让一众臣民感到丧失体面。他的一举一动都表现出自己犹豫不决和缺乏勇气的特点。

米海尔的军队注定会成为他统治路上的绊脚石。军队受到圣像破坏情绪的影响，对这样一个既不会鼓励士兵也不善于指挥的首领十分不满。米海尔任由克鲁姆国王深入色雷斯腹地，敌军甚至都要接近首都城墙了，终于，聚集在阿德里安堡的米海尔军队公开兵变，做出了一个关键性的决定——向将领"亚美尼亚人"利奥（Leo the Armenian）效忠。米海尔被手下的所有部队都抛弃了，神父和侍臣的支持也量小力微。经过了一些小波折之后，米海尔最终于813年被废黜并被送进修道院，而那个带头反叛的硬汉则代替他成为皇帝。

"亚美尼亚人"利奥颇具才干，具备很多良好的品质。若是他足够幸运，他可能早就已经建立了自己的王朝。他成功地完成了当时被选为皇帝时承诺要达成的目标——结束保加利亚战争。利奥刚刚登上皇位，保加利亚国王就立即进军至君士坦丁堡城墙下，在此安营扎寨，准备发起进攻。利奥起初试过一些不光彩的权宜之计，比如在会议上抓住或杀死克鲁姆——就像"胖子"查理对戈德弗雷德国王那样。这个计划失败了，但是保加利亚人横扫郊区后，便退回到城墙前。次年，他们再次进入色雷斯，在梅塞布里亚（Mesembria，现内塞伯尔）遇到利奥，最终遭遇惨败。保加利亚军队损兵折将，新国王只好立即求和。从此，东罗马帝国在利奥这一代没有再受到保加利亚人入侵的困扰。

利奥在统治的6年间，管理强势，帝国稳固，国外无战乱。他重组了军队和财政问题，竭力恢复撒拉逊人和保加利亚人在尼基弗鲁斯和米海尔一世统治时造成的伤害。然而，对他自己和帝国来说都不幸的是，利奥很快就卷入了陈旧的圣像破坏之争，再无安宁之日。"伊苏里亚人"利奥的教义在大多数东方军区的居民和军队高官的脑海中深深扎根，利奥也不例外。利奥在统治的前2年，一直坚守自己的观点，努力在圣象崇拜者和圣像破坏者之间保持严格的中立位置。但是支持圣像崇拜的神职人员情绪激烈，小心谨慎的利奥也无法长时间维持和平的状态。斗争最终于815年爆发：利奥曾要求牧首尼基弗鲁斯订购某些圣像，这些圣像对于反对圣像崇拜的人产生特殊的阻碍。因为这些圣像离地面太远，信徒们只能卑躬屈膝，不能够亲吻并拥抱它们。牧首拒绝服从皇帝的命令，吩咐他的所有神职人员开始做特别祷告以获得解救，教会现在岌岌可危，他把所有劝其执行皇帝命令的主教都逐出了教会。利奥为了报复罢免了尼基弗鲁斯，用一位明确反对圣像崇拜的新牧首代替了他。这位新牧首立刻召开会议，宣布圣像崇拜为迷信，重申君士坦丁五世在754年的宗教会议上通过的所有法令。但是，利奥并没有像他的前任"伊苏里亚人"利奥那样施加迫害：除了革去一些教会权贵的职务，驱逐一个在首都街头公开展示圣像的修道院院长之外，他没有强力镇压过圣像崇拜者。然而，圣像崇拜者不仅痛恨迫害者，还十分憎恶异教徒，利奥的温和政策并没有带来多少好处，只给了圣像崇拜者密谋反对他的机会。在利奥统治的最后几年里，欣欣向荣的表面之下隐藏着人们的不满和躁动。人们觉得，利奥得罪了太多臣民，自己的安全和皇位都危如累卵。深知这一点的将军和朝臣开始蔓延出焦躁的情绪，一场反叛就在眼前。

"阿摩里亚人"米海尔是反抗者中的带头人。他是一个不安分的士兵，在二人没有飞黄腾达前就和皇帝是亲密好友，利奥获得皇位后，他也获得要职。米海尔的阴谋被皇帝发现了，随后便被关进了监狱。但是，他的同谋得知阴谋有可能被发现后，决定在被捕之前奋力一搏。圣诞节当日，利奥在他的私人小教堂里做晨祷时突然受到谋反者的攻击。利奥从祭坛上抢过大十字架，拿在手上与对手殊死搏斗，但是救兵还未到达，利奥就在圣所被反叛者杀死了。

谋杀者赶到了"阿摩里亚人"米海尔的牢房，拥他为帝，向他致敬。米海尔被带出地牢，身着皇袍出现在人们面前，脚上还挂着镣铐。米海尔最终在这一天即 800 年 12 月 25 日结束前在圣索菲亚大教堂加冕。米海尔还不如那个被他赶下皇位的人，浑身上下只有军事天赋和一定程度的恬不知耻。他没有受过教育，他的方言和不合语法的表达在朝廷和首都就是个笑柄。但是他知道如何严厉打击敌人，他的强硬态度比前任利奥的温和政策更能震慑敌人。米海尔上位是整个帝国反叛运动开启的信号：一个名叫托马斯（Thomas）的人带领小亚细亚的异端教派和支持已故皇帝的圣像破坏追随者发动起义，威胁着米海尔的皇位，长达 3 年。托马斯甚至还包围了君士坦丁堡，若是他的追随者没有因入侵邻近地区而大失民心，君士坦丁堡可能就会落入他的手中。托马斯最终被镇压并被杀害，但他的叛乱给帝国带来了严重的损失。825 年，就在帝国全部舰队和军队忙着对付托马斯时，一大群撒拉逊海盗登陆克里特岛，把该岛翻了个底朝天。解决完托马斯后，米海尔两次试图赶走入侵者，但都失败了。在长达 135 年的时间里，这座"百城之岛"一直是撒拉逊人的前哨基地，爱琴海的商业发展受到严重阻碍。远征克里特岛的大军生死未卜，米海尔得知另一省份也遭到敌人的攻击。827 年，由叛徒尤菲米斯召集的阿非利加摩尔人登陆西西里岛，这个缓慢但稳定推进的征程已在另一章提到过。

失去了这两个边远省份似乎并没有对米海尔造成困扰。当时，哈伦·拉希德的后裔展开内战，米海尔或许庆幸自己没有遭遇一场动用哈里发全部力量的更大规模的撒拉逊战争。爱好和平的"虔诚者"路易也没有挑动法兰克人对付他。敌人征服克里特和西西里岛着实令人头疼，但并非是迫在眉睫的危险。

教会问题曾给前任带来无穷祸患，米海尔在处理这些棘手问题时表现得小心审慎，十分冷静。米海尔当初继位，得到了那些憎恶"亚美尼亚人"利奥的圣像崇拜者的支持。但是，当他安稳地坐在皇位上时，他既没有任圣像崇拜者摆布，也没有迫害圣像破坏者。米海尔可能打心里藐视圣像，他的儿子兼共治者狄奥菲雷斯则怀有更强烈的仇恨。米海尔对双方都极为宽容，召回了那些曾被利奥驱逐的高级教士并让他们官复原职。但是在公开崇拜方面，他选择维持现状，并且拒绝恢复他前任拆除或毁坏的圣像。另一方面，米海尔还在修道院内保留那些从利奥手中侥幸逃脱的圣像和圣画，允许修道士们随便践行迷信。双方都不满意，指责米海尔侍奉上帝的态度随波逐流，不冷不热，但他们都相当安静，争论也暂时偃旗息鼓。

829 年，仅仅统治 9 年的米海尔去世，比他更有能力，性格也更出众的长子狄奥菲雷斯继承皇位。这位新皇帝积极好战，讲排场，爱虚荣，事事都由着性子来，听不进他人的劝告。而且，他是一个坚定而认真的圣像破坏者——这无疑会给帝国招致风波。狄奥菲雷斯当年还只是父亲手下的共治皇帝时，父亲就曾费尽周折，阻止他采取严厉的措施来反对圣像崇拜。编年史家记载了狄奥菲雷斯的勇气、美德和公正，但他干预教会事务成了编年史家笔下的污点。

对抗哈里发占据了狄奥菲雷斯统治的大部分时间。阿拔斯王朝自哈伦·拉希德去世以来就日渐萧条；哈伦的儿子们首先爆发内乱，后来，哈里发马蒙（El Mamun）发动宗教战争。狄奥菲雷斯认为，老对头撒拉逊人之前损失了众多的边远省份，长期内乱也让国家实力被大大削弱，帝国或许可以趁此机会夺回 2 个世纪前在希拉克略时代丢失的土地。因此，狄奥菲雷斯保护受哈里发迫害而逃离的波斯和叙利亚难民，最终挑起了与马蒙的战争。不幸的是，当时撒拉逊人刚刚平息忧患，可以再次全身心投入与帝国的斗争中去。这场长期战争表明，哈里发和皇帝现在势均力敌，双方都不可能给予对方致命一击，但两人都有可能无限期地骚扰对方的边境。战争持续了 30 多年，中间因为休战而多次中断。831 年，哈里发率先出击，入侵邻居东罗马帝国的卡帕多西亚边界并占领了远至赫拉克里亚一带的土地。同时，撒拉逊舰队多次突袭基克拉泽斯岛（Cyclades）和密西亚（Mysia）海岸。马蒙 3 次亲自率兵进入小亚细亚，控制了托鲁斯山山口并占领了北部出口的大城镇泰安那，并加固那里的防御工事以作为未来的行动基地。狄奥菲雷斯感到庆幸的是，哈里发在此刻去世，他的军队撤退到托鲁斯山，放弃征服山外的土地。更幸运的是，狄奥菲雷斯的新对手是马蒙的兄弟——新任哈里发穆塔西姆。狄奥菲雷斯得以入侵叙利亚和美索不达米亚，占领了重要城镇萨莫萨塔（Samosata）——自君士坦丁五世以来，拜占庭的旗帜就没有出现在这片土地上。然而，狄奥菲雷斯蹂躏幼发拉底河流域，还洗劫了穆塔西姆尤为重视的索佐佩特拉（Zapetra），最终彻底激起了撒拉逊人的反击。838 年，为了复仇，哈里发率领一支庞大的军队占领了这片土地，发誓要洗劫皇帝的出生地阿摩利阿姆。据说有 13 万撒拉逊人从托鲁斯山山口出发，每个人的盾牌上都写着"阿摩利阿姆"的字样。狄奥菲雷斯赶去保卫他的故土，但在达西门（Dasymon）被一支撒拉逊军队击败，该地惨遭屠戮，而另一支撒拉逊军队奉哈里发之命，猛攻阿摩利阿姆，城内所有人口——男人、女人和孩子——都命丧黄泉，死亡人数不少于 3 万人。

对阿摩利阿姆屠城之后，哈里发军队向弗里吉亚中心进军，这样的景象似乎预示着帝国正处于千钧一发之际。但是，将复仇的怒火宣泄之后，穆塔西姆却撤退了，远至托鲁斯山脉所有失守的土地都被狄奥菲雷斯的将领们收复了。哈里发一直忙于整顿内忧，而东罗马人则再次入侵叙利亚并占领劳迪西亚（Laodicea）——安条克港口。随后，双方再次恢复停战协定，停战期多次被中断，最终一直持续到842年皇帝和哈里发二人去世。

狄奥菲雷斯不在对付撒拉逊人时，他就忙着在国内对付圣像崇拜者。832年，他颁布法令，禁止以雕像、图画或马赛克的形式呈现基督和圣徒，一旦在公共场所、修道院和私人住宅中发现圣像，则一并销毁。最让他生气的是，他发现一些画家在秘密翻制被禁止的圣像；狄奥菲雷斯用烧热的铁块烫坏他们不听话的手，在他们的额头上烙上侮辱性的字眼。牧盲"文法家"约翰（John the Grammarian）将所有拒绝遵守754年宗教议会法令的神职人员逐出教会，帮助皇帝解决问题。狄奥菲雷斯随后开始对付顽固的传教士和主教，将他们一一监禁或驱逐。然而，他的愤怒并没有让他像伊苏里亚皇帝那么极端，他没有判处任何不服从人员死刑，也没有像君士坦丁五世那样努力镇压修道院制度。那些屈服于皇帝盛怒的人没有受到严厉对待，只有那些公开反抗的人才让皇帝勃然大怒。然而，狄奥菲雷斯的宫殿里却都是秘密的圣像崇拜者，其中带头的便是他的妻子——狄奥多拉（Theodora）皇后。

与于西法兰克王国同时代的"虔诚者"路易类似，皇帝不得不通过公开选妃这种令人不悦的方式寻找第二任妻子。830年，未曾生育的皇后去世，狄奥菲雷斯把所有贵族最美丽的女儿召集到宫廷，对她们一一检视。他的目光被年轻的狄奥多拉——海军上将马里努斯（Marinus）之女——吸引并娶她为妻，狄奥菲雷斯甚至都没有发现她是一个狂热而顽固的圣像崇拜者。狄奥多拉在丈夫在世时隐藏了自己的观点，尽力保护所有圣像崇拜者。然而，狄奥菲雷斯死后，狄奥多拉誓要取消丈夫之前的所有宗教计划，教育孩子们，让他们憎恶父亲的教义。

尽管撒拉逊战争和教会政治让狄奥菲雷斯的生活颇不宁静，但他的统治和父亲的统治一样，都是帝国的一段繁荣时期。虽然他固执偏执，带来很多伤害，但他强硬地践行正义，相较之下，臣民们受益更多。其间财政收入状况良好，即使在战争时期，也有许多伟大的公共工程完工，比如，加固和修饰首都的城墙，修建大量宫殿和医院。狄奥菲雷斯还缔结了一系列贸易条款，深刻体现出他对贸易的重视。这些条款的另一方不仅有"虔诚者"路易，甚至还有位于遥远的科尔多瓦的哈里发。君士坦丁堡在狄奥菲雷斯时代逐渐成为欧洲的贸易中心，因为意大利港口——君士坦丁堡唯一的竞争对手——现在因为西西里岛摩尔人占领地中海中部而蒙受巨大损失。

正值壮年的狄奥菲雷斯于 842 年去世，留下了一个年仅 4 岁的儿子作为继承人。他的离世是帝国的巨大损失。我们已经不止一次地谈到了年幼的孩子当政会让帝国岌岌可危，米海尔三世这个小男孩也不例外。14 年来，摄政班子一直代替皇帝统治，帝国收益甚微。占据摄政主导地位的是主要关注宗教利益的皇太后狄奥多拉。狄奥多拉在丈夫奄奄一息时就开始着手取消他的政策。在皇宫所有崇拜圣像党羽的帮助下，狄奥多拉废黜了牧首，流放了众多反对圣像崇拜的主教，并在君士坦丁堡召集议会。议会将圣像破坏者逐出教门，再次肯定了曾在 830 年狄奥菲雷斯下令谴责的所有教义。圣像崇拜在新皇帝统治 30 天之后，再次成为正统教义，而圣像破坏则被禁止。随后，异教徒遭到迫害，保罗派（Paulician）和小亚细亚的其他持异见者受到虐待，集体移居到哈里发的领地，随后便入侵帝国展开报复。

与狄奥多拉分享要权的是她一无是处的哥哥巴尔达斯和伯爵塞奥克提斯托斯（Theoctistus）。他们二人彼此妒忌，最终巴尔达斯杀死了对手。这些显赫的人物都自认为是伟大的将军，他们雄心勃勃地出征撒拉逊人，最终都因领导不善而全军覆没。但帝国很幸运，坐在哈里发位置上（842—861）的两个人——瓦提克（Wathek）和穆塔瓦基勒（Moawakkel）十分无能，顽固不化且行为放荡，他们无法趁着邻国衰弱时坐享渔翁之利。事实上，没有巴尔达斯和塞奥克提斯托斯率领的拜占庭的军队曾取得了一些成功，甚至还在一次大胆的远征中占领并控制亚历山大达一年之久。战争耗时很久，军队疲惫不堪，但帝国和哈里发都没有从中得到任何好处。

856 年，年轻的米海尔年满 18 岁，可以亲自管理帝国。米海尔对母亲长期的统治深恶痛绝，于是立刻把母亲送走并没收了她大部分的财产。米海尔品质恶劣，这主要是因为他的舅舅巴尔达斯教育无方；巴尔达斯曾在米海尔还是个孩子的时候就教他酗酒、赌博和纵情声色。米海尔和他的舅舅狼狈为奸，言语粗俗，作风下流，他们的宫廷里丑闻频出。巴尔达斯于 862 年被封为恺撒，和他的外甥在接下来的 4 年里共同管理帝国。但他并不明智，对待米海尔过于专断，把他当作一个只知酗酒的男孩，年轻的皇帝对此忍无可忍。二人共同统治了 4 年，最终米海尔于 866 年借机把巴尔达斯杀死，任命了另一位共治者。

他的新共治者是马其顿人巴西尔，一个斯拉夫血统的年轻人，二人关系一直十分亲密。巴西尔的勇气和力量给当时还年幼的米海尔留下了深刻的印象，随即便被雇为马夫。年轻的皇帝逐级提拔巴西尔，最终巴西尔官至皇室御马官——这个职位后来在西方君主政体中演变为元帅。这位皇帝的新宠大胆、机智且头脑冷静，他可以在宴会上把皇帝喝倒——这样的能力让米海尔对他充满敬意。米海尔十分信任这位年少时期的挚友，最终把被杀掉的巴尔达斯的位置留给了他。

臣民口中的"酒鬼"米海尔一旦远离酒杯，就会变成一个好战而精力充沛的君主。他经常亲自上阵对抗撒拉逊人和保加利亚人，有时也会凭借勇气取胜。在巴尔干半岛外的这场战役成功之后，保加利亚国王不仅被迫向米海尔效忠，还改宗成为一名基督徒——这一改变在后来的几年里让帝国与其北方邻国之间的关系缓和了。

米海尔有时忙于教会事务：他被母亲教育成一个狂热的圣像崇拜者，他有了自主权后，便焚烧了君士坦丁五世和牧首约翰的尸体——约翰无论在世俗还是在信仰层面都是圣像破坏运动的首要代表，这一可耻的暴行让他臭名昭著。米海尔的另一举动也带来了重大影响：米海尔曾被牧首依纳爵（Ignatius）的禁欲道义激怒，随即罢免了依纳爵并任命佛提乌取代他的位置。我们在讲述教皇的事宜时曾提到，佛提乌此番晋升，根源是东西方教会之间存在着始终未能弥合的裂痕。

米海尔猝然离世时年仅 31 岁，他似乎本能统治得更久，而谋杀者便是他一手从马夫提拔为恺撒的好友巴西尔。867 年，在一次醉酒放荡后，马其顿人巴西尔命令他的一些朋友杀死自己的恩人，"醉鬼"米海尔在睡梦中被人捅死，皇冠也随之永远地离开了阿摩里亚家族。巴西尔作为帝国的共治者，早就掌握大权，米海尔被杀一事也就无人追究，成为过眼云烟了。没有人为死者的幼子们发声，没有经历斗争或内战，新王朝就此拉开帷幕。

尽管这个马其顿人之前表现得忘恩负义、背信弃义，但他却才能出众。巴西尔牢牢地握紧手中非法获得的皇冠，建立了拜占庭有史以来存续时间最长的王朝，这个王朝直到 1056 年才终结。作为皇帝，巴西尔尽其所能，让臣民们忘记自己曾因酒量惊人而受到米海尔三世的青睐，用行动证明了，自己是一个勤劳、节俭、谨慎且明智的君主，帝国在他的统治下兴旺发达。他的一些著作注定永垂青史，他的法典对《查士丁尼法典》做出了最新的修订，取代了"伊苏里亚人"利奥制定的《法律选编》，在王朝结束前一直是东罗马帝国的教科书。巴西尔在财政方面的工作也很出色，这也是王朝统治能够持续近两个世纪的一大原因。在教会事务上，巴西尔竭尽全力弥补与罗马教会的裂痕，他恢复了被废黜的依纳爵的教皇职务并命令佛提乌还俗。尽管罪魁祸首被解决，但争论仍然存在，而教皇的过分要求更是阻碍了东西方教会的再次统一。巴西尔发现了这一点，于是他在依纳爵去世后，恢复了佛提乌的职位，让一切顺其自然。

巴西尔在西西里岛以外的征战都颇为成功。阿拉伯帝国正在迅速解体：萨法尔王朝（Saffarid）已经夺走了东部省份的领土，埃及也落入了艾哈迈德·伊本·图伦（Ahmed-ibn-Tulun）之手。9年（861—869）内，4 名哈里发被谋杀，巴格达爆发持续不断的内战，大部分撒拉逊边界都落入敌手。因此，在巴西尔和他的儿子利奥统治期间，海外战争一帆风顺，东罗马帝国的边界首次开始向东移动，还在新占领的领土上设立了新的军区。拜占庭军队入侵叙利亚北部和美索不达米亚，远至阿米达和阿勒坡（Aleppo）。塞浦路斯一度被收复，保罗派异端在亚美尼亚边境上的叛乱也被镇压。与此同时，巴西尔的舰队在爱琴海和爱奥尼亚海上战胜了克里特岛和阿非利加的海盗。我们已经在另一章提到了尼基塔斯上将援助路易二世收复巴里，以及尼基福鲁斯·福卡斯将撒拉逊人从卢卡尼亚和布鲁提赶走，将意大利南部半岛纳入主人领地的故事。巴西尔只在西西里岛受挫。878 年，锡拉库萨陷落，标志着东罗马帝国在该岛上的势力实际上已经不复存在了。但巴西尔在其他地方的成功弥补了这一损失。

如果巴西尔的继任者强大而精力充沛，那么东罗马帝国可能有机会将 3 个世纪前服从查士丁尼统治的所有省份都纳入自己的统治。哈里发辖地日渐衰弱：正如我们已经看到的，意大利经历了半个多世纪的无政府状态，东欧的斯拉夫人正遭受新来的马扎尔部落的摧残。他们中没有人能全力防守东罗马帝国派出的军队——带头的是一位精干的指挥官，他率领着一支装备精良、纪律严明的大军。但是在接下来的 80 年里，巴西尔的儿子和孙子是两个思想狭隘、学究气十足的文人，缺乏运筹帷幄、征服天下的能力和气质。利奥六世（Leo Ⅵ）——后世称其为"智者"利奥（Leo the Wise）继承皇位，不是因为他有实用的智慧，而是因为他喜欢神秘科学，写过一些晦涩的预言。怪异的是，巴西尔这个酗酒贪杯、肆无忌惮、精力充沛的马其顿篡位者竟然会有一个辛勤编纂书籍、极其温和且最不知疲倦的儿子。利奥的预言和其在教会领域的著作对读者们来说无足轻重，但后世必须要感谢利奥六世出版《战术》（Tactica）一书。这本军事手册详细描述了拜占庭军队的组织、战略和战术，并对敌军的习惯和作战行为做了相关注释。对于帝国来说幸运的是，利奥六世从未试图将军事方面的书本知识运用在战场上。

利奥性格软弱，有时他的疏忽也会给敌人可乘之机，但帝国的边界在他统治期间不断扩大。帝国从衰弱的哈里发手中拿下新军区"利堪多斯"（Lycandus）和"美索不达米亚"；阿普利亚被贝内文托公爵和意大利的撒拉逊人征服，成为"朗格巴迪亚"军区（Langobardia）。贝内文托多年来一直在利奥手中，而如果他更加积极，东罗马帝国的军队很有可能会逼近罗马城门，毕竟意大利中部的伯爵们一直与贝伦加尔国王争吵不休。但是，心态平静的皇帝却忽视了对将军的支持，最终军队因物资匮乏而失去机会。

利奥于 912 年去世，将皇位留给了他唯一的儿子君士坦丁七世（Constantine Ⅶ），也就是我们常说的"生于紫室者"君士坦丁（Constantine Porphyrogenius）。新皇帝和他父亲一样都是文弱的书生，继位时年仅 5 岁。君士坦丁七世在漫长的未成年期内统治帝国，成年后便让别人代为统治，自己则沉迷书籍。

尽管利奥和君士坦丁势孤力穷，但帝国的发展还是很顺利。东罗马帝国的邻居们现在势孤力穷，无力发动大型战争，但是有时帝国也会有一些小灾难，例如，904 年，阿非利加海盗突袭塞萨洛尼卡。出现这些小小的事故主要是因为帝国资源配置错误，而不是防御能力不足。东罗马帝国的财力和实力自查士丁尼时代以来达到了巅峰；君士坦丁堡当时是基督教世界唯一的商业中心，东方和西方可以自由交换商品的唯一地点：国富民丰，厚生利用；军队享不赀之禄，行动高效，只需要一位能干的将军带领便可悬旌万里。但是帝国多年来从未有过一位称职的统治者；约翰·齐米斯西斯（John

Tzimiskes）和"保加利亚人屠夫"巴西尔（Basil Bulgaroktonos）的时代还很遥远，而此时帝国在利奥和君士坦丁七世的软弱领导下，凭借其自身有序的管理，仍然处于稳定繁荣的状态。拜占庭的行政部门开展政府业务颇为顺利，除非皇位之上有昏君施以暴政。而不管马其顿王朝的君主们犯了什么错，他们都算不上是"暴君"。对任何一个王国来说，君主平庸并不是最糟糕的事。

第二十九章

9世纪末的西欧

奥多在法兰西的统治——丹麦战争——奥多和"胖子"查理的内战——查理成功继位——查理将诺曼底给予赫洛夫（Hrolf）——洛塔林吉亚被纳入法兰西——罗贝尔和赫洛夫反叛"胖子"查理——查理在佩罗讷（Peronne）被谋杀——西班牙和摩尔人——柏拉奇和3位阿方索（Alfonso）统治下的阿斯图里亚斯王国的发展——阿斯图里亚斯持续的进展——该阶段总结——封建主义和其军事和政治含义——总结

前文提到，正处于水深火热之中的纽斯特利亚王国现在迎来了一位新国王。这位国王凭借着他的强硬手腕和坚甲利刃，而非任何世袭权利，坐在了王位上。巴黎伯爵奥多的父母都没有加洛林家族的血脉，他的父亲是昂热和布洛瓦公爵——"强者"罗贝尔（Robert the Strong），听命于"秃头"查理的领导，是为数不多的在与维京人的战斗中赢得声誉的法兰克首领之一。罗贝尔被丹麦人的箭射中身死，几年后他的儿子开始统治塞纳河中游和卢瓦尔河流域的土地。奥多还曾在886—887年英勇守卫巴黎，一举成名，获得了巴黎伯爵的头衔。

奥多无疑是西法兰克王国王位最具竞争力的候选人。加洛林家族唯一合法的继承人"单纯的"查理——"结巴"路易的遗腹子当时只有 8 岁，让一个小孩来管理王国简直是天方夜谭。然而，奥多充其量算得上是一个不甚理想的选择：他只是一个普通的贵族，和他地位一样的许多名流贵族都自认为可以与这个新主人平起平坐。850—887 年间，纽斯特利亚和阿基坦所有较大的郡都变成了世袭土地。"秃头"查理和他的短命继承人为了避免麻烦，任命贵族的儿子来填补他们父亲的位置。因此，下一代的郡和公爵领的统治者们都认为自己必会继承祖先的头衔。这些地区后来被称为"大采邑"，从丰特奈战役爆发，一直到"胖子"查理被罢黜的这段日子里，世袭统治显露萌芽。852 年起，图卢兹郡的统治者最先把领土传给了自己的儿子；佛兰德斯则始于 862 年；普瓦图始于 867 年；加斯科涅（Gascony）始于 872 年；勃艮第和奥弗涅也分别于 877 年和 886 年开始了世袭统治。在这些统治者的眼中，奥多并不高自己一等，只是幸运了一点儿，他们选择奥多为王也只是因为王国当时正遭受海盗的袭击，形势危急。尽管他们曾向奥多宣誓，但是这些统治者绝不会把他和加洛林家族的国王同等看待。在当时，世袭权利的重要性愈加凸显，致命的弱点也随之浮现——国王获得权力的唯一筹码是条顿人的选举权。在阅读这段法兰西历史时，我们一定会回想起西班牙的西哥特国王的烦恼。我们又一次发现，当贵族势力强大，统治者软弱无能，王室地位一再降低时，选举制度会陷入混乱。

在奥多统治的第一年里，外患甚于内忧。维京人横扫全境，甚至纽斯特利亚不安分的伯爵们也没有起身反叛，而新国王的对手斯波莱托的奎多则因追随者寥寥而被迫离开国家。888年6月，奥多在蒙福孔（Montfaucon）大举击溃丹麦大军，将他们赶出了默兹河和马恩河（Marne）河谷，向人们证明，他们选择自己是明智的。王国上下都欣然同意奥多在莱茵举行第二次加冕礼，奥多在那里被授予了王冠，这顶王冠是邻国的阿努尔夫送来的礼物，象征着友谊，宣示着宗主地位。

即使是曾经叛乱的遥远的南方也在奥多的权杖下一度屈服：普瓦捷伯爵拉努夫（Ramnulf）一度想要在卢瓦尔河南部成为独立公爵，但奥多进军阿基坦时，他没有出兵对抗，而是立即向奥多效忠。但是当奥多在普瓦图时，维京人再次大规模聚集在塞纳河下游，他们的带头人则是刚刚崭露头角的赫洛夫，一般称为罗洛（Rollo）——未来的诺曼底公爵。维京人第三次围攻巴黎，这座勇敢的城市坚守数月，但是身为国王的奥多却不能像以前还是伯爵时一样很好地防御他的旧封地，他只好效仿了"胖子"查理的屈辱之举，给维京人贡金，让他们前往布列塔尼。

当然，维京人很快就卷土重来。当他们再次入侵法兰西中部时，在蒙庞西埃（Montpensier）遭到奥多的重创：维京人首领奥西特尔（Oscytel）和很多手下都被敌军俘获。和英格兰的古瑟罗姆一样，被征服的奥西特尔也主动提出要成为基督徒。892年，奥西特尔刚从洗礼堂出来，就被奥多的军队旗手伯爵英戈（Ingo）杀死了。"千万不要相信丹麦人，无论是受洗的还是没有受洗的。"凶手这样说道，而他的领导奥多也没有惩罚他，似乎在奥多眼中，这样愤世嫉俗的申辩是足够合理的。

奥多的势力看上去更加壮大了，但实际上，危险正悄悄来临。

丹麦人一度被赶走，法兰西不守规矩的伯爵们终于如释重负，立刻开始密谋反对他们的国王。在伯爵眼中，奥多只是他们中的一员，不配成为领袖，而奥多强硬的手段也让他们担心自己新的世袭封地能否稳固。893 年，一些大贵族派人去英格兰请来在那里避难的"单纯的"查理——加洛林家族的继承人。勃艮第公爵理查（Richard）、奥弗涅伯爵威廉（William）、韦尔芒杜瓦（Vermandois）伯爵赫伯特（Heribert）和莱茵大主教富尔科（Fulco）皆为叛军首领。随后便是 6 年艰苦的内战：奥多越发强大，被反叛的封臣们抚养长大的查理当时年仅 14 岁，根本不是奥多的对手。奥多一次又一次地把查理赶出他设防的城市，严惩手下的叛军。但是，许多纽斯特利亚或阿基坦的贵族一直在不断掀起叛乱，支持卡洛林家族。被驱逐的叛军们接着又出现在另一地区，王国永无安宁之日。奥多曾经提出，让对手查理担任阿基坦国王并自行统治纽斯特利亚，但这不过是钻冰取火：这样的让步根本没有被雄心勃勃的封臣们放在眼里，他们此番反叛不是因为忠于古老的加洛林家族，而是渴望获得完全的地方独立。

奥多在战争中心力交瘁，最终在 898 年的最后一天去世。他的弟弟兼继承人罗贝尔拒绝继续这场和卡洛林家族继承人的争斗，随后向"单纯的"查理效忠，接受了"法兰西公国"——囊括巴黎、奥尔良、沙特尔、博韦和勒芒（Le Mans）的土地——统治者的头衔。这样一来，内战终于画上了句号，但代价却是另一个大采邑孕育而生，而这个封地包含了纽斯特利亚的心脏地带，本身就相当于一个王国。

"单纯的"查理现在毫无争议地成了整个西法兰克王国的国王，

统治长达 31 年，直至他于 929 年离世。899 年时查理已经 20 岁了，风云多变的战争局势和不济的时运让他积累了许多经验。查理精力充沛，足智多谋，是去世已久的路易三世的贤弟。人们说他"单纯"，是因为他太容易相信手下奸诈的封臣，经常被他们欺骗。人们用这个绰号更多的是表达对他的尊敬，而不是想要嘲笑他。查理的地位从一开始就远不如他的前任们崇高。大采邑现在明显已经成为世袭土地：阻止儿子继承父亲的土地无异于篡夺国王的领土，会受到王国内所有封臣的憎恶。在纽斯特利亚和阿基坦，伯爵和公爵们都变成了半独立的君主，国王只有在王室领地和大教会采邑才保有国王权力。

查理从不缺少雄心壮志和十足的精力。他竭尽全力维护王权，控制封臣，应对丹麦人无休止的入侵。他时刻牢记纽斯特利亚加洛林王朝的传统政策，他们渴望把整个或部分洛塔林吉亚并入自己的王国；这一计划曾让他的祖父"秃头"查理陷入许多无谓的战争。"单纯的"查理比他的祖先更幸运，他成功地控制了这片争议领土中的很大一部分。阿努尔夫派暴虐恣睢的兹温蒂博尔德来统治奥斯特拉西亚人，而奥斯特拉西亚人现在已经厌倦了与德意志联盟，在阿努尔夫死后便赶走了他的私生子，一度转而依附"童子"路易。但是，当"童子"路易也跟随父亲的脚步去世后，洛塔林吉亚人与其他条顿民族产生了分歧，拒绝将法兰克尼亚的康拉德推上王位。奥斯特拉西亚人以海诺伯爵雷基那尔为首，宣布他们只接受加洛林家族的领导，随即投入了"单纯的"查理的怀抱。"单纯的"查理自912 年起担任国王。奥斯特拉西亚的封建化水平不如纽斯特利亚，仍然极度崇敬古老的王室，奥斯特拉西亚人自然成为"单纯的"查理的坚强后盾。

维京人在查理统治时期一刻也没有消停。在 893—898 年的法兰克内战期间，丹麦人抓住机会，重返纽斯特利亚。当时的编年史家把重心都放在了丹麦人的入侵上，对查理手下的叛乱没有过多描述。但需要注意的是，维京人的危险程度大不如前：北方人无敌的魔咒已经被打破，他们每次出现都会遭到当地伯爵和公爵们的激烈抵抗。战利品也不像以前那样丰富，原本开放的城镇现在都筑以城墙保护，城镇座上毫无还手之力、沦为入侵者战利品的时代已经过去，维京人不得不退出许多以前的战场：在英格兰，阿尔弗雷德和他的儿子战无不胜；在德意志，维京人自从在鲁汶惨败后，之前的好运也随之消失。因此，法兰西现在成了维京人的头号目标，维京人所有的部落都集中在斯凯尔特河和加龙河之间的海岸线上。

911 年，"单纯的"查理迈出了重要的一步，改变了对阵丹麦人的局面。维京大军现在位于塞纳河下游，主要军营位于大城市鲁昂——丹麦人洗劫该城并将其变成了自己的城市。丹麦人的首领现在是海盗头子赫洛夫，也就是法兰克人口中的罗洛，他凭借高于其他贵族的卓越才能稳定了自己的势力。赫洛夫的军队在塞纳河流域驰骋，在沙特尔与法兰克国王最大的封臣（法兰西公爵、勃艮第公爵及普瓦图伯爵）带领的法兰克军队展开一场残酷但胜负难分的战斗。

丹麦人如同无法驱散的梦魇，查理现在和 30 年前的阿尔弗雷德一样绝望，只好效仿韦塞克斯国王的做法。查理决定，只要维京首领同意聚集所有维京人，达成稳固的和平关系，那么他就会获得一大片土地作为维京人的定居点。这样的做法在以前法兰克君主的时代屡见不鲜，效果如水投石，维京人对"胖子"查理和国王戈德弗雷德的故事也记忆犹新。然而，法兰克人现在又一次提出了这样的提议：如果赫洛夫能安定下来，他会有足够大的丹麦区——英格兰人这样称呼——来让人们生活。查理献出鲁昂和塞纳河下游的河谷，还把女儿吉塞拉许配给他。北方人咄咄逼人，佯装对国王的提议嗤之以鼻，但很快就开始讨价还价。西法兰克的君主和经验丰富的海盗头子在埃普特河畔（Clir-su-Epte）会面并达成协议。赫洛夫从法兰克人手里要到了从埃普特河到大海的所有土地，丹麦人认为从索姆河河口到布列塔尼边界的所有海岸土地都是自己的了。此外，查理承诺，若是赫洛夫征服了多年来都没有效忠法兰克王国的布列塔尼君主，便可取他们而代之。

因此，赫洛夫和国王的女儿喜结连理，答应接受洗礼，"成为'单纯的'查理的人"。关于赫洛夫有一个众所周知的故事：他在宣誓效忠时，拒绝向法兰克人下跪，而是指定一位首领代为执行，还在弯腰时故意把国王和王座一起推翻。但是，查理考虑到赫洛夫已经投降，便对此视之不见，让丹麦人带着大礼离开了。

于是，维京首领在鲁昂以法兰克公爵的身份安顿下来：他依照诺言接受了洗礼，大多数战士也都随之效仿。法兰克国王没有想到的是，在塞纳河下游安置北方人的做法大获成功。高卢的大多数丹麦军队都接二连三地加入了赫洛夫的阵营，在他的公爵领里安顿下来。"单纯的"查理牺牲部分领土，拯救了其他领土免遭威胁。诺曼底公爵现在不再是海盗国王，而是国王信任的封臣，他在埃普特河畔许下的诺言也都基本兑现了。查理遇到麻烦时，赫洛夫便站出来当他的后盾，在查理向他求助时，他也会派一支丹麦小分队去帮助他。后来查理被叛军废黜，赫洛夫这才再次出兵攻打法兰西，蹂躏纽斯特利亚。

912 年夏天，查理割让诺曼底，终于从维京战争中解放出来，被奥斯特拉西亚人奉为洛林国王。接下来的 8 年是他统治期间最幸运的时期：外无大型战争，内无严重忧患。但是，他在法兰西大部分地区的权力非常有限，特别是卢瓦尔河以南的地区，只是南方的大伯爵们口惠而实不至，既不上贡，也不给予军事援助。尽管"单纯的"查理很软弱，但仍然比他的大封臣们想象中强大。王国内的三大巨头决心要把查理从王位上拉下来，其中带头的是法兰西公爵罗贝尔，曾在 899 年拒绝称王的他人至暮年又开始垂涎王位。和他一道的还有勃艮第公爵鲁道夫二世和韦尔芒杜瓦伯爵赫伯特。3 人先是命令国王解雇他的首席大臣——倍受青睐的阿加诺（Hagano）伯爵。遭到国王拒绝后，他们便正式宣布不再效忠"单纯的"查理，随后宣布罗贝尔为西法兰克国王。

内战一触即发：3 名贵族手下有法兰西和勃艮第的所有军队，而国王查理在洛塔林吉亚人和诺曼人的支持下大举出兵。923 年，双方在苏瓦松开始关键一战：查理的军队被击败，就在叛军要吹响胜利的号角时，国王罗贝尔被诺曼人手拿长矛刺穿，军队失去了首领。

罗贝尔战死沙场，叛军一时群龙无首，大为惊慌，被丹麦人的进攻压制。罗洛带领大批北方人进攻叛乱公爵的领土，雷基那尔刚刚被"长者"爱德华（Edward the Elder）从诺森布里亚的王位上赶了下来，他领导一支来自英格兰的新军队也加入罗洛的阵营。眼看着丹麦人横行肆虐，蜂拥进入勃艮第，威胁要在索恩河河谷建立第二个丹麦区，叛军仍然拒绝服从这个合法的君主。罗贝尔的儿子于格（Hugh）拒绝遵从父志，于是叛军推举勃艮第公爵鲁道夫为王。查理如果没有被陷害，本可以凭借诺曼大军击退叛军。然而，韦尔芒杜瓦伯爵赫伯特主动向查理投降，请求他到佩罗讷参加会议，商定和解。923年，天真的国王急忙赶来，却被擒获并扔进了地牢。叛军唯一的失误便是让查理的英格兰妻子埃德吉芙（Eadgifu）带着儿子路易侥幸逃到了她的父亲"长者"爱德华的宫廷里。在隔海相望的英格兰，还有一位加洛林家族的继承人安然无恙。

4年来，勃艮第的鲁道夫被公认为法兰西国王，而"单纯的"查理则被监禁在佩罗讷。鲁道夫有名无实：阿基坦人并不认可他，丹麦人在他的王国里四处游走，尤为狂热地围攻他的家乡勃艮第公国。曾在反叛中和他一道的同谋们也两面三刀，各自分道扬镳。韦尔芒杜瓦伯爵赫伯特随后和鲁道夫发生争执，还把查理从地牢里放出来并再次宣布他为西法兰克君主，成功惹怒了新国王。但鲁道夫为了报复赫伯特，收买了这个双面间谍，于是，赫伯特第二次抓住了他的主人。这一次，查理可不仅仅要遭受囚禁了：他在佩罗讷被残忍诡诈的伯爵活生生饿死。929年，勃艮第人鲁道夫终于可以毫无争议地自称法兰西国王。

西法兰克王国的情况和德意志自康拉德去世后的情况一样悲惨，我们暂且放一放。纽斯特利亚和阿基坦的法兰克人比东方邻居更可怜，他们还没有遇到一位像亨利一世和奥托大帝这样伟大的统治者。在一位强有力的君主出现之前，他们注定要尝尽封建混乱的滋味。加洛林王朝和法兰西公爵之间的战争还要再让两代人拖入泥淖，直到于格·卡佩（Hugh Capet）最终戴上了祖父罗贝尔和他伯父奥多曾拥有的王冠，这才为这一切画上了句号。法兰西公爵家族夺取王位后，他们的表现将和他们所取代的卡洛林家族一样无能。

到此时为止，法兰西开始摆脱维京海盗的袭击，这是唯一向好的表现。多亏了封建骑士和封建城堡的存在，更由于丹麦人对攻占诺曼底公国及其邻近的美因河和布列塔尼土地的欲望降低，法兰西开始免于外敌入侵，得以享受一段和平期。不幸的是，反目成仇的大封臣们趁此机会反倒变本加厉，于是，在未来的一段日子里，这个国家的头号敌人在萧墙之内。

这一个世纪以来，还有一个欧洲地区没有被提及。但是，西班牙的命运与法兰克帝国的命运截然不同，甚至在 9 世纪和 10 世纪都没有写入基督教世界通史。然而，我们会提到，半岛的征服者在长达 40 年的时间里摇摆不定地效忠倭马亚王朝的哈里发，一度被一连串短暂掌权、结局惨烈的总督统治。关于那些试图对抗法兰克帝国的人的命运，我们在关于查理·马特和"矮子"丕平的部分曾提及过。

756 年，西班牙与巴格达的阿拉伯王朝分离。倭马亚家族遭到阿拔斯王朝继任者的屠杀，其中一名幸存者逃到了西班牙。年轻的阿卜杜勒·拉赫曼经过长期的斗争，打败了所有反对分子，成为独立的君主。阿卜杜勒·拉赫曼在科尔多瓦统治了 30 多年，在世时被连续不断的叛乱搞得焦头烂额。比如，778 年，首领们曾叫来查理大帝出兵攻打阿卜杜勒·拉赫曼，并把法兰克人带到萨拉戈萨城门前。但是，他的统治仍然是很成功的。

阿卜杜勒·拉赫曼在大城镇托莱多和科尔多瓦掌握大权，凭借自己的勇气、智慧和辉煌赢得了伊斯兰世界的钦佩。然而，就在这时，西方出现了一片乌云，在后来的日子里，这片乌云一直笼罩着西班牙的整个伊斯兰教地区。

712 年，西哥特王国毁灭后，西班牙总督在全国范围内横行霸道，给这片土地招来了阿拉伯、叙利亚和阿非利加的殖民者。但他们从未完全征服过半岛的西北偏僻地区。自西班牙诞生之初，坎塔布连山和阿斯图里亚斯高地就一直是支离破碎的部落最后的避难所。加利西亚人和阿斯图里亚斯人在那里长期抵抗罗马军团。后来，在至少一个世纪的时间里，苏维汇人都在抵抗西哥特人。现在，最后一批西哥特人仍然在这片崎岖的山地上躲避撒拉逊人。有关该地区的历史记载寥寥，但是我们了解到，一个名叫柏拉奇的伯爵——罗马名字，也许是西班牙本地人，没有哥特血统——成功击败了撒拉逊人。撒拉逊人对比斯开湾和坎塔布连山脉之间狭窄的岩石地带不为所动，他们更喜欢居住在安达卢西亚和瓦伦西亚肥沃的平原上。因此，当柏拉奇把分散的驻军赶出阿斯图里亚斯并在山上为自己建立一个小王国时，撒拉逊人对此置之不理。据悉，柏拉奇统治了阿斯图里亚斯人 18 年（718—736）。在他死后，他的儿子法维拉（Favila）和他的女婿阿方索一世随后继位。阿方索一世是新王国伟大的奠基人，他纯粹的西哥特名字让人想起神圣的托莱多大主教。趁撒拉逊人内战正酣，阿方索从山地里来到了邻近的加利西亚省，有几个柏柏尔首领在那里镇压不满的基督徒。751 年，在当地人的帮助下，阿方索率兵起义，穆斯林被赶出这片土地，被追至西班牙北部的平原。

阿方索一路追击逃离的敌人，在坎塔布连山的南坡上安营，占领了阿斯托尔加（Astorga）和莱昂两大城镇并横扫杜罗河北岸。据说他把撒拉逊人完全赶出了广阔的坎波斯地区（Tierra de Campos）——莱昂平原，当他退回至山里的堡垒时，身后留下了一片杳无人烟的沙漠。他把波多（Oporto）、萨莫拉（Zamora）和萨拉曼卡（Salamanca）都夷为废墟，但他的实力还没有强大到占领这些城市并将其纳入自己的版图。

757年，半岛落入倭马亚王朝的阿卜杜勒·拉赫曼手中，阿方索紧接着去世。基督教国家在这几代人的时间里发展较缓，科尔多瓦国王是比西班牙的老总督更强大的敌人。50年来，阿斯图里亚斯和加利西亚的国王默默无闻：他们似乎常常被迫向倭马亚王子效忠，在频繁困扰穆斯林的内战中安然无恙。

阿方索二世（Alfonso II，791—842）成功地击退了穆斯林对加利西亚的最后一次征服。在法兰克历史上，他曾向查理大帝遣使，表明自己是伟大国王的"人"并向他致敬。但法兰克人并没有在阿斯图里亚斯获得真正的宗主地位，也没有与其边界交锋。然而，查理却在半岛另一地区的历史中留下了自己的印记：从撒拉逊人手中征服西班牙边区的正是查理本人，后来该地区被称为巴塞罗那，是比利牛斯山以外第二个伟大的基督教国家。起初，西班牙边区是塞普提曼尼亚公国的属地，但不久二者分离，巴塞罗纳伯爵和邻国的阿基坦伯爵一样，不再受到法兰克国王的定期侵扰。

阿方索二世长期执政，阿斯图里亚斯王国经历了快速的发展和扩张。阿方索的势力甚至远至塔霍河，还曾在一次出征中占领里斯本（Lisbon）。但是他的驻军最终止步于杜罗河，这里一段时间以来都是阿斯图里亚斯的边界。整整一代阿斯图里亚斯人都在向莱昂荒芜的平原移民，这是一片长期夹在基督教世界和伊斯兰世界之间的不毛之地。

另外一位阿方索——阿方索三世（Alfonso Ⅲ）——于866年登上王位，在位期间积极推动阿斯图里亚斯边界扩张。他还把老卡斯蒂利亚（Old Castille）、葡萄牙北部和杜罗河以外的土地埃斯特雷马杜拉（extrema Durii）——这一名称一直保留到今天——纳入继承的王国版图中。阿方索三世率军扩张领土，却没有遭到科尔多瓦国王的反对。因为当时一个名叫奥马尔·本·哈夫斯（Omar Ben Hafs）的首领带头起义，科尔多瓦国王手中的北方领土脱离了控制，他不得不放任阿斯图里亚斯国王入侵，努力制服叛军。

在阿方索时代，卡斯蒂利亚和纳瓦拉王国开始崛起。前者是一片边境地区，与摩尔人接壤，被交付给国王最勇敢的封臣们。后者由一个名为桑乔（Sancho）的加斯科涅伯爵建立；桑乔虽然是法兰克王国的封臣，但独立向比利牛斯山以外出征，向阿斯图里亚斯国王效忠并获得了这位国王的帮助。

阿方索建造萨莫拉、西曼卡斯（Simancas）和奥斯玛（Osma）的边疆要塞，加强王国的防御能力以保护他新打下的江山免受穆斯林的袭击。910年，阿方索三世的儿子加西亚（Garcia）把住所从阿斯图里亚斯的奥维耶多（Oviedo）迁到山南边的莱昂，这似乎标志着他的边界向西班牙北部平原推进。

基督徒向南和向北行进的步伐从未遭到阻拦，不过若是科尔多瓦的统治者手腕强硬有力，他们的步伐常常会推迟一段时间。3个世纪前，哥特统治者都是暴躁而不守规矩的贵族，统治着一个农奴国家，而撒拉逊人用了不到两年的时间就把他们的政权从大地上一扫而光。征服者们的实力大不如前，而西北部的新基督教王国正在其崎岖的山脉里孕育着铁腕民族。他们面对着共同的危险，忘掉了过去曾让西哥特人和罗马人一拍两散的种种恩怨，在逆境中融合成一个统一的民族。这个顽强的西班牙民族，贫穷、骄傲、好战，都是狂热的正教徒，是那个时代的自然产物；当时只有接受在坎塔布连山流放，与撒拉逊人持续斗争，才能保留信仰和自由。伊斯兰贵族都很有教养，富有而奢华，但他们最终无法抵抗这样的敌人。尽管他们勇猛果敢且人数众多，但如同一盘散沙，内部充斥着国仇家恨——阿拉伯人憎恨叙利亚人和柏柏尔人，而这3个民族都鄙视西班牙出生的穆斯林。他们的科尔多瓦君主不停地在派系之间挑拨离间，并且经常失去一个重要城镇或省的多年控制权。

尽管穆斯林之间充满纷争和内战，但他们在西班牙的统治却持续了很长时间，创造了很多辉煌。当然，撒拉逊人在西班牙的表现是最好的，而在其他他们征服的国家里，衰败的速度更快。巴格达的阿拔斯王朝在科尔多瓦的倭马亚人失败前就已经一落千丈。叙利亚、埃及和波斯在安达卢西亚屈服于基督徒之前就成了土耳其人、马穆鲁克（Mameluke）和鞑靼人竞相追逐的猎物。

欧洲在这个黑暗和萧条的时期的故事大致如此。这样的黑暗景象也确实闪烁着零星的光明。在君士坦丁堡，尽管没有强大的皇帝能够再次领导拜占庭军队走向胜利，但总的来说，巴西尔王朝的统治经历了相对繁荣的时期。但是那些曾经，而且一直都是基督教国家核心的中欧大国前景却非常黑暗——甚至比7世纪那些暗无天日的日子还要黑暗。就算维京人的攻击明显减弱，撒拉逊人最终被赶出意大利南部，外敌入侵因此受到遏制，王国内部的情况还是没有好转的迹象。帝国早已病入膏肓：教皇权威陷入了过早的衰败和腐朽。

从丰特奈战役到10世纪末，这些悲惨的日子里充满了不忠、自私、战争、谋杀和叛乱，能让学者感到稍许安慰的是，查理大帝的帝国解体后，基督教国家被丹麦人、撒拉逊人、匈牙利人和斯拉夫人同时围攻，欧洲文明的结构在重创之下随时可能瓦解。这一严重危机最终没有发生，这主要是因为，四分五裂的法兰克帝国在封建制度下萌生了出人意料的抵抗力。尽管封建制度带来无穷灾难，但它的存在也让基督教世界得以从外敌的阴影中逃离。查理大帝的继任者们集结帝国全部军事力量而未做到的事，是由那些从中央权力的废墟上发展起来的伯爵和侯爵完成的。正是披着锁子甲的封建骑士和坚不可摧的封建城堡城墙挫败了丹麦人、撒拉逊人和匈牙利人的进攻。

虽然人们期望皇帝或国王保护王国的每一个角落，然而天不遂人愿，他们没能提供任何保护。高卢和德意志的统治者们证明，当他们获得自由，不受主人的严密监督时，他们总体上是能够完成任务的。事实上，欧洲已经完全分权，查理大帝统治时期所承诺的行政统一几个世纪前就已不复存在。8世纪时，欧洲的文化和文明本就发展缓慢，还遭受了沉重的打击。9世纪、10世纪和11世纪被称为欧洲的"黑暗时代"不无道理。文学和艺术也退回至查理大帝之前的水平，历史再一次由贫乏的材料拼凑而成。建筑发展停滞不前，除了城堡建筑——这是这几个世纪唯一的发展。欧洲大陆内部好不容易摆脱了丹麦人、撒拉逊人和马扎尔人的一系列突袭，现在又充满了令人厌烦的地方争端和私人战争。随着封建主义的完善，幸存下来的条顿民族传统的自由渐渐衰败，最终消失，自由民散落各处，成为某个或大或小的君主的臣属。

这些变化令人沮丧，但是我们决不能忽略一个事实：基督教世界被封建时代的人们从毁灭中拯救出来。封建制度漏洞百出，它自私自利，崇尚特殊主义，充满仇视，下层阶级处境悲惨，但它在提升军事效率以击退外敌方面还是发挥了应有的作用。如何应对快速移动的入侵者是欧洲所面对的问题，他们的目标主要是掠夺而不是战斗。因此，一旦他们受到遏制，就必须把他们抓获并紧紧围住。法兰克帝国投入战斗的大批移动迟缓的步兵根本无法解决这个问题。马扎尔人和撒拉逊人的轻骑兵可以把他们包围并赶走：当缓慢赶来的法兰克步兵前来驱赶丹麦人时，丹麦人会回到船上，转眼消失。当地的伯爵或公爵会派出上百名勇敢的骑兵上战场，这些骑兵严守纪律，极度服从，从小就受战争训练，对入侵的掠夺者来说是更为可怕的敌人。即使当地的伯爵或公爵寡不敌众，他的骑兵部队仍然可以徘徊在入侵者周围，剿灭散兵，在每个可以以少胜多的防御关口或浅滩截获敌军，在本地人肯定比外来人更熟悉的岔路口包围敌军。

封建城堡兴起的重要性不亚于装甲骑兵。在法兰克帝国，构筑防御工事的地方到目前为止仍然寥若晨星：除了有古罗马城墙的城镇之外，王国内似乎没有一个能自卫的地方——法兰克人对防御工事的理解仅局限于堆起高地，围以沟渠并在上面加盖栅栏。但是，这样的临时要塞简直杯水车薪，唯有建造坚固的砖石结构才能抵抗住丹麦人的入侵。每一个没有灭亡的城镇都筑以环形墙保护，而加强防御的桥头堡可以拦截所有过河的维京船只。但最重要的防御工事当数城堡：城堡的四面八方都高高耸立，为曾经居住在开放式别墅中的首领们提供安全的住所，还能作为保卫乡村的基地。起初，城堡数量寥寥，随后便如雨后春笋般出现在广袤的土地上，每一个有能力的贵族都会给自己建造一座城堡。这些城堡改变了整个战争的面貌：当敌军出现时，数不尽的城堡可以为主人提供避难之所，而一心想要掠夺的入侵者不能再轻而易举地横扫该地区，他们发现只有经历一系列长时间的围攻，才能如愿获得战利品。除了切断城堡的粮食来源，还没有可以攻下这样一个坚固要塞的可靠方法。但是，在城堡前苦等3个月，熬到城堡里的人因忍受不了饥荒而投降，这并非丹麦人或马扎尔人的上策。因为这样一来，他们的战利品将会非常有限，而该国也会有时间集结全部军事力量来对付自己。因此，可以说，兴建封建城堡是基督教世界在9世纪对付迫在眉睫的恶敌威胁的最好方法。

军事上的胜利是政治上的灾难。国王的势力被查理大帝的子孙们发起的无谓内战所动摇，每一个省都被两个领主争来夺去，这时，将欧洲的军事力量交给一群小侯爵无疑是极其危险的。这些侯爵一心想要扩张，一心只想守卫好自己的领地，置王国人民的福祉于不顾。基督教世界为安宁付出了巨大的代价。然而，在欧洲前途未卜、危在旦夕之时，这样的代价再高也不过分。如果罗马可以从撒拉逊人手里解救出来，美因茨可以从马扎尔人手里解救出来，巴黎可以从北方异教徒手里拯救出来的话，付出任何代价都是值得的。

Die Gesandten Harun al Raschid's vor †